U0690284

2010年：
山东开放型经济发展报告

OPEN ECONOMY DEVELOPMENT REPORT OF SHANDONG

主　编　范振洪　　王爱华

张庆伟　　顾春太

经济科学出版社

图书在版编目（CIP）数据

2010 年：山东开放型经济发展报告/ 范振洪等主编.—北京：
经济科学出版社，2010.12

ISBN 978 - 7 - 5141 - 0222 - 2

Ⅰ.①2…　Ⅱ.①范…　Ⅲ.①对外经济 - 经济发展 - 研究报告 -
山东省 - 2010　Ⅳ.①F752.852

中国版本图书馆 CIP 数据核字（2010）第 249472 号

责任编辑：吕　萍　周秀霞
责任校对：韩　宇
版式设计：代小卫
技术编辑：邱　天

2010 年：山东开放型经济发展报告
主　编　范振洪　王爱华　张庆伟　顾春太
经济科学出版社出版、发行　新华书店经销
社址：北京市海淀区阜成路甲 28 号　邮编：100142
总编部电话：88191217　发行部电话：88191540
网址：www. esp. com. cn
电子邮件：esp@ esp. com. cn
汉德鼎印刷厂印刷
德利装订厂装订
690 ×990　16 开　22.5 印张　380000 字
2010 年 12 月第 1 版　2010 年 12 月第 1 次印刷
ISBN 978 - 7 - 5141 - 0222 - 2　定价：40.00 元
（图书出现印装问题，本社负责调换）
（版权所有　翻印必究）

《2010年：山东开放型经济发展报告》
编撰人员名单

顾 问 张 华 山东社会科学院党委书记、院长、教授
郑贵斌 山东社会科学院副院长、研究员
孙建波 山东省商务厅副巡视员
薛庆国 山东省社会科学界联合会副主席、研究员

主 编 范振洪 王爱华 张庆伟 顾春太

编 委 （以姓氏笔画为序）
王志东 王爱华 王怀岳 王培志 孙世勤 曲国庆
张庆伟 时 英 范振洪 范爱军 苟成富 侯树钦
顾春太 曹洪军 廉 波 隋映辉 温日明 满祺伟

撰稿人 （以文章先后为序）
范振洪 顾春太 卢庆华 王 爽 孟建新 张 霖
李民生 刘 升 刘晓宁 侯树钦 刘卫兵 李鹏飞
王树平 夏炳军 沈瑜婷 孔 涛 隋映辉 于喜展
张 艺 李丽梅 吴 净 苟克宁 臧仁峰 吕 伟
王玄瑜 姜宝臣 郭颖颖 秦海峰 蔡培安 范爱军
赵 琳 王爱华 臧耀刚 房小杰 曹国平 石启东
郑少平 岳宗敏 李晓鹏 阎兆万 张连峰 张义英
王春雁 王鹏飞 杨占辉 尚 鹏 尹 华 董文照
夏天勇 廉 波 李 鹏

前　　言

　　根据山东省委、省政府关于加强对外开放重大理论和实际问题研究的总体要求，山东社会科学院和山东省商务厅组织有关专家编撰了《2010年：山东开放型经济发展报告》，旨在为山东省委、省政府科学决策服务，为提高全省开放型经济水平服务，为"转方式，调结构"服务，为建设经济文化强省服务。

　　2009年是新世纪以来山东开放型经济发展困难最多的一年。面对全球金融危机的持续影响和多种不确定性、不稳定因素的严峻挑战，山东在省委、省政府的正确领导下，深入贯彻科学发展观，认真落实中央应对国际金融危机政策措施和一揽子计划，坚定对外开放信念，积极作为，科学务实，共克时艰，开放型经济呈现出降幅收窄、复苏向好的发展势头。主要表现为：一是对外贸易下滑局势初步遏制，进出口降幅逐步缩减。2009年实现进出口总额1386.0亿美元，比上年下降12.4%。其中，出口795.6亿美元，下降14.6%；进口590.4亿美元，下降9.1%。同时，进出口商品结构不断优化。机电产品、高新技术产品、农产品和纺织服装产品出口额占出口总额的比重分别为43.0%、17.2%、12.3%和17.9%，分别提高1.8、2.5、1.6和1.2个百分点。部分资源类产品和高新技术产品进口增长较快，煤、铜矿砂及其精矿分别增长9.4倍和

29.9%，高新技术产品增长 1.2%。二是利用外资降势明显减弱。2009 年外商直接投资实际到账 80.1 亿美元，比上年下降 2.3%。利用外资结构不断优化。新批世界 500 强企业投资项目 33 个，增长 1.8 倍；新批总投资 3000 万美元以上大项目 146 个，增长 10.6%。信息传输计算机服务和软件业、水利环境和公共设施管理业利用外资实现大幅增长，分别增长 2.4 倍、12.6 倍。三是对外经济合作稳定增长。2009 年境外投资取得新进展。新核准设立境外企业（机构）299 家，比上年增加 52 家；协议投资总额 13.6 亿美元，增长 62.9%，其中，中方协议投资 11.3 亿美元，增长 67.6%；核准设立境外资源开发项目 33 个，中方投资 4.3 亿美元，增长 1.6 倍。对外承包工程和劳务合作保持良好局面。对外承包工程新签合同额 85.1 亿美元，完成营业额 42.5 亿美元，分别增长 28.4% 和 55.9%；对外承包劳务合作新签合同额 93.2 亿美元，完成营业额 50.9 亿美元，分别增长 23.6% 和 41.9%。四是经济园区建设取得新进展。2009 年山东经济开发区实现进出口额 821.9 亿美元，占全省的 59.3%。其中，出口额 453.6 亿美元，占全省的 57%；进口额 368.3 亿美元，占全省的 62.4%。实际使用外资额 46.5 亿美元，占全省的 58.1%。经济园区在全省开放型经济中所占份额不断加大，依然发挥着对外开放的重要载体作用与带动作用。

《2010 年：山东开放型经济发展报告》从战略和全局的高度着眼，主要针对世界经济发展进入后危机时期山东开放型经济面临的新机遇与挑战进行了深入的研究，并联系山东开放型经济发展现状和亟待解决的问题，提出了一些具有科学性、针对性、前瞻性和可操作性的重要对策。本书主要分为六大部分三十一个篇章。第一部分为"综合研究篇"。主要围绕山东开放型经济所面临的新形势，分析了后金融危机时期世界经济发展的新特点以及山东对外开放所面临的新机遇与新挑战，并立足山东实际，提出了顺应趋势，抢抓机遇，增创山东开放型经济发展新优势，全面提升山东国际竞争力的对策建议；深入分析探讨了后金融危机时期全球经济发展的新特点、新动向、新走势，并提出了山东应采取的相应举措。第二部分为"利用外资篇"。主要突出了区域合作的重要性，就进一步深化对日韩投资合作，加强与瑞典、新加坡、中国台湾的投资合作等题目进行了认真研究，并提出了对策建议；围绕山东重点发展领域服务外包进行了跟踪性研究，在分析当前服务外包发展新亮点和竞争新形势的基础上，结合山东服务外包发展特点和优势条件，提出了山东要实现服务外包的快速发展，必须抓住关键点，大力发掘和培植服务外包企业"四大集群"，增强产业基础，进一步加大支持与推进力度，保障山东服务外包产业健康快速发展；对顺应低碳经济新趋势，加快山东新能源汽车发展问题进行了细化研究；以山东利用外资的龙头城市青岛为例，深入探讨了新形势下创新招商方式的重要性，并提出了招商方式创新的思路，尤其对发展青岛服务外包招商进行了深入研究与思考；通过对日照、潍坊等市抓住中国与东盟实现自由贸易的新契机，大力发展与东盟的经贸合作的做法、经验及问题的分析，提出了进一步发展的思路；为尽快提升山东产业发展水平，促进产业链条的延伸，这一部分还针对加快吸收外商研发投资问题进行了专题研究，提出了加快引进外商研发机构的想法与建议。第三部分为"对外贸易篇"。主要根据山东加工贸易转型升级面临的新变化和实际需求，提出了大品牌带动的新观点；围绕当前人民币升值对山东外贸出口走势的影响进行了分析与判断；在对 2010 年广交会机电产品成交状况进行摸底分析的基础上，对山东未来机电产品出口走势作出了提示性预测；面对金融危机下贸易保护泛滥的严峻形势，对山东遭遇到的反补贴调查情况进行了分析，并提出了积极的应对举措；对欧洲一些国家陷入债务危机后带给山东出口贸易的影响进行了深入分析与研究；运用科学的数理分析方法对山东出口贸易的整体竞争力进行了审视与分析，明确了山东出口优势与不利因素，重点从产品结构调整、中小企业扶持、实施"出口农产品绿卡行动计划"等方面提出了提升出口竞争力的对策建议；对当前出现的"用工荒"现象给山东加工贸易带来的困顿进行了分析，强调了加快山东加工贸易转型升级的重要性与迫切性。第四部分"对外投资合作篇"。主要根据山东实施"走出去"战略，大力开拓国外新兴投资市场的战略部署，对抢抓机遇，扩大对非洲、墨西哥、蒙古等国家的投资合作进行了深入探究，通过对这些国家合作优势与条件的剖析，展示了山东与其深厚的合作潜力与发展前景，并提出了合作的思路与对策；对新加坡近来的外籍劳务政策调整及其对山东外派劳务的影响进行了分析，在此基础上提出了我们的应对举措；通过对山东跨国公司培育之于"走出去"战略发展的重要意义的分析和把握，概括了山东培育跨国公司的成绩与不足，提出了积极的建议。第五部分为"经济园区篇"。主要阐述了黄河三角洲高效生态经济区和山东半岛蓝色经济区等重点区域带动战略的实施，为山东经济园区发展带来了新的机遇，并提出要借助有利时机，全面提升园区发展水平，必须把握"三个率先突破"，在产业升级、机制创新、做大做强等方面迈出更大的步伐；围绕经济园区产业升级的关键点，进行了专题分析与研究，并提出了加快发展的对策举措；在对江苏、浙江两省新形势下推进经济园区新一轮发展的做法与经验进行调研与考察的基础上，提出了加快山东经济园区转型升级的思路与对策。第六部分为"学习借鉴篇"。主要通过对新加坡大力发展服务业并使其成长为国内支柱产业的经验与做法的分析总结，并对其带给山东的启示与借鉴进行了深入思考，认为山东大力发展现代服务业不可缺少世界眼光和创新思维、继续扩大服务业对外开放、以前瞻性的战略眼光培养人才，并且要借助新加坡技术和管理优势，加快推进双方现代服务业的合作共赢；通过对江苏、浙江船舶出口情况的考察与学习，以其之长观我之短，提出加快山东船舶工业振兴的思路与建议；通过对四川成都市外包产业发展的研究，总结其经验与做法，从中得到有益的启示，进一步明确了山东服务外包产业发展的重点；对韩国租赁园区的特点与优长进行了分析与归纳，结合山东产业梯度转移的需要，对打造山东租赁园区，促进产业转移的问题进行了积极思考与建言。

在编撰《2010 年：山东开放型经济发展报告》的过程中，我们实行科研教学部门与实际工作部门相结合、专职研究与兼职研究相结合的方式，其作者主要为省有关部门、科研机构、高等院校的领导、专家、学者。我们提倡在研究中各抒己见，兼容并蓄。因此，本书各位作者的观点，只属于个人见解，并不代表其任职的单位。本书涉及大量的统计和调查数据，由于来源、口径和调查时点不同，或者不是最终调整后的数据，因此可能存在前后不一致的情况，务请读者在引用时进行核对，并只作参考。

《2010 年：山东开放型经济发展报告》编撰工作得到了山东社会科学院和山东省商务厅领导的悉心指导；山东省政府研究室、山东省发展和改革委员会、山东大学、青岛社科院、山东经济学院、山东财政学院、山东社会科学院科研组织处等单位给予了大力支持；山东省商务厅综合处张庆伟、温日明、王慧洁等同志给予了积极协助；经济科学出版社总编辑吕萍为本书出版鼎力相助。借此机会，谨表示衷心的感谢！

编撰山东开放型经济发展报告是一项复杂、重要的工作，涉及面广、质量要求高。由于时间仓促、经验不足和水平有限，书中难免有疏漏和不妥之处，敬请各级领导和读者不吝赐教。

《2010 年：山东开放型经济发展报告》编委会

2010 年 10 月

目 录
CONTENTS

综合研究篇

利用外资篇

对外贸易篇

对外投资合作篇

经济园区篇

学习借鉴篇

综合研究篇

第一篇　后国际金融危机时期山东开放型经济发展面临的机遇、挑战及对策

百年不遇的国际金融危机及其引发的世界经济衰退，对山东经济社会发展特别是开放型经济发展产生了重要影响。山东作为中国的经济大省、开放大省，在中国开放格局中居于重要地位，肩负着发展开放型经济的重大任务。山东如何在后国际金融危机时期，有效地实行更加积极主动的开放战略，进一步扩大开放领域、拓展开放空间、提高开放水平，努力创造参与国际经济合作与竞争的新优势，是迫切需要研究和解决的重大问题。

一、 国际金融危机爆发后山东开放型经济发展的基本态势

山东具有对外开放优势，长期以来高度重视发展开放型经济，坚持把中央精神与山东实际有机结合起来，紧紧把握各种难得的机遇，积极应对各种挑战，有效地推进了山东开放型经济发展的持续、快速、健康发展。2008 年下半年以来，由于受国际金融危机的影响，山东开放型经济呈现出新的发展态势。

（一）国际金融危机爆发后山东对外贸易的态势

2008 年下半年后，国际金融危机使世界经济下滑，外部需求显著萎缩，对山东开放型经济发展影响较大，其中对外贸易受到的冲击和影

响最早、最大、最明显。面对复杂的国际经济环境，山东积极应对，取得了明显的成效。

1. 对外贸易总量已恢复乃至超过国际金融危机前水平，但增幅略低于全国平均水平。出口产品附加值低、技术含量低，具有国际影响力的自主品牌产品少，出口市场过于集中，是长期以来山东对外贸易存在的突出问题。这一问题导致山东出口产品的国际竞争力较低。因此国际金融危机爆发后，由于受外部需求减弱等因素影响，山东对外贸易受到较大冲击。据统计，2008 年上半年山东进出口总额为 743.5 亿美元，比上年同期增长 35.9%。但是，2008 年下半年特别是第四季度后，由于受国际金融危机的影响。山东进出口增长明显放缓。2008 年 10 月、11 月、12 月，山东进出口总额分别为 137.23 亿美元、126.59 亿美元、110.77 亿美元，分别比上年同期增长 30.8%、4.8%、- 8.5%。其中，2008 年 10 月、11 月、12 月，山东出口额分别为 84.96 亿美元、81.24 亿美元、70.34 亿美元，分别比上年同期增长 26%、6%、- 5%。2008 年 10 月、11 月、12 月，山东进口额分别为 52.2 亿美元、45.35 亿美元、40.43 亿美元，分别比上年同期增长 39.5%、2.7%、- 13.9%（见表 1），增幅逐月大幅下降。特别是 2008 年 12 月山东进出口增幅自 2002 年以来首次出现当月负增长，表明山东进出口贸易面临的形势十分严峻。此后，尤其是进入 2009 年 1、2 月份山东进出口规模急剧萎缩，进出口总额减至百亿美元以下。据统计，2009 年 1 月，山东进出口总额为 89.09 亿美元，其中出口额 60.59 亿美元，进口额 28.51 亿美元，分别比上年同期下降 25.3%、10.4% 和 44.7%。2009 年 2 月，山东进出口总额为 79.01 亿美元，其中出口额 42.71 亿美元，进口额 36.30 亿美元，分别比上年同期下降 19.8%、25.3% 和 12.1%（见表 1）。面对国际金融危机，我国政府立即做出反应，出台了一系列旨在扩大内需和稳定出口的措施，主要包括实施积极的财政政策和适度宽松的货币政策，加大财税政策支持力度，稳步推进加工贸易转型升级，扩大有需求的产品进口，促进投资和贸易互动，加强和改善多双边经贸关系等。山东省委、省政府针对国际金融危机蔓延的严峻形势，根据中央精神，结合省情实际，2009 年以来先后多次出台促进外经贸特别是进出口贸易平稳较快发展的政策措施，并出台了关于促进机电产品进出口稳定增长的意见。特别需要提及的是，山东在用足、用好国家扶持进出口发展政策的同时，不断完善支撑进出口贸易发展的扶持政策以及"人才强商"等重要措施。从 2009 年 3 月开始，山东对外贸易开始走出低谷，进入波动性增长时期。特别需要提及的是，自 2010 年 1 月以来，随着世界经济的逐步复苏，从当年 2 月开始山东对外贸易步入恢复性增长的新时期。其中，2010 年 6 月对外贸易总量达到 160.32 亿美元，超过国际金融危机前山东单月外贸总额最大值（2008 年 6 月的 154.9 亿美元），充分表明山东对外贸易已经恢复到了国际金融危机之前的水平。当年第三季度尽管受到美元贬值等因素的影响，山东对外贸易延续了原有的增长趋势。2010 年 9 月，山东对外贸易总额 177.34 亿美元，其中出口97.19 亿美元，进口 80.15 亿美元，分别较国际金融危机爆发前的 2007 年 9 月增长 54.34%、43.34% 和 70.17%。

表 1　　　　2008 年 7 月~2010 年 10 月山东对外贸易情况统计

年月	进出口		出口		进口	
	金额（亿美元）	比上年同期增减（%）	金额（亿美元）	比上年同期增减（%）	金额（亿美元）	比上年同期增减（%）
2008 年 7 月	154.90	47.8	91.96	44.1	62.94	53.7
2008 年 8 月	149.41	32.7	88.95	30.7	60.46	35.8
2008 年 9 月	159.08	38.5	90.26	33.1	68.82	46.1
2008 年 10 月	137.23	30.8	84.96	26.0	52.27	39.5
2008 年 11 月	126.59	4.8	81.24	6	45.35	2.7
2008 年 12 月	110.77	− 8.5	70.34	− 5	40.43	− 13.9
2009 年 1 月	89.09	− 25.3	60.59	− 10.4	28.50	− 44.7
2009 年 2 月	79.01	− 19.8	42.71	− 25.3	36.30	− 12.1
2009 年 3 月	103.48	− 15.5	59.45	− 14.8	44.03	− 16.4
2009 年 4 月	110.40	− 20.3	60.91	− 20.5	49.49	− 20.0
2009 年 5 月	106.76	− 18.0	59.41	− 19.4	47.35	− 16.3
2009 年 6 月	118.16	− 12.2	65.77	− 16.9	52.39	− 5.5
2009 年 7 月	128.24	− 17.2	70.53	− 23.3	57.71	− 8.3
2009 年 8 月	119.05	− 20.3	68.75	− 22.7	50.31	− 16.8
2009 年 9 月	140.28	− 11.8	76.08	− 15.7	64.2	− 6.7
2009 年 10 月	124.12	− 9.6	75.28	− 11.4	48.84	− 6.6
2009 年 11 月	125.05	− 1.2	75.32	− 7.3	49.73	9.7
2009 年 12 月	142.39	28.5	80.87	15	61.51	52.1
2010 年 1 月	132.84	49.1	72.28	19.3	60.57	112.5
2010 年 2 月	114.51	44.9	62.11	45.4	52.4	44.3
2010 年 3 月	148.61	43.6	77.09	29.7	71.52	62.4

年月	进出口		出口		进口	
	金额（亿美元）	比上年同期增减（%）	金额（亿美元）	比上年同期增减（%）	金额（亿美元）	比上年同期增减（%）
2010 年 4 月	152.07	37.7	79.88	31.1	72.19	45.9
2010 年 5 月	150.63	41.1	86.23	45.1	64.4	36
2010 年 6 月	160.32	35.7	89.4	35.9	70.92	35.4
2010 年 7 月	165.73	29.2	91.73	30.1	74	28.2
2010 年 8 月	162.04	36.1	93.67	36.2	68.37	35.9
2010 年 9 月	177.34	26.4	97.19	27.7	80.15	24.8

资料来源：根据山东省商务厅山东国际商务网"山东省对外贸易当月进出口总情况"整理。

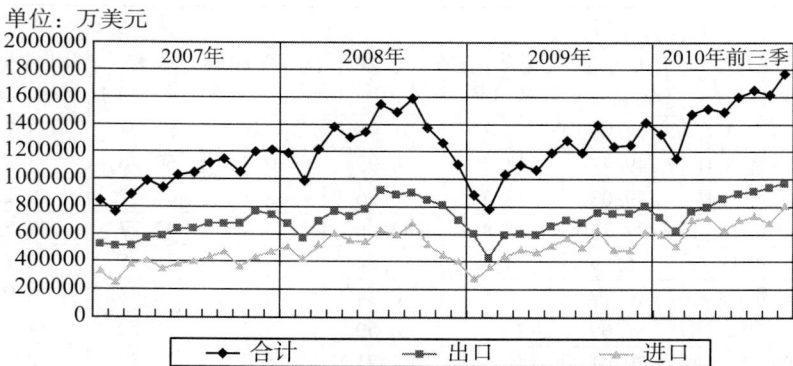

图1　2007 年 1 月～2010 年 9 月山东对外贸易分月运行

资料来源：根据山东省商务厅山东国际商务网"山东省对外贸易当月进出口总情况"整理。

2. 对新兴市场出口表现良好，市场多元化成效明显。积极实施市场多元化战略是改革开放以来山东对外贸易发展的重要举措之一。随着改革开放的日益深入，山东的贸易伙伴不断增加。截至国际金融危机爆发前的 2007 年底，山东已与全球 220 个国家和地区建立了贸易关系，但主要以欧盟、美国、日本、韩国为主。其中，2007 年山东前 10 位的出口市场依次为欧盟（19.2%）、美国（18.4%）、日本（13.7%）、韩国（13.6%）、东盟（6.3%）、中国香港（3.4%）、印度（2.7%）、俄罗斯

（1.8%）、加拿大（1.7%）、澳大利亚（1.4%）。上述 10 大市场占山东出口总额的 82.2%。国际金融危机爆发后，美国、欧盟、日本、韩国经济都受到严重冲击，各种消费需求大大减少。受此影响，山东对上述地区的出口出现了不同程度的下滑。2009 年山东出口下降 14.6%，其中对欧盟出口同比下降 19.6%，对韩国出口下降 15.5%，对东盟出口下降 25.2%，对中国香港地区出口下降 27.2%，对俄罗斯出口下降 40.5%，对中国台湾地区出口下降 27.9%。与之形成对比的是，对一些新兴市场的出口下降幅度较小或仍然保持增长势头。例如，2009 年山东对印度出口增长 5.6%，对澳大利亚增长 5%。2010 年山东出口得以逐步恢复增长，贸易区域结构也进一步优化。其中，当年前三季度对俄罗斯出口增长 101.6%，对巴西出口增长 125.4%，对中国台湾地区出口增长 79.1%，对中国香港地区出口增长 52.7%，而对欧盟、美国、日本等市场虽然有一定程度的增长，但增长幅度远远小于全省的平均水平（见表 2）。

表 2　　　　　2007 年~2010 年 9 月山东主要出口市场结构情况

国家（地区）	2007 年		2008 年		2009 年		2010 年 1~9 月	
	出口额（亿美元）	同比增减（%）	出口额（亿美元）	同比增减（%）	出口额（亿美元）	同比增减（%）	出口额（亿美元）	同比增减（%）
合计	752.44	28.3	931.75	23.8	795.65	-14.6	749.58	32.9
欧盟	144.47	45.8	175.62	21.6	141.26	-19.6	134.75	31.9
美国	138.48	22.1	161.32	16.5	148.17	-8.2	133.59	26.9
韩国	102.06	16.9	131.3	28.7	110.89	-15.5	100.29	28.6
日本	103.16	10.6	121.96	18.2	113.94	-6.6	94.05	17.4
东盟	47.66	27.7	62.75	31.7	46.95	-25.2	49.06	48.1
印度	20.32	140.1	25.19	24	26.61	5.6	26.18	34.9
中国香港	25.6	-0.9	28.04	9.5	20.42	-27.2	21.42	52.7
俄罗斯	13.74	71	18.02	31.2	10.73	-40.5	14.59	101.6
澳大利亚	10.85	38.4	14.46	33.2	15.18	5	13.43	38.7
巴西	5.54	52	10.13	83	8.46	-16.6	12.44	125.4
中国台湾	7.1	-7.5	9.38	32.1	6.76	-27.9	8.32	79.1

　　资料来源：根据山东省商务厅山东国际商务网"山东省分洲别市场累计进出口情况"整理。

3. 私营企业进出口增幅高于其他外贸经营企业。国际金融危机对山东进出口经营主体的影响有较大差异。从总体情况看，国际金融危机爆发前后，山东外商投资企业进出口规模一直居各外贸经营主体之首，其进出口额约占山东进出口总额的一半以上。但国际金融危机爆发后，这一格局发生了微小的变动。突出表现为：外商投资企业进口占全省进口的比重呈现出不断下降的趋势，从 2007 年的 55.6% 下降到 2010 年 9 月的 47.5%。国有企业受国际金融危机冲击较大，其出口额占山东出口总额比重由 2007 年的 16.4% 下降到 2010 年 9 月的 11.73%；其进口额占山东进口总额比重由 2007 年的 20.39% 下降到 2010 年 9 月的 15.58%。以私营企业为代表的其他外贸经营主体则在应对国际金融危机冲击中表现出较强的活力和竞争力。从 2007 年到 2010 年 9 月，私营企业出口占山东出口总量的比重由 20.7% 增长到 26.8%，进口占山东进口总量的比重从 14.1% 增长到 27%（见图 2、图 3）。

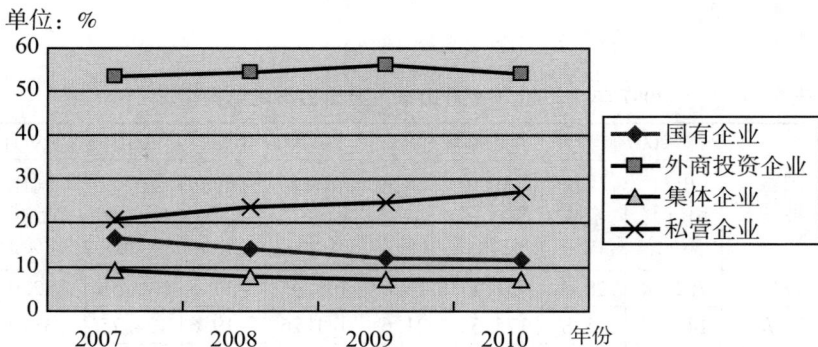

图 2　2007 年～2010 年 9 月山东各外贸经营主体出口占全省出口总量比重情况

资料来源：根据山东省商务厅山东国际商务网"山东省对外贸易进出口总情况"整理，2010 年数据为前三季度数据。

4. 加工贸易回暖快于一般贸易，但增长后劲不大。在出口贸易中，2008 年，山东加工贸易额 429.55 亿美元，占山东总额的 46.1%；一般贸易出口额 380.09 亿美元，占山东出口总额的 50.5%。2009 年，山东加工贸易出口额 339.4 亿美元，占山东出口总额的 50.2%，较 2008 年上升 4.1 个百分点；一般贸易出口额 363.76 亿美元，占山东出口总额的 45.7%，较 2008 年下降 5.2 个百分点。但是，随着世界经济的逐步复苏和我国经济形势的好转，加工贸易尚未继续保持原有的增长势头。

单位：%

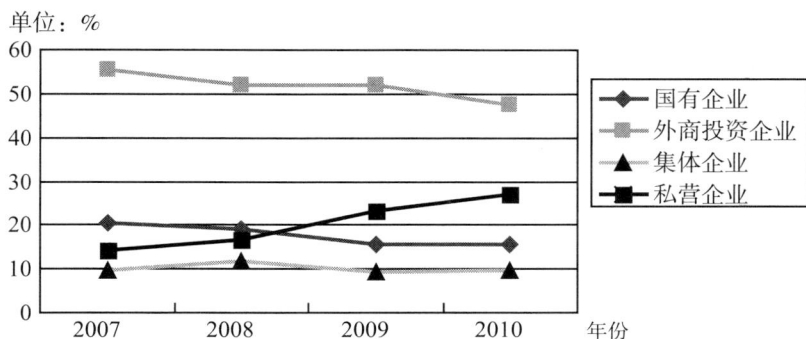

图3　2007年~2010年9月山东各外贸经营主体进口占全省进口总量比重情况

资料来源：根据山东省商务厅山东国际商务网"山东省对外贸易进出口总情况"整理，2010年数据为前三季度数据。

2010年前三季度，在山东出口贸易中，一般贸易所占比重再次上升，加工贸易所占比重则呈现出小幅下降的态势（见表3）。

表3　　　2007年~2010年9月山东按贸易方式分贸易变动情况

项目		2007年		2008年		2009年		2010年1~9月	
		出口额（亿美元）	占比（%）	出口额（亿美元）	占比（%）	出口额（亿美元）	占比（%）	出口额（亿美元）	占比（%）
出口	一般贸易	380.09	50.5	473.99	50.9	363.76	45.7	357.59	47.7
	加工贸易	354.23	47.1	429.55	46.1	399.4	50.2	357.28	47.7
	其他贸易	18.11	2.4	28.21	3	32.49	4.1	34.7	4.6

资料来源：根据山东省商务厅山东国际商务网"山东省对外贸易进出口总情况"整理。

5. 机电产品和高新技术产品出口在山东出口总额中所占比重持续上升，贸易结构有所改善。近年来，随着科技兴贸战略和出口品牌战略的实施，山东出口商品结构实现了从以初级产品为主向工业制成品为主转变，从以轻纺等劳动密集型产品为主向以机电产品和高新技术产品等资本、技术密集型产品为主的转变。尽管国际金融危机的爆发对山东对外贸易产生了较大影响，但山东出口结构不断改善的趋势没有因此而改变。据统计，山东机电产品占出口商品总额的比重由2007年的36.9%

增长到 2010 年 9 月的 42.7%。而高新技术产品的出口增长势头更为明显，在山东出口贸易中所占的比重一直呈上升趋势。2007 年 1 月 ~ 2010 年 9 月增长了 6 个百分点（见表 4）。这一态势说明要实现对外贸易特别是出口贸易的持续、平稳增长，必须高度重视发展机电、高新技术产品出口。

表 4　　2007 年 ~2010 年 9 月山东主要商品出口所占比重变动情况　　单位：%

	2007 年	2008 年	2009 年	2010 年 1 ~9 月
纺织服装	18.4	16.7	17.9	16.9
农产品	12.3	10.7	12.3	11.8
机电产品	36.9	41.2	43	42.7
高新技术产品	11.3	14.7	17.2	17.2

资料来源：根据山东省商务厅山东国际商务网"山东省对外贸易进出口总情况"整理，2010 年数据为前三季度数据。

（二）国际金融危机爆发后山东利用外资的态势

国际金融危机致使全球国际资本流动的数量大为减少，山东利用外资也受到了严重影响。面对复杂严峻的局面，山东坚持科学谋划，积极作为，在不断扩大利用外资规模的同时，注重提高利用外资的质量和水平。

1. 利用外资规模在历经大幅回落后开始增长。2007 年山东批准外商投资项目 2717 个，合同外资额 117.39 亿美元（同比增长 7.4%），实际使用外资额 110.12 亿美元（同比增长 10.1%），基本上延续了改革开放以来山东利用外资发展快速增长的态势。从 2008 年下半年开始，金融危机对山东利用外资的影响逐步显现出来。当年 9 月实际使用外资额首次下滑，从此进入了长达 13 个月实际使用外资额下滑。此后，随着世界经济的逐步复苏以及国家利用外资政策的不断完善，从 2009 年中期开始山东利用外资重新焕发出生机。当年 10 月份，山东新批外商投资项目 114 个，合同外资额 8.1 亿美元，实际使用外资额 6.8 亿美元，同比分别增长 2.7%、15.8% 和 46.1%。这是自 2008 年 9 月份以来山东实际使用外资额连续 13 个月下降后首度实现增长，且增幅较高，这标志着山东利用外资开始向好发展。2010 年山东外商投资呈现强势反弹。当年前 10 个月累计批准外商投资项目数量、合同外资额和实际使用外资额同比分别增长 10.5%、56.7% 和 14.3%（见表 5）。

表5			2007 年～2010 年 10 月山东利用外资总体情况					
	2007 年		2008 年		2009 年		2010 年 1～10 月	
	外资额	同比（%）	外资额	同比（%）	外资额	同比（%）	外资额	同比（%）
项目数（个）	2717	-25.6	1527	-43.3	1468	-3.9	1259	10.5
合同外资额（亿美元）	117.39	7.4	101.5	-10	87.1	-14.2	95.27	56.7
实际使用外资额（亿美元）	110.12	10.1	82.02	10.2	80.1	-2.3	64.79	14.3

资料来源：根据《山东统计年鉴》（2007～2008）及山东省商务厅山东国际商务网"利用外资统计"整理。根据国家统计局统计制度，2008 年以后实际利用外资改为实际到账外资。

2. 外商投资质量在波动中提高。据统计，2007 年山东第一产业实际使用外资额 2.9 亿美元，同比增长 23.13%；第二产业实际使用外资额 87.94 亿美元，同比下降 1.45%；第三产业实际使用外资额 19.27 亿美元，同比增长 37.1%。2008 年下半年后，特别是 2009 年由于受国际金融危机的冲击，山东主要产业吸收外资受到较大影响。其中，2009年除第一产业实际使用外资额增长外，第二、三产业的实际使用外资额均有所下降，且第三产业下降幅度较大。2010 年 1～10 月除山东第一产业实际使用外资额下降幅度较大外，第二、三产业实际使用外资额均出现大幅增长，尤其是第三产业增幅较大（见表6）。

表6			2007 年～2010 年 10 月山东第一、二、三产业实际使用外资情况					
	2007 年		2008 年		2009 年		2010 年 1～10 月	
	实际使用外资额（亿美元）	同比增减（%）	实际使用外资额（亿美元）	同比增减（%）	实际使用外资额（亿美元）	同比增减（%）	实际使用外资额（亿美元）	同比增减（%）
第一产业	2.9	23.13	3.84	-36.1	4.43	15.3	1.23	-68
第二产业	87.94	-1.45	53.86	11.3	53.31	-1	43.81	17.1
第三产业	19.27	37.1	24.32	21.4	22.37	-8.1	19.76	27.8

资料来源：根据《山东统计年鉴》（2007～2008）及山东省商务厅山东国际商务网"利用外资统计"整理。根据国家统计局统计制度，2008 年以后实际利用外资改为实际到账外资。

  3. 来自亚洲的投资减少但美国等投资增多。由于受国际金融危机的冲击，一些亚洲国家和地区特别是日本、韩国等对外投资有所减少，对山东吸收外资影响较大。2008 年日本、韩国对山东实际投资额分别为 4.02 亿美元、12.65 亿美元，分别占当年山东实际使用外资总额的 4.9%、15.42%；2009 年日本、韩国对山东实际投资额分别为 3.04 亿美元、12.06 亿美元，分别占当年山东实际使用外资总额的 3.79%、15.05%，分别下降 1.11 个和 0.37 个百分点。2010 年 1～10 月日本、韩国对山东实际投资额分别为 2.12 亿美元、7.86 亿美元，分别占当年同期山东实际使用外资总额的 3.28%、12.13%，分别下降 2.92 个和 0.49 个百分点。国际金融危机肇始于美国，因此对美国经济的影响最为严重。由于美国市场流动性过剩非常严重，其大量资金转而在国际上寻求相对安全的投资区域。中国具有生产要素、市场容量、基础设施、产业配套等方面的综合优势，成为美国等发达国家投资的重要国家。因而美国对山东的投资呈现出增多的趋势。2008 年美国对山东实际投资额 3.36 亿美元，占山东当年实际使用外资总额的 4.10%。2009 年美国对山东实际投资额 2.92 亿美元，占山东利用外资总额的 3.65%。2010年随着世界经济形势的逐步好转，美国对山东的投资有所增加。据统计，2010 年 1～10 月，美国对山东的实际投资额 4.57 亿美元，占山东当年同期实际使用外资总额的 7.05%（见表 7）。

表 7　　　　　　2007 年～2010 年 10 月山东实际使用
　　　　　　　外资的来源结构变动情况　　　单位：亿美元、%

	2008 年		2009 年		2010 年 1～10 月	
	实际使用外资额	比重	实际使用外资额	比重	实际使用外资额	比重
中国香港、澳门	37.31	45.48	38.7	48.31	29.49	45.52
韩国	12.65	15.42	12.06	15.05	7.86	12.13
日本	4.02	4.90	3.04	3.79	2.12	3.28
中国台湾	1.5	1.83	1.81	2.26	1.76	2.72
新加坡	8.12	9.89	4.52	5.64	5.16	7.97
美国	3.36	4.10	2.92	3.65	4.57	7.05
欧洲	2.67	3.26	6.21	775	2.81	4.33
其他	12.41	15.13	10.84	13.54	11.03	17.02

  资料来源：根据山东省商务厅山东国际商务网"利用外资统计"整理。

（三）国际金融危机爆发后山东实施"走出去"战略的态势

在世界经济深度衰退、国内外形势严峻复杂的形势下，山东积极引导企业抢抓机遇，应对挑战，大力实施"走出去"战略，全省境外投资、对外承包工程和劳务合作等逆势上扬，成为开放型经济发展的一大亮点。

1. 境外投资、对外承包工程和劳务合作发展速度快。山东抓住境外优质资产、优质企业价格缩水的有利时机，瞄准一些拥有国际知名品牌、全球营销网络、具有研发能力的企业加快境外并购，实现低成本快速发展。同时，积极加快建设境外能源资源基地，特别是加快优势产能境外转移，境外投资成为山东开放型经济发展的最大亮点之一。据统计，2008 年山东新核准设立境外企业（机构）247 家，同比增长 22%，投资总额 8.4 亿美元，中方投资额 6.7 亿美元，同比分别增长 44% 和 67%[①]。2009 年在世界经济更加衰退、国内外形势更加复杂严峻的背景下，山东境外投资继续保持逆势上扬的良好发展势头。当年新核准设立境外企业（机构）299 家，中方投资 11.2 亿美元，同比分别增长 21% 和 67.6%（见图 4）。2010 年 1~6 月山东新核准境外投资企业（机构）180 家，中方投资额 11.7 亿美元，分别增长 33% 和 116%，境外投资额居全国第一位。

单位：亿美元

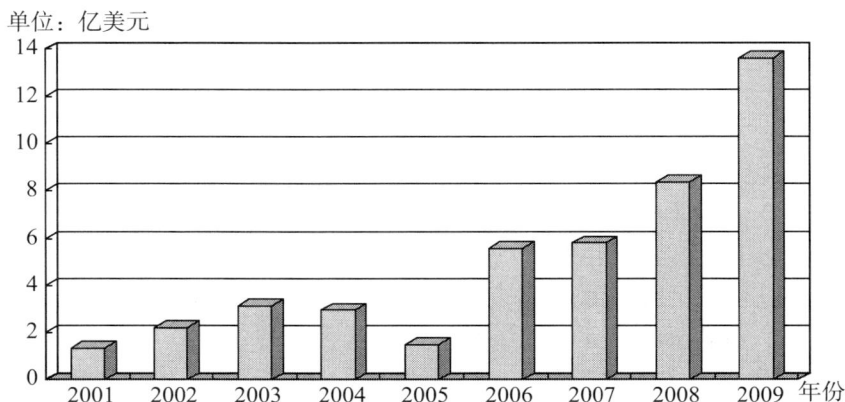

图 4 2001~2009 年山东对外投资总额变动趋势

资料来源：《山东统计年鉴》各年度，中国统计出版社。

---

① 《山东统计年鉴》，中国统计出版社 2009 年版。

对外承包工程和劳务合作也取得了较快发展，无论是合同金额、营业额还是年末在外人数均保持了稳定的高速增长态势。据统计，2008年山东签订对外承包工程合同额 75.41 亿美元，同比增长 39.57%；完成对外承包工程营业额 35.89 亿美元，同比增长 18.88%；2009 年签订对外承包工程合同额 93.23 亿美元，同比增长 23.63%；完成对外承包工程营业额 50.91 亿美元，同比增长 41.85%，年末在外人数达到 9.64万人，同比增长 6.40%（见图 5）。2010 年 1~6 月，山东新签对外承包劳务合同额 38.7 亿美元，完成对外承包工程营业额 28.1 亿美元，分别增长 33.9% 和 43.2%，增幅分别高于全国 25 个和 23 个百分点。

单位：亿美元、万人

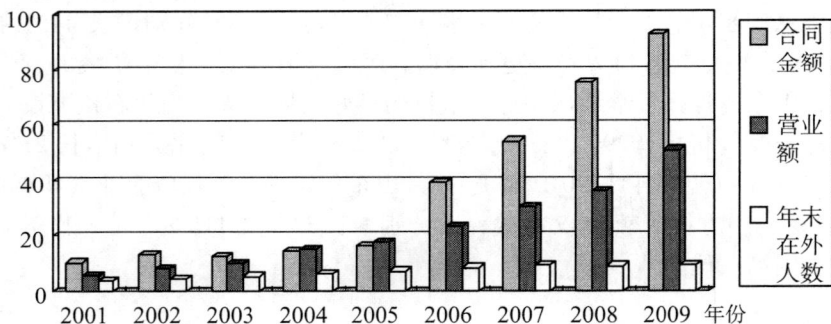

图5　2001~2009 年山东境外投资和对外劳务合作发展情况
资料来源：《山东统计年鉴（2010）》，中国统计出版社 2010 年版。

2. 境外投资的区域结构进一步优化。山东制定了"突出周边、巩固亚太、开发非洲、启动拉美"的措施，推动山东境外投资的区域结构进一步优化，多元化的市场格局继续向纵深发展。2008 年山东对外投资的主要地区分别为：亚洲 4.73 亿美元，占总量的 56%；欧洲 1.35亿美元，占总量的 17%；大洋洲 9017 万美元，占总量的 11%；对非洲8041 万美元，占总量的 10%；拉丁美洲 3336 万美元，占总量的 4%。2009 年，山东对亚洲直接投资 6.51 亿美元，占同期山东对外投资总量的 47.81%；对北美洲投资 1.46 亿美元，占同期山东对外投资总量的10.9%；对非洲直接投资 1.47 亿美元，占同期山东对外投资总量的10.78%；对欧洲投资 1.86 亿美元，占同期山东对外投资总量的

13.69%；对大洋洲投资 1.51 亿美元，占同期山东对外投资总量的
11.12%（见图 6）。国际金融危机爆发后山东不仅在境外投资的数量上
有了较大突破，而且还进一步拓展了新的投资市场。首次在叙利亚、利
比里亚、利比亚、马拉维、中非、丹麦等 24 个国家和地区设立境外企
业（机构），使山东境外投资、对外承包工程和劳务合作等遍及全世界
126 个国家和地区。

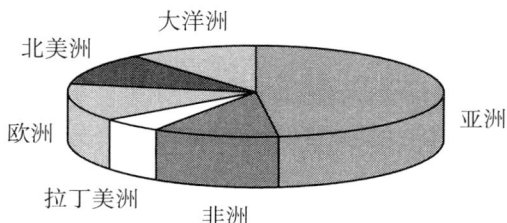

图 6 2009 年山东境外投资地区分布

资料来源：《山东统计年鉴（2010）》，中国统计出版社 2010 年版。

3. 境外投资和对外劳务合作的方式日趋多元化。山东在继续鼓励
企业采取设立营销网络、对外承包工程等方式"走出去"的同时，还
大力引导企业投资创办实业，加快推进境外生产制造、研发设计、资
源开发等，使山东企业走出去的方式日趋多样化，尤其是在境外能源
资源开发和境外加工贸易方面取得了较大成就。2009 年，山东核准
境外能源资源开发项目 33 个（同比增长 29.4%）；投资总额 5.46 亿
美元（同比增长 197.6%），其中中方投资 4.32 亿美元（同比增长
163.8%）。山东核准境外加工贸易项目 22 个（同比增长 29.4%），
投资总额 1.27 亿美元（同比增长 246%），中方投资 1.15 亿美元
（同比增长 251.9%）（见表 8）。此外，山东还积极创新对外劳务合
作方式，逐步探索出团队整建制派出、基地县培训后派出、政府间协
议派出等方式，通过定点招收、定点培训、定点管理，在经营公司和劳
务人员之间建立了承接机制，海员、护士、工程师等高级劳务外派不断
增加。

表8   2009 年山东境外投资方式情况   单位：万美元、%

类别	境外投资项目			协议投资总额			
	2009 年	同比增减	累计	合计		中方	
				2009 年	同比增减	2009 年	同比增减
总计	299	21.1	2026	136157	62.9	112552	67.6
贸易性企业	111	29.1	747	23611	84.1	22162	92.1
非贸易性企业	135	31.1	766	111729	59.2	89624	62.6
#加工贸易企业	22	29.4	198	12696	197.6	11435	163.8
资源开发企业	33	50	117	54586	246	43193	251.9
常设机构	53	-8.6	513	766	49.4	766	49.4

资料来源：同图6。

二、后国际金融危机时期山东开放型 经济发展面临的机遇及挑战

后国际金融危机时期，山东开放型经济发展面临的国际国内形势都将发生复杂深刻的变化，既面临前所未有的重要机遇，也面临诸多严峻的挑战。

（一）后国际金融危机时期山东开放型经济发展面临的机遇

后国际金融危机时期，和平、发展、合作仍是时代潮流，世界多极化、经济全球化趋势不会发生根本逆转，世界经济总体上将逐步恢复增长。贸易投资自由化进一步推进，跨境投资将进一步反弹。山东开放型经济发展面临难得的历史机遇。具体来说，主要有以下几个方面：

1. 承接高端制造业和现代服务业转移的机遇。后国际金融危机时期，国际分工合作体系不断深化，贸易和投资仍将成为拉动世界经济增长的重要因素。发达国家为应对经济衰退和培育新的经济增长点，将大力发展新能源、生物医药、节能环保等战略性新兴产业，带动相关产业发展，以抢占产业发展制高点，并促进传统产业的转型升级。同时，发达国家依然把金融、保险、信息、技术等现代服务业作为发展重点，以扩大市场为目的的服务业跨境投资将出现恢复性增长。并且，发达国家为应对全球气候变化，完成减排目标，推动产业升级，将加快向发展中国家转移制造业、高新技术产业的生产制造环节、非核心研发环节以及

采购、销售、售后服务和相关生产性服务业。我国政治安定、社会稳定、巨大的市场容量、完善的基础设施、完备的产业配套能力、稳定公平的市场环境、较低的综合成本等优势，对全球高端产业和生产要素保持着较强的吸引力。据联合国贸发会议《2010～2012世界投资前景调查报告》，对236家全球最大的跨国公司和116个国家及投资促进机构的调查表明，世界前15个最具吸引力的投资目的地中，有9个是发展中国家和转型经济体，中国位居第一，是跨国公司首选的投资目的地。① 另据国务院发展研究中心对近500家在华外商投资企业的调查问卷结果显示，中国在跨国公司未来战略中的地位进一步提升，跨国公司将加大对中国投资的力度，除了继续把中国作为面向全球市场的制造基地外，还将进一步向中国转移研发中心、区域总部、全球采购中心、高端制造业和现代服务业等。这将为山东进一步承接国际高端制造业和现代服务业转移，推进产业优化升级提供了良机。

2. 巩固扩大国际市场份额的机遇。主要表现为：（1）国际需求虽有萎缩但有增长空间。后国际金融危机时期，世界经济将进入新一轮发展周期。据国务院发展研究中心报告，2011～2015年，预计全球经济增长速度为3%左右，低于国际金融危机爆发前2003～2007年水平。其中，发达经济体为2%左右，发展中经济体为5%左右。② 世界经济继续缓慢复苏，将会进一步推动全球贸易的增长。这将为山东对外贸易的发展提供一定条件。（2）全球产业结构调整孕育新的贸易增长点。历史经验表明，经济危机往往催生新的技术和新的产业。后国际金融危机时期，世界许多国家特别是发达国家，对新能源、新材料、新信息、新医药、节能环保等产业日益重视，并带动相关产业的发展。新能源、新材料、新信息、新医药、节能环保等高新技术产品将有广阔的发展空间，其贸易将在世界贸易中的比重大大上升。同时，随着世界各国产业结构的调整、新兴服务业的产生，以及国际服务业转移的加快，服务贸易结构将进一步优化，新兴服务贸易将成为服务贸易的主要增长点。这将有利于山东进一步调整出口产业结构，以及培育高新技术产业、节能环保产业和现代服务业等出口新增长点。（3）新兴市场的份额将逐步扩大。后国际金融危机时期，经济全球化将由美国主导转变为发达经济

---

① 李金桀、马跃华：《中国仍是外商投资沃土》，载《光明日报》2010年9月12日。
② 国务院发展研究中心课题组：《对外开放新战略》，载《国际贸易》2010年第8期。

体与新兴经济体共同主导，形成多元主导的趋势。据国际货币基金组织（IMF）2010 年 10 月 6 日发布的《世界经济展望》报告，2010 年和 2011 年世界经济增幅分别为 4.8% 和 4.2%。其中，发达经济体增长率分别为 2.7% 和 2.2%；新兴经济体和发展中国家的增长率分别为 7.1% 和 6.4%。① 新兴经济体和发展中国家将成为世界经济复苏的"亮点"，在全球贸易中的份额将呈扩大之势。在全球经济复苏中，中国、印度、巴西等新兴市场国家回升势头强劲，成为带动世界经济整体复苏的主要力量。这将为山东进一步实施市场多元化战略，拓展新兴市场提供了重要条件。

3. 加快实施"走出去"战略的机遇。主要包括：（1）有利于低成本并购优质资产、关键技术和品牌等。国际金融危机引发了世界性的经济衰退，虽然目前世界经济继续缓慢复苏，但金融危机的影响依然存在。一些国家的汽车、钢铁、机械制造、化工、采掘等行业受到严重冲击，不少企业陷入了资金和生产经营困境。其资产价格大幅缩水，产业整合的愿望非常迫切。特别是一些企业拥有关键技术、国际品牌、研发人员、营销网络和营销团队等战略资产，其要价处于历史较低水平。同时，一些国家为应对经济衰退，出台了投资和绿色新政等，通过放宽外来投资限制，不断加大节能环保、低碳经济、品牌经营和营销网络等领域的对外合作。这将有利于山东以较低成本并购优质资产、关键技术和国际品牌等。（2）有利于扩大境外能源资源合作开发。后国际金融危机时期，全球能源资源市场面临重新洗牌的格局，一些国家的能源资源开发趋于开放，这将有利于山东通过股权收购、共同开发、合作建设等方式，扩大海外能源资源的合作开发。为建立长期稳定的海外能源资源供应基地和供应渠道创造良好条件。（3）有利于拓展国际工程市场。后国际金融危机时期，随着经济全球化和区域经济一体化趋势的深入发展，全球范围内的人流、物流、资金流、信息流的速度不断提升，对于基础设施的承载力提出了更高的要求。一些发达国家的基础设施需要升级改造，各种形式的基础设施投资仍将不断扩大；一些发展中国家不断加快工业化进程，对基础设施建设、建筑设备、工业装备等产生强劲需求。这将为山东扩大国际工程市场，带动建筑设备、成套设备出口提供了机遇。此外，后国际金融危机时期，山东经济实力将不断增强，将涌

---

① 《全球经济复苏面临四大挑战，国际合作亟待加强》，中新网，2010 年 10 月 8 日。

现出更多有优势、有实力的企业，且"走出去"的促进体系将进一步完善，这将为山东加快实施"走出去"战略提供了良好的条件。

4. 深度参与国际区域合作的机遇。后国际金融危机时期，随着经济全球化特别是区域经济一体化趋势的不断发展，中国参与国际区域合作的规模不断扩大、领域不断拓宽、层次不断提高，这必然使作为中国经济大省和开放大省的山东面临新的契机。主要包括：（1）有利于山东加快与日韩经济合作。后国际金融危机时期，亚洲将迎来区域合作的最佳时机，亚洲经济一体化进程将渐行渐近。其中一个重要方面是中日韩的经济合作将取得新的突破。2010 年 5 月，中韩自贸区官产学联合研究正式完成，按照双方商定，双方力争于 2010 年下半年或 2011 年启动政府间谈判。2010 年 5 月上旬，中日韩自贸区官产学联合研究已正式启动，三国决定尽快签署中日韩投资协议，并确定在 2012 年三国领导人会议之前完成三国自贸区官产学联合研究，为中日韩自贸区建设奠定基础。随着中日韩自贸区联合研究和谈判的不断进展，将为山东充分发挥毗邻日韩的区位优势，扩大对日韩的深度合作带来更多机会。（2）有利于山东加快与东盟的经济合作。中国—东盟自贸区自 2010 年 1 月 1 日建成以来，双方资金、资源、技术和人才等生产要素的流动效率显著提高，为扩大贸易和投资合作提供了前所未有的良好环境。后国际金融危机时期，中国将进一步加大与东盟的贸易合作，简化通关程序，加强检验检疫技术标准和原产地合作，推进贸易便利化，提高对自贸区的利用效率。到 2015 年，中国与东盟的贸易额力争达 5000 亿美元（2010 年 1~9 月中国与东盟贸易额为 2113 亿美元）。并且，将继续推动中国优秀企业到东盟国家投资，加强双方在纺织、钢铁、机械、造船、化工、信息、汽车等领域的合作，共同提升制造业的竞争能力。积极创造条件，争取在五年内同每个东盟成员国共建一个经贸合作区。同时，中国将启动"中国—东盟投资合作基金"，有序推进与东盟国家的金融、资本市场、农业和可持续发展的合作。所有这些，都为将东盟作为重要贸易、投资伙伴的山东，更加积极地拓展与东盟合作创造良好条件。此外，在后国际金融危机时期，中国将进一步引导和推动区域合作进程，加快实施自由贸易区战略，不断深化同其他新兴市场国家和发展中国家的务实合作，这将为山东更加有效地深度参与国际区域合作提供机遇。

（二）后国际金融危机时期山东开放型经济发展面临的挑战

后国际金融危机时期，虽然山东开放型经济发展面临一系列重要机遇，但也面临来自国内外的一些严峻挑战。具体来说，主要有以下几个方面：

1. 世界经济全面复苏的基础并不稳固。从总体情况看，虽然世界经济正在逐步复苏，但国际金融危机的深层次影响并未消除，世界经济仍存在一些系统性和结构性风险。从 2010 年第二季度以来情况看，由于受大规模刺激政策到期或效应逐步减弱的影响，美国、日本经济复苏明显放缓；欧洲主权债务危机仍未得到有效解决，制约着欧元区经济复苏。特别是美国、欧盟、日本等发达经济体失业率居高不下、房地产市场低迷、消费和投资需求不足、政府债务负担沉重等都将制约其经济复苏进程。新兴经济体国家面临通胀压力上升、资产价格泡沫化、汇率波动和国际市场需求收缩等多重压力，其经济增长也将受到一定制约。虽然，很多国家高度重视发展新能源、新材料、生物医药、节能环保等战略性新兴产业，但由于其尚未取得实质性技术突破，短期内难以有较大发展，更难以引领和支撑世界经济发展。因此，世界经济的全面复苏将呈现缓慢、波动的态势。所有这些，都不利于山东开放型经济的平稳较快发展。

2. 国际贸易保持主义抬头和贸易摩擦加剧。鉴于世界经济复苏前景仍具不确定性，以及全球失业率居高不下，国际贸易保护主义在短期内不会消除。近期，频繁出现的"汇率战"、"贸易战"、"价格战"，足以证明国际贸易保护主义日益抬头、贸易摩擦不断加剧。例如，近期美国推出的新一轮量化宽松货币政策，引发了日本、韩国等国家相继干预汇市。后国际金融危机时期，美元仍将继续走低，主要货币汇率之争将进一步加剧，不可避免地增大企业经营风险，进而影响国际贸易的正常发展。随着全球贸易竞争的日趋激烈，贸易摩擦进入高发期。一些国家特别是发达国家频繁使用贸易救济措施，且将气候环境作为新型贸易壁垒工具。其贸易摩擦呈现出综合化、多样化、隐蔽化的新特点，将使世界贸易自由化面临新的挑战。中国作为世界第一出口大国，已成为国际贸易保护主义的第一目标国和最大受害国。中国遭遇的贸易摩擦已从货物贸易向汇率问题、服务贸易、知识产权和投资等领域扩展，贸易摩擦的争执点也从单个产品向整个产业扩散，最后直抵政策和制度层面。世界银行最新报告显示，中国出口总量不到全球的 10%，但全球 47% 的新发起贸易救济调查和 82% 已完成的案件都涉及中国。后国际金融危机时期，针对中国产品的贸易摩擦将会长期化、常态化，这将恶化我国的出口环境。从而，将削弱山东出口产品的竞争力，加大企业拓展国际市场的难度。

3. 国内外区域开放竞争日趋激烈。从国际情况看，后国际金融危机时期，发达国家明确提出"再平衡"要求，希望向"再工业化"模式转型，重新重视生产、制造和出口，不仅造成发达国家市场空间缩小，而且还与发展中国家争夺市场。例如，美国提出"出口倍增计划"，期望在未来五年实现出口翻番的目标（即由 2009 年出口额的 1.57 万亿美元，增加到 2015 年的 3.14 万亿美元）。并且，通过设立总统出口委员会和出口促进部、改革出口管制体系、扩大贸易融资规模、实施国别贸易战略等措施，不断加大实施出口导向战略的力度。欧盟振兴计划提出"未来工厂项目"，期望通过技术创新争取成为世界制造业的领先者，并将就业和利润都留在欧洲。这将使山东在中高端市场领域面临竞争。发展中国家尤其是东南亚、南亚等周边国家大力改善投资环境，充分利用本国生产成本较低的优势，积极吸收外资和扩大产品出口。一些国家加快扩大对外投资规模，且对我国正常投资设置障碍。这对山东开放型经济发展提出了新挑战。从国内情况看，全国区域经济发展特别是区域开放型经济发展的规模不断扩大、领域不断拓宽、层次不断提高。珠江三角洲地区和长江三角洲地区的一体化发展、天津滨海新区、辽宁沿海经济带、江苏沿海地区发展、福建海峡西岸经济区、广西北部湾经济区、海南国际旅游岛建设、重庆两江新区、安徽皖江城市带承接产业转移示范区等已上升为国家战略，国家赋予其灵活的开放和开发政策，使新一轮的区域开放竞争日趋激烈，对山东开放型经济发展形成较大竞争压力。

4. 国内制约因素和开放型经济结构性矛盾较为突出。从总体情况看，主要表现为：（1）人民币升值压力不断增大。近年来，人民币始终尚未摆脱升值的压力。特别是近期人民币汇率再次成为美欧等国向中国施压的手段。总的来看，人民币具有升值压力将是长期趋势。人民币升值将对山东进出口、吸收外资和对外工程承包产生重要影响。（2）要素成本上升压力较大。主要是劳动力成本将会持续上升、原材料价格也面临上涨压力、节能环保成本增加等。从而造成中国制造的低成本优势将逐渐减弱。此外，山东开放型经济发展面临着土地、环境、能源、资源、技术、人才、体制等制约。（3）山东开放型经济存在结构性矛盾。突出表现为：外贸发展方式总体上仍比较粗放，具有自主知识产权、自主品牌、自主营销、高技术含量、高附加值、高效益的出口产品比重较小。2009 年全省机电、高新技术产品出口分别低于全国平均水平 16.5 个和 14.2 个百分点。服务贸易规模不大、层次不高。利用外资的结构不尽合理，牵动全局的高新技术产业、先进制造业、服务业、现代农业龙头大项目缺乏；跨国公司的战略性投资较少，特别是地区总部、研发中心缺乏。"走出去"的规模总体上较小，企业跨国经营的水平不够高，政策扶持体系亟待完善。山东的东部沿海地区、中西部地区的开放型经济发展不平衡，亟待优化区域开放布局等。

总体上看，山东开放型经济发展将面临新的机遇和挑战，且机遇大于挑战。当务之急，山东必须未雨绸缪，认清形势，抓住机遇，迎接挑战，采取积极有效的措施，进一步提高开放型经济水平。

三、后国际金融危机时期山东开放型经济发展的基本思路

后国际金融危机时期，山东开放型经济发展面临的国内外环境和条件发生重大变化。山东开放型经济发展进入由注重规模速度向注重质量效益、由出口为主向进口和出口并重、由吸收外资为主向吸收外资和对外投资并重、由制造业开放为主向制造业、服务业和农业开放并重转变的新阶段。山东应在全球经济格局变革中把握机遇、应对挑战，不断拓展新的开放领域和空间，进一步提高开放型经济水平，形成参与国际经济合作和竞争的新优势。

(一) 加快转变外贸发展方式，努力提升外贸综合竞争力

总体要求是，以加快转变外贸发展方式为中心，推动山东外贸从规模速度型向质量效益型转变，推动山东产业在全球分工中逐步从低端向高端转变，推动山东由贸易大省向贸易强省转变。

1. 努力优化出口商品结构。主要包括：（1）大力提升出口商品质量。进一步实施科技兴贸战略、以质取胜战略和品牌战略，大力发展机电、高新技术等出口产业，加快培育战略性新兴产业特别是低碳、绿色型出口产业，努力扩大具有自主知识产权、自主品牌、自主营销和高技术含量、高附加值、高效益的产品出口。积极利用先进技术改造纺织服装、轻工、农产品等传统出口产业，提升其出口产品的技术含量和附加

值。严格控制高耗能、高污染和资源型产品出口。减少低技术含量、低附加值产品出口。实现出口产品从资源、劳动密集型为主向资本、技术密集型为主的转变。（2）积极培植出口产业集群。根据国家产业政策和山东重点产业调整振兴规划，依托各类产业聚集区、经济技术开发区、高新技术产业开发区、出口加工区、保税区、保税物流园区、保税港区等，进一步培育壮大机电、高新技术、化工、轻工、医药、纺织服装、农产品等出口产业集群，推动出口产业从资源、劳动密集型向资本、技术、品牌密集型转变，建设一批特色鲜明、具有较强国际竞争力的出口基地和科技兴贸创新基地。特别是根据山东农产品出口优势，积极创建农产品出口品牌，努力把山东建设成为全国农产品出口示范区。

2. 加快推进加工贸易转型升级。主要应抓住以下环节：一是积极承接国际产业转移，吸收跨国公司特别是世界500强企业，把更高技术水平、更大增值含量的加工制造环节和研发环节转移到山东。鼓励企业特别是民营企业积极融入跨国公司产业链和供应链，提高加工贸易国内企业参与的比重，延长加工贸易国内增值链。二是积极引导加工贸易企业加大技改、研发的投入，设立研发机构，创建自主品牌，加强营销服务，加快由代加工向代设计、由贴牌生产向自主品牌生产营销转变。三是优化加工贸易结构，重点支持发展技术含量高、附加值高和环保型、资源节约型的加工贸易，促进加工贸易由劳动、资源密集型向资本、技术密集型转变。四是进一步建立加工贸易跟踪管理和服务机制，加强对加工贸易重点地区、重点行业、重点企业的跟踪管理和服务，及时掌握并积极协调解决企业遇到的困难和问题。五是强化加工贸易载体建设，整合、拓展海关特殊监管区域功能，引导加工贸易增量入区集中管理。六是制定加工贸易发展规划，优化全省加工贸易的产业和区域布局，实现加工贸易的持续、健康发展。七是进一步落实加工贸易梯度转移政策，积极推进东部沿海地区特别是青岛、烟台、威海等市加工贸易项目向省内中西部地区转移，促进全省加工贸易产业和区域布局的优化。八是努力完善加工贸易政策，构建加工贸易信息平台，培育一批在国内外具有公信力和竞争力的中介服务组织，为加工贸易转型升级提供良好服务。

3. 大力发展服务贸易。后国际金融危机时期，服务贸易是山东参与国际经济合作和竞争的新平台。应突出解决好以下问题：（1）大力发展服务贸易出口。在继续大力发展山东旅游、运输、劳务合作等传统服务出口的同时，进一步扩大软件、文化、技术、医疗服务出口，特别是重点发展金融、保险、动漫、物流、信息、出版、传媒、通讯、咨询等高增值的服务出口。（2）积极发展服务贸易进口。有选择地开放服务贸易领域，加强与国际服务贸易企业的合作，促进服务贸易进口。（3）进一步培育服务贸易的载体。依托济南、青岛等重点城市，以及重点经济技术开发区、高新技术产业开发区等，建立全省服务贸易示范区。并且，培育一批全省服务贸易重点企业和全省知名服务贸易品牌，发挥其示范和辐射作用，加快形成服务贸易进出口增长带。（4）努力打造国际知名的服务贸易平台。进一步办好山东文化产业博览交易会、山东国际旅游交易博览会等，使之在发展服务贸易中充分发挥作用。（5）优化服务贸易发展的环境。进一步制定和完善服务贸易发展的财政、金融、税收、外汇、通关、人才等扶持政策，加快推进山东对外贸易由货物贸易为主向货物贸易和服务贸易并重转变。

4. 着力构建多元化市场格局。重点采取以下措施：一是进一步深入实施市场多元化战略，引导企业全方位开拓市场。通过开发新产品、新技术、新服务，努力巩固和深度开掘美国、欧盟、日本、韩国等传统市场。同时，根据经济规模、人口总量、消费能力、市场环境等指标，对新兴市场进行分类，积极开拓和培育新兴市场。重点拓展成长性好、潜力大的拉美、非洲、中东、南亚、东欧、俄罗斯等新兴市场。尤其是用好国家自贸区政策，重点开拓东盟、智利、巴基斯坦、秘鲁、新西兰、哥斯达黎加等6个自贸区市场。同时，抓住海峡两岸签署的《海峡两岸经济合作框架协议》（ECFA）机遇，大力拓展对台贸易。二是积极支持企业建立海外营销网络，切实提高境外自主营销能力。帮助企业建立海外营销渠道、海外贸易中心、品牌专卖店、售后服务网络，并鼓励企业通过并购、参股等方式获取产品销售渠道，建立自主国际营销网络。三是灵活运用贸易、投资、承包工程和援外等方式，开拓新的市场空间。积极推进境外经贸合作区建设，鼓励山东企业集群式对外投资，带动机电产品、高新技术产品特别是成套设备、相关材料出口。四是积极搭建国际会展平台，推动企业参加国际知名展会和区域性专业博览会，提高企业特别是中小企业开拓国际市场的能力。

5. 进一步扩大进口贸易。突出解决以下问题：一是根据山东转变经济发展方式、调整优化经济结构的要求，努力优化进口结构，积极扩大先进技术、设备、关键零部件进口，并加快其消化、吸收、再创新步伐，促进山东的技术升级和产业转型。二是进一步调整进口市场结构，积极拓展进口渠道，实现进口市场的多元化。三是积极参与国际能源资源合作开发，加快推进国际能源资源以及原材料进口基地建设，为山东转变经济发展方式、调整优化经济结构提供强有力的能源资源支撑。四是大力扶持企业进口贸易的发展，加快培育一批组织化程度高、国际竞争能力强的进口经营主体。五是充分发挥东部沿海城市港口较多、开放程度较高的优势，在青岛、烟台、威海、日照等市建设进口资源加工基地。六是进一步完善进口促进体系，积极推进贸易便利化，确保山东进口贸易持续、快速、健康发展。

（二）大力优化外资结构，提高利用外资质量和水平

抓住后国际金融危机时期全球产业结构深度调整和生产要素重组，以及全球产业转移从逐级梯度推进趋向多级平行推进的有利时机，以转变利用外资的增长方式、大力优化外资结构为重点，进一步提高利用外资质量和水平。

1. 着力优化外资结构。把利用外资同调整优化山东产业结构、发展特色优势产业、加强基础设施建设更加紧密地结合起来，突出国际知名企业与山东支柱产业的对接。（1）紧密围绕实施重点区域带动战略，大力推进战略性新兴产业利用外资。密切跟踪国际高端产业尤其是战略性新兴产业转移最新发展趋势，以山东半岛蓝色经济区、黄河三角洲高效生态经济区等重点区域发展战略实施为契机，积极引导跨国公司特别是世界 500 强企业，进一步投资发展节能环保、新一代信息技术、生物医药、高端装备制造、新能源、新材料、新能源汽车和海洋开发等战略性新兴产业，抢占全球新一轮产业制高点。（2）进一步加大先进制造业和高新技术产业的招商引资力度，积极鼓励外商投资于高端制造业和高新技术产业。鼓励外商更多地投资于高新技术产业，特别是以新兴疫苗、新兴中药、高产优质农作物、生物农药、生物制药业、生物能源、环境生物技术为代表的生物技术产业；鼓励外商更多地投资于石油加工及炼焦业、化学原料及化学制品制造业、化学纤维制造业、橡胶制品业、塑料制品业、非金属矿物制品业为主的新材料产业；鼓励外商更多地投资于节能环保产业，特别是节能、资源循环利用和环境保护、节能环保技术与装备等，形成节能环保产业链；鼓励外商更多地投资于先进制造业，主要是汽车及关键零部件、造船及船用设备、数控机床及数控系统、精密仪器仪表、矿山成套设备、工程机械、环保机械、造纸机械、新型农业机械、纺织机械、纺织器材、发电和输变电设备、石油化工、海洋化工、煤化工等，充分发挥制造业在经济文化强省建设中的作用。（3）顺应国际服务业转移新趋势，进一步扩大服务业对外开放。积极引导外资进入银行、保险、电信、外贸、文化、物流、教育、卫生、旅游等领域，重点引导跨国公司投资基础设施、现代物流、金融保险、零售批发、教育卫生、文化旅游等，使服务业成为山东吸收跨国公司投资新的增长点。（4）积极引导外商投资现代农业。根据山东发展现代农业的要求，引导外商进一步加大对农业新技术开发与推广、新品种研究与繁育、农产品精深加工和储藏保鲜、花卉生产与苗圃基地建设、畜产品、水产品养殖等的投资，大力提高山东农业的规模化、集约化、现代化和国际化水平。（5）围绕产业调整振兴规划，积极引导外商投资改造提升传统产业。紧密围绕十大产业振兴规划，以增强产业竞争力为着眼点，积极引进国外先进技术、管理、人才，加快山东现有传统产业结构优化升级。（6）积极创新利用外资方式，努力探索境外上市、投资基金、境外债券、转让基础设施经营权等利用外资方式，着力引进高技术含量、高附加值、高成长性的高端产业。（7）完善准入限制制度，防范低端产业进入。根据山东经济发展情况，依据企业产品的技术含量、附加值、在国际国内市场的发展前景及竞争力等，有选择地制定外资进入的技术标准、资源消耗和环境标准。

2. 深化与跨国公司的战略性合作。高度关注"超国民待遇"政策的终结对山东外资企业特别是跨国公司投资的影响，采取针对性措施，进一步深化与跨国公司的战略性合作。（1）重点引进大型跨国公司特别是世界 500 强企业和能够带动区域经济发展的龙头企业。通过完善产业导向和发展战略，进一步引进山东转变经济发展方式、调整优化经济结构急需的大型跨国公司和龙头企业，加快产业结构、产品结构升级和集聚配套。（2）大力吸引跨国公司总部入驻。要进一步增强发展总部经济的战略意识，制定鼓励跨国公司设立总部或地区总部的规划特别是政策措施，鼓励跨国公司在山东设立总部或地区总部。尽快完善跨国公司总部入驻的服务机制，为跨国公司设立总部或地区总部提供用地、外汇及资金管理、人才引进等方面的便利，切实帮助跨国公司总部或地区总部解决遇到的困难和问题。（3）进一步鼓励跨国公司在山东设立研发中心、物流中心、采购中心、财务管理中心、利润核算中心和培训中心等功能性机构。尽快制定相应的财政政策、税收政策、投融资政策、人才政策，并大力引进国际会计、国际审计、国际营销、国际税务、国际法律事务，以及其他与跨国公司经营和贸易密切相关的专业服务业，促进跨国公司功能性机构的健康发展。

3. 大力发展服务外包。积极承接国际服务外包产业转移，注重引进国际服务外包龙头企业，特别是世界服务外包 100 强企业到山东发展，鼓励创设中、小服务外包企业，形成大、中、小企业互动发展的集群效应。突出抓好济南、青岛国际服务外包产业发展，努力打造国际一流的服务外包示范城市。加快推进烟台、威海、潍坊、淄博、济宁、日照等服务外包产业集聚区建设，着力打造山东服务外包产业带。重点培育和发展软件研发、工业设计、信息管理、医药研发、动漫创意、数据处理、金融后台服务等产业和业务。大力引进、培植骨干外包企业，并通过收购、兼并、重组、联营等方式做大做强现有服务外包企业，形成一批服务外包产业基地。积极鼓励有条件的服务外包企业在海外设立研发中心和接单中心，并购海外优质服务企业。加快转变服务外包发展方式，促进山东服务外包从劳动密集型向技术、知识密集型服务外包转变，从低中端层次服务外包向高端层次服务外包转变，从一般服务外包向形成山东服务外包品牌转变。加快海外服务外包高层次人才的引进，并鼓励省内高等院校与服务外包企业、人才培训机构加快对服务外包人才的培养和培训，进一步完善服务外包人才支撑体系。

（三）深入推进"海外山东"建设，积极拓展海外发展空间

抢抓后国际金融危机时期加快实施"走出去"战略的机遇，深入推进"海外山东"建设，重点发展海外产业、海外资源、海外企业、海外并购、海外研发、海外园区、海外工程、海外劳务、海外援助和海外融资等，大力拓展海外发展空间。

1. 积极推动海外产业发展。顺应后国际金融危机时期全球产业转移的新趋势和山东产业结构调整的要求，积极构建山东的海外产业支撑体系。重点发展以下三类产业：一是加快山东富余产能的产业特别是受国家宏观调控影响较大的高耗能、资源型产业和出口规模大、受贸易摩擦冲击较重的劳动密集型产业向东南亚、非洲、拉美、中东欧等经济互补性强、市场潜力大的国家转移。二是加快山东的技术成熟、具有较强国际竞争力、国际市场需求大的产业或优势产业向海外转移，特别是纺织服装、机械设备、轻工家电、化工建材、食品医药等"走出去"，以获取更大的发展空间。三是积极投资能够满足山东经济社会发展迫切需要的产业，特别是现代服务业、高端技术产业等，以获取山东经济发展急需的高端技术、营销网络等。

2. 深度开发海外能源资源。鼓励企业赴海外购买矿业权或建立原材料基地，重点开发山东经济社会发展短缺的资源和能源，特别是铁矿、铜矿、铝土矿、铅锌矿、钾盐矿、金矿、稀有金属矿、煤炭、木材、天然橡胶等。进一步积极探索海外能源资源开发新方式，引导企业开展以基础设施建设换资源、以勘探合作换取矿业开发权、以优势产能换资源等新型合作模式。鼓励企业按照国际惯例，采用签订长期供货合同、租让、服务合同、投资入股、合资合作经营、跨国并购等多种形式合作开发境外能源资源。增强对能源资源新市场的开拓力度，选择一批资源禀赋好、政局稳定、投资环境好、风险相对较少的国家和地区进行合作开发。

3. 大力培育海外企业。以培育具有国际竞争力的跨国公司为重点，鼓励和支持更多的企业在跨国经营中发展壮大。加强对企业"走出去"的分类指导，鼓励和支持有条件的国有、集体、民营、外资、股份制等企业积极有效地参与国际经济技术合作。引导大中企业，特别是钢铁、电力、煤矿、冶金、化工、造纸及橡胶等行业的国有大型企业制定全球发展战略，增强走出去的主动性和积极性。进一步加大对民营企业、股份制企业"走出去"的支持力度，帮助其解决"走出去"遇到的困难和问题。通过横向联合、相互投资、成立联盟等手段，提高其核心竞争力。

4. 鼓励开展海外并购。鼓励山东企业，特别是海尔、海信、浪潮、重汽、济钢、潍柴、信发、福田重工等大企业根据国家产业政策和自身实际，大胆运用资本运作、品牌经营等方式，收购境外优质资产、股权，积极稳妥地推进低成本扩张，获取先进技术与管理经验、知名品牌以及开发和获取能源、原材料等资源。进一步强化海外并购的信息收集和风险研究，有针对性地为企业提供跨国并购政策、法律咨询等方面的服务，帮助和引导企业做好并购前的准备工作。

5. 加快发展海外研发。鼓励有条件的企业、科研院所、高等院校采取独资、合资、合作等方式，与相关海外研发机构建立联合实验室或研发中心、高新技术企业。鼓励有研发能力的大企业、技术密集型企业通过开展跨国经营获取专利技术，提高海外企业的产品质量、技术含量及效益。支持企业运用"科技孵化器"等有利条件，加大与当地科技合作的力度，提升企业的创新能力。尽快制定海外研发投资的发展战略、规划，将企业开发海外科技资源的部分项目列入山东支持重点项目，使海外研发成为山东科技创新体系的重要组成部分。

6. 稳步推进海外园区建设。加快在海外建设或参与建设基础设施较为完善、产业链较为完整、带动和辐射能力强、影响大的海外工业园、海外出口加工区、海外科技园、海外经贸合作区等各种类型的海外产业园区。加强与东道国的沟通与协调，建立对口联络工作机制，为海外经贸合作区建设争取良好的外部环境。通过强化舆论宣传、建立项目跟踪调度机制，引导更多的企业利用好海外园区这一投资平台，特别是推动电子、家电、农机、木材加工、造纸、纺织服装、轻工在海外园区的集聚发展。

7. 着力拓展海外工程。抓住海外工程市场不断扩大的机遇，推动山东承包工程企业积极"走出去"，以 EPC（设计—采购—建设）、PMC（项目承包管理）、BOT（建造—经营—转让）等方式承接能够带动高新技术或自主产权技术、设备出口的境外工程项目。加快海外承包工程发展方式转变，促进企业工程承包向高端发展，进一步提高其国际竞争力和经营水平。加强海外工程承包分工体系建设，搭建不同规模、行业、企业的合作平台。不断完善行业自律体系和协调工作机制，维护海外工程市场经营秩序，切实保护企业合法权益。进一步加大山东承包工程企业与国有大型企业、国际承包商、国外金融机构合作的力度，深入拓展海外工程市场。

8. 努力优化海外劳务结构。在继续巩固日本、韩国等传统劳务市场、加快开拓欧美市场的同时，着力调整外派劳务结构，重点提高计算机应用人员、医护、文秘、海员、空乘等高端人员在外派劳务中的比重。适应对外劳务合作管理模式改革要求，进一步完善对外劳务合作行业自律机制，建立外派劳务企业经营信誉评价体系，整治和规范外派劳务市场秩序。深入开展对新获权的外派劳务从业人员、培训机构、外派劳务基地的从业人员培训。切实维护外派劳务人员的合法权益，及时化解和妥善处理劳务纠纷。

9. 深入开展海外援助。结合山东经济发展实际，将海外援助工作纳入山东"走出去"战略和"海外山东"建设，从有利于山东长远、整体战略利益和受援国发展的目标出发，统筹规划，充分论证，科学制定国别援助方案，精心选定援助项目，合理安排有限的援助资金。积极帮助发展中国家发挥丰富的劳动力、资源等优势，探索加快发展经济的新途径、新方式，着力提高受援国家的经济发展能力。积极争取更多符合条件的企业申报承建援外工程项目，承担援外物资项目，通过援外工作促进山东海外企业的发展。进一步发挥 NGO（非政府组织）在对外援助中的作用，培育和壮大我省海外援助的主体。

10. 大胆尝试海外融资。积极鼓励和支持各类符合条件的企业到境外主要资本市场上市，大胆采用 IPO（初次公开发行）、买壳上市、与海外上市公司交换股权或资产等方式融资。指导企业充分利用双多边经贸合作机制，用好中非合作基金、中委合作基金及各类援外优惠贷款。进一步协调企业与金融机构的关系，充分发挥海外金融机构在企业海外融资中的作用，推动海外企业的健康发展。

（作者：山东社会科学院　范振洪　顾春太）

第二篇 后国际金融危机时期全球经济发展的新特点与走势

后金融危机时期是指目前全球经济危机过后进入低速复苏并呈波动性发展的一段特殊历史时期。这一时期主要表现为全球经济已扭转下行颓势开始掉头缓慢复苏。市场正在努力重拾信心，国际贸易与投资逐渐回暖，国际金融动荡幅度趋于收窄，国际产业格局调整效果初显，以中国为代表的发展中国家国际地位和作用进一步提升。但在这一时期，由于国际金融危机的影响仍在持续，全球经济发展又表现出明显的不确定性与不稳定性，国际汇率市场震荡不已，石油和黄金等大宗物品价格波动频仍，国际投资贸易保护主义色彩更浓，使得复苏可能是一个漫长的过程。对于开放型经济大省山东来说，后金融危机时期既有着严峻的挑战，也蕴含着难得的机遇。认真分析与研究后金融危机时期全球经济发展的新特点与走势，有利于我们认清形势，顺应趋势，从后危机中寻找转机与时机，以此促进山东开放型经济在新的形势下实现新的发展。

一、后国际金融危机时期全球经济发展的新特点

国际金融危机爆发后愈演愈烈，导致发达经济体经济增速大幅下滑。虽然发展中国家总体仍保持增长势头，但面对 20 世纪 30 年代以来全球金融市场所遭遇的最危险的冲击，也大大减缓了增长的步伐。全球

经济呈现出停滞局面，甚至一度陷入全面衰退。面对严峻的危机形势，世界各国政府联手共同抵御金融危机的冲击，有效遏制了金融危机的进一步加深和蔓延。2009 年下半年以来，全球经济开始出现向好发展势头：发达经济体尤其是美国、日本和欧元区经济均开始有所增长，发展中国家也出现稳定或适度增长，全球经济开始进入后金融危机时期。这一时期全球经济发展的主要特点表现在以下几个方面：

（一）全球经济进入持续低速复苏期

在世界各国联合应对国际金融危机的努力下，全球经济终于走出低谷，呈现复苏态势，但进入 2010 年二季度后全球经济下行风险有所增加，增长缓慢、复苏乏力的态势可能会持续较长时间，全球经济进入持续低速复苏期。如全球最大的经济体——美国经济从 2009 年第三季度开始增长（这是连续四个季度后首次出现增长），其中三季度环比增长 3.5%，四季度环比增长 3.4%，这主要归功于政府实行的各项经济刺激计划和美国消费市场的拉动。2010 年第一季度，美国 GDP 增长 3.7%，但二季度则放缓至 1.7%。失业率上升和消费能力依然不足是制约美国经济持续复苏的重要原因。欧元区也结束了连续五个季度的经济衰退，于 2009 年第三季度实现增长（环比增长 0.4%），并且经济敏感指数从 2009 年 4 月份开始连续回升，说明欧元区市场信心开始恢复，经济复苏势头明显，2010 年一季度欧元区 GDP 同比增长 0.5%，环比增长 0.2%。但是，欧元区各国经济增长快慢不均，内部不平衡性更加突出。如德国经济二季度实现其 20 年来最大季度增幅，增长为 2.2%；法国、意大利、西班牙和葡萄牙略有增长；希腊则连续 7 个季度陷入衰退。欧洲主权债务危机以及成员国的经济发展差异问题，都将对欧元区经济复苏带来影响。日本经济早在 2009 年二季度就开始出现增长，其中二季度环比增长 0.9%，三季度环比增长 1.2%。这在很大程度上取决于出口的快速增长和政府的经济刺激计划，如日本财政部增加了 72000 亿日元的财政预算，日本银行采取了新的资金供给措施等等。日本经济 2010 年第一季度国内生产总值折合成年率增长 5.0%，创下近年新高，但从二季度开始放缓，二季度经济增长仅为 1.5%。[①] 日元汇率的升值以及日本人口规模的缩小和老龄化趋势的加快，对其经济发展

---

① 《中国对外贸易形势报告》（2010 年秋季），http：//zhs. mofcom. gov. cn/aarticle/No-category/201011/20101107219445. html。

造成了一定的影响。

　　与欧美经济现状相比，亚洲及新兴经济体当前良好的经济发展状态，在后金融危机时期对世界经济的复苏发挥着重要的作用。如"金砖四国"（中国、印度、俄罗斯、巴西）2010 年上半年 GDP 同比分别增长高达 11.1%、7.6%、4.2% 和 8.9%。尤其是中国 GDP 的高速增长为亚太区经济乃至全球经济复苏注入了强大的动力。国家统计局公布数据：2010 年前三季度中国 GDP 总值达到 26.86 万亿元，按可比价格计算同比增长 10.6%（其中一季度增长 11.9%，二季度增长 10.3%，三季度增长 9.6%），比上年同期加快 2.5 个百分点。各大权威机构都对后金融危机时期全球经济增长做出预测：世界银行预计全球 GDP2010 年和 2011 年增长 2.9% ~ 3.3%；经合组织（OECD）预计 2010 年全球经济增长率将达 4.6%，2011 年为 4.5%；联合国预计全球经济 2010 年将增长 3%，2011 年的增长率为 3.1%。

（二）国际金融市场仍处于动荡时期

　　全球金融危机爆发以来，国际金融市场持续动荡，全球股市汇市都受到巨大影响。随着全球经济的缓慢复苏，全球股市在 2009 年的 3 月份后开始触底反弹，2010 年初开始全线上涨。如 2010 年一季度美国道琼斯指数从年初的 10583.96 点上涨到 10856.63 点，上涨幅度为 4.1%；标准普尔指数从 1132.99 点上涨到 1169.43 点，上涨幅度为 4.9%；纳斯达克指数从 2308.42 点上涨到 2397.96 点，上涨幅度为 5.7%。[①] 欧洲股市也呈现上涨态势，而日本股市则由于美国的带动和投资信心的拉动也有所上涨，新兴经济体股市反弹的速度和力度更为突出。但 2010 年 4 月以来，欧洲主权债务危机导致全球金融稳定进程开始出现波动，在各国政府采取强有力应对措施后国际金融形势虽然有所改善，但仍处于动荡时期，存在很大不确定性。2010 年第二季度全球股市明显受到冲击，主要工业国家股票市场均出现了大幅回落。如 4 月欧洲股市整体下跌，西班牙、意大利、奥地利、俄罗斯、法国、爱尔兰和葡萄牙等国家的股市跌幅大都在 14% ~ 18% 之间。而且由于担心希腊债务危机将向欧洲其他高负债国家蔓延并导致全球经济出现二次探底，2010 年 5 月，全球金融市场出现剧烈振荡。如美股创下一年多以来的最大单月跌

---

　　① 谭雅玲：《2010 年第一季度国际金融市场分析与未来预测》，http：//www. in. ah. cn/ shownews. asp？newsid＝7939。

幅，西班牙和希腊股市 5 月累计跌幅超过 10%，日本、澳大利亚股指均创下 2008 年 10 月以来的最大单月跌幅。因此，综合上半年来看，全球股市整体呈现出冲高回落走势。美国三大股票指数上半年均出现下跌，道琼斯工业平均指数累计跌幅高达 3.8%，纳斯达克指数累计下跌 2.1%，标普 500 指数累计下跌 4.7%。希腊由于发生了债务危机上半年累计跌幅高达 34.47%。① 而同时国际外汇市场也起伏不定。2009 年美元大幅度贬值，2009 年 12 月底，希腊主权债务危机爆发，欧元下跌推动了美元的上涨。如 2010 年第一季度美元指数从 74 点低位上升到 80 点高位，上涨幅度达到 8.1%。2010 年 6 月，美国经济复苏步伐放缓，市场对新一轮美元货币宽松政策的预期抬头，美元开始下跌。美元贬值不仅可以刺激和加重欧元货币的问题，甚至更加有利于美元霸权的全面回归，形成美国经济投资信心的强化和经济的保护。

（三）国际贸易和投资（FDI）温和反弹

随着全球经济逐步复苏，国际贸易和投资的总体环境正在逐步改善，全球贸易恢复势头强劲。进入 2010 年，随着世界经济缓慢恢复，主要经济体对外贸易出现恢复性增长。据世界贸易组织（WTO）统计，2010 年上半年世界货物贸易额同比强劲增长 25%。其中，美国、欧盟和日本分别增长 25%、13% 和 41%；中国和印度分别增长 41% 和 32%。WTO 预计，2010 年全年世界贸易量将增长 13.5%，其中发达经济体增长 11.5%，其他国家增长 16.5%。WTO 预计，2010 年世界贸易将增长 9.5%，其中发达国家出口增长 7.5%，发展中国家出口增长约 11%。与此同时，跨国公司也随着投资环境和自身经营状况不断改善而逐步向上调整国际投资计划，全球 FDI 流量有望缓慢回升到 14000 亿美元，美国以及金砖四国（中国、印度、巴西和俄罗斯）有可能引领 2010 年 FDI 的复苏。但同时贸易保护主义和投资保护主义有所抬头，一方面虽然国际贸易逐步回升，但发达国家的失业率仍居高不下，为解决国内就业、产业发展等问题，出台了各种贸易限制措施和保护措施；另一方面，有些国家尤其是发达国家为所谓"国家经济安全"问题制定某些限制外资并购政策，致使国家投资保护主义进一步加剧。

（四）大宗物品价格继续震荡上行

2009 年国际油价曾经达到 33.98 美元/桶的最低点，但很快因经济

---

① 尚广武：《上半年全球市场剪影与下半年 A 股四大预言》，http：//www.p5w.net/stock/ tj/scjj/201007/t3055311.htm。

企稳而强劲反弹，2009 年底每桶 79.36 美元，与当年低点比较其涨幅为 136%。2010 年石油市场价格波动继续但呈上涨趋势。如第一季度的国际石油价格开盘为 81.51 美元，3 月底为 83.76 美元。黄金价格也一直高位运行，始终稳定于 1000 美元水准之上。2010 年第一季度国际黄金市场价格继续上涨，全季度黄金价格从 1095.50 美元小幅度上涨到 1114.50 美元，随后持续上涨，到 11 月份一度突破每盎司 1400 美元。由此判断，2010 年石油、黄金等大宗物品价格仍将震荡上行。这是因为，一是全球对原油需求继续保持略有增长而原油供给有所不足。世界经济在逐渐回暖，特别是新兴经济体经济走势明显加快，能源需求上涨不可避免；国际金融危机全面爆发以来，石油输出国组织（OPEC）累计削减 280 万桶/日的生产配额，非 OPEC 产油国也收缩生产，原油供给有所不足。二是美元仍呈走弱的趋势。2009 年美元大幅度贬值，未来美元将持续走弱，促使油价上升。三是资本市场流动性加大。大量流动性资金进入资本市场，以及地缘政治、产油国的投资政策等促使投机炒作的因素在增强，进而推高油价。四是黄金等有色金属价格则仍会强势上扬。原因主要是在供应方面，由于一批生产成本较高的矿山和冶炼厂关闭或停产，主要有色金属的产量显著下降；在需求方面，2009 年下半年以来，全球经济开始缓慢复苏，工业生产和投资也开始回暖，带动对有色金属的需求。

二、后国际金融危机时期全球经济的走势

每次金融危机的产生都会迎来新一轮全球经济的重大调整。危机的重创带来全球经济的萧条和衰退，经过调整与应对，进入一个低速增长期，然后走出危机逐渐复苏，再开始下一轮的繁荣发展。历次国际金融危机都已经证明了这一发展规律。和先前的危机过程一样，这次金融危机也会使得全球经济经历一段痛苦、艰难的调整，但危机过后的曙光已经再现，后金融危机时期全球经济还将在新的形势下重新起航，形成新的发展走势。

（一）全球生产和贸易格局将发生变化

这次金融危机给全球经济以重创，产生了一些重大或微妙的变化，

因而后金融危机时期全球生产和贸易格局将发生变化，形成一些新的特征。

1. 发达国家"再工业化"进程有望加快。国际金融危机爆发以来对全球经济造成了巨大的冲击，其中金融业受到的影响最大。从金融管理体制到金融机构的组织结构，从金融工具到风险定价，从融资模式到金融机构的资产负债结构都将面临调整，说明金融业在一定时期内难以成为拉动经济进入新一轮繁荣周期的基础产业。美国等发达国家将会进一步加快"再工业化"进程，这必将会引起全球生产格局发生重大变化，发展中国家工业化进程将会受到一定影响。

2. 发达国家提高储蓄率和发展中国家提高消费率成为一种发展态势。发达国家（尤其美国）过度借贷和超前消费的模式会出现局部调整，家庭储蓄率上升，私人消费会受到一定影响。次贷及相关金融创新把负债增长的美国繁荣模式发挥到了极点，表明从里根时代开始的以美元信用的外部扩张和美国资本市场的内部扩张为基础，通过巨大的财政贸易赤字和国际资本流入推动美国经济发展的模式将难以为继了。这必将促使美国负债消费模式的调整，减少消费，增加储蓄。与此同时，发展中国家为促进经济发展，正在积极采取提高居民消费率的种种政策。发达国家储蓄率的提高和发展中国家消费率的提高将会深刻改变着两大类国家的经济结构和生活习惯。

（二）国际金融市场必将面临新的考验和挑战

1. 美元可能会继续贬值。随着美国在全球经济总量中所占份额的进一步下降，以及世界贸易和投资数额的持续扩张，美元国际结算货币的霸主地位、美国金融市场作为全球资源配置中心的地位将受到严重挑战。受这些因素的影响，美国金融体系在全球的地位将会逐渐下降，美元有可能再次贬值。造成美元再次贬值的主要原因有：一是美国需要美元贬值。为应对国际金融危机，美国采取了大规模直接向金融机构注资的手段，美国政府的财政赤字大幅增加。当美国金融市场趋于稳定，经济进入复苏阶段以后，美国就利用美元是国际货币的有利条件，大量增发，使得美元贬值，从而解决财政赤字和转嫁金融风险。二是国际投资者调整投资组合，减持美元资产，增持欧元和日元等其他资产，使得美元在外汇市场上供过于求，这也会造成美元的贬值。

2. 资本市场风险加大。西方发达国家脱离实体经济盲目发展金融业，使得金融业遭受重创，全球金融资产风险将会重新定价。其中在风险定价中起决定作用的因素主要有：未来的经济增长、通货膨胀是否产生、货币政策与财政政策等。国际金融危机爆发带来的流动性严重收缩，促使金融机构寻求流动性，各国政府向货币市场和银行间市场大量注入资金，造成长期债券市场收益率普遍下降。同时，未来发达国家的货币政策走向将对国际市场资产风险溢价产生重大影响。随着全球大型金融机构信用等级的不断向下调整，以及不断升级的美国信贷市场危机，使得流动性进一步紧缩，全球各主要发达国家为刺激经济增长而普遍实行宽松的货币政策。这意味着，资产风险溢价将进一步向下调整，这在相当程度上影响着全球资本市场的资本流向和市场工具结构的变化。金融危机将使人们看到失去监管的金融市场的破坏力，各国主权投资基金与金融创新会更加谨慎。

3. 欧洲债务将拖累全球经济复苏。欧洲债务风险凸显，金融市场动荡难平。希腊债务危机可能使金融市场动荡难平，目前 G20 成员财政赤字占国内生产总值的平均比例已近 8%。德、法银行持有的西班牙、葡萄牙、希腊和爱尔兰等国的国债达 9580 亿美元。欧洲主权债务危机对金融市场带来重大影响。现有主权债务国家的财政可持续性面临挑战，加上集中的短期债务展期和单一的投资者基础，导致部分欧元区国家主权很容易面临融资压力。据统计，欧元区在未来三年中赤字总体削减规模将在 3000 亿欧元左右，其中德国为 800 亿欧元；英国在未来四年中计划削减赤字总额约为 2000 亿欧元。如果英德等欧洲主要经济体下半年实施财政收缩政策，那么，必将对目前十分低迷的欧洲经济造成进一步的压制，动摇其脆弱的经济复苏基础。

（三）全球通货膨胀压力将有可能再现

2010 年上半年全球大宗商品价格波动幅度较大。如石油一季度平均价格为 77.1 美元，二季度为 78.2 美元，虽然价格略有上涨，但实际价格波动较大，最高时价格突破 86 美元，最低时则跌破 70 美元。黄金价格则大幅上涨，2010 年 11 月份黄金价格已经突破每盎司 1400 美元。预计后金融危机时期大宗商品价格仍将震荡上行，尤其是石油的不可再生性和难以替代性决定了其价格仍旧会继续上升，全球通货膨胀压力可能再现。同时，世界粮食供需矛盾仍然难以缓解，粮食价格也有可能继续上涨。而且为应对国际金融危机，全球各国尤其是发达国家以及各主要国际机构均采取了大规模直接向金融机构注资等手段：如美国出台包括清洁能源技术在内的 7870 亿美元的刺激经济一揽子计划；欧盟出台以增加公共开支、减税等手段在内的 2000 亿欧元的刺激经济计划；日本也出台总额达 40 万亿日元的经济刺激计划。2009 年 4 月初 G20 领导人伦敦金融峰会推出主要用于恢复信贷、经济增长和就业的 11000 亿美元的刺激计划等。与此同时，韩国、英国等也推出刺激产业发展的汽车优惠政策。全球各国为刺激经济的支出预计可能会达到 50000 亿美元。尽管这对世界经济增长和投资者信心恢复起到积极作用，但可能加剧一些国家的财政赤字，加上为应对金融危机，国际上越来越多的经济体实施相对宽松的货币政策，大量注入的流动性在后金融危机时期可能转化为通货膨胀压力。

（四）新兴市场经济国家将会在世界格局中占有更重要的地位

新兴市场经济国家在国际上占有越来越大的比重，引起了发达国家以及率先成长的发展中国家的高度关注。新兴市场经济国家在世界格局中的地位将继续上升，客观上形成发展中阵营的核心国家，进一步增强发展中国家的发言权。"金砖四国"、南非、墨西哥等国对世界经济、政治、安全等方面的影响继续得以明显体现，比如继续努力推动南南合作和南北对话，继续谋求在国际政治和经济新秩序中争取和维护发展中阵营的权益，并在气候变化、环保、反恐、人权与主权、国际规则制定等方面实际起到领头羊的作用，促使西方大国特别是美国调整政策并引发国际力量的重新分化组合，并对国际体系施加越来越大的影响。其中中国的话语权有所提升，全球经济中的中国元素日益渐浓，中国影响力备受国际社会关注。后金融危机时期，中国经济增长新的源泉将更多地可能来自于技术创新与技术深化、社会改革和政府体制改革、消费率的提升以及城市化加速和服务业发展。中国在国际经济与政治舞台上的地位不断提高，并开始由过去被动参与国际新的劳动分工到正在积极分享国际产品市场的同时，更多地整合全球资源。

（五）贸易保护主义可能会出现新的表现形式

后金融危机时期，虽然国际贸易逐步回升，但发达国家的失业率仍居高不下，为解决国内就业、产业发展等问题，可能会出台各种贸易限制措施和保护措施，发展中国家为自身利益也会采取相应的保护措施。各国贸易保护主义将会在名义上更具合理性，形式上更具隐蔽性，政治上更具便利性，在实施效果上更具有效性。后金融危机时期的国际贸易保护主义将有可能呈现出以下特点：一是贸易保护的形式和手段多样化，一些国家打着符合 WTO 规则的旗号，更加频繁地使用反倾销、反补贴和保障措施等贸易救济机制，部分国家为保障特定国内产业的发展，可能会利用国内立法和行政措施来提高补贴和刺激国产货的消费。二是一些国家特别是发达国家会凭借其优势，采取以保护人类健康、生态环境和消费者权益等名义，构筑新的技术贸易壁垒和加强传统的技术贸易壁垒，以削弱发展中国家凭借低廉的劳动力成本而获得的出口竞争力。尤其是进入低碳经济，发达国家可能会通过气候变化、"边境碳税"、"低碳标识"及国际标准、环境产品和服务谈判等一系列手段来增加对高排放国家产品征收碳关税。三是通过签署区域贸易协定，形成集团式的贸易保护主义。虽然区域贸易安排对促进区域贸易发展有重要意义，但也无形中形成新的区域贸易壁垒，对全球企业生产带来不良影响。四是国外对华贸易保护的领域正从货物贸易向汇率、服务贸易、知识产权和投资等领域扩展，甚至会操纵和干预中国的货币政策，如美国就一直要求中国人民币升值来缓解长期存在的中美贸易逆差问题等等。

（六）低碳经济有望引领全球经济的未来

金融危机将迎来一轮世界经济的重大调整，从历史上来看，每次危机都会带来新产业的崛起。国际金融危机造成全球经济的衰退，为刺激经济增长、新的繁荣周期寻找核心产业就成为世界各国经济发展战略的主要任务。而低碳经济的兴起与发展则成为对传统石油经济的挑战和替代。低碳经济是以低能耗、低污染、低排放为基础的经济模式，实质是能源利用高效率和清洁能源成为能源结构主体的问题，其核心是能源技术创新、制度创新和人类生存发展观念的根本性转变。目前，许多国家都开始重视发展低碳经济，如美国提出《低碳经济法案》，将低碳产业作为重振经济的战略选择；日本公布《绿色经济与社会变革》，将低碳社会作为发展方向；巴西则推出了一系列金融支持政策，如国家经济社会开发银行推出各种信贷优惠政策来支持低碳产业的发展；韩国则将"低碳绿色增长"作为国家战略，提出大力发展低碳技术产业、通过发展低碳产业扩大就业等等。低碳经济还将进一步推动世界经济结构转型，改变产业价值链的分布，即由现在的资源型企业向未来的高技术产业即掌握低碳经济核心技术的环节和链条转变。这一领域的国际合作体制机制基础正在建立，国际合作领域进一步拓宽。如同前几次国际金融危机后，世界经济在复苏中都带来新兴产业的兴起和发展，推动产业升级和产业结构调整那样，低碳经济可望成为未来全球经济合作的重要领域，低碳经济将改变人们的生产生活方式，有望引领全球经济的未来，而首先突破的国家将有可能成为新一轮增长的领跑者。

三、后国际金融危机时期山东加快
开放型经济发展的举措

后金融危机时期，山东开放型经济面临的国际大环境已经开始逐步好转。我们应当按照党中央国务院提出的"转方式、调结构"的要求，利用好发展的有利时机，进一步加快转变对外经济发展方式，促进山东开放型经济平稳较快发展。

（一）认清后金融危机时期形势，把握山东开放经济发展机遇

如上所述，后金融危机时期全球经济发展的新特点与走势，势必对山东开放经济产生重大影响并带来一些新的机遇。我们要认清后金融危机时期的形势，准确把握山东开放经济发展的机遇：一是要抓住全球经济正在走向全面复苏进而可能提高进口中国产品的机遇，鼓励更多的外向型企业提前做好开发海外市场的各项准备，在稳定传统海外市场的同时，积极开拓海外新兴市场。二是要抓住后金融危机时期带来的境外投资的机遇，积极鼓励山东企业在海外投资，促使企业海外和国内市场的良性互动，努力推动对外开放从以"引进来"为主向"引进来、走出去"并举转变。三是要抓住后金融危机时期区域合作更加紧密的机遇，进一步加强与日韩和东盟的深度合作。由于世界贸易格局、产业结构、金融秩序都发生了一系列变化，进一步加强和深化区域合作，将能更好地应对后金融危机时期的各种挑战。四是要充分认识到低碳经济可望成为下一个经济增长的热点，引导部分地区大力发展低碳技术，带动经济实现可持续发展。五是要进一步加大对外经济增长中的科技含量。利用金融危机形成的倒逼机制，加快落后企业和产能的压缩与淘汰，将转变对外经济发展方式、提升产业结构放到更为突出的地位。

（二）加快转变发展方式，提升对外经济发展的质量与水平

从后金融危机时期看，国际产业将进入一个大调整时期。山东作为中国重要的对外开放基地，要抓住机遇，突出重点。从外贸方面看：一是调整进出口结构比例，加大进口资源性产品，提高其在进出口结构比例中的比重。后金融危机时期全球的进出口贸易结构必定会随着不同国家经济格局调整的力度而发生重要的改变，这就给山东带来进出口结构

比例发生重大变化的机遇，实现外贸进出口平衡发展。二是调整出口商品结构，加大高新技术产品出口，加大传统劳动密集型优势产业的技术改造步伐，提高其附加值。后金融危机时期，随着中国企业技术创新水平的提高，在中国制造向中国创造的转变中，高新技术产品在工业产品中的比重必定会提高，这样就为调整出口商品结构提供了条件。三是大力发展服务贸易，尤其是那些与科技进步相关的新兴行业，如咨询业、信息业和各类技术服务业以及对山东国民经济发展具有全局性、先导性影响的基础行业，主要是交通运输业、科研事业、教育事业和公用事业等。从外资方面看：关键是提高利用外资的质量与水平，为此一是要大力引进跨国公司研发投资和销售网络投资，带动产业链条的延伸。二是要大力引进技术含量高的资本，带动产业结构的优化与升级。三是要优化利用外资的区域布局和产业布局，带动山东经济全面、可持续发展。从"走出去"方面看：一是鼓励纺织服装、机械电子、化工建材、轻工食品等传统出口行业的山东优势企业走出去。要以企业为主体、以项目为载体，加快境外并购、股权置换、重组联合，培育和发展山东具有国际竞争力的跨国公司及国际知名品牌。二是着力推动海外资源如山东急需的铁矿石、煤炭、木材等资源的开发力度，要加大财税支持力度、信贷融资支持力度、完善相关保障机制、完善海外资源开发利用的风险防范机制，做好海外资源投资项目的可行性分析，在境外建立长期稳定的资源供应基地。

（三）根据山东区位优势，加强与日韩和东盟深度合作

后金融危机时期，全球范围内的区域经济合作特别是东亚区域经济一体化迎来新高潮。中日韩三国在文化习俗、消费理念、思想观念等方面沟通相对比较容易，区域合作已有较好基础，中日韩自由贸易区先导区经过不断论证，也取得了一定成效，三国增强区域合作的力度有望继续加大。因此要抓住后金融危机时期中日韩区域合作新契机，发挥山东毗邻日韩区位优势和良好合作优势，以青岛保税港区、烟台保税港区为重点，并整合青岛、烟台、威海、日照等经济技术开发区和相关出口加工区，积极争取国家有关部门辟建中日韩自由贸易区先行区。充分利用山东半岛地理位置得天独厚、港航基础优良、中韩滚装客货班轮运输经验丰富的有利条件，扩大中韩陆海汽车直达运输，为山东与韩国物流合作搭建平台。开展山东与日韩货物贸易人民币结算试点，促进山东与东亚合作的深入发展。同时，中国—东盟自由贸易区已于 2010 年全面建成，

并有望和北美、欧盟自由贸易区成为世界三大经济支柱。要抢抓中国与东盟自由贸易区成立机遇，深度融入东盟大市场。充分发挥山东比较优势，扩大与东盟在投资、贸易、技术、人才等方面的合作，并不断完善合作机制，积极搭建合作平台，提升对东盟经贸合作水平。如家电、纺织、印染、农机具等山东具有比较优势行业在越南、老挝、柬埔寨、缅甸等东盟国家投资，可以获得较大收益，拓展发展空间。资源开发型企业可以选择东盟资源丰富的重点地区和产业进行投资，如越南的煤、铁、锡、铜矿产，柬埔寨的金矿，缅甸的玉石资源，老挝的木材资源等较为丰富。建筑类企业要把握东盟各国基础建设升级的机遇，走出去承揽各种基础工程建设。

（作者：山东社会科学院　卢庆华）

利用外资篇

第三篇　后国际金融危机时期扩大山东与日本投资合作的路径研究

　　随着主要发展中国家经济的强劲反弹和主要发达国家经济的触底回升，世界经济进入了缓慢复苏阶段，后危机时期也随之来临。在后危机时期，世界经济的推动力由发达国家逐步转向新兴国家，包括中国在内的新兴市场国家将占有更大比重的市场空间，为日本对华投资带来新的机遇，中日投资合作也将在新的起点走得更好。近年来，日本对山东的投资不断增加，带动了日本产业向山东的转移，推动两地经贸发展和技术交流，在中日两国的经济往来中发挥着越来越重要的作用。面对后危机时期世界经济和中日两国国内经济发展的新特点和新机遇，未来山东与日本的投资合作将在深层次上务实推进，成为山东加快转方式、调结构的重要突破口，实现区域经济的共同发展与合作共赢。本文拟就新形势下如何扩大山东与日本投资合作的路径进行了新的探讨。

一、后国际金融危机时期山东与日本投资合作面临的新形势

　　自全球金融危机爆发以来，日本的对外直接投资在规模、领域等方面发生了重要变化，随之呈现出产业转移的新特点。在后危机时期，日本出于经济复苏、经济安全等方面考虑，在与山东投资合作的投资领域、投资策略、投资方式等方面也不断进行着调整，并在新的形势下表

现出新的动向。

（一） 亚洲市场成重点投资区域

金融危机爆发之后，欧美经济的每况愈下，使得日本失去了经济发展所长期依赖的两大支柱；相反，亚洲新兴国家的迅速崛起，日本则将毗邻的亚洲看作其经济发展和转型的"动力车间"，成为支撑日本实体经济增长的新亮点。2009 年日本对亚洲共投资 19427 亿日元，占日本在全球总投资的近 28%，其次是中南美的 16272 亿日元和欧盟的 15942亿日元，而过去占重要地位的北美（主要是美国）为 10207 亿日元，已经跌出了前三。同时，日本企业并购亚洲企业也呈快速增长趋势，2010 年 1~6 月份并购件数与去年同期相比增长 90% 达到 73 件，创下 3年以来的高水平，日本海外企业并购企业中，亚洲企业占一半以上。在这样的背景下，日本已经意识到只注重发展高技术和欧美国家市场是一种政策上的失误①，欧美市场的疲软与激烈的竞争，已经局限了日本企业再向上突破的空间，亚洲国家的市场开发，将是日本企业赶超欧美企业的"桥头堡"。根据日本 Mi-zuho 综合研究所 2009 年公布的最新调查报告显示，中国以及东盟国家为中心的亚洲地域，今后将是日本企业扩展国际市场的主要目标。② 因此，日本民主党内阁 2010 年 6 月确定的"新经济增长战略"提出，要更加重视亚洲等发展中国家，视其为国内市场的延伸，并将"亚洲国家需求量大"作为进行产业结构调整的方向之一。

从日本在亚洲区域内的投资来看，中国依然是日本重要的海外生产基地。近几年来，越南和印度作为中国以外最具潜力的亚洲市场，日益受到日资企业的高度关注。但实际的投资计划还远不及中国，中国在基础设施建设和综合配套服务等方面综合竞争优势明显，依然是日本企业对外投资的首选③（见表 1）。日本贸易振兴机构的调查结果显示，有69.8% 的企业认为中国依然是世界上最有投资价值的国家并将继续增加在中国的投资。2009 年日本对华直接投资为 6493 亿日元，占日本境外投资的百分比则从 2008 年的 5.1% 提升到 9.3%。据日本国际协力银行

---

① 张可喜：《日本再向科技寻出路》，载《半月谈》2010 年第 9 期，第 83 页。
② 陈友骏：《金融危机下的日本亚洲经济合作战略》，载《亚太经济》2010 年第 10 期，第 35 页。
③ 佐佐木伸彦：《中日贸易、投资关系的深化》，载《日本与中国经贸关系发展报告(2009)》，第 99 页。

的最新调查，2009年日本企业对中国的评价再度提高，企业看好中国的首要理由相比以往没有变化，仍然是"本地市场的成长性"，但选择此项回答的企业所占比率从2008年调查时的77.6%上升到了2009年调查时的84.8%。可以看出，后危机时期，中国经济的持续稳步发展成为吸引日资的重要因素。

表1 中国、印度、越南面临的问题 单位：%

中国		印度		越南	
1. 劳动力成本上升	63.9	1. 基础设施不完善	52.1	1. 基础设施不完善	43.1
2. 法制不透明	58.2	2. 法制不透明	26.5	2. 管理人才难以确保	31.9
3. 知识产权保护不够	50.2	3. 与其他公司竞争激烈	24.5	3. 劳动力成本上升	24.3
4. 与其他公司竞争激烈	45.6	4. 投资对象国信息不足	24.5	4. 法制不透明	22.9
5. 汇率限制、汇款限制	32.3	5. 劳动力成本上升	21.0	5. 当地技术人才难以确保	22.2
6. 资金回收困难	32.3				

资料来源：日本国际协力银行。

（二）投资策略日趋高级化

随着中国服务业等领域的逐步对外开放，汽车等关税的逐年降低，日本正在调整对华投资方向和结构，日本企业对华投资策略日益向高级化、综合化、多样化的方向发展，中国日益增强的生产能力及本土市场的消化能力成为吸引日资的主要因素。日本官方的一项调查显示，日本企业对中国注重的各项机能中，呈上升趋势的是"高附加值生产机能"和"研究开发机能"。① 根据日本贸易振兴机构的问卷调查，在研发基地和地区总部方面，中国分别在2007年和2008年首次超过美国，成为日本企业设有研发基地和地区总部最多的国家。这表明，日本企业对华投资，从当初追求低廉的劳动力和原材料成本，逐渐趋向重视高附加值产品的研发，成为其国际化战略的重要组成部分。因此，山东作为日本

---

① 徐小苏：《金融危机下的日本对华投资情况分析》，载《商业经济》2009年第9期，第73页。

的近邻，吸引日资面临重要的战略机遇，加大对日本高附加值产品和研发投资的吸引与利用，对于山东与日本投资合作总量的扩张和结构的优化，以及山东经济发展后劲的继续都有着重要意义。

（三）产业投资方式呈链条化发展

随着日本产业输出结构的转型和日本跨国公司全球布局的战略性调整，越来越多的日资企业开始重新考虑中国在其全球战略中的地位，加强对当地法人资源的整合，在成本领先战略的引导下，在强调规模效应的基础上，实现集约化生产，不断延长产业链，完善产业集群，增强竞争实力，谋求集群化发展效应。随着日本海外投资的发展，日商在我国的制造业投资日渐饱和，投资的重点转向技术层面较高的产品，尤其是更加注重大项目的发展，同时带动产业两端的发展，投资方式从产品的生产加工发展到形成一个完整的产业链条，日本企业、特别是大企业正在或者已经建立了研究开发—生产—现地销售—售后服务的"一条龙"式全方位投资。山东应抓住这一重要机遇，推动已经投资的核心大企业不断构筑完整的产业链，吸引和带动本国和当地的大批中小配套企业，尤其是一些生产关键核心部件的企业，形成产业集聚效应。

（四）节能环保领域成投资重点

随着能源、环境等问题的凸显，以发展低碳经济为核心的绿色增长模式成为世界经济发展新的标准模式，低碳技术将成为后危机时期新技术革命的主要方向。在低碳技术推动下，走低碳经济发展道路，创造能源利用与环境保护相结合的新增长动力，大力发展节能降耗、环保产业和循环经济，将是后危机时期中国经济发展遵从的主题。日本是世界上能源利用效率最高的国家之一，目前，日本每 1 美元 GDP 所消耗的能源只有美国的 37%，是发达国家中最少的，并且还率先建立了首屈一指的节能型经济，打造了政府引导、企业主导、国民参与的"三位一体"的节能环保体系。同时，日本还拥有国际领先的节能环保技术，节能环保产业的输出也正是日本所致力于的战略举措，日本民主党内阁 2010 年 6 月确定的"新增长战略"也特别强调注重发挥本国堪称世界第一的环保和节能技术优势，开拓海外市场。由此可见，中日开展节能环保合作潜力巨大。而山东是中日投资合作发展的重要节点，日本驻青总领事馆领事斋藤法雄就曾指出："日本企业尤其是节能环保企业需要海外发展，拥有资源优势和区位优势的山东省自然成为日本企业重点考虑的地方。"就山东未来经济发展看，最大的制约因素莫过于经济增长与资源环境制约的矛盾。由于山东产业结构以重型化为主，资源型、初加工型工业比重较高，并且发展方式较粗放，导致资源耗费大而环保负担重，已经到了难以为继的程度，节能环保产业的发展已经成为山东的当务之急。而在这方面，日本能为山东巨大的市场需求提供充足的技术供给，山东也正式出台了扶持推动新能源和节能环保五大新产业发展的指导意见，双方在能源环境等领域形成了新的契合点和合作潜力，这使得地理位置独特和经济互补显著的山东与日本的节能环保合作机会大大增加，合作渠道更为通畅。因此，在后危机时期，山东必须要抓住有利时机，充分利用山东与日本的地缘优势和人文优势，选准合作的重点项目和重点企业，尤其要在节能环保技术的研发、试验，以及推广普及方面加大合作，以保证山东这一制造业大省经济的可持续发展。

（五）服务业投资大幅增长

当前，日本企业对华投资的特征表现为，在以往制造业为主的投资基础上，对非制造业领域的投资份额增大。日本财务省统计的数据显示，2008年受金融危机影响的日本对华批发零售业投资额却不降反增为794亿日元，在对华非制造业投资总额中所占比重也增加为47.2%；日本对华运输业、港地产业和通讯业的投资也均有不同程度的增长。由此可以看出，日本企业在海外投资制造业的同时，也大量投资于非制造业，日本对华投资正在从以往的"以制造业为主的投资"转向"制造业及非制造业并存的投资"，尤其是在后危机时期，日本经济开始走向复苏，今后一段时间内，日本的对华投资领域中，金融、证券和保险业将成为热点①。随着日本对华投资在其全球产业分工中的地位进一步提升和规模的不断扩大，日资企业在中国的经营活动正在由加工制造环节向微笑曲线两端的高附加值环节延伸。山东，目前正处在"转方式、调结构"的关键时期，对于对外开放大省的山东来说，日资占据着山东利用外资的重要地位，也是转方式、调结构的重点。所以，要围绕山东产业结构调整的目标，大力提升利用日资的质量与水平，尽快尽可能地扩大总量、优化结构，使日资成为带动山东产业升级的重要力量。

① 张岩：《金融危机影响下的日本对华直接投资及其特点》，载《日本经济与中日经贸关系发展报告（2010）》，第351页。

二、日本在山东投资现状
及存在的不足

　　多年来，山东凭借毗邻日本的优越地理位置以及与日本相通的文化背景，抓住日本产业转移的机遇，积极开展与日本经济合作，促进了日本在山东投资的稳步增长。尽管山东吸引日本直接投资和承接日本产业转移不断发展，但山东与日本之间的条件优势向合作优势的转换还远未实现，无论在合作总量上还是在合作质量上都未能达到预期的目标，还存在一些不足之处。

（一）日本在山东投资基本情况

　　日本是山东重要的 FDI 来源国，日本对山东投资起步比较早，早在20 世纪 70 年代末一些日本中小企业就来山东进行投资合作，当时大都集中于劳动密集型企业，而且投资规模比较小。改革开放以来，山东作为中国的经济大省和对外经贸大省，与日本的经济往来有了很大的发展，越来越多的日资企业开始来此投资，对促进山东经济发展起到了巨大的作用。

　　1. 利用日本 FDI 的规模不断扩大。改革开放以来，日本对山东的投资明显加速，呈逐年上升的趋势，截至 2007 年山东实际累计使用日资金额达 57.7 亿美元，占全省累计使用外资的 7.6%，日本成为继港澳、韩国之后，山东第三大外资来源国（地区）。然而，2008 年爆发的全球金融危机给日本对山东的投资带来了较大的影响，2009 年，日本对山东投资的项目数为 82 个，同比下降了 21.9%；合同外资金额为1.46 亿美元，同比下降了 60.3%；实际到账外资金额为 3.04 亿美元，同比下降了 24.3%；从山东的外资来源地来看，日本由 2007 年的第三位下降为第五位。从 2009 年下半年开始，全球经济信心逐步恢复，世界经济逐步渡过金融危机的恐慌而进入缓慢复苏的"后危机时期"，日本在山东的投资也出现向好发展的趋势。2010 年 1~6 月，山东新批日商直接投资 57 家，同比增长 62.9%；合同日资额达到 15766 万美元，同比增长 162.2%；实际使用日资额达到 13008 万美元，同比增长8.7%。日本贸易振兴机构日前公布一项调查结果显示，日本有七成的企业认为中国依然是世界上最有投资价值的国家，并将继续增加在中国的投资，该机构理事长渡边修也表示："在华的合作区域选择山东，也正是因为山东具备其他地区或省份无法企及的强项"。

2. 利用日本 FDI 的质量逐步提升。日资企业在起初山东投资主要是利用廉价的劳动力资源，这些企业主要从事工艺品、纺织服装加工、玩具、塑料制品、箱包等技术水平较低的行业，因此规模小、中小企业占绝大多数。以日商投资相对集中的青岛为例，2008 年，日本对青岛直接投资的单个项目平均规模分别为 148.54 万美元（见表 2），投资规模显著低于中国香港和新加坡。而且，日本对山东直接投资的产业大多分布于传统制造业，投资规模较小、技术含量较低。但从历年的项目平均额可以看出（见表 3），自 2006 年起，山东利用日本 FDI 的项目平均额开始大幅提高，相对前 4 年的平均水平高出 78%，项目平均规模实现翻番。这反映了日本对山东直接投资的规模和技术含量有提高趋势，越来越多的日本大型跨国公司开始在山东投资布点，目前日本世界 500强企业中的三菱商事、伊藤忠商事、丸红株式会社、三井物产、丰田通商、日立、松下电器、三菱电机、三菱重工、日本电装、NEC、东丽、神户制钢、小松、川崎重工等 42 家跨国公司企业都在山东设有投资项目。

表 2 　　　　　　　2008 年主要国家在青岛直接投资情况

国家（地区）	批准企业项目数（个）	利用外资金额（万美元）
日本	52	7724
韩国	310	38094
中国香港	105	190838
新加坡	11	5507

资料来源：《青岛统计年鉴（2009）》。

表 3 　　　　　　山东实际利用日资项目平均投资额　　　　单位：万美元

年份	项目数（个）	实际利用日资额	项目平均额
2002	370	49465	133.69
2003	443	46133	104.14
2004	455	56157	123.42
2005	470	68063	144.81

续表

年份	项目数（个）	实际利用日资额	项目平均额
2006	312	70275	225.24
2007	178	68612	385.46
2008	105	40164	382.51
2009	82	30396	370.68

资料来源：根据《山东统计年鉴》（2003～2010）计算。

3. 利用日本 FDI 的产业结构不断优化。日本对山东的投资行业此前主要集中在第二产业的生产性项目，如水产品加工、纺织、服装和食品加工等类产业。目前日资在鲁投资依然以制造业为主，但逐渐由劳动密集型产业向资本、技术密集型产业转变，而且开始涉及战略新兴产业，其中金融保险业、房地产业、服务业、商业和节能环保产业等逐渐成为投资热点。据了解，目前，日本节能环保方面的企业在山东的投资已经有了实质性进展。全球最大的 CDM 项目——由山东东岳集团与日本三菱商事、新日铁合作开发的 CDM 项目，已于 2009 年正式投产。该项目总投资 1200 万美元，项目起止年限为 2007～2012 年，每年可分解减排三氟甲烷等产生温室效应的气体 864 万吨，通过出售经核定的温室气体"减排权"，不仅有效减少了温室气体排放，同时也为企业带来了可观的经济效益；在青岛胶南的环保发电项目则采用植物和废弃物发电，大大节约煤炭和石油，该项目也已进入实际操作阶段。① 此外，一些大型商贸和流通企业也已开始布局山东。日本最大的零售企业佳世客株式会社早在 1998 年就在青岛投资。目前，佳世客在山东建立 20 家大型超市的方案业已出炉，济南、烟台、威海、淄博等地的大型超市建设正在紧锣密鼓地进行，日本一些大型物流企业也已经做好了进入山东市场的准备。

（二）山东与日本投资合作存在的不足

日本是山东投资合作的重要伙伴，在合作规模上一直位居前几位。但从总体上看，山东与日本投资合作发展平缓，相比较先进省份与地区，山东在引进日资工作中尚存在一些不足。

1. 投资合作规模不大。从纵向看，2009 年，日本对华直接投资为 69.37 亿美元，同比下降 3.1%，但中国占日本境外投资的百分比则从

① 王欣芳：《日资在山东》，载《齐鲁周刊》，2010 年 8 月 13 日。

2008 年的 5.1% 提高到 9.3%。① 而 2009 年山东实际使用日资 3.04 亿美元，同比下降 24.3%，仅占当年山东实际使用全部直接投资的 3.8%，位次则从 2007 年的前三位退居为前五位。2009 年实际使用韩国投资为 38.7 亿美元，占当年山东实际使用全部直接投资的 48.3%，累计实际使用韩资 260 亿美元。同是山东在亚洲的比邻国家，且日本还是发达经济大国，经济总量远大于韩国，外向度也高于韩国，但双方投资合作程度上却远低于韩国。从横向看，受金融危机影响，2008 年山东利用日资大幅下降，减少了 2.84 亿美元，减幅达 41.4%，在日本在华投资的主要区域中属于降幅最大的地区（见表 4、图 1），山东实际使用日资额居江苏、辽宁、上海和广东之后排第五位。究其原因，主要是山东地区的日资多以加工贸易型企业为主，集中于劳动密集型产业，如水产品加工、纺织、服装和食品加工等，外向型、第三方市场特点突出，而该类投资受此次金融危机的影响最大。同时，山东自身存在的一些问题，如东部沿海地区和开发区土地供应趋紧，部分地区水电供应较为紧张，国际交通的便利程度以及现代物流业的发展水平相对滞后②，还有环保、垃圾处理问题等，也在一定程度上影响了山东对日资的吸引力。如果说辽宁具有利用日资的地缘优势和历史渊源条件，那么江苏、上海则是创造性地实现了对日投资合作。由此可见，山东无论是借用现有优势还是创新合作优势上都还待作出进一步努力，才能在投资总量上实现新的增长。

表 4   利用日资情况比较   单位：件、万美元

省份	2005 年		2006 年		2007 年		2008 年		2009 年	
	合同件数	实际利用金额	合同件数	实际利用金额	合同件数	实际利用金额	合同件数	实际利用金额	合同件数	实际利用金额
山东	470	68063	312	70275	178	68612	105	40164	82	30396
江苏	528	170088	432	141389	356	112036	243	135522	228	136566
辽宁	538	41003	458	73991	305	51079	233	98480	231	115592
广东	191	94365	147	72930	119	60364	91	52910	65	63389
上海	692	123600	577	83200	468	87300	387	93200	358	85600

资料来源：各省统计年鉴。

---

① 日本贸易振兴机构北京代表处：《2009 年日本对华直接投资动向》，载《国际商报》2010 年 5 月 31 日。

② 张岩：《金融危机影响下的日本对华直接投资及其特点》，载《日本经济与中日经贸关系发展报告（2010）》，第 353 页。

单位：万美元

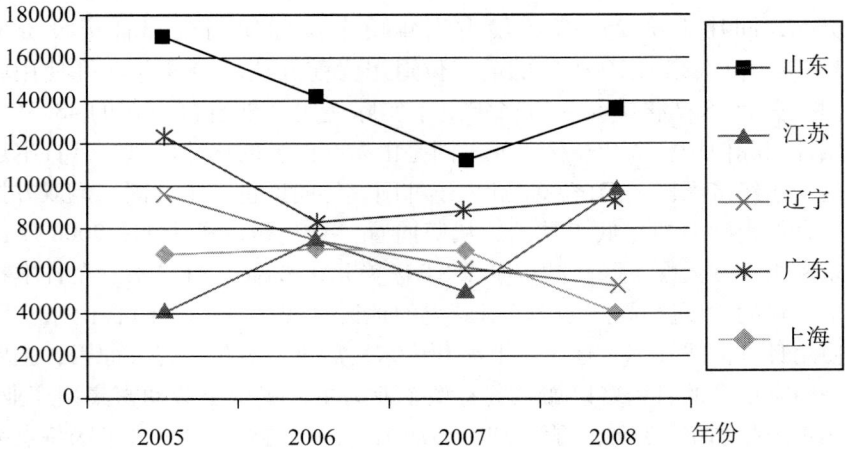

图 1　利用日资变化情况

2. 投资结构有待优化。就目前来看，日本对山东的投资主要集中在食品、纺织、化工、机械、电子等行业，仍旧保持着加工制造业过重的态势。以日资比较集中的青岛为例，三次产业的日资分布存在明显的不平衡状态，投资主要集中于第二产业的生产性项目，投资一产和三产项目较少；而就日本投资较多的江苏省来看，日资主要集中在电子产业、精密机械、高档纺织等科技含量高的产业，这些产品与国际先进技术同步，在国际、国内市场上占有较大的份额，与此相比，日本对山东的投资表现出了结构调适的慢速和滞后。近年来，随着日本资本输出结构的调整，服务业对外投资势头正旺，在 20 世纪 70 年代初期，日本服务业对外直接投资仅占世界对外直接投资存量的 1/4，而进入 2000 年后，这一比重就上升至总量的 60%①；2009 年日本对华投资非制造业较上年增长 11.5%，制造业下降 8%。而就目前山东与日本的投资合作结构看，还远未能适应形势的变化，缺乏发展的同步性。与此同时，对于山东经济发展急需的高新技术和资金短缺的行业，例如交通运输、电信通讯、科技服务业、教育文化业和农林牧副渔业等，日资并未给予积极的关注。日资过于集中在加工制造等成熟行业的现状加剧了产业间配

---

① 崔岩、臧新：《日本服务业与制造业对外直接投资的比较和关联性分析》，载《世界经济研究》2007 年第 8 期。

置的失衡，增加了优化产业结构、促进各产业协调发展的产业配置成本。

3. 投资合作大项目偏少。到目前为止，尽管已经有42家日本大型跨国公司进入山东，但与江苏、上海等省市相比，还有很大的不足。从2002～2009年日本投资的项目平均额来看，日本对山东 FDI 的项目平均投资额较低，比广东、江苏分别低115%和43.9%（见表5）。从总体上看，日本对山东省 FDI 的投资中仍以中小项目为主，落户山东的日本500强跨国公司比起广东、江苏仍相对较少。例如日本跨国集团住友商事株式会社，目前在山东设有9家投资企业，这与其在华投资的近170家企业总数相比，只占有5%的比例，并且出资比例也偏小，合作企业日方出资比例一般都在30%以下。成立较早的小松山推建机公司，住友出资比例占10%，而山东胜代机械有限公司住友出资比例只有5%。[①] 再如日本三井物产株式会社、三菱商事株式会社、双日株式会社、丸红株式会社等日本大的企业集团在山东也有着良好的投资业务，但总体上看，都存在合作项目偏少，出资比例偏低的问题。以青岛市为例，截至2009年9月，日本在青投资1701个项目，但过千万美元项目仅196个，投资过亿美元的只有三美电机一个项目，可见日资企业在青投资规模主要以中小型投资为主，投资项目数量不少，但单个项目投资规模不大。鲁日投资合作虽然在技术、管理，以及本土化方面使得山东企业受益匪浅，较大地改善了山东企业尤其是国有企业的经营理念和经营方式，但由于受日本投资大项目偏少和跨国公司资本引力不足的局限，这种影响和带动作用还远未达到所预期的程度，也影响着日资总量的扩张和质量的优化。

表5 　　　　　　　实际利用日本 FDI 的项目平均投资额比较 　　　单位：万美元

省份	2002 年	2003 年	2004 年	2005 年	2006 年	2007 年	2008 年	2009 年	平均值
山东	133.69	104.14	123.42	144.81	225.24	385.46	382.51	370.68	233.74
江苏	162.62	219.94	188.34	322.14	327.29	314.71	557.70	598.97	336.46
辽宁	220.42	191.15	184.49	76.21	161.55	167.47	422.66	500.40	240.54
广东	384.80	355.83	239.44	494.06	496.12	507.26	581.43	975.22	504.27
上海	132.33	139.97	163.01	178.61	144.19	186.54	240.83	239.11	178.07

资料来源：根据各省统计年鉴相关数据计算。

---

① 　张乃丽：《日本对山东省直接投资研究》，山东人民出版社2007年版。

三、制约山东与日本投资合作发展的主要因素

山东与日本投资合作中存在的不足，有着多方面的原因，既有客观形势的问题，也有主观认识上的问题；既有体制约束上的问题，也有环境建设上的问题；既有企业本身的问题，也有人才局限等问题。分析清楚问题的症结与根本所在，对于问题的克服与解决是很有必要的。

（一）观念创新力度不够

在吸引日本投资问题上，山东表现出了一个开放保守意识与开放过度意识的矛盾和冲突，一方面，面对大的跨国公司资本和优质资本，我们往往在采取合作方式、保持资本比例、如何设置机构、如何安排位置、如何分配利益等方面不能够率性对待和快速决策，思路为瞻前顾后，忧虑迟疑，斤斤计较等狭隘意识所围，很容易错失良机，表现为开放的保守；另一方面，对于一些产业带动力小、投资重复性明显的资本，没有明确的选资意识，认为只要能带动就业，能完成利用外资的目标任务，仍旧大开准入之门，表现为开放的过度。这两种意识的表现，归结到一点，都是缺少对利用外资前瞻性与科学性的认识，相对于当前新形势的要求，在观念更新问题上还存在一定的滞后性。因此，在如何把握利用日资的宽与紧、放与收上缺乏合理与适中的度，这对利用日资结构的战略性调整，提高利用日资的效率与水平是一个主要制约因素。

（二）人力资本相对缺乏

人力资源问题是日本对外投资的主要关注点，这是由日本多年来的人口负增长和劳动力成本高昂的社会现状所决定的。同样，日本对山东投资也在于山东有着良好的人力资源的价格与供给。而随着经济的发展，山东在人力资源问题上也显现出瓶颈状态，成为制约山东与日本投资合作发展的重要因素。主要表现为两大困扰，即劳动力价格上升，引资优势消失；高新技术人才短缺，影响着高端技术产业的进入。今后山东每年至少需要补充制造业技术工人 40 万人，而全省技校现有培养能力只有 8 万人，其中高级技工不到 1.5 万人，缺口在 30 万以上。根据烟台市城市总体规划专题研究的现场调研问卷显示，超过 50% 的企业认为在烟台较难找到所需要的高素质技术人员，在 37 家企业中，只有

5 家企业的技术员工比例超过 30%①。2007 年日本 NEC（日本电气）共有 42 亿日元的软件外包订单投向中国，日方原计划将其中的 1/3 投到山东，但因为人才约束，山东实际得到的接包额只有 13%②，更多的项目流向人才环境较好的广东、江苏等省，这种"不缺订单缺人才，肥水流向外人田"现象不能不说是山东的遗憾。人才资源是否丰富，是影响一个地区投资环境的重要因素，也制约着一个地区的技术创新和科学研发水平，如何解决要素资源中的人才资源短缺是未来高质量利用日资的重要问题。因此，正视人才问题并采取积极的对策，不仅有利于缓冲劳动力成本上升、政策优势减少带来的合作压力，也是进一步扩大山东与日本投资合作，开拓合作新局面的关键。

（三）产业配套不尽完善

产业配套环境是外资权衡资本投向的重要环境因素，尤其对于大的跨国公司资本，能否有一个良好的上下游产业链条和充足便利的零部件供应，直接影响到企业的经营速度与经营效益。日本企业在选择投资地点时，除考虑基础设施、劳动力成本、零部件采购的便利性等因素外，是否形成相关产业聚集地这一产业环境也是重要的因素。经过多年的努力，山东制造业已经建立起相对完整的行业体系，形成了巨大的存量资产和生产能力，开发出了一大批具有市场竞争力的好产品，但产业配套能力不足却制约了制造业的发展和引资能力。如山东最具优势的家电产业本地配套率只有 10% ~ 20%，计算机、手机等零部件配套率不到 10%。目前山东尚未有效地建立起以跨国公司为龙头的产业集群、产品配套格局和工业功能区，主导产业中的电子电器、汽车、精细化工等产业链仍然处于"断链"状态，与长江三角洲、珠江三角洲地区的产品配套率相比，山东的产品配套率仅为这些地区的 5% ~ 10%，不但影响产业集群和工业功能区建设，而且将影响"大项目—产业链—产业群—产业基地"战略的有效实施，并影响引进外资质量以及高端产业的转移。山东的产业配套能力低，形成了生产成本高、集聚经济效应不突出的引资瓶颈，也成为吸引日本跨国公司资本的主要掣肘。

（四）投资服务质量效率较低

不断完善投资环境是山东利用外资的着力点，也是山东利用外资快

---

① 张桂梅：《对胶东半岛发展产业集群的分析》，载《山东工商学院学报》2007 年第 4 期。
② 任旭强：《"外包人才"山东模式初显》，载《山东经济导报》2008 年 2 月 4 日。

速发展的基本条件。但与先进省市和日商要求的标准相比，在收费政策、服务效率、知识产权等方面仍存在着较大差距和问题。一是政府办事效率不断提高，但仍有待进一步完善。目前山东部分地区政府行政审批环节多、建设用地手续繁琐、办理贷款时间长等问题依然十分突出，对于日资的进入与运行带来一定影响。二是政策、法规变化过快，但信息传递不够迅速。由于政策变动缺少及时发布与告知，往往使得企业缺乏心理准备和调适过程，容易措手不及，从而影响到正常生产和经营。另外，对有关政策法规的理解上的差异和咨询需要，也缺少解疑释惑的便捷和权威渠道，一些困惑得不到清楚明确地回答。三是海关通关趋于便捷化，但服务效率仍需要继续改善。尽管山东在海关服务的改进和建设上做出了很多努力，但对于习惯于求全求精的日商来说还远不能满足其要求，与日本国内相比在山东通关相对时间长，手续不够简化，海关人员业务素质不够娴熟等。四是行政收费透明度不高。据日本贸易振兴机构青岛代表处荒木正明先生透露，日本企业大都是在了解了最基本的信息的基础上，经过计算之后才决定是否投资的。所以，日商希望当地政府在他们签约前就能明确地告诉他们所应负担的行政收费，透明度不高的收费会带来误解与不满。五是知识产权保护较弱。我国在知识产权法律体系和执法方面还存在许多缺陷，如对一些特定的知识产权缺乏法律规制、知识产权保护手段单一、对知识产权保护意识淡漠等，对外商投资者进入中国产生了一定的负面影响。因此必须要加大知识产权保护力度，不断完善法律体系，坚决打击侵权、假冒和盗版行为，保护外商的合法权益不受侵犯，这样可以吸引更多日本大型跨国公司进行高新技术产业投资，并且设立研发机构，从而有效地带动山东技术水平的提高和产业结构的优化。

四、后国际金融危机时期扩大山东与日本投资合作的路径

目前，日本确立了利用国内要素和扩大对外开放两个方面寻求经济增长动力的增长战略，扩大对外投资仍将是其经济发展的重点内容。在新一轮对外投资和产业转移中，山东仍然是日本投资的重点地区之一，山东吸引日资将在保持一定规模的基础上，进入由劳动密集型的食品、

纺织、轻工等行业向更高层次迈进的结构调整期。后危机时期，山东必须坚定不移地始终把加强对日本投资合作作为重中之重来抓，把握当前山东与日本投资合作的新形势，弱化当前由于钓鱼岛等问题引发的政治因素影响，为实现与日本投资产业成功对接积极创造条件，进一步深化与日本在产业、资源、技术等方面的合作，最大限度地发挥日资的积极作用，在拓展合作领域、提高合作层次等方面取得新突破。

（一）不断更新对外开放观念

对外开放观念是动态的、发展的，因此，随着经济形势的不断变化，我们的开放观念也需要不断调适，不断更新，才能更好地引导山东与日本投资合作沿着正确的方向发展。近年来山东与日本的投资合作取得了长足的发展，这也是山东对外开放的重要优势，但必须看到山东利用日资的质量和水平还不够高，在一些领域和环节还大有潜力。因此，必须从战略的高度重视和利用日资工作，充分利用好后危机时期国际资本转移的战略机遇期，不断解放思想、更新观念，进一步发挥日资在促进山东经济快速健康发展中的积极作用。一是要继续解放思想，进一步破除认识上的习惯性和狭隘性，消除中规中矩观念，提倡标新立异思想，面对新形势下出现的新问题，始终保持一种探索和开拓精神，实现意识上的创新，为鲁日投资合作创造一个自由度高、束缚力少、适宜资本创造性发展的氛围；二是将科学发展观深入到对外开放理念中，尊重客观规律，以科学的态度指导合作，既要考虑利用日资量的增长和规模扩张，又要关注结构优化和环境安全，还要兼顾社会就业和文明进步目标的实现；三是树立科学的政绩观，合理评价利用外资工作的是非好坏，建立正确的导向，同时教育外资工作者要有正确的价值观和荣辱观，将强烈的责任心和使命感溶入引资工作中，使得山东与日本投资合作能在一个开放且向上的意识形态下面健康发展，只有这样，我们才能保持利用外资的竞争力，才能进一步拓展山东与日本投资合作的广度和深度。

（二）消除人力资源瓶颈约束

人才是进一步发展山东与日本投资合作的关键性因素，也是进一步发展山东与日本投资合作的主要制约因素。尤其是吸引跨国公司资本和高新技术产业资本，人才是最大的瓶颈。因此，加快人才队伍建设，增强人才对于日资的吸引力是目前重要的任务。为此，我们需要从以下几方面着手：一是进一步强化正确的人才观，找准山东存在的人才问题的主要症结所在，在人才理念、舆论导向、政策安排等方面更充分体现对人才、对知识的尊重，并在全社会形成一个自觉行为。二是进一步加快人才培养步伐。要充分利用山东的教育资源，实现常规教育与职业教育的协调发展；长期教育与短期培养相结合；企业与学校相结合，尤其对于急需人才，要加大定向培养，打短平快以解燃眉之需，如承接日本软件外包人才的匮乏，就需要有这方面培养能力的学校加大专门人才培训，以适应形势的变化对人才的需求。三是形成良好的人才激励与约束机制，从体制上保证人才的成长与能力的展示。四是加速共享机制建设。打破地区与地区、企业与企业、部门与部门之间的沟通障碍，促进其多方面的交流与合作，带动地区人才联盟，企业人才联盟的形成，实行人才优化组合，资源共享，尤其对于日本大额软件外包订单，要采取共同接单、人才通用方式，保证订单能留在山东。

（三）积极吸引高新技术产业投资

在后危机时期，高新技术产业将成为推动世界经济发展的主导力量。日本作为发达国家，高新技术产业的发展处于世界领先地位，基础技术和产业技术实力均衡，科技进步对日本经济增长的贡献率达到60％以上，加快山东与日本高新技术产业合作，不仅有利于山东转变经济发展方式，实现产业结构的优化升级，而且对于双方弱化资源困扰，培育产业合作新亮点，增强国际竞争实力，实现危机背景下的互利共赢也具有重要的战略意义。一方面，山东应紧盯日本的信息技术、生物工程、新材料、新能源及海洋资源开发等高新技术领域；紧紧盯住包括日本的松下、索尼、夏普、日立、东芝、东丽、新日本化金、京瓷、旭合成、旭硝子在内的重点大企业，加强技术合作；另一方面，山东企业也要加快科技攻关，在引进新技术、新工艺的同时注重积极消化吸收后的再开发与创新，为传统工业注入更多的高科技成分，并大力开发具有较高技术含量的附加价值的新产品，促进产品结构的升级换代。

（四）加强吸引日本现代服务业投资

随着现代信息技术的迅猛发展和产业结构的高度化，服务业发展成为发达国家的发展重心，在掌控核心技术的前提下，他们将制造业生产工序向他国转移，并将为制造业提供配套增至服务的第三产业同时转移。而目前山东正在大力繁荣发展服务业，不断拓展服务业领域，提高服务业在国民经济中的比重，同时在服务外包、现代物流、金融服务、文化旅游等领域也将进一步扩大开放。与之相适应，山东在今后的引资过程中要更多地吸引日本服务业投资于山东，为山东带来先进的服务理念、服务模式和服务技术，同时带动和促进本地服务业的发展，使服务业成为山东经济建设的前进推动力，优化山东产业结构。一是应积极推动中日软件外包企业建立长期协作关系，依托山东齐鲁软件园、青岛市南区软件园等软件园区，以海尔、海信、浪潮、中创软件等8家入围全国软件百强企业为重点，与日本知名的NTT、NEC、软银、日立等软件企业，在软件外包方面建立长期协作关系，同时加快拓展流程外包业务。二是充分利用山东与日本同属东北亚经济圈，具备合作发展物流产业的优越条件，随着下一步中日韩滚装船物流的开通，重点吸引日本大型物流企业，建设国际物流体系；尽快研究利用日本技术和管理，建设半岛城市间轻轨交通体系；三是要争取更多的日本金融保险企业在山东中心城市设立分支机构。

（五）引导日资投向节能环保领域

从各国应对金融危机、推动全球经济复苏中，我们看到了以开发清洁能源、新能源和节能减排产业等为基本内容的绿色产业革命正在悄然兴起，展现出向节能低碳的更为绿色的经济转变的良好势头。山东目前正在按照生态文明的要求，大力发展循环经济、绿色经济，加快建设资源节约型、环境友好型社会，发展低碳经济是山东转变经济增长方式、调整产业结构、提高资源能源利用率、保护生态环境、实现可持续发展的需要。因此，在后危机时期，山东应积极引导日资投向节能环保领域，推进鲁日在节能环保领域的务实合作。一方面，山东应积极推进与日本企业在节能减排和环境保护领域的合作，加快建设中日循环经济生态城项目，积极开展煤炭、火力发电厂的脱硫、脱硝等技术转让合作，打造循环经济示范基地；另一方面，结合黄河三角洲高效生态经济区和山东半岛蓝色经济区建设，今后山东引进日资的工作应结合区域经济发展的重点方向，充分发挥日本在海洋资源科学利用、生态环保、节能降耗、新能源开发、循环经济等领域的先进经验与技术优势，重点引导、着力推进日资投向这些行业，以推动山东产业结构升级，转变经济增长方式，促进区域经济发展。

（六）优化产业配套环境

日本企业对华的投资，日益倾向于产业链企业配套投资，形成产业集群。针对这一特点，山东应重视对引进项目及其配套产业的整体招商，重视与大型制造业相关联的产品研发、技术支持、销售网络、售后服务，以及金融、信息、保险等投资项目的引进，使之形成产业集群，发挥产业集聚效应，提高本地企业为其配套的能力。一是要继续调整和完善山东产业发展布局，促进区域内产业的协调发展和区域间产业的有机对接，消除由于产业的同构发展和项目的重复建设可能带来的产能过剩和链条短断现象，提高产业布局的协调性和产业链条的延伸力，从宏观调控层面为产业配套环境的形成打好基础和框架。二是促进产业集群的发展，创新山东产业集群优势和吸引力。这就需要继续强化产业集群意识，根据产业特点确定区域主导产业；以积极的推介和良好的措施引导企业与块状经济向产业集群区域集聚；根据效率和经济原则实行合理的产业上下游细化分工，并形成良好的产业链接和有机互动；在引进产业项目时充分考虑项目与主导产业的配套程度，使项目尽快融入到主导产业网络之中而不是相互脱节；注重产业体系中的企业规模配置，切忌盲目求大，造成自相竞争大于协作，降低集群活性。三是大力发展民营企业和中小型企业，改变山东国有强、民营弱的现状和局面，从观念上、政策上、环境上为民营企业和中小型企业提供适宜的成长条件，充分发挥它们的灵活性、多样性、适应性强的特点，使它们迅速成为主导产业的最佳配角和外围力量，为能吸引更多的日本跨国公司资本和优质资本进入山东打造更为优越的产业环境。

（七）提高投资服务质量

巩固日本投资的最有效途径是全力做好日资企业投资经营全过程的服务工作。首先，日资集聚程度较高的地区可以根据日资企业需要，以日文形式公开办事程序、服务流程和办结时限，加强各部门协调，推行"一站式"办事模式，形成改善投资软环境的整体合力。其次，严格收费管理，加强对日资企业的配套服务，尽快完善招商引资的相关法律法规，建立健全基础设施环境以及人才培养的相关体制，严厉打击违反知识产权保护法的行为，培育良好的信用环境和市场经济秩序，有效地降低其投资成本和商务成本。再次，不断优化外商生活环境，在日资集聚程度高的区域，要通过设立专业技术学校和日语国际学校，培养、引进和储备大批能满足日资企业需要的高素质技术人才和熟练员工，为日本扩大投资创造更加宽松、更加优越、更有吸引力的优良投资环境。

（作者：山东社会科学院　王　爽）

第四篇 突出重点 完善机制 推动山东省服务外包产业快速发展

近年来，山东省委、省政府高度重视服务外包产业发展，把发展服务外包作为转变经济发展方式、调整优化产业结构、缓解环境资源压力、扩大高校毕业生就业、提高开放型经济发展水平的重要措施来抓，先后出台了《关于加快服务外包产业发展的意见》（鲁政发〔2007〕78号）和《山东省服务外包发展规划（2010～2014）》，不断强化工作措施，加大工作力度，促进服务外包产业提速发展。

一、山东省服务外包发展的主要特点

按照省委、省政府的决策部署，积极完善载体功能，落实政策扶持，提升人才支撑，吸引各地企业聚集，全省服务外包产业提速发展。2010年上半年，全省服务外包合同额3.1亿美元，执行额1.6亿美元，同比分别增长103%和198%。其中，离岸外包合同额2.6亿美元，执行额1.28亿美元，分别增长了89.1%和193%。主要表现为如下特点：一是业务流程外包（BPO）形成新增长点。上半年，IT外包（ITO）实现离岸执行额7451万美元，同比增长15.8%，保持了平稳增长；BPO离岸执行额5382万美元，增长了5倍。二是济南、青岛等示范城市（基地）效果明显。济南、青岛两市离岸外包执行额分别实现6034万美元和 3947 万美元，占全省总量的 77.8%。19 个服务外包示范基地离岸执行额 8946 万美元，占全省总量的 70%。其中，齐鲁软件园、青岛市南区、青岛崂山区位列前三，分别达到了 3409 万美元、1599 万美元和 1556 万美元，增长实现了翻番。三是服务外包队伍不断扩大。全省累计登记服务外包企业 523 家，比上年末增加了 81 家。其中，有离岸业务实绩的企业 132 家，离岸执行额超百万美元的 37 家。四是外包市场进一步拓展。上半年，山东服务外包国际市场已拓展到 56 个国家和地区，比上年末增加了 37 个。其中，过千万美元的离岸外包市场有 4 个，分别是：美国 3350 万美元，增长 78.6%；日本 3040 万美元，增长 172%；德国 1162 万美元，西班牙 1131 万美元。五是人才培育体系加快建设。上半年，山东师创软件、青岛东合信息等服务外包培训机构先后与山东 17 所高校合作，启动了"高校软件外包专业校企合作项目"，使山东自 2010 年开始，拥有了每年约 2200 名服务外包大学本科生源。

二、山东省服务外包发展面临的新形势

在全球经济危机之后，服务外包展现出广阔的发展前景，国际环境、国内政策、市场拓展等方面都表现出越来越好的发展趋势。

（一）服务外包产业面临的国际环境越来越好

跨国公司已开始新一轮产业布局，基本走向是一方面抢占新兴战略产业，打开新的发展空间，一方面加力发展服务业和服务经济，提高赢利生存空间。在全球财富前 100 位跨国公司中，95% 的公司采取离岸外包。据麦肯锡研究，2010 年，全球服务外包离岸总额将达到 7000 亿美元；到 2020 年，全球服务外包市场规模将达到 2 万亿美元以上，市场空间巨大。信息技术外包规模不断增大，根据 IDC 数据统计，国际信息技术外包（ITO）仍将保持 6% 的年增长率，随着 3G 时代的到来，通信软件将成为整个市场的重要组成部分。目前，全球服务外包重心已悄悄地转向领域更宽、附加值更大、产品线更长的业务流程外包（BPO），2012 年全球业务流程外包市场规模将达到 1800 亿美元，BPO 的市场潜力将高于 ITO 的市场潜力。服务接包仍继续向亚太地区转移，中国、印度、菲律宾和俄罗斯等亚太地区国家正在成为全球外包市场的主要承接国，其中，我国有望成为各国跨国公司拓展外包业务的首选地。据毕马威预测，未来五年，中国服务外包市场将保持25%的年复合率增长，2014年，将达到440亿美元的市场规模。

（二）国家对服务外包产业支持力度越来越大

2009年，我国在积极应对国际金融危机中，全国共签订服务外包合同金额200亿美元，增长185%，离岸外包金额148亿美元，增长154%，吸纳了约30万人的高校毕业生就业。最近，国务院办公厅又在新下发的《关于鼓励服务外包产业加快发展的复函》中，进一步完善了技术先进性服务企业所得税优惠政策，加大了对服务外包的资金支持力度，体现了我国将不遗余力促进服务外包发展的决心。国家各部门纷纷出台政策加大对服务外包产业的扶持力度，财政部联合国家税务总局和商务部出台了《关于示范城市离岸服务外包业务免征营业税的通知》，人力资源和社会保障部联合商务部出台了《关于进一步做好促进服务外包产业发展有关工作的通知》，商务部、国家发改委、财政部等五部门联合下发了《关于扶持和鼓励服务外包企业海外并购的若干意见》，分别对服务外包企业在税收、用工和市场开拓等方面给予扶持。

（三）国内各省市间服务外包产业竞争越来越激烈

目前，国内各省都把服务外包作为转方式、调结构、发展服务业、富省强省的契机，纷纷完善政策措施，加大资金扶持力度，促进服务外包超常规发展。基本走向是：①进一步明确发展定位。如，上海提出打造"中国服务外包巨人"战略计划，大连提出了建设"中国IT外包中心"愿景，西安提出"打造中国服务外包之都"的构想，成都打出建设"中国的班加罗尔"的战略定位。杭州则借助本地金融发达的优势，瞄准金融外包服务，力争成为国际知名的"全球金融服务外包交付中心"；长沙依托本地较为完备的文化创意产业基础，大力发展动漫、文化产业服务外包，打造"国际文化产业创意外包基地"；苏州、南京等城市也在采取措施，全力促进服务外包发展。②加大资金支持力度。大连采取"官助民办"方式，斥资百亿元打造大连软件园，市政府建立中小企业创业基金，为中小企业提供土地、财政、金融等方面政策支持，降低中小企业经营成本，并每年安排6000万元用于服务外包产业；北京市在地方政府财政专项资金中安排不低于国家专项资金两倍金额的配套；天津市承诺2010年前每年支持服务外包发展资金不低于2亿元；广州、武汉、杭州等市也都安排1亿元用于支持服务外包发展；西安计划每年至少安排 8000 万元；成都每年安排不低于 5000 万元；无锡实行与财政部、商务部服务外包资金 1∶2 配套政策，未来几年将投入 15 亿元服务外包专项扶持资金。③发展态势迅猛。江苏省依托南京、苏州、无锡三个国家级服务外包示范城市，形成了以软件外包、动漫创意、工业设计、医药研发、供应链管理、金融后台服务等为特色的多类服务外包产业集群，呈现出"多点开花"态势，2009 年离岸外包执行额 28 亿美元。辽宁把软件及服务外包产业作为新的支柱产业，特别是大连已经成为软件和服务外包产业发展的集中区，世界 500 强企业有 38 家进驻大连，全球领先的前十大外包服务提供商中有 6 家在大连落户，短短几年时间就把软件产业就由一个销售收入 2 亿元，出口额几百万美元的小产业发展成为支柱性产业，增加值占全市 GDP 的比重超过 4%。沈阳市大力扶持软件产业，软件企业已经达到 2000 多家，从业人员超过了6 万人。

三、 山东省发展服务外产业的部分优势

（一）产业发展格局基本形成

山东省已初步建成了"双核多点，特色发展"的服务外包发展格局，济南、青岛两市率先发展，示范带动作用逐步显现。济南市是国家认定的"中国服务外包示范城市"，齐鲁软件园和青岛软件园是国家重点软件产业和出口基地，青岛也发展成为中国服务外包名城。烟台、威海、潍坊、淄博、东营、日照、济宁各地也依靠本地实际情况，不断加大工作力度，初步形成了特色鲜明的服务外包产业集群。

（二）载体建设获得突破

山东省认定了济南市市中区、济南市长清区、青岛市市南区、烟台市开发区等 19 个省级服务外包示范基地，已建成济南齐鲁软件园、青岛市南软件园、市北软件园、凤凰岛动漫基地等一批服务外包专业园区，另外有在建项目济南齐鲁外包城、济南郑庄金融服务外包产业园、青岛国际外包园、青岛东元软件园、崂山益青科技园、黄岛影视动漫城、即墨鳌山外包基地、潍坊呼叫中心基地和东营软件园等。服务外包专业园区的大面积建设，扩大了山东服务外包产业发展空间，为服务外

包产业发展提供了良好平台建设。

（三）园区建设水平迅速提高

山东省大力加强园区基础设施及配套工程建设，各示范基地建设了大批高校毕业生公寓，医疗保健、入学入托、生活娱乐设施配套功能进一步完善，促进了服务外包人才安居乐业。服务外包产业载体功能进一步加强，双电源、双回路、多重方式保障的电力保障系统全面推进，宽带网络接入、超宽国际出口的网络保障系统基本实现。公共技术平台、公共信息平台等基础性设施建设进一步完善，具备灾难恢复和数据备份功能的数据中心、支撑集成电路设计业务的 EDA 工具平台、三维动画的动作捕捉平台等逐渐完备，促进了企业软件开发、测试、工具共享、动漫渲染、捕捉等能力的不断提升，其中中金数据烟台数据中心是中国目前最先进的数据中心，微软与浪潮在济南合作设立了微软 IT 学院。山东省服务外包专业园区功能不断完善，环境不断优化，加速了服务外包产业的迅速发展。

（四）人才优势显著

山东省大学生人才资源丰富，山东省拥有山东大学、中国海洋大学、中国石油大学等高等院校 145 所，其中十余所高校开设了服务外包专业。计算机等相关专业年毕业生 4.3 万人，语言专业毕业生 2.3 万人，动漫、美术、多媒体类毕业生近 3000 人。山东省共有中国科学院和中国工程院院士 36 人，各类专业技术人员 7.3 万人。省级科研机构97 所。服务外包人才培训机构发展迅速，目前全省拥有 86 家省级服务外包人才培训机构，其中包括重点高等院校 49 家，专业培训机构 26家，企业办学机构 11 家。每年培养和培训实用性、国际化外包人才1.5 万人。人才忠诚度高。山东服务外包企业员工忠诚守信、吃苦耐劳，外包企业人员流动率不到 5%，大大低于中国 25% 的平均水平。山东人才成本、生活成本低，有利于打造全国服务外包人才洼地，加速推动服务外包产业快速发展。

（五）信息安全保障体系健全

山东省不断优化服务外包产业发展的法治和政策环境，保护知识产权和个人信息安全，鼓励企业取得信息安全管理（ISO27001）、服务提供商环境安全（SAS70）等认证。其中济南市被国家知识产权局授予"国家知识产权示范城市"，是中国知识产权四个示范城市之一，制定了《济南市保护知识产权专项行动方案》，在每个外包园区成立了维权办公室和维权同盟，设立了专项保护资金，形成了尊重知识产权和保护客户信息安全的良好氛围，有效保护了外包企业的知识产权。

四、强化措施，加速推进山东服务外包产业发展

加速发展山东 ITO、BPO、KPO 及呼叫中心四大产业集群，引进 100 名世界知名服务外包企业和 100 名产业领军人才及高层次人才，健全统计分析、目标责任、示范基地绩效评价等管理体系，努力实现山东 2014 年全省服务外包离岸执行额过 30 亿美元的目标。

（一）大力发掘和培植服务外包企业"四大集群"，增强产业基础

1. 大力培植山东 ITO 企业集群。大力发展应用软件开发和系统集成，充分发挥山东省在软件研发方面的技术优势和行业经验，鼓励企业加强与金融、教育、服务、电信、媒体等部门和企业的联系，加大技术投入，加快研制更加高效便捷的运营、生产、管理等业务的软件产品，积极承接行业应用软件开发和软件定制业务，加强软件咨询、维护、培训、测试等技术性服务。加快发展集成电路和电子电路产品设计以及相关技术支持服务，加快发展信息系统运营维护服务，积极承接设备管理、应用和服务管理、信息系统资产管理和日常工作管理等信息系统运营维护服务外包业务，支持企业扩大经营范围，拓展国际市场，促进企业做大做强，形成山东 ITO 企业集群。

2. 大力培植山东 BPO 企业集群。加速业务流程外包企业发展，大力发展金融数据处理、人力资源管理、财务、审计与税务管理等企业内部管理服务，积极承接地理信息等专业数据分析处理以及行政部门、医疗单位、调查公司等机构的资料电子化业务。充分利用山东省地质条件稳定、自然灾害少的特点，加快建设数据灾备中心。提高数据分析、数据管理、数据整合能力，延伸拓展服务领域，支持企业创出特色，扩大影响，形成山东 BPO 企业集群。

3. 大力培植山东 KPO 企业集群。促进技术性知识流程外包加快发展，依托济南、青岛、烟台等国家和省级动漫创意产业示范基地，面向日韩和欧美市场，加快推进网络游戏、数字动漫、影视传媒等产品的设计、加工、汉化、制作外包业务开展。借助山东科技体完备、专业研究

院所众多的优势，大力发展医药、工业和工程设计研发，重点支持医药研发企业和冶金、化工、机械、电力、石油、建筑、铁路等各类设计研究院所积极承接离岸 KPO 业务，形成山东 KPO 企业集群。

4. 大力培植山东呼叫中心业务集群。发挥山东人才资源丰富、成本低的优势，积极推进济南、潍坊、泰安三大国内呼叫中心基地建设，重点支持泰赢科技、万声寻呼、旅科信息等企业壮大规模，由内及外，成为国内重要的呼叫中心集群。

（二）引资与引智相结合，重点引进国际服务外包知名企业与著名人才

1. 加大招商引资力度，迅速壮大山东服务外包产业主体。认真研究日韩骨干服务外包企业的生产经营现状，发挥山东成本低、环境好的优势，充分利用省里在日本举办的服务外包招商促进活动，组织好对日本关西、关东地区服务外包重点企业的专业对接，吸引其来山东增设分支机构。研究好美国财富 500 强和 INC500 强中最具成长性企业，进行点对点招商，引进一批世界知名的服务外包企业，壮大山东服务外包产业主体。组织省内示范基地和企业"小分队"到京沪杭西等城市淘企业，淘市场，淘业务。

2. 以引代培，促进山东服务外包产业人才队伍实现跨越。引资与引智相结合，启动"服务外包百人引进计划"，采取持股、技术入股、提供创业基金等灵活方式，大力引进精通业务、熟悉国际规则，熟练掌握外语、涉外工作能力强的海外高端领军人才、项目人才、商务人才和工程人才，吸引高水平外国专家来鲁开展智力服务，节省山东服务外包人才培养的时间，促进山东服务外包产业加速发展。加大对服务外包明星企业及功勋人物的奖励，形成吸引高素质人才创服务外包之业的社会氛围。

（三）健全完善服务外包"三个体系"，保障山东服务外包产业健康发展

1. 建立完善服务外包统计体系。服务外包统计是一项重要的基础性工作，要严格执行商务部《服务外包统计制度》的要求，认真做好服务外包统计工作。要指定专人负责，加强对服务外包统计数据的审核，确保统计数据的准确性、有效性和完整性。要进一步加强与服务外包企业的联系与沟通，建立重点企业联络制度，及时督促企业按时按要求上报统计数据，要加强对企业的服务、指导，及时掌握企业的最新动态和业务进展情况。

2. 建立全省服务外包工作目标责任体系。2010 年是全面落实山东省服务外包产业发展规划的第一年，对实现规划确定的"全省服务外包离岸额到 2014 年达到 30 亿美元目标"事关重大，山东省结合各地的发展优势和潜力，将全年任务目标对各市和示范基地进行合理分解，建立了全省服务外包工作目标责任体系。

3. 进一步健全完善绩效评价体系。示范基地是山东服务外包产业发展的重要载体，也是服务外包产业的主要聚集区，示范基地的发展状况，事关山东服务外包发展大局。为进一步促进示范基地的健康发展，引入竞争机制，更好地发挥引领示范作用，印发了《山东省服务外包示范基地绩效评价管理试行办法》，进一步明确了省市和示范基地的主要职责，对各示范基地试行"核心指标"绩效评价，以后随着服务外包产业的发展逐步丰富完善，形成完整的服务外包绩效考核体系。

（四）加强保障措施，确保山东服务外包产业 2014 年离岸执行额超过 30 亿美元

《山东省服务外包产业发展规划（2010～2014 年）》规定，"到 2014 年，全省离岸服务外包额达到 30 亿美元，产业规模进入全国前五位"。在今后的工作中必须加大力度，强化措施，优化环境、凝聚力量，确保圆满完成山东省服务外包产业的规划任务。

1. 加大政策扶持创新力度。统筹落实好国家和省各项资金扶持政策，发挥好财政资金对服务外包的引导促进作用。研究制定山东鼓励服务外包产业的专项扶持政策，重点支持骨干企业发展、外包人才培训、国际市场开拓和示范基地建设，对引进的国际知名服务外包企业、中高级服务外包人才以及业务发展迅速、吸纳就业多、贡献突出的企业给予奖励。推行"廉租房"定向用于服务外包大学生工作，增强示范城市、示范基地的成本竞争力。支持青岛市申办全国服务外包示范城市。

2. 继续营造良好的发展环境。召开全省服务外包领导小组联席会议，进一步加强省内各相关部门的同步协调，形成更大的合力。与省内新闻媒体合作，启动对服务外包示范基地、重点企业的系列宣传，树立"齐鲁服务"品牌。评选服务外包明星企业和先进人物，营造全社会关心支持服务外包发展的浓厚氛围。适时成立全省服务外包企业协会，搭建有利于沟通—合作—自律—发展的产业平台。

（作者：山东省商务厅　孟建新）

第五篇　关于山东发展
新能源汽车的几点思考

在中美两国商务部的积极推动下，2010 年 6 月份，两国汽车制造业代表在美国印第安纳、俄亥俄、底特律三个汽车及汽车零部件主要制造基地，分别举办了"中美先进技术汽车首脑峰会"、"中美投资说明会"、"中美新能源与汽车电子投资合作论坛"等活动。山东省商务厅及省内 5 家重点汽车及零部件出口企业派员参加了上述活动。三个活动有一个共同的主题，即新能源汽车技术的研发。通过交流，让我们对美国新能源汽车发展现状有了较为全面地了解，同时也引发了对山东新能源汽车发展的思考。

一、美国的新能源汽车发展
计划概况

近五年来，特别是奥巴马执政后，美国政府为摆脱对海外石油的过度依赖，大力推动新能源战略，不断加大新能源开发力度，积极鼓励新能源技术的应用和新能源产业的发展。其中，发展新能源汽车技术、推进绿色汽车是美国政府新能源战略的重要组成部分。

新能源汽车通常指以混合动力、纯电动、燃料电池电动、氢发动机、其他新能源（如高效储能器、压缩空气）等类能源为动力的汽车。早在 2004 年前后，混合动力汽车在美国已开始进入商业化推广阶段。2007 年，美国实施了针对环保车辆的税收优惠措施，规定消费者购买符合条件的混合动力汽车可享受 250～2600 美元不等的税款抵免优惠。2009 年 4 月，奥巴马政府签署经济刺激计划，确定把插电式混合动力汽车作为刺激经济和拯救汽车业的一张王牌。作为示范带动，联邦政府采购了美国三大汽车厂商制造的 1.76 万辆新能源汽车。配合这一计划的实施，联邦政府在短短几个月内出台了一系列强力措施，包括：斥资 140 亿美元支持动力电池、关键零部件的研发和生产，支持充电基础设施建设，支持政府采购和补贴消费者购买新能源汽车（在美国联邦政府的新能源汽车补贴计划中，要求新能源汽车的本地化程度必须达到 60%）；设立总量为 250 亿美元的基金，以低息贷款方式支持汽车厂商对节能和新能源汽车的研发和生产；设立 20 亿美元的政府资助项目，扶持新一代电动汽车所需的电池组及其部件的研发，以期在电池组技术关键领域取得突破。与此同时，全球著名的道氏化学、韩国 LG 等四家电池制造商也宣布将在美国汽车城底特律所在的密歇根州实施总额达 17 亿美元的动力电池投资计划，以推动美国汽车电池技术的开发。

上述一系列措施，构成了美国新能源汽车产业化和市场化的第一推动力，也使得美国新能源汽车政策的研发方向和目标更加明确。美国政府宣布，自 2016 年起，将实施每百公里油耗 6.6 升的新油耗标准。由于传统能源汽车多数达不到这一标准，从而给新能源汽车的发展带来了巨大商机。2009 年，美国混合动力汽车销售 29 万辆，占美国汽车总销量比例的 2.8% 左右。业界预计到 2012 年，美国联邦政府采购的汽车中一半是充电式混合动力汽车或纯电动汽车，到 2015 年，美国本土将有 100 万辆混合动力汽车投入使用。

美国之所以投巨资大力发展新能源汽车，有其深刻用意。交通运输业是能源消耗最大的行业之一，其石油消耗量占全社会石油消耗总量的 30% 以上，同时，交通运输业还是碳排放的大户。美国政府率先推广新能源汽车，抢占这一战略新兴产业，主要目的是想在能源革命的浪潮中抢占先机和制高点，实现能源独立，提高经济持续增长能力。

二、我国及山东新能源汽车的
发展现状

我国新能源汽车技术的研发，在国家"十五"和"十一五"重大科技项目支持下也实现了较快发展，现已形成混合动力汽车、纯电动汽车、燃料电池汽车和电池、电机、电控技术的"三纵三横"研发布局和技术体系，开发出了上百款混合动力、纯电动和燃料电池汽车试产样车，初步具备了加快产业化发展的条件。2008年，科技部正式启动了示范推广节能与新能源汽车的试点工作——"十城千辆"行动计划，在北京、上海等13个城市的公交、出租、公务、环卫和邮政等公共服务领域推广使用节能与新能源汽车，由中央财政给予一次性定额补助（山东济南市列入试点城市）。2010年，财政部等四部委又联合出台《关于开展私人购买新能源汽车补贴试点的通知》，明确中央财政对试点城市私人购买、使用的插电式混合动力乘用车和纯电动乘用车给予相应补贴（插电式混合动力乘用车每辆最高补贴可达5万元，纯电动乘用车每辆最高补贴可达6万元），来进一步推动新能源汽车产业发展。根据"十城千辆"行动计划的目标，到2012年，全国试点城市新能源汽车运行总计将达5.3万辆。

山东作为汽车生产大省，新能源汽车研发自2004年开始起步。目前，全省列入国家公告管理的新能源汽车制造企业2家，低速电动汽车生产企业30多家，初步形成了两大类发展模式。一类以中通客车、沂星电动客车为代表，主要从事大型新能源客车（混合动力、纯电动）的生产。上述两家企业产品均列入国家公告，通过政府采购和"十城千辆"计划销售。中通客车的新能源客车已服务过北京奥运会和济南全运会，并在"十城千辆"活动中广泛中标，成为试点城市的公交用车。2009年，中通客车还与台湾地区企业签订了400辆纯电动客车的出口协议，与新加坡企业签订了30辆混合动力客车的出口订单，实现了批量出口。临沂沂星电动汽车有限公司生产的纯电动客车也已在广州、海口、临沂等地公交系统投入运营。另外一类以时风集团、山东宝雅等30多家低速电动汽车生产企业为代表，主要生产公园观光车、高尔夫球车、公安巡逻车、家庭用电动车。这些产品目前尚没有进入国家公告，不能挂牌上路，只能作为场地用车或出口到海外市场。由于这类产品国内市场大，需求旺，海外需求也在逐年增长，发展潜力巨大。济宁英克莱开发的"迷你咖"电动汽车，采用锂电池动力，最高时速为每小时55公里，续航里程达120公里，2010年的出口订单排到3600台。此外，山东还有30多家新能源汽车零部件生产企业，在电机、车桥等方面具备一定优势，潍坊万泉机械科技有限公司是目前国内规模较大的电动四轮车全减震式前桥、变速式后桥和前驱动变速箱的生产企业，在行业内具有较高知名度。

当前，山东新能源汽车发展存在的问题主要有以下几方面。一是投入不足。新能源汽车作为战略性新兴产业，技术尚处于起步阶段，研发成本较高，需要借助政府扶持和政策拉动，但总体看，山东对新能源汽车发展的政策性投入还比较少，多数是企业各自为战的自发行为，资金投入规模受到制约。二是缺乏核心技术，创新能力不足。电动汽车制造企业在电机和电池研发方面，至今没有取得根本性突破，多数企业处于装配型低端产业。研发能力不足是制约新能源汽车发展的主要瓶颈。三是生产规模化程度不高，产业链条较短。新能源汽车的整车生产尚未形成规模效应，产品成本高；配套企业散而小，远未形成完善的配套体系。四是充电站等基础设施建设缓慢，影响了新能源汽车的市场化进程。

三、对加快山东新能源汽车发展的几点思考

总体上看，当前世界各国新能源汽车的发展都处在起步阶段。相对于传统能源汽车，我国在这一领域与国际先进水平的差距不算太大。大力发展新能源汽车，将是改变我国汽车工业长期亦步亦趋地跟随在国外先进技术后的现状、实现弯道超越的重要切入点。山东作为沿海地区经济大省和汽车工业大省，理应把发展新能源汽车作为振兴全省汽车工业的战略制高点，通过政策引导、技术创新和产业化，力争进入国内新能源汽车产业的第一方阵。

1. 加大对新能源汽车的政策性投入。建议从省级财政中安排专项资金，用于扶持新能源汽车的发展。对从事新能源汽车研发和生产的企业，在产品开发、技术改造、产业化、国内外销售网点建设等方面给予必要资金扶持。在全省城市公交车、出租汽车的更新换代中，鼓励采用新能源汽车，并仿照"十城千辆"试点城市的做法，省及市级财政给予相应资金补贴。加快全省17市充电站、停车场充电桩等基础设施建设，积极为电动汽车的市场化创造条件，倡导和鼓励个人、家庭用车选购新能源乘用车。

2. 加快提升山东新能源汽车的研发能力，推进产业化进程。充分借助 2010 年初省里成立的新能源汽车技术创新联盟这一平台，广泛吸纳各类资本、人才、技术，参与新能源汽车行业的研发。鼓励相关企业加大对包括纯电动汽车、混合动力汽车技术在内的新技术研究的投入，特别是加快电池组、电动转向、电动空调、电动制动系统、机电耦合系统等关键零部件领域的研发。依托现有汽车及零部件骨干企业，积极打造新能源汽车产业发展的集聚区，推进产业化进程。

3. 积极扩大新能源汽车的出口。现阶段，新能源汽车的海外市场机会集中在公交车和低速电动车等领域，山东上述产品出口已具备了一定的市场客户资源。下一步，一是应把新能源客车出口作为山东客车企业开发海外市场的主打产品，依托中通客车、临沂沂星电动汽车、福田汽车等骨干企业，重点瞄准发展中国家城市公交领域，加大市场开拓力度，积极抢占市场先机。二是应积极扩大低速电动汽车出口，通过出口来扩大低速电动汽车的生产规模，使相关企业尽快迈入国家新能源汽车的准入门槛，释放自身潜能。三是应努力扩大电动汽车关键零部件的出口。重点围绕最为核心的电池业务逐步向电气系统（驱动电机、控制系统）延伸，力争通过推动电动汽车零部件出口，促进新能源汽车产业的发展。

4. 加快新能源汽车企业的对外合作步伐。根据中美电动汽车合作框架，两国在未来数年内将有几百万辆电动汽车投入使用。考虑到美国制定的补贴计划对象为本土化率占到 60% 的企业，为此，现阶段山东新能源汽车要进入美国这一世界最大市场，必须积极借助对外合作，通过与美国本土企业的联姻，实现技术引入和产品输出的有机结合。山东具备条件的汽车及零部件企业，应及早未雨绸缪，积极做好对外合作这篇文章，通过引进国际资金和先进技术，一方面实现产品性能的提升，另一方面为实现产品向国际市场输出创造条件。

（作者：山东省商务厅　张　霖　李民生）

第六篇　全面深化与日韩大企业战略合作的对策思考

　　为进一步深化山东与日韩经贸合作，2010年6月6～15日，山东省政府副秘书长王旭率领省商务厅、省发展和改革委、环保厅等部门组成的省政府经贸代表团访问日、韩，枣庄、烟台、威海、日照、济宁等市组团同期出访。此次访问围绕全面加深与日韩大企业战略合作，有针对性地拜访了有关大企业，推动了一批先进制造业、节能环保、现代服务业等领域的重点合作项目，进一步加深了理解，增进了友谊，坚定了日韩大企业在后危机时代与山东经贸合作的信心。此外，代表团还分别访问了日中经济协会、韩国中小企业厅、韩国贸易协会等政府机构及经济团体，宣传推介了黄河三角洲高效生态经济区和山东半岛蓝色经济区等重点区域发展战略，为下一步加强双方的合作打下了坚实的基础。

一、重点推动与日韩大企业的战略性合作，一批重点项目取得突破性进展

　　代表团以推动在谈项目为重点，先后与日本三菱商事株式会社中原秀人常务执行董事、伊藤忠商事株式会社渡边康平副会长、东丽株式会社上野健次董事、株式会社小松制作所驹村义范专务执行董事、出光兴

产株式会社福永青磁常务董事、永旺株式会社田中秋人中国总代表、日中经济协会理事长清川佑二，韩国 SK 能源株式会社芳烃事业部部门长马世镐、希杰集团 BIO 本部 BU 长金喆河、希杰 CGV 公司开发本部长姜光丸、大宇造船海洋株式会社专务高光烈、乐天集团企划常务理事李南权、现代起亚汽车集团副社长崔成起、GS 加德士株式会社会长许东秀等世界 500 强跨国公司及经济界高层举行了工作会谈，就进一步深化双方合作交换意见，达成了多项共识，推动了钢铁、机械、新能源、新材料、纺织、煤化工、节能环保、生物科技、汽车变速箱及商用车、超市物流、食品等一批重点合作项目。

1. 三菱商事。2009 年姜大明省长访日期间，与三菱商事株式会社签署了《全面战略合作协议》，2010 年 4 月，三菱商事中国总代表木岛纲雄率团访问山东，与山东有关部门和企业举行了工作会谈，此次访问期间，就加强双方在钢铁技术设备改造引进、节能环保、光伏发电和农产品安全生产等领域的合作深入交换了意见，达成了共识。一是日照精品钢技术改造项目。三菱钢铁部门已先后 8 次派人到山东日照钢铁厂围绕压轧技术改造、超级薄板、脱销脱硫技术等方面的合作进行商讨。二是太阳能光伏发电项目。三菱已与西班牙合作建成世界最大的太阳能光伏发电厂，并有意向世界推广该项技术。我们提出希望三菱商事尽早将光伏电池和发电项目一起进入山东，山东将给予政策支持，三菱表示赞同，并就光电入网、电价等有关政策与我方交换了意见。三是食品安全生产项目。三菱商事责成其青岛公司负责，与山东联络，双方合作打造山东安全食品品牌（S-GAP），山东希望三菱将其与山东省农产品示范区建设结合起来，可选择两三个城市先行试点。为加快在山东各项事业的开展，三菱商事已专门成立山东课题组，近期将组织有关人员，分地区、分产业来山东对有关项目进行专题调研，制定切实可行合作方案，尽早开展务实合作。

2. 伊藤忠商事。一是伊藤忠与魏桥创业集团签署的总投资 4.2 亿美元有色金属提取及深加工项目，目前，中方已在滨州开发区动工建设厂房等基础设施，双方合作进行了三次产品试验，试验结果逐步接近目标，待试验数据达到要求，双方即可签订正式合同，正式投资运营；二是伊藤忠与烟台龙大集团签署的投资额 3400 万美元的可追溯体系养猪、屠宰加工项目，已进入实施阶段，伊藤忠希望通过该项目生产更多安心、安全的猪肉，不断扩大市场占有率；三是伊藤忠与青岛即发集团、日本 ROY－NE（劳意耐）共同投资 5000 万美元的高档针织品生产项目，目前外方出资已全部到位。四是烟台龙口丛林集团与伊藤忠、日轻金属合作生产铝型材汽车零部件项目。已签署技术保密协议，目前正进行市场调研。另外，伊藤忠希望探讨与山东电力公司合作，建设风力发电项目。同时，将派出电力部门代表团访问山东，与山东国有电力公司进行会谈，探讨与山东合作开展风力发电的可行性。

3. 东丽株式会社。青岛即发集团与东丽株式会社签署的总投资 5000 万美元高档面料服装生产二期项目，目前正进行项目论证，6 月份将报公司总部审批。东丽株式会社作为世界上最早生产碳纤维的厂家，有意将该公司的世界一流技术——碳纤维技术导入中国市场，开发高档汽车零部件、高尔夫球杆、钓鱼竿、计算机等高端产品。目前东丽公司复合材料本部已专门成立中国室，作为与中方联系交流窗口。

4. 小松制作所。小松制作所已在山东投资兴建了 14 家合资企业，山东已成为其在国外的最大生产基地。2009 年姜大明省长访问小松后，该公司已将代表世界先进水平的混合动力挖掘机放在济宁生产。这次访问，重点推动了三个项目：一是发动机及关键液压件等核心零部件项目。小松表示，如果在华挖掘机年产量达到 3 万台以上，即具备投产发动机、关键液压件等核心零部件的条件，如果 2010 年大中型挖掘机 18000 台和优特力小型挖掘机 6000 台的目标能够实现，再加上常州的部分超大机型的产量，小松在不久就能实现 3 万台的目标。二是共和工业所工程机械零部件项目。该所是小松制作所在全球范围内的重要合作伙伴，是一家生产各种工程机械零部件的专业公司，在小松的积极推动下，该公司拟在济宁投资建设一家生产工程机械零部件的公司，目前该项目已进入正式洽谈阶段。三是小松回转支承项目。回转支承是液压挖掘机的重要部件，需要先进的热处理技术才能生产。目前小松已成立了回转支承项目组，计划以小松为主导联合数家有技术实力的日本企业，在中国组建一家生产回转支承的专业公司。项目组已对济宁高新区投资环境进行了初步了解。目前正在进行可行性报告编制和工艺方案探讨等前期准备工作。

5. 出光兴产株式会社。一是风力发电项目，出光兴产株式会社计划在枣庄市建设多个测风塔，对风力风况进行为期一年的数据收集，目前已建成测风塔一座，各项测风数据稳定。如风力达到要求，将投资 10 亿元人民币开发风能，建设风力发电厂。二是煤化工、清洁能源项目。该公司与枣庄市围绕化学工业甲醚、二甲醚以及清洁能源等项目正在进行合作探讨。另外，出光在烟台已设立的洁净煤生产企业，正在调整经营范围，扩大经营规模，办理有关变更登记手续，希望山东给予支持与协助，尽早完成变更。

6. 永旺株式会社。一是大型购物中心系列项目。永旺集团先后在青岛、烟台、威海、潍坊等市设立了 5 家大型购物中心和 3 个 24 小时便利店，计划到 2012 年数量达到 20 家，覆盖全省 17 市，总投资 10 亿美元以上，并计划在山东建立现代农产品生产基地，扩大永旺自有品牌食品的销售。佳士客威海购物中心已于 2010 年"五一"正式开业，济宁和淄博购物中心也将于年内开业，原田会长将出席济宁购物中心开业盛典，并进行现场植树活动。目前，永旺集团正在推进济南、临沂等地项目进程，与鲁能合作在领秀城建设大型购物中心项目已完成规划设计，正在洽谈租赁价格。济南东部新城区和西部高铁车站附近的项目也正在积极推进中。二是成立开发公司。永旺计划在济南成立永旺 MALL（山东）商业开发公司，全面推动在山东中西部地区的投资合作，希望在山东通过店铺建设，带动城区的发展。为营造更好的合作氛围，永旺计划 2010 年 8 月份在威海市与山东共同举办"城市化发展与流通现代化论坛"，建议各市政府积极参与。目前，正有关细节与商务厅进行商洽。

7. SK 集团。韩国 SK 能源株式会社在会谈中表示，将以枣庄为中心，在山东打造能源化工生产基地。在与枣矿集团合资建成 15 万吨苯加氢项目的基础上，将继续推进总投资 12 亿美元的 60 万吨煤焦油深加工项目，预计 2010 年内将签署正式合同。在新能源开发领域，SK 将在济宁投资 2500 万美元建设秸秆发电项目，经过前期推动，该项目已通过立项审批，有望近期签署合同。此外，双方还就六价铬污染土壤修复、固体废物处置中心、垃圾焚烧发电等合作项目具体交换了意见。双方同意进一步加快项目工作进度，并初步计划由 SK 集团高层于 2010 年下半年率团访问山东，拜会山东主要领导，就有关合作项目具体进行商洽，并举行双方战略合作协议签署仪式。

8. 希杰集团。韩国希杰集团详细介绍了该公司赖氨酸产业的海外投资规划，表示对山东的投资将在目前 2 亿美元的基础上，于 2013 年前在聊城继续增加 20 万吨赖氨酸项目投资，按照姜大明省长与该公司李在贤会长间达成的共识，全力将山东打造成希杰在海外最大的赖氨酸生产基地。目前，该项目在山东继续扩大投资的主要问题是玉米淀粉原料使用问题。对此，代表团向该公司详细介绍了国家有关产业政策，提出了以并购山东现有玉米淀粉加工企业形式等具体解决方案，并向希杰提供了山东玉米淀粉加工企业名录，得到了韩方的积极响应，进一步坚定了投资信心。希杰 CGV 公司也表示将在烟台加快多厅电影院投资进度，同时对济南、青岛等城市进行选址考察，进一步扩大项目布点规模。

9. 大宇造船。大宇造船海洋株式会社表示已将烟台作为该公司在华投资风力发电设备项目的重点候选地。会谈中，双方就国家有关产业政策、投资方式、合作伙伴、产品销售等事宜进行了具体洽谈。特别是代表团针对该项目审批提出了在山东选择现有风电设备企业进行合作，或者以风电设备零部件企业进行报批等两种建议方案，并为大宇造船今后开拓国内销售市场，向其提供了山东风力发电企业名录。对此，大宇造船表示将积极研究山东提出的合作方案，尽快推动项目进展。

10. 乐天集团。乐天集团表示将在山东继续扩大乐天超市投资规模，目前在青岛已开店两家的基础上，积极推动与济南、烟台、威海、潍坊、济宁、枣庄、菏泽等市的项目洽谈，力争 5 年内在山东开设 25 家大型超市。乐天制果株式会社也表示，将在山东已投资派类、冰激凌等项目的基础上，继续积极推动投资果汁加工项目。此外，双方还就城市综合设施、物流、酒店管理等领域的合作交换了意见。

11. 现代起亚汽车。现代起亚汽车集团在山东日照投资的发动机、汽车模具以及汽车车桥一期项目均已建成投产，在建的 20 万套缸体及曲轴生产项目进展顺利，累计投资已近 5.6 亿美元。针对下一步重点推动的商用车与自动变速箱合作项目，代表团分别提出了具体合作方案。一是商用车合作项目。在现代与北奔合作没有实质性进展的情况下，山东将直接与现代进行商用车合作洽谈。根据现代的要求，山东将尽快对省内商用车资源进行整合，推出一家有实力的企业与其进行项目合作；二是自动变速箱合作项目。现代汽车已原则决定在山东日照投资该项目，一期投资 3 亿美元，年生产能力 25 万台套。山东将邀请该公司高层近期访问山东，与省主要领导就该项目有关事宜进一步交换意见，同时举行项目签约仪式。

12. GS 集团。GS 加德士株式会社将在山东济南、青岛、烟台已建成 8 个环保加油站的基础上，继续扩大投资规模，同时还将积极推动物流项目合作。此外，GS EPS 公司将在山东平原县建设秸秆发电厂项目，总投资 1000 万美元。GS POWER 公司希望在山东开展垃圾焚烧废热、废气回收再利用项目合作。代表团根据国家产业政策规定，与韩方分别就项目布点、电价补贴、原料使用等问题进行了交流，进一步坚定了韩方在山东的投资信心。

各市分团在日本访问期间，还拜访了住友商事、双日株式会社、NEC 株式会社、石川岛播磨、理光、AT INN 公司、住友不动产等企业，重点推动了烟台与住友商事株式会社的冷冻面团合作项目，与石川岛播磨株式会社的离心机合作项目；威海华东数控股份有限公司与日本东急车辆合作生产集装箱及火车车厢零部件等项目；枣庄山东联华印刷包装公司与日本大山商事株式会社合作的彩印项目等。

二、广泛交换意见，就进一步
加强与日韩经贸合作
达成共识

在日、韩期间，代表团在分别访问日韩大型企业、政府机构和经济团体，推动重点合作项目的同时，还向对方推介了黄河三角洲高效生态经济区和山东半岛蓝色经济区等重点区域发展战略，并就建立山东与日韩经贸合作新机制等事宜具体交换了意见。此次访问日中经济协会，山东向对方推介了 13 个对日重点新能源及节能环保合作项目，日中经济协会表示研究后与有关企业进行对接。同时，希望山东提供更多更好的节能环保项目，在 2010 年 10 月 24 日召开的第五届日中节能环保论坛上发表，将山东企业的需求与日本企业的技术有机结合，相互促进。日中经济协会选出节能环保领域的 96 家日本企业、250 多个项目编印成册推介给山东，省商务厅将与省外办携手进行推进落实。该协会还向山东宣传推介了目前正在合肥市开展的大城市周边地区节能和循环型水处理项目。我方希望今后进一步加强在节能环保等领域的交流与合作，也希望该会在国家层面安排两国合作项目时，能够把山东作为合作重点地区，给予大力支持。

韩国中小企业厅表示，将在该厅具体负责的"亚欧峰会中小企业生态创新中心"机制下，加强与山东中小企业在节能环保、再生能源和减排等领域的合作，并建立双方长效合作机制。2010 年下半年，该厅将组织韩国中小企业考察山东，并探讨举行"山东—韩国中小企业绿色成长合作洽谈会"的可能性。韩国贸易协会对代表团提出的建立中韩自由贸易区山东先导区的建议给予了积极响应，表示将在中日韩自贸区谈判过程中，充分发挥该会作用，积极推动山东先导区的早日建成。

同时，代表团在与日韩工商界广泛交流中，了解到一些新的情况值得我们在开展与日韩经贸合作中重视和关注。

1. 日韩经济复苏较快，大企业海外投资日趋活跃。全球金融危机已近尾声，日韩经济也呈现回升状态，第二季度日本大企业信心指数在连续两个季度下降后重新回升，此次代表团访问期间，也明显感觉到日本企业对经济回升的信心。韩国 2010 年第一季度国内生产总值同比增长 8.1%，创 2002 年第四季度以来的最快增速。世界经合组织（OECD）预计 2010 年韩国经济增长率将达到 5.8%。受经济形势好转、投资心理复苏、韩元走强等因素影响，韩国 2010 年第一季度对外直接投资达 69.7 亿美元，同比增长 76%。其中，对华投资 5.9 亿美元，增长 11.5%。山东一定要抓住金融危机后日韩企业新一轮海外扩张热潮，进一步深化与日韩大企业的合作，在结构调整和产业配套上做文章，不断开拓新的合作领域。

2. 日韩大企业投资转向合资、并购方式，旨在开拓中国内需市场。随着国内企业日益发展及内需市场的持续增长，日韩大企业逐步由独资生产、加工贸易向寻求国内合作伙伴、开拓国内市场转型。日本伊藤忠商事株式会社与烟台龙大集团合作的养猪项目，韩国 SK 集团与山东的能源化工、新能源开发项目，现代汽车商用车项目以及 GS 集团环保发电项目等均采取了合资、并购方式进行合作。

3. 来自国内其他省市的招商竞争依然激烈。根据此次出访前的项目调度，以及洽谈过程中掌握的情况，对日韩招商引资，依然面临着北京、天津、辽宁、江苏等省市的竞争。如日立产机株式会社的非晶合金变压器项目在与鲁能洽谈多年后最后还是落户到了杭州；希杰 10 万吨赖氨酸、5 万吨苏氨酸项目正考虑在沈阳进行投资；大宇造船风电设备项目也正在山东烟台与天津、大连、江苏等地间进行选择。

三、深化与日韩大企业战略合作的工作措施和建议

1. 进一步创新招商方式，完善项目推进机制。此次出访日、韩推动重点合作项目，省领导给予了高度重视。出访前，省政府王旭副秘书长专门召集省发展和改革委、商务厅、有关市及相关项目单位举行了协调会，对每个项目的进展情况、存在问题分别进行了调度，充分听取了各单位意见，统一对外口径，研究制定了具体推进方案。在与日韩大企业项目洽谈中，针对外方关心的问题，代表团分别提出了合作建议方案，并提供了相关参考资料，受到了外方的高度评价，进一步坚定了投资山东的信心。根据此次出访经验，建议山东定期组织由省政府领导率领的专业招商团队出访日、韩，对重点合作项目予以推进。出访前应召集各项目部门进行专题研究，做好充分准备，制定具体推进方案，统一协调省直各部门及有关市做好项目服务工作，保证日韩大企业投资顺利落户山东。

2. 继续加强与日韩大企业的战略性合作，进一步拓宽合作领域。目前，以大企业为主导的战略性合作依然是山东深化与日韩经贸合作的重点。在建设黄河三角洲高效生态经济区和山东半岛蓝色经济区等重点区域发展战略中，应重点加强与日韩大企业集团的交流与合作。通过签署战略合作协议等形式，建立双方全面合作关系。在推动重点合作项目的同时，积极寻求拓宽合作领域，支持大企业带动中小配套企业投资山东，形成完整的产业链。

3. 进一步明确责任与分工，切实抓好重点项目的推进落实工作。对于关系到全省布局规划、整合资源的大项目，建议成立由省领导亲自挂帅，省发展和改革委、经济信息化委、国资委、国土资源厅、商务厅、环保厅等部门负责人组成的项目协调小组，对具体项目进行具体研究，制定详细推进方案，由各有关单位分别认真落实。对于各市直接推动的重点项目，将由省商务厅定期进行调度，及时掌握项目进展，并会同有关部门解决项目问题。针对此次出访期间，部分大企业表示近期将组团回访，如伊藤忠商事电力代表团于 2010 年 6 月底来访，永旺株式会社原田会长年底将率志愿者代表团来访，三菱商事代表团近期来访，

韩国现代起亚汽车集团高层于 7 月初访问山东，并举行自动变速箱项目签约仪式；SK 集团初步表示该公司高层于下半年访问山东，并探讨签署双方战略合作协议可能性。对此，省商务厅将及时保持与外方的沟通联系，与各市和有关部门密切配合，提前做好项目洽谈和前期衔接准备工作，务求实效。

（作者：山东省商务厅　刘　升）

第七篇 新形势下山东加快吸收跨国公司研发投资的对策研究

随着经济全球化的迅猛发展和国际竞争的日趋激烈，跨国公司逐渐改变以母国为 R&D 中心的传统布局，在全球范围内有组织地安排研发机构，从而促使跨国公司的 R&D 活动日益朝着国际化、全球化的方向发展。继市场国际化、生产国际化、资本国际化之后，技术国际化成为跨国公司发展的新趋势。在跨国公司研发全球化的滚滚浪潮中，中国作为一个发展中的大国，政治稳定，经济持续高速发展，市场庞大，基础设施优良，劳动力资源丰富且成本不高，成为跨国公司海外研发投资的重要目标国。20 世纪 90 年代中期以来，跨国公司在我国设立的研发机构数目、投入的研发经费不断增加，在华投资技术研发的力度逐渐加强。跨国公司研发投资能够带来先进的研发管理模式和经验，其技术溢出有利于促进我国企业技术创新能力的提高和科技人力资源的开发，同时跨国公司在华设立研发机构会造成更为激烈的市场竞争，增强我国企业和科研机构的技术创新动力。2008 年金融危机爆发后，全球研发投资出现新的动向，加大研发投入、促进科技创新成为各国化解危机的重要手段，跨国公司也希望通过增加研发投资来拓展新市场，获取竞争后劲。在此背景下，受金融危机影响相对较小的发展中国家成为跨国公司海外研发投资的首选地，而中国更是首当其冲成为研发投资的必争之地。山东作为中国的沿海经济大省，也必将越来越多地受到跨国公司研发投资的关注。目前，山东正处于产业结构转型升级的关键时期，抓住新形势下跨国公司研发转移的机遇，加快吸收跨国公司研发投资，实现技术创新能力的提高和产业技术的进步，对于山东加快创新体系建设具有重要推动作用，同时对于山东提高利用外资的质量和水平，加快推进对外经济发展方式的转变具有重要意义。

一、山东吸收跨国公司研发投资的现状特点

　　山东作为开放型经济大省，历来重视吸收外商投资。截至 2009 年底，全省累计批准外商直接投资项目 60466 个，实际外资金额 924.78 亿美元。吸引的跨国公司研发投资也在逐年增加，目前山东省主要外设型外商投资研发中心共 14 家，投资总额 2.39 亿美元。但是，同利用外资的整体水平相比，山东省吸收跨国公司研发投资的步伐相对滞后。近年来，山东省不断加强与跨国公司的交流与合作，积极承接跨国研发机构进驻，跨国研发投资稳定增长，并呈现出以下一些特点：

　　（一）投资来源以日、韩为主

　　山东省临近日、韩的地理位置使得韩国和日本一直是山东外商直接投资的主要来源国，截至 2009 年，山东省累计实际使用韩日资金占到全部外商直接投资的 35.14%，而外商研发投资同样表现出这一特征。从山东主要的外商研发投资项目来看，山东莱因堡光电子研发有限公司、文登希特恩特电动车研发中心有限公司、威海爱森生化研究开发有限公司、浪潮 LG（烟台）数字移动通信技术研究开发有限公司（中韩合资）4 家来自韩国，青岛迪爱生精细化学有限公司和锦筑（烟台）食品研究开发有限公司 2 家来自日本，富泰康电子研发（烟台）有限公司来自台湾地区，青岛朗讯科技通讯设备服务有限公司来自美国，怡天技动力机械研发（临沂）有限公司来自香港地区，威海基安生物工程有限公司是生命科技集团有限公司（百慕大注册成立）在中国注册成立的外商独资企业。其中，日、韩研发投资占比近 50%。

　　（二）投资行业和区域相对集中

　　从进驻山东的跨国研发中心来看，各研发中心均选择了山东的优势产业和优势产业的集群地，因此投资行业和区域相对集中。从地区分布

表 1　　　　　　　　截至 2008 年山东主要外商投资研发中心项目

单位：万美元

序号	企业名称	投资总额	注册资本	合同外资	批准时间
1	富泰康电子研发（烟台）有限公司	9000	3000	3000	2007/06/05
2	青岛朗讯科技通讯设备服务有限公司	2980	2000	2000	1993/04/28
3	山东红菱机电科技研发中心有限公司（济南）	2500	1000	1000	2004/12/28
4	山东莱因堡光电子研发有限公司	2000	1000	1000	2004/05/28
5	淄博万杰医疗科技开发有限公司	1890	810	202.5	2001/06/15
6	青岛迪爱生精细化学有限公司	1500	750	675	1996/03/14
7	青岛海尔新材料研发有限公司	1445.8	722.9	180.7	2001/04/11
8	文登希特恩特电动车研发中心有限公司	700	400	400	2007/12/13
9	威海爱森生化研究开发有限公司	600	300	300	2003/03/05
10	锦筑（烟台）食品研究开发有限公司	305	215	215	2005/10/21
11	浪潮 LG（烟台）数字移动通信技术研究开发有限公司	285	200	106	2001/03/12
12	怡天技动力机械研发（临沂）有限公司	210	150	150	2005/09/23
13	威海基安生物工程有限公司	200	200	200	2001/07/02
14	烟台油邦化工科技有限公司	280	200	98	2008/06/02

资料来源：《山东对外经济贸易年鉴（2009）》。

来看，14 家主要的外商研发投资项目中，青岛有 3 家，烟台有 4 家，威海有 4 家，济南、淄博、临沂各 1 家，绝大部分集中在青烟威三市的高新技术产业开发区内。从山东主要的外商研发投资项目的行业结构来看，电子、机电和生物化学等是主要投资领域，其中，电子类有 3 家，通信类有 2 家，生化类有 3 家。研发投资的行业和区域分布也正好契合了各地区的优势产业，比如青岛的电子和精细化学产业、烟台的食品和化工产业、威海的生物化学产业等。因此可以看出，当地原有的产业基础对吸收跨国公司研发投资具有明显的促进作用。

（三）研发类型以适应型研发为主

多数跨国公司在山东建立研发中心的初衷是支持当地投资的生产和销售配套，提高产品的市场竞争力，并进一步抢占市场。由于国内的需求情况和技术水平与国外存在很大的差异，跨国公司进行适应型研发活动对于市场开拓是很重要的。同时，由于山东进行基础性研究的条件相比北京、上海存在较大差距，故跨国公司更偏向于在山东进行适应型的研究开发，而选择北京、上海进行基础型研究。例如，富泰康电子研发（烟台）有限公司就是台湾鸿海集团继在烟台开发区投资鸿富泰精密电子（烟台）有限公司之后，为进一步开拓市场和进行适应性研究而投资设立的；基于同样的目的，DIC 集团在中国建立迪爱生投资有限公司后，专门在青岛投资设立了迪爱生精细化学有限公司。

（四）投资方式以独资为主

跨国公司研发投资有三种基本模式：一是在东道国设立研究与开发机构；二是对高科技公司投资；三是建立技术战略联盟。本文指的主要是外商在东道国投资设立的研发中心或研发机构。这些研发中心或研发机构，按投资性质划分可分为独资、合资和合作三种基本形式。在山东省主要的 14 家外商研发投资项目中，有 10 家采取独资形式，而且投资的规模不大。只有富泰康电子研发（烟台）有限公司通过后期追加投资，总体规模达到 9000 万美元，其余全部在 3000 万美元以下。其中 2000 万 ~ 3000 万美元的有 3 家，1000 万 ~ 2000 万美元的有 3 家，其余 7 家投资均在 1000 万美元以下。

（五）组织形式以内设为主

跨国公司研发投资按其投资地位来划分，可分为"外设式"和"内设式"，即独立外部型的研发机构和企业内部型的研发机构。相比于独立法人的外部研发机构，跨国公司更倾向于在原投资企业内部设立研发机构从事研发活动。2008 年山东省规模以上三资工业企业内部科技机构数达到 323 个，科技机构经费达到 55.76 亿元，总体规模大于外部独立型的研发机构。并且，这些内设型的研发机构普遍单体规模较小，平均科技经费只有 1700 万元。跨国公司在山东投资的独立研发机构少，说明山东的外商研发投资尚处于起步阶段，各种投资环境还不能完全满足外商建立独立研发机构的要求。

二、山东吸收跨国公司研发投资存在的问题

尽管近年来山东省吸收跨国公司研发投资的规模不断扩大，但是整体来看，投资的规模仍然偏小，并且在溢出效应、对接能力、投资环境、相关政策等方面还存在一些问题，这些问题对加快吸收跨国公司研发投资，最大限度地发挥研发投资的积极作用产生明显的阻碍。

（一）研发投资总体规模仍然偏小

近年来，外商投资在山东竞争越来越激烈，不论从规模上还是从质量上都有了很大提高，企业之间的竞争逐渐由产品市场转向技术开发。同时在我国"鼓励外商投资设立研发中心"的一系列优惠政策的支持下，外商投资建立研发机构的热潮正呈加速化发展态势。从 1993 年朗讯在青岛建立第一个研发中心到现在，山东省主要有外设型外商投资研发中心共 14 家，投资总额 2.39 亿美元。但是，与北京、上海、广东等省市相比，山东在吸引外商研发投资方面还存在很大的差距。据商务部统计，截至目前，跨国公司在华设立的研发中心已达 1000 多家，其中，北京有 300 多家，上海有近 200 家，京沪粤三地占到外商在华研发中心总数的八成。

（二）研发机构溢出效应较差

山东省现有的主要外商研发投资项目由于研发类型和投资组织形式方面的制约，导致其溢出效应较差，对山东产业技术进步的促进作用有限。一是研发类型以适应型研发为主，创新能力较低。目前跨国公司在山东的研发机构大多数集中于适应性或改进性技术的研发，这种策略的目标主要是为了获取市场、提高产品的竞争力，而对于提升我们的研发水平与创新能力作用甚微。更令人担忧的是跨国公司研发力量比较强

大，当它们介入某些行业或产品的研发时，能够凭借其优势抢占当地的研发资源并与当地企业形成较大的技术差距，从而对当地市场进行控制。这不仅不会提升我们的研发能力，反而会使原有的研发基础受到严重的削弱，最终导致该行业内技术竞争的削弱和市场的垄断。二是投资形式以独资和内设型为主，溢出效应较差。跨国公司为避免技术特别是核心技术的外溢，现在多倾向于在山东建立独资形式的研发机构，即使是在一些合资合作研发机构中，也通过各种手段阻止技术流出。

（三）设有研发机构的外资企业占比较低

2008 年山东省共有规模以上外资工业企业 5900 家，但设有研发机构的企业只有 266 家，仅占 4.5%，而江苏和浙江的这一比例分别达到 7% 和 13.4%。外资企业设立研发机构的比例偏低说明多数外资企业的创新能力较低，无法发挥有效的技术带动作用。另外，在山东设立研发机构的外商投资企业中，很多也会同时在国内其他地方设立研发机构，例如，朗讯除在青岛设立研发中心外，还在上海、北京、南京等地设有研发机构；莱因堡光电子株式会社除在山东威海设立研发中心外，在辽宁沈阳也设有研发机构；DIC 集团除在青岛设立研发公司外，在上海、深圳也设有研发机构。研发机构的多点分布会分散跨国公司的创新资源，对于山东省来说不利于充分利用其溢出效应促进产业技术进步。

（四）现有研发基础与外商研发投资不对接

企业的规模、技术管理水平、产权制度和内部治理结构等都是决定该地区企业对跨国公司技术溢出吸收能力强弱的重要因素。山东本土企业虽然近年来发展较快，但是在这些方面还存在很大不足，特别是整体的研发基础较为薄弱，无法同外商研发投资形成有效对接。一是综合研发实力不足，技术研发能力仍然十分有限，核心技术和关键技术仍以引进为主，具有自主知识产权的技术产品不多。截至 2009 年，山东省拥有发明专利 8318 项，远远落后于广东（30112 项）、江苏（15002 项）和浙江（15916 项）等先进省份。二是研发经费和科技人员投入不足。2009 年山东省 R&D 经费占 GDP 比重为 1.4%，远低于北京（5.2%）和上海（2.6%），甚至低于全国平均水平（1.5%）；每万人中科学家和工程师的人数仅为 39 人，远远低于北京（247 人）和上海（119 人）等地。三是企业对研发的重要性认识不足，过多地模仿别人的先进技术和工艺，没有明确的研发战略和研发目标，缺乏研发合作。

（五）研发投资环境有待进一步改善

跨国公司研发投资活动的布局与生产体系的布局是基本一致的，多倾向于在基础设施完善、科研实力雄厚、制度体系健全、技术市场潜力大等软硬环境较好的地区进行投资，而山东在这方面还存在一定差距，特别是在行政环境、法律环境、服务环境和诚信环境等方面有待改善。行政环境方面，近年来山东省各级政府加大了职能转变力度，但各级机构依然庞大，服务意识淡漠、管理体制落后、管理职能分散，使得一些本来可以引进的外资被自己设置的障碍挡在了门外。法律环境方面，知识产权保护制度不够健全，一些跨国公司担心投资中带来的知识产权得不到保护，不愿在山东生产核心技术产品和从事创新型研发活动。服务环境方面，科技中介机构发展缓慢，与区域科技需求不够匹配，产出水平偏低，严重影响了跨国研发机构与本土企业之间的知识流动和技术转移。诚信环境方面，在知识产权保护法律法规尚未健全的情况下，一些缺乏诚信意识的企业通过仿冒跨国公司的产品和技术生存，严重侵害了跨国公司的利益，打击了其在山东进行研发投资的积极性。

（六）吸收研发投资的相关政策尚未到位

目前国内还没有一个完善的"鼓励外商研发投资"的法规性文件，只是以"意见"或"通知"的形式提出相关的政策意见。如国办73号文件《关于当前进一步鼓励外商投资的意见》；国务院《关于外商投资设立研发中心有关问题的通知》，这作为一种应急性政策文件的出台是可以理解的，但还很不完善。山东也没有这方面地方性的政策法规或实施管理条例。另外，与研发投资相关的优惠政策不明确、不到位。例如，按照有关规定，企业内的外商研发机构可随其所在企业享受所得税减免优惠，而独立的外商研发机构不能享有同等的所得税优惠；给予外商投资企业内研发机构二次创新成果转化的优惠政策，对独立的外商研发机构（包括独立的合资合作研发机构）则没有明确规定。这都会挫伤跨国公司在山东设立独立研发机构的积极性。

三、新形势下山东加快吸收跨国公司研发投资的对策建议

在金融危机后跨国公司加快向发展中国家研发转移的新形势下，山

东应不失时机地创造条件，积极争取更多的外资研发机构入驻，并最大限度地发挥其溢出效应，带动山东产业结构的调整与升级，推进经济发展方式的转变。综合跨国公司在山东研发投资的现状和问题，提出以下对策建议：

（一）结合产业发展方向，合理确定引资重点

吸引跨国公司研发投资不仅在于谋求技术促进效应，更重要在于带动山东产业结构的调整与升级。因此，在吸引研发投资的战略规划和政策制定上，要围绕山东产业发展规划和结构调整战略目标，明确引资导向和引资重点，将其作为发展新兴战略性产业，优化山东产业布局的重要举措和重要推动力。一是以世界 500 强企业为招商引资重点，只有吸引大型跨国公司在山东投资才有可能吸引更多、更高层次的研发性投资。二是实行产业链招商，重点围绕汽车、化工、钢铁、机械装备等产业链长的企业招商，并积极对其配套企业进行招商，形成产业聚集效应和竞争效应，推动外资研发机构进入。三是加强高新技术产业招商引资，重点加强生物技术、新材料、电子技术等高新产业的外资引进力度，吸引更多的跨国公司在山东的高新技术产业和研发领域进行项目投资，跨国公司在山东的高新技术产业投入越多，其研发投入的数量自然越多、质量越高、创新性越强，技术溢出的效应也会越明显。

（二）完善科技创新体系，提高研发对接能力

跨国公司研发投资会对东道国或地区的创新体系建设产生显著影响，而反过来，东道国或地区的科技发展水平越高，创新体系越完善，企业的吸收、转化与创新能力越强，国外跨国公司的研发投入就会越多，创新性研发的含金量也会越高。因此，应不断完善山东的科技创新体系建设。在创新体系中，企业是技术创新的主体，山东企业在创新资源方面具有一定优势，但创新产出能力不强，应该通过各种措施充分发挥山东现有大中型企业的创新资源优势，提高其创新产出效率和产品创新能力；大学与科研机构是知识创新的主体，山东应以现有大学、科研机构为基础，加大人才开发力度和科技经费投入，积极争取各种科研课题，着力提高整体科研实力和水平；科技中介机构是产学研联合的纽带，应尽快建立和完善技术市场服务体系，扶持壮大一批科技中介服务机构，疏通科技成果转化渠道，充分发挥外资研发机构的溢出效应。同时，通过搭建产学研合作平台，重点扶持产学研联合项目，形成良好的创新合作互动机制。区域创新体系发展良好，才能真正实现与外商研发

投资的有效对接，促进自身产业技术的进步。

（三）改善研发投资环境，完善相关法律法规

跨国公司研发投资对东道国环境的要求同生产型投资既有相同点，又有其本身的特点。由于 R&D 活动具有创新性、全球性和连续性的特点，因此对基础设施环境的要求较高。其中，先进的现代化信息通讯设施是最重要的，它可以保证研发机构及时高效地实现信息流动和人员交流，提高研发效率。因此，山东省在加强交通、能源等基础设施建设的同时，应重点加大信息通讯设施的建设力度，加快信息通讯网络系统建设步伐。软环境方面，首先要进一步改革行政审批制度，尽快成立外商研发中心一站式服务机构，为外商研发机构提供快捷便利的服务，同时逐步创造跨国公司研发机构所需外汇自由流通的条件。其次，要完善相关法律法规，特别是加强知识产权政策引导和保护力度，进一步建立和完善与国际规则接轨、与国家法律相配套的知识产权地方性法规，并纳入统一的市场管理执法体系，强化法制管理，净化市场环境。最后，要创造诚实经营的信用环境，以及尊重个人价值和权益的人文氛围。

（四）制定切实优惠政策，加大政府扶植力度

在我国出台较为完善的"鼓励外商研发投资"的政策与法规之前，山东省可根据中央已出台的有关政策与条文，依据山东的实际情况制定一个"鼓励外商研发投资及管理条例"，以进一步鼓励和规范外商在山东的研发性项目投资。其中，要特别注意相关优惠政策包括税收优惠政策的配套与衔接。比如，用于鼓励国外跨国公司研发投资的政策与鼓励国内企业研发投资和高科技企业发展的优惠政策的配套与衔接。另外，如何利用有限的优惠政策最大限度地发挥跨国公司研发机构的溢出效应，这就要求山东的优惠鼓励政策要有所倾斜。首先是对于不同股权形式的研发机构，应对以合资、合作方式设立研发机构的跨国公司给予更加宽松的政策，以区别于独资研发机构；其次是对于不同研发属性的研发机构，应将从事基础研究与适应型研究的研发机构区别对待，对从事基础研究的研发机构提供基础设施、利息、税收等方面的政策倾斜；最后是对于所属不同行业的研发机构，根据山东的产业发展方向给予不同的优惠政策。

（五）充分发挥园区作用，增强研发集聚效应

国际经验表明，科技园区是吸纳外资研发机构的重要载体。目前跨国公司在山东的研发机构绝大多数集中于青岛、烟台、威海等地的高新

区也证明了这一点。但是目前山东的科技园区还没有真正形成吸引研发外资的良好环境，也缺乏宣传力度，导致名牌效应不明显，再加上空间布局混乱和园区功能不鲜明，难以形成聚集规模效应。因此，为了吸引更多的跨国公司研发机构的入驻，各科技园区首先应按照国际水平和标准来规划、建设和管理，形成区位优越、环境优美、知识技术人才密集，集科研、生产于一体的高科技园区，逐渐成为山东外资研发中心发展的沃土。其次，应在科技园区内设立信息咨询中心、金融中心和物业管理中心，为跨国公司的研发投资提供相应的高质量服务，同时加大宣传力度，打造品牌优势，以吸引越来越多的外资研发机构进区，产生明显的研发集聚效应。最后，园区本身亦应注意加强对外合作，在注重国内园区间交流合作的基础上，进一步加强与国外科技园区以及跨国公司间的合作与联系。

（六）承接日韩产业转移，提升研发合作水平

长期以来，山东省凭借地缘、文化、资源等优势，成为日韩产业转移的重点区域，吸收和利用日韩资金的规模和领域不断扩大，并且在中日韩三国的经贸合作中扮演着越来越重要的角色。但是，整体来看，目前山东承接的日韩产业转移的技术层次不高，缺乏深度的技术合作。而随着新一轮国际产业转移浪潮的兴起，制造业的研发环节和服务业成为转移的重点，山东应充分利用这一机遇，积极吸收日韩跨国公司的研发转移，并争取同日韩企业进行研发合作。一是要加强同在山东设有研发中心的日韩企业的交流和联系，吸引其追加投资并转移更加先进的技术；二是密切追踪目前在山东进行生产性投资的三井、三菱、松下、伊藤忠、三星、现代等日韩大企业，引导配套产业跟进，争取其研发机构进入；三是有条件的本地企业开展同日韩企业的技术合作，例如浪潮和LG 的合作，通过合作研发提高自身的技术水平，促进山东的产业技术进步。

（七）强化市场竞争环境，充分发挥溢出效应

技术溢出受当地市场竞争环境的制约，如果跨国公司在山东市场上缺乏竞争对手，能够形成和维持垄断地位，就不会把先进的技术转移到山东，改善产品或引进新产品的动力和压力也很弱。若山东企业与跨国公司或跨国公司相互之间竞争激烈，跨国公司就会加快开发和转移先进技术，技术溢出的可能性就越大。目前，山东省在许多行业领域中，跨国公司独资、控股企业的技术相对于内资企业是比较先进的，内资企业尚不具备独立挑战的能力。要打破跨国公司的研发垄断，首先应培养一批有核心竞争力的企业集团，在特定领域或针对某一项目、某一产品组建研发战略联盟，使之成为强有力的竞争对手。其次，在相关领域吸引更多的跨国公司建立研发机构，打破单一跨国公司在某一领域的垄断地位，形成跨国公司之间的竞争。再次，对跨国公司研发活动可能形成的垄断行为，要加快制定反垄断法，形成有效的反垄断机制。最后，对于跨国公司已经占优势的产业，要鼓励本土企业争取市场控制权，同时还要扶植具有后发优势的产业如中成药、绿色食品、新材料等，并牢牢掌握这些市场的控制权。

（八）培养吸收高级人才，保障人才合理流动

跨国公司的研发投资对当地的专业化人才需求的倾向是非常明显的。由于目前高校专业教育的普遍淡化，跨国公司在择用人才时，首选对象就是国内企业和研究机构与大学的在职专业研究人员，进而造成这些单位的"人才流失"。显然，我们不可能用人为设障的办法来阻止这种"人才的流动"，而应通过各种机制的调整和完善来供给人才，吸引人才，获取人才流动的双向效应。首先，积极调整高等教育的人才培养结构和模式，合理规划研发人才的培养规模和结构，加快发展工艺技术方面的科技型人才，有针对性地加强职业技术人才培训，满足当前外资研发中心的发展需要。其次，通过改进内资机构研发人员的任用选拔制度，加强研发人员业绩评价系统的建立，满足高级研发人员的非物质追求等措施来留住原有人才，并吸引优秀人才回流。最后，建立高级人才的流动机制，为人才的合理流动创造必要条件和宽松环境，使人才能在企业、地区间自由流动，加快溢出效应的发挥。

（作者：山东社会科学院　刘晓宁）

第八篇　抓关键节点推动山东服务外包又好又快发展

　　从 2009 年起，山东服务外包发展再次提速。2010 年 3 月，《山东省服务外包产业发展规划》出台，进一步明确了指导思想，发展目标和工作重点，并提出了一系列的保障措施。山东省委、省政府领导的高度关注，使得相关城市的行政推力明显增强，带动全省服务外包迈出更大步伐。如济南市政府重新修订完善了支持服务外包发展的系列政策，强度可与无锡、南京比肩，并且规划了将产业园和新城建设融为一体的齐鲁外包城，国内首创，国际一流。青岛市重新调整规划，在市南区软件园提档升级的同时，崂山区、市北区和经济技术开发区 3 个大型外包产业园陆续建成，大批企业相继入驻。烟台市委、市政府调高发展服务外包的规划和支持政策，并且把寸土寸金的黄金海岸作为服务外包产业园。日照市借鉴江苏的做法，围绕服务外包产业发展，对市直部门和县区负责同志进行专门培训。2009 年，全省服务外包营业额 24.6 亿元，同比增长 1.4 倍，其中离岸服务外包额 2.5 亿美元，增长 125%。2010 年 1~6 月份，全省共登记承接服务外包合同 1305 份，同比增长 70.4%；合同金额 3.1 亿美元，增长 103%；执行金额 1.6 亿美元，增长 198%。其中，登记承接离岸服务外包合同 1007 份，增长 49.2%；合同金额 2.6 亿美元，增长 89.1%；执行金额 1.28 亿美元，增长 193%。全省承接离岸服务外包来源地达到 56 个国家和地区，比上年增加 37 个。但与上海、江苏、深圳、大连等先进省市仍有很大差距，需要进一步研究服务外包产业的新形势、新特点，寻求新的应对举措，让服务外包在调结构、转方式的战略决策中发挥更大作用。

一、目前服务外包产业发展亮点纷呈

（一）集团式发展、区域化集聚、错位式竞争正成为常态

一是集团式发展。一方面，随着广大服务外包企业技术能力的逐渐成熟，少数企业已经不满足于 BPO 或 KPO 的单一环节，开始向完整业务流程发展，由单一的外包项目实施向全面解决方案提供演化，并逐步掌握自主知识产权。另一方面，大型服务外包企业开始在更大范围内整合资源，谋求更多的订单和更高的市场占有率。比如无锡的药明康德股份有限公司。该公司 2007 年在美国纽交所上市，跻身"中国十大服务外包领军企业"。一年后，就斥资 1.2 亿美元收购了一家美国药厂，开始进军美国药品市场。现在该公司业务包含从医药临床前大分子研发服务链的设计、合成、筛选、优化，到生物成药研究和动物实验、试制工艺研究、放大试验、吨级原料药生产，以及临床后期人体临床试验数据统计分析全部研发流程的业务。同时利用信息平台和欧美国家同行进行 24 小时不间断研发，大大加快研发周期。为了充分利用上海在人才、信息、技术研发等方面的资源，该公司已经将研发队伍移师上海。二是区域化聚集。由于人力资源不同、基础设施不同、地理位置不同、经济发展阶段不同，各地服务外包企业呈现出越来越明显的聚集发展趋势，逐步向大城市群靠拢，形成了服务外包生产要素集聚区，产业集聚和规模效应正逐步体现。比如环渤海经济圈，充分利用紧邻日韩的优势，吸引了全国大量对日韩的软件外包业务，北京、天津、大连、济南成为华北区域的聚集区；长三角的上海、无锡、南京、苏州等城市利用上海的便利条件，充分发挥各自的产业优势，成为东部的聚集区域；珠三角的广州、深圳等城市面向港澳，积极承揽欧、美、日、韩、印度、中国港台等地服务外包业务。三是错位式发展。各地区因优势不同，形成了很多不同特色的服务外包产业带和服务外包城市、园区，形成错位发展的良好局面。比如，上海形成了以浦东软件园、陆家嘴软件园、上海市生物医药服务外包基地、上海市金融信息服务产业基地和金桥服务外包基

地等"核心基地"为重点，"点状分布、功能互补"的服务外包产业集聚区。江苏特别是苏南地区已成为中国国际服务外包产业增长比较快、集聚度比较高、竞争力比较强的地区，重点发展与世界著名跨国公司的离岸服务外包合作。南京凭借高校云集的优势，主打软件服务外包。苏州和上海接轨，拥有很多世界 500 强企业，主打金融外包。无锡在物联网和工业设计外包领域战旗高扬，势头强劲。浙江则吸引上海的金融机构，把数据备份、金融软件开发、金融新产品开发、人才培训、后台呼叫中心等业务移迁，成为上海国际金融中心的后台服务中心、金融信息技术创新中心、支付清算和数据处理中心、客户呼叫服务中心。

（二）中等城市不甘寂寞，区域积聚加快

今后一个时期，既是外包产业的高速发展期，也是外包企业大洗牌、外包人才大流动的调整期，各种优质外包资源必然流向那些捷足先登的城市和地区。目前走在全国服务外包前列的有两个方阵，第一方阵是北京、上海、大连、深圳、广州、杭州、南京、无锡和苏州。第二方阵包括天津、武汉、西安、成都、重庆和济南、青岛。随着人民币升值和东部沿海地区人力资源成本的逐渐上升、外包业务竞争的日趋激烈，先进地区企业在接包的同时为了降低成本，也在不断地再发包。这些城市的低端服务外包将不可避免地向其他人力成本更低，且拥有较好产业环境的城市转移，包括建立分支机构。比如，江苏昆山的花桥镇是全国金融外包做得最红火的地方。另一方面，由于各地对服务外包产业认识逐步提高，一些三、四线城市也纷纷出台优惠措施促进服务外包产业的发展。山东潍坊市呼叫中心外包服务业的蓬勃发展正是这一趋势的典型代表。潍坊市已有百余家软件与信息服务企业，通过优先发展呼叫中心外包服务业务，重点搞好呼叫中心基地建设，吸引国内外呼叫中心企业来潍坊落户。此外，潍坊还大力发展 IT 服务外包业，重点发展编码外包、金融服务等，吸引了国内外服务外包企业到潍坊投资合作。三、四线城市服务外包的迅速发展，既扩大了服务外包产业的规模，也将引发我国服务外包产业格局的深刻变化。

（三）电信运营商高调进入，服务外包又添强手

我国的主要电信运营商具有强大的资源优势和技术优势，随着国家电信体制改革，近年来中国电信、中国移动和中国联通战略转型渐次展开，由单一的语音服务商向综合服务提供商转变，开始涉足服务外包领域。2009 年 9 月，中国电信江苏呼叫服务中心和南京、扬州两个分中

心相继落成。该中心呼叫服务平台在线近 5000 个坐席，除为劳动咨询服务保障热线、纳税人服务热线、卫生公益热线、旅游热线等 10 多个公益热线提供支撑保障和优质服务外，还与政府合作招商引资，先后承接了众多知名企业的离岸外包业务。目前服务外包客户 161 家，签约行业化坐席 2971 个。中国联通则利用覆盖全国的运维体系、多年来积累的运维经验和专家队伍，为客户提供计算机系统、客户端网络通讯设备、主机服务器系统、视讯系统和 PBX 系统的维护、管理、保障的一站式整体服务。可以预料，随着"三网合一"的推行，电信企业给我国服务外包产业带来的不仅仅是量的变化。

二、服务外包正在从效率模式转向效益模式

（一）避免重蹈制造业"世界工厂"的覆辙，向服务外包价值链两端进军

好莱坞的"离岸外包"模式是将电影中的不同环节外包给不同的地方：在美国写剧本、在中国造模型、在新西兰录音、在法国配乐……电影界、服务企业都知道：蓝皮肤、大眼睛、猫鼻子的潘多拉星球土著居民纳威人，骁勇、威猛的地球雇佣军武装直升机，奥斯卡获奖电影《阿凡达》中的这些原型形象都是"中国制造"。从 9 年前的《指环王》开始，好莱坞的编剧、导演们幻想出来的人物、武器、交通工具等，绝大多数是由中国人变成等比或者微缩模型的。

中国的服务外包行业正像《阿凡达》电影一样，在产业链的分工合作中，离"创意和技术为王"的核心还很远。这正是该行业未来最重要的方向：中国服务外包不能重蹈中国制造业"世界工厂"形象的覆辙，必须通过提供系统解决方案和端到端服务等方式，向服务外包价值链的两端进军。

一份最新来自中国服务外包国际论坛的资料显示，维护支持处于外包服务微笑曲线的最低端，而咨询、软件开发、系统解决方案和实施等处于较高附加值的两端。如果中国的服务企业像上述"阿凡达"原型的制造者一样，只是照着别人的图纸来制作，将来服务业还将重蹈制造业覆辙，在全球分工中，还会被挤到产业链低端。

（二）从效率模式到效益模式，从代工到合作

IDC 大中华区总裁、在管理咨询行业有近 30 年经验的郭昕，曾参与实施过的咨询项目多达 200 余项。他发现，现在客户选择接包方的时候，已经不满足于接包方可以照单做，还要求必须提供 KPO。"过去发包企业希望我们是成本中心，现在在新的盈利模式下，发包商要求我们成为他们的利润中心。"

北京软通动力集团公司一直走着简单适应客户需求的发展道路。比如，客户首先是要求降低成本、提高效率，基于此，离岸外包出现。经过一段时间的发展，供应链拉长，公司发展至海外。这种模式追求的一是便宜，二是快，最后才是好，并形成特定的服务模式，即供应商必须面向 CTO、CIO、CFO 不同部门的不同要求，提供不同类别的服务，各项服务间基本没有交流，都是基于节省成本的外包模式。他们意识到，这种靠成本优势或者是靠劳动力堆积的发展模式必须转变。

软通动力的标杆是埃森哲，这个全球最大的管理咨询公司和技术服务供应商年收入 230 多亿美元，但员工只有 18 万多。要做到埃森哲的水平，中国的公司要用 100 万人。软通动力希望的转变，就是像埃森哲这样从提高效率的模式，转变到提高效益的模式。公司的关注点，首先要好，然后要快，最后才是便宜。追求效率的时候，企业关注的是单位成本、人均成本和面积的成本。追求效益，企业还得关注生产率多高、有没有集合的效率等。"因此我们要创新、要实现集成，给客户提供新的类型的服务。"

原本只做软件开发或测试的凯捷（中国）加速交付中心发现，客户更希望能提供端到端的服务，而不是阶段性的服务，与客户的交往方式也应有所改变。于是他们便创造了一种协同工作方法。这种工作法的核心是：发包方和接包方已不是甲方和乙方的概念，而是同一团队，彼此之间应千方百计减少猜疑或不再设防，共同创造价值。

三、抓住三个节点，政府强力推动

中国移动、中国电信和中国联通等电信运营商，实力雄厚、网络庞大，都是世界 500 强企业，在电信乃至信息产业领域举足轻重，具有明显的垄断能力。它们的高调进入，必将对我国的服务外包产业发展产生

巨大影响。一是打破外资企业在服务外包领域雄霸天下的局面，同时也大大挤占了正在发展的国内中小外包企业的生存空间。二是从在岸外包进入，进而进军离岸外包市场，改变"重离岸轻在岸"的外包发展形态，不断开拓服务外包产业的蓝海。三是他们的成功运作，很有可能吸引金融、能源等国字号大企业和大资本跟进，在提高外包企业量级的同时，引发群雄争霸的激烈商战。

大战在即，山东必须抓住三个节点，强力推动，迅速发展壮大自己。

（一）用在岸外包引离岸外包，鼓励外包企业参与物联网建设

在服务外包业起步发展阶段，可以优先发展离岸外包。但随着服务外包产业的迅速发展，不能再厚此薄彼。一方面，服务外包市场急速扩大，涌现出了许多新兴服务外包行业，吸引了国内外众多资本涌入在岸外包市场。另一方面，国外发包方对接包方的成熟度评价也发生了相应的变化。接包方在岸外包数额特别是在政府类外包项目中的份额，成为发包方评估接包方的重要参考依据。接包方在岸外包承接量越大，经营额越高，说明成熟度越高，发包风险越低，就越容易在接包竞争中中标。母公司可以据此判断较大外包企业在当地的影响力，决定是否给予更多海外订单。小公司参与政府项目，则说明公司的队伍素质高，人脉广，接单能力强。更重要的是，作为经济和人口大国，服务产业的发展方式应该借鉴制造业的教训，不能一味依靠出口拉动，要在岸、离岸双驱动。这样既可避免服务贸易摩擦，又可通过产业剥离，扩大内需，扩大就业，优化结构，转变发展方式。因此，必须高度重视在岸外包的重要性，通过大力发展在岸外包市场，带动离岸外包承接量。

一是抓紧制定在岸外包扶持政策，逐渐做到离岸外包、在岸外包一视同仁。目前，与吸引离岸外包相比，针对在岸外包的政策支持体系还不是很完善，在岸外包企业在用地、用电、用水、用工和税收等方面无法享受与离岸外包企业的同等优惠待遇。建议选取对转变经济发展方式，提升行业竞争力优势明显的重点行业，如在岸物流、科技研发、信息服务等行业，在财政税收、信贷融资等方面出台具体的政策措施，加速企业非核心业务剥离，支持在岸外包企业做大做强。

二是加大政府改革力度，鼓励服务外包企业参与政府采购。进一步推进政府职能转变，将后勤保障、公务接待等非涉密环节外包给社会。2009年，财政部、发改委等9部委联合发文指出，鼓励政府及企业将涉及信息技术咨询、运营维护、软件开发和部署、测试、数据处理、系统集成、培训及租赁等不涉及秘密的业务发包给专业企业，不断拓宽购买服务的领域。凡购买达到政府采购限额标准以上的外包服务，必须按照政府采购有关规定，采购外包企业的服务。山东省政府办公厅几年前就把办公自动化系统的网络维护、IT 维修等业务外包给企业，运行情况很好。服务质量上去了，成本下来了，下降的幅度惊人，而且没泄密、失密。道理很简单，省政府办公厅可以做到的，山东的其他政府部门也应该做到。其实，现在我们政府包揽的许多非核心业务，发达国家早就对外发包。同时，要进一步鼓励国有和国有控股企业，把非核心业务外包出去。可以人随业务走，组建独立的服务企业，先从承接自身业务做起，逐步对外接包；也可以把外包订单和人员捆绑，面向有影响的服务企业，打包招商，组建新的服务企业。

三是鼓励服务外包企业参与"物联网"建设。物联网是我国着力发展的战略性新兴产业，代表着下一代信息技术的发展方向。物联网有感知全面、传递可靠和智能处理等优势，在交通、电力、农业、安全、环保等领域有广泛的应用前景，为服务外包产业创造了广阔的市场。中国国际服务外包"十二五"发展规划组组长朱晓明表示："物联网将是全球信息通信行业又一个万亿元级别产业，云计算将是未来 3～5 年最值得期待的技术革命，物联网与云计算将带来又一个千亿元级别的服务外包产业，包括 ITO、BPO、KPO 等等。"在农业生产领域，可以借助物联网，为农业生产企业提供从农产品最初的生命、环境信息，到其生产环境履历，以及后续的冷链流通和交易所有环节的信息服务，农副产品和蔬菜水果的产地追溯、质量控制等食品安全将得到有效解决。在医疗卫生领域，可以为医院提供病人身份管理、诊疗体征录入、药物管理、检验标本管理、病例数据保存等方面的数据共享，为整合医疗资源，远程诊疗提供方便。旅游景点可以借助物联网实现自助导游、景点监控，实现旅游管理的智能化。城市管理引入物联网，在底层将条码、传感器等信息采集后，与业务系统结合起来，可以为市政、交通等领域的智能化管理提供支撑服务。物流业则可以通过物联网实现车辆管理、网络优化，降低运输成本，提高服务质量。

正是因为物联网应用前景广阔，国内外的各级政府、企业均纷纷加强物联网技术攻关的工作力度，力争在这一轮的技术革命中掌握话语权。在物联网领域，我国和世界保持着同步的研发水平，而山东作为全国第一批物联网试点省市，在发展物联网方面具有独特优势：电子信息产业稳居产业大省市首位，拥有实现物联网产业化较为完整的产业链；传感器网络领域的研究起步较早，已出台 RFID 等新兴产业发展指导意见，建成省级企业工程技术中心；无线网络和宽带覆盖率较高；经济发展势头强劲，能够为物联网统一标准、进一步加快发展提供有力支撑。目前，山东部分地区和企业已经走在了物联网应用的前列，仅仅落后于江苏、上海等先进省市，在全国处于领先地位。例如，在寿光，山东移动推出的农业大棚标准化生产监测系统，依托 M2M 运营支撑平台和 GPRS/3G 网络传输，利用短信息、Web、WAP 等手段，使从事农业生产的客户能够实时掌握植物生长最关键的温度、湿度、二氧化碳含量、土壤含水率等信息。而借助蔬菜安全二维码追溯系统，消费者用手机对蔬菜包装上的条形码进行拍照，手机屏幕上可以显示出蔬菜的生产者、加工者、销售者等信息，能方便掌握蔬菜的原产地、生长期、农药残留等信息。要紧紧抓住这一有利时机，积极引导、鼓励企业依托自身优势积极发展物联网应用，抓住国家和省、市鼓励企业剥离非核心业务的有利时机，借助物联网这块蛋糕，积极承接在岸外包业务，迅速壮大。一是要努力创造物联网发展的优良环境，要充分利用三网融合的大好时机，支持产学研各界广泛联合，共同攻关，解决智能医疗、智能交通等物联网技术应用的难点，积极参与物联网标准的制定和产品研发。二是充分发挥政府的引导作用，借鉴银企对接的模式，搭建物联网应用企业与各行业企业的对接平台，在促进物联网技术发展的同时发展服务外包。政府和国有企业投资建设的物联网项目，在招投标环节可优先考虑从事服务外包的企业。三是对企业承接的物联网应用外包服务所产生的营业税给予一定比例的返还，支持物联网企业做大做强；对将非核心业务外包给物联网提供商而带来的税费上升部分，在一定期限内给予优惠。

四是积极促成银企对接，帮助企业承接金融服务外包。根据巴塞尔委员会的定义，金融服务外包是指受监管实体持续地利用外包服务商（为集团内的附属实体或集团以外的实体）来完成以前由自身承担的业务活动。金融服务外包的业务类型包括 ITO（信息技术外包）、BPO（业务流程外包）等领域；从金融行业的角度来分类，可分为银行服务外包、资本市场服务外包和保险服务外包等。

目前全球前五名的银行中国占三席，金融后台的建设就显得至关重要也非常紧迫。以银行为例，金融业务有前台、中台、后台之分，金融外包主要来自于金融后台，包括信息系统、银行卡业务、数据处理等等。模式有三种：第一种，以国家开发银行 IT 系统外包给惠普公司为例，这是完全外包模式，实行这一模式的还有深圳发展银行。第二种，以中国光大银行后台业务软件系统开发与联想合作为例，这是部分外包，包括中国银行、兴业银行、浦发银行也是这种模式。第三种，以交通银行的数据中心为例，是完全自营的模式，此模式还有华夏银行票据中心、工商银行数据中心、中国平安呼叫中心。

随着中国金融机构的国际地位不断提升，在岸金融外包的市场将越来越大，机会越来越多。省金融办、银监会等机构，可先协调农信社和地方融资机构把后台服务外包。接包方既可以是山东本土服务企业，也可以是有意进入山东的有较大影响力的服务企业，以市场引导企业。

（二）用好服务业支持资金，激励高校建立和完善服务外包人才培养机制

对外包企业来说，谁拥有了充足的人才，谁就接近成功。而人才，无论是领军人物、高管层，还是一般熟练工，近期内都很难满足外包产业的需求，必须建立适应服务外包发展的人才培养机制。服务外包人才培养包括外包企业、培训机构和高等院校（含职业技术学院）等三个基本点，其中高等院校的作用尤为重要，处于结点位置。目前，普通高校动作迟缓，高职院校人才培养目标偏低。其中，高职院校主要着眼于 IT 和其他外包企业低端人才的培养，大量的是录入员；普通高等院校，无论是 IT 和信息管理专业，还是与服务外包密切相关的外语、经贸、管理等专业，与服务外包企业的需求无法对接，导致本可以进入服务外包企业的本科生无业可就。从办学层次上看，与高职院校相比，普通高校的问题更多。尽管不少系科负责人和老师关注服务外包这一新兴产业，愿意为毕业生广开就业渠道，但由于受传统学院式培养模式的束缚，绝大部分高校还是找不到路，拿不出招。除了传统办学理念的束缚，政府的激励政策不到位也是大问题。解决这个问题，一要通过学生就业率考核，压减长线专业；二要通过财政资金引导，支持高校调整现有专业，改进培养模式，逐步完善"产销对路"的人才培养机制。

压减长线专业。第一，省级教育部门、计划部门和各高校，要把提高办学效率的基点放在满足经济社会发展需求，不断扩大学生就业的层面，借鉴文艺团体改革的经验，把就业率低的专业坚决调下来。既要面向经济社会需求，又要适当保留传统专业。比如，像历史、哲学、文秘等传统专业，除综合性大学和几所老牌师范大学之外，别的院校可以不招或者少招。第二，教育部门、人社部门和计划部门要借鉴和学习省内外的先进经验，建立和完善比较科学的学生一次就业率指标体系，并以此作为专业设置的主要依据。特别注重一次就业（签订就业合同一年以上，不含考研）率。第三，改进就业率考核办法，千方百计挤出水分，保证考核的真实性和权威性。可以借鉴人口普查的办法，保证调查者和被调查者面对面，减少中间环节，防止大学生"被就业"。必要时，省里出点钱选几所院校试点，试点后再在全省推开。可以借助省市农调队、城调队以及社会中介机构等系统外力量。可通过招投标，政府花钱买服务。

发展就业前景广阔的短线专业。这些专业与新兴高端产业联系密切，要求多学科融合，重学生能力培养。包括建筑大学、交通学院等高校的地理信息、海运等专业，山东科技大学的地质勘探、采矿等专业；面向正在兴起的服务外包产业的专业，比如交通学院的信息管理专业，从大二、大三起，北京、长沙等地的外包企业就来校选学生。后者更有普遍性。实践证明，这类专业对原有教学资源的依赖度并不高，关键是培养方向和培养模式。毋庸讳言，这种培养模式的转变需要资金支持，仅靠高校自身难以大面积铺开。驻青岛的 6 所高校培养服务外包人才的积极性之所以比其他城市高，在于青岛市政府的激励政策：上一个新专业就资助 20 万~30 万元，生均 2000 元。借鉴这一做法，省政府可以考虑将支持服务业和信息技术产业的资金切块捆绑，用于支持高校建立服务外包企业人才培养机制。从 2010 年起，仅省发改委控制的服务业专项资金每年就有 2 亿多元，省财政、省经信委等部门也有数量不小的扶持信息产业发展的专项资金。如果通过捆绑切块，搞到七八千万元，仅省属高校每年就可为外包企业输送四五万人，用不几年山东服务外包产业的人才瓶颈可望打破。

（三）制定奖励政策，鼓励企业大力开展离岸外包业务

一是参照济南等 20 个服务外包示范基地享受的政策，将其适用范围扩大至省内所有离岸外包城市和企业。2009 年 1 月，国务院将北京、天津、济南等 20 个城市确定为中国服务外包基地城市。国家商务部、发改委、科技部、工信部、财政部等部委，先后联合或单独制定了 20 多个支持服务外包发展的文件，从财政、税收、工时制度、人才培训、融资、电信服务等方面，出台了一系列支持政策。2010 年 4 月，国务院发布《关于鼓励服务外包产业加快发展的复函》（简称 69 号文或"外包新政"），进一步完善了各项鼓励和促进政策。国家对于外包服务产业的扶持政策体系不断完善，由关注接包环节转向关注接、发包环节并举，由促成企业交易到培育成长环境等。

二是借鉴武汉、北京、无锡等地按出口创汇额奖励的做法，尽快出台离岸外包业务创汇额奖励办法。武汉市为鼓励地球空间信息企业开拓国际市场，规定：对出口自主知识产权产品以及从事离岸外包服务业务达到一定规模的给予奖励，以海关统计作为奖励依据。年出口创汇额达到 50 万美元（含 50 万美元）以上且年增长超过 30% 的，奖励 5 万元；年出口创汇额达到 100 万美元（含 100 万美元）以上且年增长超过 20% 的，奖励 10 万元；年出口创汇额达到 500 万美元（含 500 万美元）以上且年增长超过 15% 的，奖励 25 万元；年出口创汇额达到 1000 万美元（含 1000 万美元）以上且年增长超过 10% 的，奖励 50 万元。各级奖励不累计享受。北京市出台的《北京市服务外包配套资金管理办法》规定，对年离岸（出口）业务收入超过 1000 万美元以上的服务外包企业的业务增量部分按照一定标准予以奖励。无锡市则规定，经外汇管理部门批准，服务外包企业可将外汇收入的 20% 留存在境外，用于企业海外市场的开拓和业务发展。经外汇管理部门核定服务外包企业累计结汇总额，在此范围内，预收外汇收入可直接办理结汇。鼓励服务外包企业在国外和港澳台地区设立分支机构，开拓和承接国外和港澳台地区的外包业务，并分别给予资金补贴。对服务外包企业参加国际招商推介会和专业展会，按不超过参展费用的 50% 给予资助。

（作者：山东省政府研究室　山东省商务厅

大众日报　侯树钦　刘卫兵　李鹏飞　王树平）

第九篇　加强与瑞典经贸合作　助力转方式调结构

瑞典位于北欧斯堪的纳维亚半岛东南部，是第一个与我建交的西方国家。如仅从国土面积和人口数量看，瑞典的国土面积不足 45 万平方公里，人口只有 929 万（2009 年 6 月），是名副其实的小国。但是瑞典的人均资源、发展竞争力、科技创新能力和人均跨国公司数量均名列世界前茅。2009 年，该国沃尔沃、爱立信、北欧联合银行、大瀑布电力、斯堪斯卡建筑、北欧斯安银行都跻身《财富》世界 500 强，IKEA 和 H&M 公司创始人也分别占据《福布斯》富豪榜第 5 位和第 18 位。特别是自 20 世纪 80 年代以来，瑞典高科技产业发展迅速，环保、信息、通讯、能源、新材料、汽车等领域在世界上具有较强的竞争力，与山东优势互补的合作潜力越来越大。加强与瑞典经贸合作，将有助于山东实施产业调整振兴规划，助力转方式、调结构。

一、瑞典的优势产业

（一）信息通讯产业

瑞典是信息及通讯产业高度发达的国家。在计算普及程度、基础设施、互联网应用和教育水平等方面在全球名列前茅，是全球信息社会最成熟的国家之一。瑞典在信息通讯产业的研发环境方面世界一流，目前，在业界享有盛誉的 Google、甲骨文、赛门铁克和我国的华为、中兴公司在瑞典都设有全球性的研发机构。瑞典从事电信产业的企业约 1.7 万家，其中 94% 为 IT 服务业，6% 为电子工业，从业人员 22 万。瑞典出口的电信产品 75% 是通信设备，中国是瑞典重要信息和通讯技术产品出口国，也是业务量增长最快的市场之一。

瑞典在移动通讯（3G、4G）、无线网络新技术、网络软件应用、电子政务和电子商务等领域居国际领先地位。政府已投入数十亿美元加强宽带网建设，使信息产业发展环境大为改善。迄今为止，互联网用户已达 680 万人，占全国总人口的 74.9%。瑞典目前的 ICT 发展以无线技术、通信软件和新领域（如汽车电子通信系统、光电、嵌入式系统芯片）技术为主。近年来瑞典的软件公司发展较快，特别是在开发金融机构和证券交易所的应用软件上较突出。在全球领先的电子商务解决方案中有 3 家是瑞典的公司，如 IBS、IFS、INTENTIA。

西斯塔科技城（Kista Science City）位于斯德哥尔摩市西北部，距市中心 6.5 公里，面积 4.14 平方公里，是全球领先的信息通信技术产业园，被称为"北欧硅谷"。作为全球领先的高科技产业集群地之一，西斯塔科技城汇集了无线通讯、宽带系统、移动通讯、清洁技术、医疗技术和纳米技术 6 大产业群，企业总数超过 4700 家，雇员 6.4 万人。其中，信息通信技术是最重要的产业集群，相关企业 500 多家，从业人员 2.1 万人，包括爱立信、IBM、微软、英特尔、诺基亚、阿尔卡特、华为、中兴等知名跨国公司均在此设有研发中心，研究涵盖无线系统、移动服务、多媒体、宽带系统等信息通信技术的所有领域。其中，爱立信公司在西斯塔科技城的雇员超过 9000 人。

（二）生命科学产业

瑞典拥有影响世界的医学发明，如心脏起搏器、呼吸器、人造肾、超声波、伽马刀、局部麻醉等。在生命科学诸多领域研究全球领先，如糖尿病、肥胖症、新陈代谢综合症、动脉硬化症、微系统技术、非扩散测量技术、基因测序、帕金森症等神经系统疾病、脑科学、胚胎干细胞等。

瑞典生命科学产业产值占 GDP 比重居全球之冠。目前瑞典约有 800 家企业从事生命科学产业，产业链完整，包括药物研制、生物制药、医疗技术、医疗器械、诊断技术与设备、药物临床试验、生物材料、系统技术、药物传递、健康护理、咨询服务、风险资本、孵化器等。瑞典生命科学产业以药物研制为主，产业比重 54%；其次是生物技术器械，占21%。生命科学产业约有4万从业人员，大部分从事研发和市场工作，约15000人在生产部门工作，还有大量专业咨询和分包公司。生命科学产业已成为瑞典的支柱产业，在推动创新、增加就业、扩大出口方面发挥着显著作用。

瑞典拥有三个主要生命科学产业集群：一是斯德哥尔摩－乌普萨拉地区，是欧洲领先的生命科学产业带之一，拥有世界知名大学和研究机构，如卡罗林斯卡医学院、乌普萨拉大学、皇家理工学院等，该地区聚集了全国54%的生命科学企业，如阿斯利康、通用医疗等知名跨国公司；二是哥德堡地区，集中了全国19%的生命科学企业，以药物研发和临床为主。三是隆德－马尔默地区，以生物技术为主，拥有全国17%的生物技术企业。该地区邻近丹麦首都哥本哈根，在两国政府的联合规划下，形成了著名的"药谷"。此外，林雪平地区（生命科学研发）和于默奥地区（生物技术）也拥有越来越多的生物技术企业。

（三）制造业和汽车产业

瑞典制造业是瑞典的支柱产业之一，其机械产品具有精密，耐用和工艺水平高的特点。滚珠轴承、电力设备、冷冻设备等传统产品在国际市场上都享有很高的声誉。ABB公司、SKF、阿特拉斯·科普克公司、伊莱克斯公司都是享誉业界的知名企业。

瑞典拥有强大的汽车制造工业，重型卡车和大型客车占其生产的绝大部分。瑞典汽车制造业同时也是以一个出口为导向的产业。每年生产的商用车中，超过90%出口，全球市场占有率在20%以上。沃尔沃和斯堪尼亚是国际知名的瑞典商用车制造商，历史悠久，技术雄厚，市场占有份额大。瑞典在汽车安全技术方面世界闻名，汽车安全带是瑞典人发明的。瑞典Autoliv公司是享誉世界的汽车安全企业。目前瑞典正在开发汽车主动安全系统。

瑞典汽车产业在应用新技术、新能源方面有以下几个方向：一是发动机多能源化（Hybrid power），以达到高环保标准。即同一辆车可以在多种燃料间切换，以解决石油不断涨价及将来枯竭问题，逐步替代汽油。如瑞典SAAB公司首次展出的"Biopower Hybrid"型轿车是世界上第一辆完全使用酒精为燃料，废气零排放的环保车。瑞典沃尔沃、SAAB与国有电力企业Vattenfall及ETC电池、Fuelcell企业在瑞典能源署的支持下，从2008年开始，在5年时间内共同投资4000万美元，加大对充电式混合动力车的研发。沃尔沃汽车公司目前已推出一种充电式混合动力车概念车，满容量充电可行驶 100 公里。二是利用新技术提高汽车智能化程度和增强安全性能。瑞典政府推出了为期 10 年的大规模研发项目，建立了"智能车辆安全系统"（IVSS）产业群。瑞典几大汽车生产商正在积极研究应用嵌入电子系统（embedded system），提高汽车的智能化水平。例如研发项目之一的汽车酒精钥匙，驾驶员必须先向该钥匙吹气通过酒精检验，否则，汽车不能发动，无法驾驶。

（四）节能技术和清洁能源

瑞典节能技术在世界处于领先位置，尤其在交通、建筑领域具有一批业界领先的技术，节能效果显著。例如，交通方面，沃尔沃公司研发的采用混合燃料技术载重卡车可降低油耗 35%。在建筑领域，JM 公司低耗能住房每平方米能耗比瑞典规定标准低 30%，而 NCC 公司的推广被动式住房耗能比普通住房低 45%。

瑞典清洁能源技术比较成熟，使用量在整个能源结构中的比例越来越大。近十年来，瑞典清洁能源占能源市场的份额逐步提高。瑞典的清洁能源除了水电外，风力发电、太阳能、生物能源、海洋波力发电等发展也很快，使用生物能源的比例占 25%。目前，风力发电已达到 1Twh 的发电能力，具有较为先进的风力发电技术；太阳能发电进入商业运作阶段，产能达 50Gwh，乌普萨拉市产的太阳能板在发电效能方面创下国际同类产品的最高纪录；瑞典在烟气清洁方面设备和技术先进，不会造成环境污染；生物燃料是清洁能源发展最快的能源，瑞典在利用速生柳作为能源发电方面技术成熟；在生物燃料技术的应用还体现在动力车用燃料上。瑞典是第一个使用沼气为动力火车的国家，瑞典生物气体公司开发的沼气动力火车 2005 年首航，当时时速就达到 130 公里。

（五）环保产业

瑞典环保技术发达。主要技术有：污水处理、废气排放控制、固体垃圾回收与处理、垃圾发电和供热技术等。据瑞典统计局统计，瑞典环保产业年产值已达 2400 亿瑞典克朗，其中垃圾处理和再生循环产值占环保产业总产值的 41%。

生活垃圾发电和供热在瑞典十分普及。目前瑞典是欧盟内垃圾焚烧发电比例最高的国家之一，每年约有一半以上用于焚烧发电和供热。瑞典本国生产的垃圾已经不能满足垃圾焚烧热电厂的需要。根据瑞典环保署统计，2006 年瑞典进口垃圾 60 万吨，几乎是 1990 年的两倍，其中 80% 用于热电厂焚烧。

瑞典拥有一大批具有专有技术的环保企业，企业数量超过 4000 家，就业人口 9 万。既有阿法拉伐这样拥有 13800 名雇员的环保设备生产商和普拉克公司这样在全世界 55 个国家建成 3000 多个污染处理厂的"交钥匙承包商"，也有斯维科这样拥有 2500 名雇员的大型国际咨询商，此外，还有众多雇员不足百人的中小企业。

瑞典环保产业出口强劲，约占环保产业总产值的 38%，并以年均 8% 的速度递增。瑞典出口的主要市场是欧盟和波罗的海国家，中国已成为瑞典在亚洲最大的环保产品出口市场。

为推动本国环境技术出口，瑞典政府和瑞典贸易委员会提出"共生城市"（Symbiocity）理念，旨在平衡城市的发展与环境保护，也是"可持续发展城市"（Sustainable City）理念的深化。通过前几年实践，瑞方发现"可持续发展城市"缺少瑞典特色，而"共生城市"体现了瑞典独创性，是瑞典在可持续发展与环保领域先进理念、技术与经验的汇集，目前共有 700 余家与环境技术有关的瑞典企业参与。

二、山东与瑞典开展合作的可行性

瑞典与山东具有一定的经贸合作基础，合作潜力大。发展产业有交集，发展水平错位；市场需求互补，生产要素差异大，互补性强；双方都坚持开放的对外经贸政策，为双方的经贸合作提供了坚实的后盾。山东与瑞典产业既有结合点，也有合作的可行性。

（一）双方合作有基础，合作潜力大

中瑞近年来经贸合作发展迅速。2009 年，中瑞贸易额为 96.1 亿美元，其中，对瑞出口 41.6 亿美元，进口 54.5 亿美元。瑞典是中国在欧盟第八大贸易伙伴，中国是瑞典在亚洲第一大贸易伙伴。截至 2009 年底，我国共批准瑞典在华投资项目 1026 个，瑞方实际投入 19.6 亿美元。我国在瑞典累计投资额为 1.59 亿美元，行业涉及旅游、贸易、软件开发、生物质能发电、环保、医药及航空运输等。2009 年全年我国自瑞典技术引进合同 83 个，合同金额 4.21 亿美元，居欧盟各国第五位。山东对瑞典合作具有一定基础。2009 年，山东与瑞典进出口额 5.9 亿美元，其中出口 2.6 亿美元，进口 3.3 亿美元。截至 2009 年底，瑞典在山东投资项目 74 个，瑞方实际到账 1.58 亿美元。双方良好的经贸合作为今后合作奠定了坚实基础。

（二）发展产业有交集，发展水平错位

2010 年 9 月 8 日国务院召开常务会议，审议并原则通过《国务院关于加快培育和发展战略性新兴产业的决定》，会议确定了战略性新兴产业发展的重点方向、主要任务和扶持政策。提出从我国国情和科技、产业基础出发，现阶段选择节能环保、新一代信息技术、生物、高端装备制造、新能源、新材料和新能源汽车七个产业，在重点领域集中力量，加快推进。山东省 2010 政府工作报告中指出，"把转变发展方式、调整经济结构作为刻不容缓的重大任务"，"加快推动战略性新兴产业发展，抢占制高点，形成竞争力，迅速占领市场"。瑞典重点发展节能环保、新能源、信息技术、生物技术等行业，并在国际处于领先位置，在发展水平上领先于山东。双方合作有助于提高山东在这些领域的水平，缩小与发达国家的差距。

（三）市场容量不同，需求互补

山东有 9400 多万人口，背靠巨大的内陆市场，市场容量巨大。瑞典地处北欧，本国人口仅 920 多万，加上挪威、丹麦和芬兰人口也仅有 2000 多万，市场容量较小。由于发展阶段不同，山东市场需求商品档次以中低端为主，需求量大；而瑞典需求产品档次以中高端为主，需求量小。双方可充分利用市场需求的互补性，开展贸易、投资和技术合作，将新技术、新工艺尽快推向市场，实现效益最大化。

（四）生产要素差异大，互补性强

在人力资源上，山东既有大量的高端科研、管理人才，也有大量的各行各业技术工人，人力资源丰富，人力成本较低；瑞典在一些优势行业的高端人才较多，但人力成本高。在资本方面，我国资本市场处于发育阶段，筹资成本较高；瑞典资本市场历史较长，比较发达，银行体系健全，比较容易筹措资金。在管理上，我国改革开放 30 年来，企业在经营管理上取得了长足进展，但在企业管理，特别是跨国经营管理方面，与发达国家企业还有很大差距；瑞典企业跨国经营的意识强，国际化程度高，具有成熟的企业经营管理经验和跨国经营经验。双方在生产要素上的差异使双方的合作空间更大，获得双赢的机会更多。

（五）对外合作政策相容，有合作后盾

我国支持多层次、多渠道、多方式推进国际合作与交流。引导外资投向战略性新兴产业，支持有条件的企业开展境外投资。瑞典政府坚持

自由贸易政策，支持本国企业开展国际交流与合作，积极吸引中国企业投资瑞典，支持本国企业对中国投资与技术合作。双方政府开放的对外政策，为双方企业开展深层次的经贸合作提供了坚实的后盾。

三、加强山东与瑞典经贸合作的建议

（一）扩大鲁瑞节能、环保和生态城市建设合作

瑞典的节能、环保技术发达，生态城市建设经验丰富、理念先进，并视中国为未来主要出口市场。近年来，在瑞典政府的积极鼓励下，瑞典驻华使馆、专业协会、工程咨询公司及拥有技术的中小企业构成了对华技术出口网络。目前，与我合作的范围主要集中在水处理、垃圾处理、空气净化、能源、风力发电等领域。2008年4月瑞典赖因费尔特首相在我国访问期间，两国签订了一系列环境、能源、可持续城乡发展协议。有效利用上述协议，扩大山东与瑞典节能、环保和生态城市等领域的合作，对山东建设环境友好、资源节约和可持续发展城市，对黄河三角洲高效生态经济区建设都具有积极意义。在这方面，山东应积极借鉴唐山曹妃甸、天津生态城的经验做法，深化双方在生态城市规划、区域供暖与制冷、垃圾回收处理、生物沼气利用等方面的务实合作，为其他领域的合作提供示范。

（二）加强鲁瑞研发和科技创新合作

瑞典拥有世界一流的信息通讯产业研发环境、欧洲领先的生物科技产业集群，在重型卡车、轴承、电力设备、矿山机械、工业机器人、特种钢材、汽车安全、冶金及环境技术研发等领域也有很多具备全球竞争力的企业。瑞典还是我国在欧洲最重要的技术引进合作伙伴之一。山东在电子信息、生物医药、新能源、重型卡车、装备制造、海洋化工等产业具有较好基础，与瑞典的产业优势有很好的结合点，可考虑鼓励山东有关企业、科研院所在高新技术研发和科技创新等方面，加大与瑞典相关机构的合作力度。

（三）探索与瑞典产业集群的合作

瑞典产业集群比较成熟，一些集群在国际上处于领先地位，比如斯德哥尔摩的西斯塔科学城、清洁技术集群和斯德哥尔摩－乌普萨拉地区的生命科学产业集群。与瑞典产业集群进行合作，可为山东开展国际合

作建立新的平台，降低招商和对外投资的成本，也可以学习对方集群建设管理的经验，加快山东产业集群建设的步伐。建议通过组织相互参观，联合组织研讨等活动增进了解，寻找合作机会。鼓励双方集群内企业开展向对方集群投资、合作研发等。

（四）开展对瑞典的投资合作

金融危机期间，瑞典企业合并重组案增多。特别是瑞典汽车产业，由于受金融危机冲击最早和最大，销售连续大幅下降，裁员不断增加，部分生产线被迫减停产。2009 年 12 月，北京汽车工业控股有限责任公司收购了瑞典萨博汽车公司的三个整车平台和两个系列的涡轮增压发动机、变速箱的技术所有权以及部分生产制造模具。2010 年 3 月，浙江吉利控股集团有限公司购并了沃尔沃轿车公司 100% 股权以及相关的资产，包括知识产权。山东可考虑推动有条件企业，探讨并购瑞典技术优势行业经营困难企业的可能性。

（五）推进与瑞典中小企业的合作

瑞典多数中小企业拥有自己的独特技术或专利，但大都缺乏对外交流的人才和信息渠道，承担风险能力不强。这些中小企业在对外开展合作过程中，多依赖咨询公司和商协会。山东可与瑞典重点商协会、咨询企业建立协作联系，联合举办招商活动，吸引瑞典中小企业与山东企业开展合作。

（作者：山东省商务厅　夏炳军）

第十篇　扩大交流与沟通
发展山东与新加坡
经贸深度合作

应新加坡贸工部兼人力部政务部长、新加坡—山东经贸理事会新方联合主席李奕贤邀请，2010年6月28日~7月1日，山东省商务厅副厅长阎兆万率团访问新加坡。期间，出席了2010新加坡国际水资源周会议，推介了黄河三角洲高效生态经济区发展战略和合作项目；拜访了新加坡公用事业局、胜科集团、星雅集团、盛邦国际咨询公司、元立集团、劲升逻辑、新加坡工商联合会等机构和企业，积极推动了曲阜文化生态城、日照国际海洋城、蓬莱葡萄酒产业园、青岛公共物流信息平台等鲁新重点合作项目；拜会了李奕贤联合主席，就鲁新重点合作项目和理事会第15次会议有关筹备事项交换了意见。此次出访新加坡，对于扩大山东与新加坡经济交流，推进双方经贸合作实现新的发展具有积极意义。

一、关于访问交流的具体安排
与考察活动

（一）参加2010新加坡国际水资源周，推介黄河三角洲高效生态经济区发展战略

新加坡国际水资源周是世界上最大的水务及水资源利用会议之一，主要由水务领袖峰会、世界城市峰会、市长论坛、东亚商务论坛、中国

商务论坛、水务博览会等活动构成，吸引了来自 80 多个国家的 500 多名参展商以及来自世界各地的政府、国际组织及知名水务公司 1000 余位专业人士参加各项活动。代表团在中国商务论坛上推介了黄河三角洲高效生态经济区发展战略；日照市市长赵效为在市长论坛上发表了专题演讲；代表团还与活动主办方新加坡公用事业局举行了工作会谈，双方就今后加强水资源利用领域的合作及互派水务考察交流团等事项进行了积极的沟通。

（二）拜访企业，推动鲁新重点合作项目

代表团分别拜访了胜科集团、星雅集团、盛邦集团、元立集团、晋升逻辑公司等，推动了曲阜文化生态城、日照国际海洋城、蓬莱葡萄酒产业园、青岛公共信息平台建设等鲁新经贸理事会第 14 次会议确定的鲁新重点合作项目。

1. 曲阜文化生态城项目。按照 2009 年 11 月 28 日在新加坡—山东经贸理事会第 14 次会议上签署的《曲阜市概念性规划研究及曲阜中新文化生态城详细规划》合作意向书，雅思柏设计师事务所的规划设计方案已接近最后阶段，刘太格先生近期将携方案到曲阜，研究、论证下一步工作方案。新加坡国际企业发展局表示初步意向，拟由新加坡 RSTN 公司牵头参与曲阜文化生态城项目。RSTN 公司成立于 1997 年，主要业务是为企业文档影像管理、企业内容管理、企业工作和业务流程管理提供解决方案和系统整合方案。RSTN 为许多国际上成功的组织机构提供了完整的企业解决方案。

2. 日照国际海洋城项目。代表团一行拜会了盛邦国际总裁蔡金才先生，就日照国际海洋城的定位及规划进行了商谈。通过拜访，日照市已与新加坡盛邦国际咨询公司就日照国际海洋城的规划设计达成意向，由盛邦公司按照"政府引领、企业主体、市场运作"的原则和"宜居"、"宜业"、"宜游"、"宜研"的理念高标准规划设计国际海洋城，将日照市打造成海洋特色新兴城市和国际水准滨海名城。整体规划设计拟于 7 月初开始进行。胜科工业园执行主席刘心玲女士已确定近日到日照就海洋城联合开发事宜进行考察。在海洋城整体规划确定后，日照市将面向世界主要是日、韩、港、台招商。

3. 蓬莱葡萄酒产业园项目。该项目是由新加坡元立集团在蓬莱市投资兴建葡萄和葡萄酒产业园及相关农业休闲旅游和国际会议会展及相关配套设施的现代服务业项目，总投资 10 亿元人民币。项目于 2009 年

11 月 28 日在新加坡—山东经贸理事会第 14 次会议上签约。根据规划，项目分两期进行建设。其中一期建设期为 1 年，主要建设葡萄及葡萄酒园区及相关农业休闲旅游配套项目；二期建设期为 2 年，主要建设国际会议会展及相关配套项目。目前项目进展顺利，已经完成项目审批及注册登记工作；涉及农村、农民的土地补偿和地上附着物补偿已基本完成；为项目配套的道路工程已开工建设。但目前存在的困难是用地问题：按项目分期建设规划，2010 年需安排解决 300 亩建设用地指标，2011 年底前需安排解决 300 亩建设用地指标，但蓬莱市无法满足。元立集团希望省政府对此项目能给予积极支持，新加坡驻华使馆商务参赞林瑞光也致函山东省商务厅，希望能统筹解决用地指标问题，早日建成葡萄酒产业园及太阳岛俱乐部等系列项目。

4. 青岛公共物流信息平台建设项目。项目拟由新加坡劲升逻辑有限公司在青岛西海岸出口加工区投资开发。该公司 2010 年 6 月底已起草完成了"青岛西海岸公共物流信息平台规划建议"，正等待青岛西海岸出口加工区的回应。劲升逻辑有限公司是新加坡颇具声誉的国有企业，成立于 1988 年，大股东是 IE（新加坡国际企业发展局）。主要从事电子政务、电子商务、在线教育等设计与开发。先后开发了贸易网、电子司法系统、电子印花税系统和原产地证明申报系统等世界一流的创新型解决方案，被广泛应用于全球各政府机构。该公司今年已设计完成了江苏省电子口岸规划，并且对在山东开展公共物流信息平台建设及电子口岸建设表现出极大兴趣。此外双方还探讨了在山东省开展服务外包合作的可行性，劲升逻辑公司表示将尽快到省内考察外包市场。

代表团访新时间短暂，除跟踪推动上述理事会第 14 次会议确定的重点合作项目外，还通过多种方式推动了金鹰集团日照三期工程、胜科集团济南水务合作、裕廊港与日照港的合作项目等，均起到了良好的效果。

（三）总结理事会第 14 次会议以来工作，筹划第 15 次会议具体事项

访新期间，通过与李奕贤联合主席、林瑞光秘书长及理事会青岛办事处多方沟通，双方总结了自 2009 年 11 月 28 日第 14 次理事会议以来的各项工作，特别是重点合作领域、重点合作项目的进展情况，探讨了今年将在新加坡举行的理事会第 15 次会议的举办时间、地点、方式、活动等有关事项，达成初步共识。

二、深化山东与新加坡经贸合作的重要性及合作重点

（一）新加坡在山东开放型经济发展中的地位更加重要，应更加重视山东与新加坡的经贸合作

新加坡是山东省重要的经贸合作伙伴，是山东第七大外资来源地。2009 年批准新加坡在山东省投资项目 35 个，合同外资 3.1 亿美元，实际使用外资 4.52 亿美元。截至 2009 年底，共批准新加坡在山东省投资项目 1237 个，合同外资 53.1 亿美元，实际使用外资 37.7 亿美元。新加坡金鹰集团在山东日照投资设立的山东亚太森博浆纸有限公司，总投资达 19.5 亿美元，是山东省制造业最大的外资项目。目前该公司正在建设年产 100 万吨木浆的扩建项目，建成后将成为世界最大的纸浆生产基地之一。2010 年 1～6 月，批准新加坡在山东省投资项目 22 个，同比增长 37.5%，合同外资 2.97 亿美元，同比增长 61.1%，实际使用外资 3.80 亿美元，同比增长 42.1%，在所有国别地区中上升为第三位。

新加坡还是山东第二大外派劳务市场。2009 年山东省对新加坡工程承包及劳务合作新签合同额 4.61 亿美元，完成营业额 2.92 亿美元，派出人数 5622 人，期末在外 14739 人。2010 年 1～6 月，山东省对新加坡工程承包及劳务合作新签合同额 29145 万美元，完成营业额 13605 万美元，派出人数 1825 人，期末在外 14292 人。

山东与新加坡的合作具有良好的基础，但目前除山东外，四川、辽宁、江苏、广东、天津等省、市都与新加坡设立了经贸理事会，并且随着中新天津生态城、广州知识城、中国吉林（新加坡）新型农业合作食品区等国家级合作项目相继签约，更多的新加坡大企业扩大了对华投资，在投资领域、地域上有了更加广阔的空间。这对山东扩大与新加坡的合作带来了严峻的挑战，因此我们要充分认识到加强与新加坡合作的重要性和紧迫感，在现有基础上切实推动鲁新全方位、多层次、宽领域合作。

（二）新加坡经济发展的特点决定了除吸引高端制造业环节的投资之外，应更加重视与新加坡在现代服务业领域的合作

新加坡的经济以五大产业为主：商业、制造业、建筑业、金融业、交通和通讯业。制造业产品主要包括电子产品、化学与化学产品、机械

设备、交通设备、石油产品、炼油等部门，是世界第三大炼油中心。其农业在国民经济中所占比例不到1%，主要有家禽饲养和水产业。粮食全部靠进口，蔬菜自产仅占5%，绝大部分从马来西亚、中国、印度尼西亚和澳大利亚进口。服务业为经济增长的龙头产业，包括零售与批发贸易、饭店旅游、交通与电讯、金融服务、商业服务等。旅游业是新加坡经济的支柱产业之一，也是主要外汇收入来源之一。当前山东正在大力繁荣发展服务业，不断拓展服务业领域，提高服务业在国民经济中的比重，在服务外包、金融服务、文化、体育、旅游、教育、人才培训等领域将进一步扩大开放，这些都应成为推动与新加坡合作的重要领域。

1. 服务外包。山东基础设施比较完备，产业体系较为健全，人力资源比较丰富，商务成本较低，人居环境良好，很多城市具有承接国外服务外包业务的良好基础。按照《山东省服务外包产业发展规划（2010～2014）》，将着力推进济南和青岛率先发展，建设国内一流的服务外包示范城市；积极推进烟台、威海、潍坊、淄博、济宁、东营、日照等服务外包产业聚集区加快发展。重点开展软件研发及技术服务、嵌入式软件开发、信息系统运营维护服务等信息技术外包（ITO）业务，数据分析管理服务、呼叫中心等业务流程外包（BPO）业务，动漫及网游制作、工程设计和研发外包等知识流程外包（KPO）业务。理事会将积极推动双方软件和外包企业开展合作并建立长期协作关系。

2. 金融。新加坡金融服务业发达，最近几年已经有多家山东企业到新加坡上市，成效良好。理事会将继续引导有境外上市意向的山东企业到新加坡上市融资，深化鲁新合作水平，也将积极引进新加坡金融企业到山东设立分支机构。

3. 文化产业。山东是中国的文化大省，正在致力于发展文化产业。新加坡在文化产业运作方面有着独特的经验。理事会将推动双方电视台、报刊等媒体人员的互动往来，通过各自的媒体平台相互宣传介绍鲁新合作成果、合作潜力以及自然和人文环境。

4. 旅游。理事会将依托双方旅游部门良好的合作关系，推动双方旅游合作再上新水平。双方可通过互邀旅行商和记者采访、促进青少年休学游、推介旅游展会、推动旅游直航等活动促使山东与新加坡互为商务、旅游和休闲目的地。

5. 教育与人才培训。理事会将继续推动双方大学和职业教育机构进行多层次的交流合作。高度重视并如期执行2010年度人才培训合作项目，借鉴新加坡的经验，培养更多的专业人才。

三、推进山东与新加坡经贸合作 深度发展的建议

（一）尽早确定新加坡—山东经贸理事会第 15 次会议的举办时间和主要活动

按照惯例，理事会第 15 次会议 2010 年将在新加坡举办。建议才利民副省长率团访问新加坡参加会议，同时，组织经贸代表团，主要包括服务外包企业、园区代表参加。时间初步建议为 2010 年 11 月上旬，期间拟举办鲁新经贸理事会第 15 次会议、山东省重点区域合作项目推介说明会、服务外包对接会，拜访重点机构、企业、推动鲁新合作项目。理事会后，根据年度工作计划，组织理事代表团及部分企业访问马来西亚、菲律宾两国，举办项目推介会，知名企业、机构拜访及重点合作项目推动等活动，以促进山东与两国在港口物流、资源开发等领域的合作。待会议时间和活动内容确定后，省商务厅将在与新方充分协商的基础上积极筹备各项活动，确保第 15 次会议顺利举行。

（二）务实推进新加坡—山东经贸理事会确定的重点合作项目

理事会第 14 次会议确定了近期鲁新重点合作项目为"两城、三园、五大项目"，会后省商务厅根据省领导指示已制定了分工推进计划发至各理事单位和有关市。目前山东理事单位已达 17 个，包括省政府办公厅、发改委、经信委、科技厅、住建厅、商务厅、环保厅、外办、国资委、旅游局、体育局、新闻办、贸促会等多个省直部门及济南、青岛两市、青岛经济技术开发区，规模大、层次高、涉及面广。各理事单位要高度重视对新加坡的合作并充分利用理事会平台，按照分工推进计划在各自行业、领域积极推动对新合作，对理事会议确定的双方重点合作领域、重点合作项目要统一认识，形成合力共同促进项目进展，使理事会真正成为鲁新合作的最佳平台和载体。建议近期召开理事单位协调调度会议，总结半年来的工作，分析解决存在问题，商讨下半年工作重点，为第 15 次会议的召开及制定下一年度的工作计划做好准备。

（作者：山东省商务厅　沈瑜婷）

第十一篇　借助经贸文化交流平台　开拓鲁台经贸合作新局面

借助经贸文化交流，密切联系，加深感情，促进鲁台经贸合作跃上新层面是山东尤为重视的工作。"鲁台经贸文化交流周"是一个很好的方式。2010年5月14~20日，由才利民副省长率山东经贸文化交流团访问台湾地区，开展"鲁台经贸文化交流周"（齐鲁经贸文化台湾行）活动。根据省里统一安排和分工，山东省商务厅具体筹办了鲁台经贸文化交流合作论坛（齐鲁经贸文化台湾行合作论坛）、鲁台采购洽谈会（齐鲁经贸文化台湾行采购洽谈会）等活动，安排拜访了鸿海、联电、统一、旺旺、日月光、国泰金控等大企业，考察了统一梦时代广场、台南科学园区、联电12英寸芯片厂、联相光电薄膜太阳能电池模组工厂、鸿海集团研发基地等厂区，重点宣传推介了山东省重点区域发展战略，积极促成并扩大了对台商品采购，密切跟踪推动了重点合作项目，各项活动取得了圆满成功，对于推动鲁台经贸合作迈向新的层面发挥了积极的作用。

一、鲁台经贸文化交流主题鲜明成果显著

鲁台经贸文化交流合作论坛是交流周的主题活动。2010年5月18日，由山东省海峡两岸经济发展促进会主办，台北世贸中心、台湾工业

总会、商业总会、工商协进会、工商建研会等，省商务厅、台办共同承办的"齐鲁经贸文化台湾行合作论坛"在台北国际会议中心举行。才利民副省长率山东省经贸文化交流团、省有关部门和 17 市代表团 200余人参会，台湾地区各界嘉宾 400 余人出席活动。此次合作论坛是山东第一次在岛内举办的大型经贸促进活动，得到了台湾主要经济团体的大力支持，取得圆满成功。主要呈现出以下五个特点：

一是活动规模大，人员层次高。论坛原计划邀请台湾地区客商 250名左右，实际人数突破 400 人，表明了台湾各界对山东的热切关注及对加强双方经贸合作的迫切愿望。参会的来宾中多为台湾知名人士、经济团体、大企业代表以及中小企业负责人。海峡交流基金会董事长江丙坤、台北世贸中心董事长王志刚亲自出席论坛并发表致辞，台湾乡林集团董事长赖正镒以及浪潮集团董事长孙丕恕、银座集团股份有限公司总经理王志盛分别就各自领域加强两地合作发表了精彩演讲。

二是主题鲜明，反响强烈。才利民副省长发表了题为《携手合作互利共赢》的主旨演讲，就进一步加强鲁台经贸合作提出了拓展交流领域、扩大贸易合作、加强产业合作以及推动企业间战略合作等四点建议。台湾地区工商界对才利民副省长的主旨演讲以及山东的区域发展战略及重点产业介绍给予了高度评价，并表示山东半岛蓝色经济区、黄河三角洲高效生态经济区等区域发展战略和产业调整振兴规划为台湾企业在后危机时代与山东开展经贸合作提供了难得的发展机遇，台湾企业将加快与山东的合作步伐，争取在更多领域、更高层次开展富有实效的合作。

三是加深了解，增进友谊。论坛期间，台湾地区与会代表通过观看山东旅游图片展、宣传片等，进一步加深了对山东的了解。鲁台两地知名人士及企业家分别发表了精彩演讲，就进一步发挥双方经贸合作互补性，加强各领域合作提出了具体建议。会后，许多企业主动联系代表团及有关市，就关心的问题继续进行深入沟通，达成了多项共识。

四是突出项目对接，推动务实合作。此次论坛，山东共推出了高新技术、先进制造业、节能环保、现代农牧渔、现代服务业、园区区域开发等 6 大领域的 100 个重点合作项目。台湾工商界均表示了极大兴趣，除与会期间与各项目单位进行具体洽谈之外，还纷纷表示将于近期来山东探讨合作。

五是广泛宣传，扩大影响。在活动策划阶段，山东与台湾协办机构密切配合，制订了详细宣传方案，广泛邀请台湾媒体参会。各主流媒体对活动都给予了积极正面的宣传报道，进一步扩大了山东在台湾的影响，为今后扩大双方交流与合作打下了良好的基础。

二、企业洽谈活跃对台
采购超过预期

5月18日下午，省商务厅与台北世贸中心联合主办的齐鲁经贸文化台湾行采购洽谈会在台北举行。作为交流周的重要专题活动，此次洽谈会山东共组织了省内34家企业和6家重点开发区赴台采购。台北世贸中心根据采购清单，组织了120余家厂商参会洽谈。

洽谈会呈现出四个特点：一是双方企业洽谈踊跃，现场气氛热烈。鲁台企业共进行了160余场次洽谈对接，活动比预定时间延长一个半小时结束。鲁台企业纷纷表示此次活动为双方企业提供了一个很好的交流平台，推动了鲁台两地贸易合作，希望今后将此类活动常态化。二是洽谈成果显著，采购金额超过预期。此次活动，由于组织得力、产品对路，最终达成采购意向5.68亿美元，远远超过预期。另外，海尔、海信集团等大企业虽未随团赴台采购，但最近与台湾地区有关企业签订了2010年后三个季度液晶面板、集成电路和电子元器件的采购意向，总金额近10亿美元。此次齐鲁经贸文化交流周期间，山东企业采购台湾商品意向金额达15.69亿美元。三是采购商品种类繁多。涉及电子元器件、纺织服装、果蔬食品、日用消费品、建材、化工原料等，共计7大门类，30余种商品。四是大企业采购踊跃。受世界经济复苏的影响，山东省一批大企业扩大了对台采购，比如海尔集团、浪潮集团、海信集团等与台湾地区有关企业签订了液晶面板、集成电路和电子元器件采购意向；山钢集团达成了铁矿粉的采购意向；银座集团、潍坊百货等企业也加大了日用消费品、工艺品、水果等商品的采购意向。

通过此次对台采购活动，双方企业不仅达成众多采购意向，更重要的是海尔、海信、浪潮、银座、潍坊百货等一批大企业与台湾客商建立了长期贸易合作关系，为推动鲁台两地贸易合作奠定了良好基础，2010年下半年将会有更多的山东企业开展对台采购活动。

三、多方接触 大企业战略合作
进一步加强

山东经贸文化交流团在台期间还拜访了部分大企业，包括鸿海集团、统一集团、联电集团、乡林集团、国泰金控、中信金控、日月光集团、润泰集团、旺旺集团、裕隆集团、长荣集团等，参观了统一集团梦时代广场、台南科学园区、联电集团 12 英寸芯片厂、联相光电薄膜太阳能电池模组工厂、鸿海集团科学园区、乡林集团涵碧楼酒店等。拜访中，与各企业负责人就加强鲁台在电子信息、高端制造业、现代服务业等领域的合作进行了工作会谈，达成了在各领域深化合作的共识。积极推动了山东重点对台合作项目，包括鸿海集团烟台园区的增资项目、济南 LED 项目、联电集团济宁新能源项目、日月光集团烟台增资项目、统一集团连锁超市项目、乡林集团青岛涵碧楼项目，并与国泰金控、旺旺集团、裕隆集团、长荣集团等大企业就扩大在山东投资有关事宜进行了深入探讨，台湾各大企业均对继续加大与山东的投资合作给予了积极回应。

同时，交流周期间，全省 17 市也举办了系列经贸活动，拜访了部分企业和机构，推动了合作项目，宣传推介了地方发展规划和重点合作领域，促进了鲁台间合作与交流。其中济南市的"金融业发展说明会"、"电子信息说明会"，淄博市的"淄博优势产业项目说明会"，枣庄市的"台儿庄海峡两岸交流基地宣传推介会"，潍坊市的"第十六届鲁台会筹备恳谈会"、"现代农业合作交流会"，日照市的"临港产业推介会"，德州市的"第四届太阳城大会推介会暨德台合作恳谈会"等均取得了良好的成效。经调度，截至目前，各市共上报签订合同、协议、意向台资项目 62 个，台资额 25.68 亿美元。其中，签订合同项目 33 个，台资额 8.10 亿美元；协议 12 个，台资额 5.05 亿美元；意向 17 个，台资额 12.53 亿美元。总投资额过亿美元的项目有：台湾大同集团潍坊薄膜太阳能电池生产项目、英孚国际投资有限公司潍坊英孚电子项目、日月光集团威海半导体项目、台糖集团威海、德州生猪养殖及加工项目、旺旺集团德州旺旺工业园项目、吉联置业德州台湾高科技工业园项目、美泽园投资有限公司菏泽台湾工业园项目等。

四、完善应对举措　促进鲁台
经贸合作深入发展

近年来，随着海峡两岸经贸关系的积极进展，对台经贸合作面临着新的形势和机遇。一方面，随着两岸"大三通"、台湾地区放宽台商投资大陆限制及允许陆资登岛等政策的实现，更多的台湾企业将会积极扩大对大陆的贸易与投资，尤其是一些新能源、电子信息及服务业项目，将会选择大陆作为其战略布局基地，这为促进鲁台双向贸易与投资合作带来了难得的机遇。另一方面，2009 年以来，广西、河南、江苏、上海、湖北、四川等省纷纷组团赴台开展系列活动，通过文化交流、扩大对台采购、加强与台湾基层交流等方式加大了对台宣传推介力度，加强了与台湾大集团、大企业的战略性合作，这也成为山东下一步对台合作面临的竞争和挑战。为此，提出如下建议：

（一）建立责任制，落实出访成果

此次经贸文化交流周活动签订 62 个项目，总投资 28.28 亿美元，我们要盯紧抓实，加以推进。一是实现重点项目的台账管理。对各市所签约的项目，不论是合同项目还是协议项目，都要建立台账，定期调度，分级管理。二是排定时间表，限期落实，确保早履约。三是要落实项目责任。按照"一名领导挂帅、一个部门承办、一名责任人落实"的要求，把签约项目落实到有关领导、承办部门和具体承办人，及时协调解决项目推进过程中的问题，省商务厅将对 62 个项目的进展情况每月发一次通报。

（二）经贸结合，以贸促经

我们要抓住两岸即将签署经济合作框架协议（ECFA）的历史机遇，在两岸间关税降低及非关税壁垒减少，货物、资本、技术等生产要素流动更加便利的背景下，积极扩大鲁台贸易规模，拓宽合作领域，提升合作层次，促进鲁台经贸合作快速发展。一是对台贸易。要以此次对台采购活动为契机，加大对台湾电子、机械、纺织品等工业制成品和日用消费品、农产品的采购力度。同时积极扩大出口，将山东的优势商品出口到台湾，借助台湾市场，促进山东商品行销世界。二是吸引台资。要围绕山东半岛蓝色经济区、黄河三角洲高效生态经济区等重点区域发展战略加大对台招商引资力度，吸引台湾企业在新能源、新材料、新信息、新医药、空间海洋地球科学等战略性新兴产业领域投资布局。三是推动"鲁资入岛"。要支持有条件的企业入岛投资，设立生产中心、营销中心和研发中心等，依托台湾人才、市场及技术优势做大做强。要推动省内有实力的企业抓住机遇，适时开展对台劳务和工程承包合作。逐步形成以贸易促进投资、投资扩大贸易、投资贸易带动经济技术合作发展的鲁台经贸新格局。

（三）安排专门力量，深化鲁台合作

随着两岸经贸合作的常态化和制度化，国内各省市都加大了对台经贸合作力度，尤其是对大企业的招商引资竞争日趋激烈。此次才利民副省长率团访台，推动了一批合作项目，达成了一批合作协议，取得了丰硕成果，在台湾各界引起了强烈反响，在岛内掀起一股"山东"热潮。为抓住这一有利时机，全面深化鲁台合作，我们要安排专门力量在借鉴其他省市经验和做法的基础上研究出台鼓励台商投资、支持台企发展的指导性意见，营造良好的投资环境；要在密切跟踪落实此次出访成果的基础上做好赴台拜访企业、机构负责人的回访接待工作，广泛邀请更多的台商到山东考察访问、投资兴业，把山东打造成台商投资的新热点；还要着手考虑通过适当途径在台湾设立经贸促进机构，掌握投资动向和产业信息，加强与台湾各界尤其是大企业的沟通与联络，促进鲁台两地企业在投资布局、市场开拓和技术研发等领域开展务实合作，实现互利共赢。

（作者：山东省商务厅　沈瑜婷）

第十二篇　关于日照、潍坊对日韩、东盟地区经贸合作情况的调研报告

根据年度工作计划，2010年7月27～30日，山东省商务厅组织力量赴日照、潍坊市就与日韩、东盟地区经贸合作情况进行调研。期间，与日照、潍坊市商务局分别举行座谈，对两市与日韩、东盟地区经贸合作情况进行了解，并就下一步推动重点合作项目的有关措施及建议进行交流。同时还考察了日照开发区、潍坊滨海开发区，并对亚太森博浆纸、现代威亚发动机、名古屋制酪、锦湖金马化工、森达美港等重点外资企业进行了实地调研。

一、基本情况

（一）利用日韩、东盟地区外资情况

截至2009年底，日照市批准日韩投资项目288个，实际到账外资3.4亿美元；东盟地区投资项目52个，实际到账外资5.8亿美元。2009年，新批日韩、东盟地区投资项目8个，实际到账外资1.83亿美元。

截至2009年底，潍坊市批准日韩投资项目307个，实际到账外资3亿美元；东盟地区投资项目43个，实际到账外资2.1亿美元。2009年，新批日韩、东盟地区投资项目52个，实际到账外资8718万美元。

（二）重点合作项目进展情况

调研组根据省领导访问日、韩及香港地区签约项目及重点外资项目

台账，对两市与日韩、东盟地区的重点合作项目予以了调度。从整体情况看，一部分项目已成功落地，其他项目进展比较顺利。

1. 亚太森博浆纸三期项目。该项目拟投资 47 亿美元，建设年产 240 万吨文化用纸项目。项目建成投产后，将成为世界最大的单体浆纸联合企业。目前，项目科研报告编制工作已完成，有关工作正在顺利推进。

2. 现代汽车系列项目。2009 年姜大明省长出访韩国期间签署的车桥、曲轴、缸体项目均已开工投产，2010 年 7 月 16 日在济南正式签署了 6 速自动变速箱合作项目。至此，现代的三大关键汽车动力系统（发动机、车桥、变速箱）及技术含量最高的模具系统已全部落户山东，预计总投资将突破 10 亿美元。下一步，双方将就商用车合作项目进行具体洽谈。

3. 日照国际海洋城项目。该项目已于 2010 年 4 月份在中国新加坡投资促进委员会第二次联席会议期间被商务部列为两国间重要合作项目之一。目前，各有关工作正积极有序推进，其概念性规划已确定由新加坡盛邦国际进行设计。其产业规划日照市已委托国家发改委经济研究院进行编制，起步区规划拟于 11 月底前完成。为借助鲁新经贸理事会平台加快该项目进展，日照市政府近期致函鲁新经贸理事会山东秘书处，申请成为理事单位。

4. 锦湖金马化工二期项目。该项目为姜大明省长出访韩国期间日照市签约合同项目。目前，投资 4500 万美元的二期项目已建成投产，成为中国最大的丁苯胶乳生产企业。

5. 森达美港增资及滨海物流园建设项目。2009 年香港招商活动期间，马来西亚森达美集团与潍坊市签署了 10 亿美元森达美港增资及滨海物流园建设合同。截至目前，10 亿美元的增资合同已累计到账外资 5940 万美元。此外，该集团拟在潍坊滨海开发区投资的马来西亚工业园项目也正在推进中。

（三）园区建设

2010 年上半年，日照、潍坊滨海开发区经国务院批准升格为国家级开发区。据统计，两个开发区利用日韩、东盟地区外资比重已分别占日照、潍坊市的 60% 和 35%。日照开发区分别在区内规划了日韩工业园，并依托韩国现代汽车系列投资项目，开发建设现代汽车工业园，充分保障了重点项目用地、配套等。潍坊滨海开发区按照"一城四园"规划布局，重点建设滨海水城及先进制造业、生态化工、绿色能源、海港物流产业园，并依托森达美港开发项目进一步延长产业链，带动了更多的配套项目落户园区。两个园区的升格与科学规划，为下一步承接日韩、东盟地区产业项目转移提供了更好的载体。

二、存在问题

通过调研发现，两市在与日韩、东盟地区经贸合作中存在着部分问题，主要有以下几点：

（一）相关专业技术人才匮乏

随着大批外资企业落地投资，企业所需专业人才与各地人才储备不足间的矛盾越发突出。例如：现代汽车在日照投资模具工厂时，日照开发区几乎找不到符合条件的模具操作工人，使外方只得另行投资建立专业培训基地。另外，还有一些外资企业反映当地翻译力量不足，影响企业的正常经营和扩大再生产。

（二）缺乏带动性强的大项目

除现代汽车、亚太森博、森美达等企业外，两市依然缺乏产业链长、带动性强的大项目。企业规模小、产品附加值低、加工贸易为主依然是两市利用外资的主要现状。例如：潍坊市目前投资超1000万美元的日韩资项目仅4个。

（三）对日招商没有突破性进展

两市普遍反映，在对日招商中均存在谈判时间长、外商条件苛刻及投资决策慢等难点，以致近几年一直缺乏日资大企业、大项目投资。

三、工作建议

按照"深化日韩、提升东盟"的整体思路，就进一步深化山东与日韩、东盟地区经贸合作提出以下建议：

（一）结合山东重点区域发展战略，完善与日韩、东盟地区经贸合作平台

继续利用中日韩泛黄海经济技术交流会议、鲁新经贸理事会、中国—东盟博览会等合作平台，加强对日韩、东盟地区宣传推介黄河三角洲

高效生态经济区、山东半岛蓝色经济区、鲁南临港产业带、日照钢铁精品基地等重点区域发展战略。充分利用山东部分省级开发区升格为国家级开发区的有利时机，结合园区产业规划，将现有日韩、东盟工业园作为承接项目重要载体，突出园区招商、产业招商，吸引更多的日韩、东盟外资企业落户。同时，继续加强与日韩、东盟地区相关政府部门、经济团体及大企业间的联系沟通，探索以专业会议、论坛、企业家联谊等多种形式，建立新的合作平台。

（二）继续完善"前期对接、高层推动、后期跟踪"的重点项目推进机制

通过调研，日照、潍坊两市近期落地大项目多数为 2009 年省领导在日、韩及香港地区期间重点推动项目。在总结以往经验基础上，将对山东产业规划及外方优势产业进行有机结合，向日韩、东盟地区大企业积极推介各市及园区重点对外合作项目。继续完善山东与跨国企业高层定期会晤制度，并同聘请部分对山东做出突出贡献企业家为经济咨询顾问等形式，进一步密切双方的联系沟通。对各市在谈重点合作项目将及时调度最新进展情况，完善更新项目台账。对现代汽车商用车、森达美港增资、亚太森博三期、日照国际海洋城等重点项目分别制定具体推进方案，充分借助各种合作平台予以积极推动。

（三）继续加强与日韩 30 强大企业及东盟地区跨国公司的战略合作

跨国企业投资不仅带来了资金和技术，同时其产业链的延伸、配套企业的跟进，对提升山东产业化水平有着巨大推动作用。如现代汽车发动机项目已带动 20 余家配套企业落户日照开发区，形成了除整车外完整的汽车配套体系；再如依托马来西亚森达美港投资项目，不仅森达美集团中国总部由北京迁移到了青岛，而且带动了其在潍坊投资水务、房地产以及在济宁投资港口等项目。下一步，将继续借助省领导出访及外国企业高层来访之机，重点推动山东与韩国 SK 集团、马来西亚森达美集团等重点企业签署全面战略合作协议。

（四）采取多种形式、利用多种渠道突破对日招商

2010 年年初，才利民副省长在日韩重点跟踪项目调度会上专门指出，突破对日招商将是山东下一步对外合作重点。对此，我处将在继续推动现有重点在谈项目的同时，调度整理各市对日招商情况，征求招商一线同志及省政府驻日本经贸代表处建议。下一步对日招商将突出以下几点：一是对日本跨国企业推介山东重点区域发展战略，积极寻求合作

商机；二是结合日本优势产业，向其推荐山东项目承接载体；三是密切与日本经济团体、中介机构的联系，促进与其会员企业的交流合作；四是充分利用两国重要会议交流机制，结合山东优势，宣传推介重点合作领域；五是加强和地方政府的交流，利用友城等平台与渠道，扩大经贸领域合作；六是进一步深化产业间合作，大力发展战略性新兴产业；七是加强与日本在科技、教育、医疗卫生等多领域交流与合作。

（五）指导各市优化投资环境

针对部分外商提出的"用工难、人才少、生活不便"等意见，指导各市在加强职业技术教育、引进人才、完善外商生活设施等方面进行改善，并结合厅机关年度培训计划，组织各市进行短期业务及外语培训。

（六）充分利用鲁新经贸理事会平台，积极推动在谈重点项目

为更好地推动亚太森博浆纸、日照国际海洋城项目，根据日照市申请，建议吸纳日照市为鲁新经贸理事会理事单位，进一步推动与新加坡经贸合作。

（作者：山东省商务厅　孔　涛）

第十三篇 青岛创新招商引资方式研究

青岛是山东对外开放的前沿，是利用外资集中的区域，是山东开放型经济发展的先进区域和示范区域。在新的形势下，尤其进入后金融危机时期，如何创新招商引资方式，促进利用外资再上新的高度，不仅对于青岛地区开放型经济发展具有重要意义，对于带动全省开放型经济的发展也具有积极的意义。本文通过对青岛招商引资面临的问题的分析，以及对沿海若干城市招商引资经验及成效的归纳总结，比较了沿海不同城市招商引资方式及成效，重点研究了青岛对发达国家项目的创新招商引资的承接流程、运作模式等。分析了青岛市创新招商引资方式，并提出了提高招商引资水平的对策建议。

一、青岛市招商引资方面存在的问题

（一）利用外资增长缓慢，引进外资总量规模相对较小

近年来，青岛市在利用外资方面连续保持较低的增长速度，甚至出现负增长（见表 1）。2009 年全年利用外资项目 647 个，同比降低 23.55%，合同利用外资 27.2 亿美元，同比下降 10.84%，实际利用外资 18.6 亿美元，同比下降 29.4%。与上海、苏州等市相比，无论在利用外资项目数量上，还是实际利用外资额方面都存在着很大差距（见图 1）。

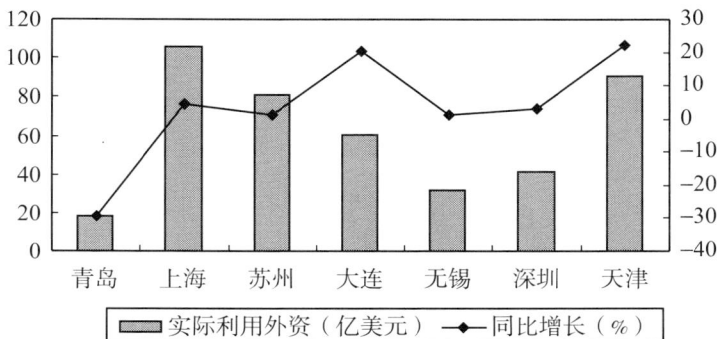

图1　2009年青岛与其他城市利用外资情况

表1　　　　　　　　　　2005～2009年青岛市利用外资情况分析　　　　单位：万美元

年　份	批准项目		合同外资		实际外资	
	数量（个）	同比%	金额	同比%	金额	同比%
2005	2530	4.42	954486	42.1	365625	13.1
2006	1397	-44.78	311697	-67.34	365815	0
2007	1068	-23.55	382500	22.72	380652	4.10
2008	640	-40.07	304505	-20.39	264295	-30.57
2009	647	1.09	271504	-10.84	186397	-29.41

资料来源：青岛统计信息网。

（二）利用外资的产业结构不尽合理，第三产业利用外资力度有待加强

目前，青岛外商投资产业结构不合理，外商投资过于集中于制造业，第三产业在利用外资方面呈不均衡发展态势。2009年青岛市制造业合同外资15.6亿美元，同比增长42.8%，约占青岛合同外资的58%，而服务业合同外资为10.6亿美元，同比下降33%，仅占合同外资的39.04%。而上海2009年全年第三产业实际利用外资76.16亿美元，占全市实际利用外资的比重达到72.3%，大连第三产业实际利用外资占全市实际利用外资的比重也多达58.7%，天津服务业实际利用外资的比重也超过了50%。可见青岛市在服务业引进外资方面与上海、深圳、大连等城市相比仍有不小的差距（见图2）。

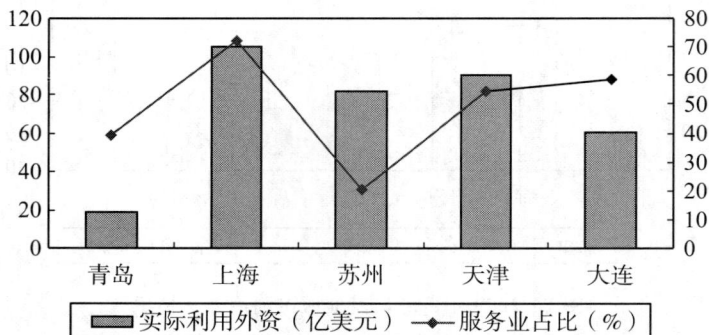

图 2　青岛与其他城市服务业利用外资情况

注：青岛市的数据为合同外资占比，其余城市均为实际利用外资占比。

（三）外资来源国过于集中，存在潜在风险

由于区位条件特征，青岛引资区域发展不平衡。如表2、图3所示，青岛外资来源除中国香港、台湾地区以外，主要集中在韩国和日本两个国家。截至2008年底，韩国在青岛的累计投资总额占青岛市外商累计投资总额高达39.61%，日韩及中国香港、台湾等地累计投资额总计占全部外商投资额的比重就占有71.33%。来源国如此集中，如果来源国家经济政治发生较大变化，对青岛利用外资工作将产生较大的影响。而且青岛最大的外资来源国——韩国，主要以投资规模较小的劳动密集型制造加工业为主，一般属低技术含量、低端产品等加工业，对青岛市的土地、水、电、煤等紧缺资源消耗大，对产业的拉动力也不强。众多小规模的劳动密集型制造业（以韩国企业为主），一方面，造成了土地资源的浪费，加大了政府的招商成本；另一方面，小规模外资企业存在的"候鸟现象"比较严重，即这些外资企业入驻某个区市工业园区一般不自建厂房，主要以租用为主，以便今后迁徙，等一旦过了政策优惠期，便以假倒闭的形式，将工厂转向另外市区寻求优惠政策。从2003年开始，就不断有韩资企业外逃事件发生，这些"擅自撤退"的韩国企业多为低工资的劳动密集型企业。当前，青岛亟待要研究的问题，是如何把握对日招商引资的尺度问题。

表2　　　　　　截至 2008 年青岛市利用外资来源情况分析

国家/地区	批准项目		合同利用外资		实际利用外资	
	数量（亿美元）	比重（％）	金额（亿美元）	比重（％）	金额（亿美元）	比重（％）
韩国	10242	48.78	195.42	39.95	117.08	39.61
中国香港	3202	15.25	107.71	19.81	41.84	16.31
日本	1676	7.98	39.25	7.22	29.28	9.90
中国台湾	1760	8.38	32.18	5.92	16.31	5.51
美国	1588	7.56	39.58	7.28	19.44	6.66
维尔京群岛	215	1.02	22.54	4.15	10.65	4.14
其他	2314	11.02	106.93	19.67	54.14	17.86
总计	20997	100	543.61	100	303.08	100

资料来源：青岛统计信息网。

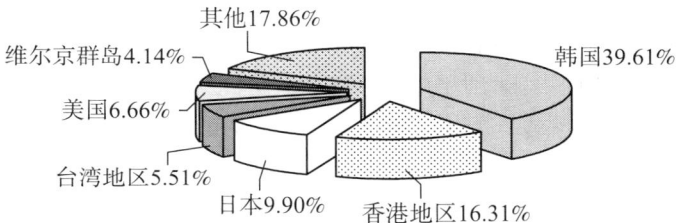

图3　青岛利用外资的国别分析

（四）区市之间招商引资"恶性竞争"现象凸显

外资带动了青岛的经济增长，与此同时，青岛为此也付出了巨大的代价。如对外资企业的"两免三减半"的减免税收政策、对外资企业的税率优惠政策等引致的政策性代价，这些代价是不可避免的。但是，其中很大一部分代价来源于土地的廉价地租（或全免地租），以及资源浪费和环境污染的治理。由于当前政府绩效考核体系中，将"对外招商引资规模"和"外资增长率"作为考核地方政府的硬性指标，因此，促使市、区乃至乡镇级政府在引进外资的实际操作中，为了政府业绩而对外商展开"优惠竞赛，恶性竞争"，给青岛利用外资造成了巨大的成本浪费。另一方面，招商考核体系中，境外金融、保险业资金不能纳入实际利用外资考核中，这会打击青岛市商务中心市区（以市南区为主）对商贸、金融业的招商引资积极性，影响了其对外招商引资的信心。从表3的分析中可以看出，目前各地的产业结构存在较严重的趋同性现象，在招商引资过程中容易形成过度竞争，难以实现协同招商，不利于经济的发展。

表 3 青岛区市（县）产业结构比较

名称	主导产业
即墨	针织服装、电子信息、食品饮料、精密机械
胶州	机械制造、家电电子、食品加工、轻工纺织、精细化工
平度	电子家电、食品加工、橡胶化工、汽车配件、机械铸造
莱西	食品加工、矿产建材、纺织服装、化工、电子信息、机械制造
胶南	家电电子、有色金属、汽车零部件、环保设备、生物制药、新型材料

（五）外资大项目相对较少，产业牵动作用不强

一般对产业具有牵动作用的是外资大项目，既是提高利用外资规模的重要保证，也是提高利用外资质量水平的主要标志。截至 2010 年 7 月底，累计有 84 家世界 500 强企业在青岛市投资设立 176 个项目。从 2009 年的情况来看，大项目数量同比略有增长，2009 年新批总投资过千万美元项目 105 个，占批准项目总数的 16.38%，合同外资 16.0 亿美元，占青岛市合同外资额的 59%，大项目实际利用外资 16.43 亿美元，占青岛实际利用外资的 88.14%。然而，相对于苏州、上海、深圳等城市，青岛市大项目比例还相对较低，2009 年苏州千万元以上项目约占新批外资项目的比重为 80%；截至 2009 年，外商在上海累计设立总部经济机构已多达 755 家；截至目前，来深圳投资的世界 500 强跨国公司总数累计多达 166 家。2003～2007 年，尽管有 39 家世界 500 强企业投资 56 个项目，占历年世界 500 强企业投资项目总数的 34.1%，但世界 500 强企业来青投资数目不仅呈逐年下降趋势，而且与国内其他城市也存在较大的差距（见图 4）。

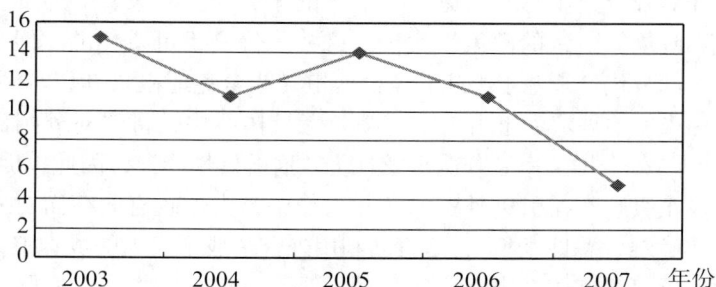

图 4 世界 500 强企业来青投资数目变化

（六）承接高技术产业转移力度不大

从近年来外商企业投资的产业结构来看，传统的纺织、服装、机电、食品制造业的比重有所减小，而化工、石油、钢铁、电子、医药、饲料、塑料制品等行业的项目比重有所增大，但与长三角地区和天津相比，青岛市招商引资的产业结构水平较低，承接电子信息、生物制药、精密仪器、汽车配件等高技术产业的转移所占比重仍较小（见图5）。

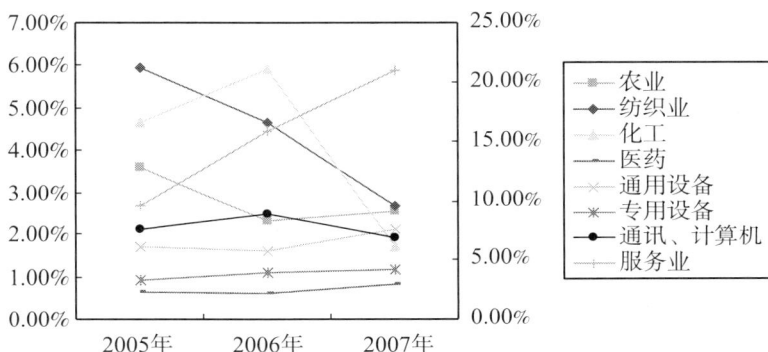

图5 2005～2007 年度青岛市承接产业转移变化

（七）产业集群化水平较低，外资产业集群效应不明显

青岛引进的外资项目以成本指向型的项目居多，整机和最终产品相对很少，大多是日本、韩国和香港地区的中小企业的投资项目和结构调整转移项目，项目投资小、水平低，引进的门类比较复杂，往往难分主次，价值链也较短，不利于各具特色的优势产业集群的形成。这与苏州、广州、杭州、宁波等市外资大项目牵动、要素集聚、价值链延伸、优势产业集群发展的态势形成鲜明对比。例如，长三角地区已形成汽车、通讯电子、集成电路等完整而有特色的产业集群，不但原材料行业发达，而且为制造业服务的外资物流、分销、销售、投资等服务企业也在发展。外商在苏州生产笔记本电脑，可以在当地就采购到95%的零部件。而青岛在通讯电子、集成电路等高技术产业的配套产业方面，配套产业短缺，产业链条还不成熟，影响了外商高技术产业在青岛的安家落户。

（八）诚信服务和协调意识不强

这些年来，青岛市出台了一系列方便外来投资的政策和措施，但法定性政策不足，未能形成有效的依法调整、规范投资活动的法制环境，就是现行的一些政策、措施，执行起来往往也不到位。从目前青岛市的实际情况看，有些行业不能依法办事，法制观念淡薄；部门与部门之间存在互相推诿、扯皮和各自为政的现象，缺少互相信任与有机协调，使一些外来投资者的某些难题久拖不决；政府也存在对企业事无巨细都要插手去管，管了许多不应该管、也管不好的事，且服务不到位，其结果是一方面自觉不自觉地给外来投资者增加了负担，另一方面也损害了政府的形象，影响了投资的大环境。上海市提出"信守诺言、言而有信"；苏州市信守"亲商、富商、安商"；昆山市提出"打造阳光政府"等。相比之下，青岛市还存在不小的差距。

（九）招商主体单一，市场化转型缓慢

沿海先进城市已经开始改变由政府为主导招商，转向由中介机构和市场运作为主导实施招商。而青岛市目前仍然是以政府为主导、唱主角，招商成本高，主体单一，市场化运作不够。"政府强、中介弱"的问题比较突出，中介机构和行业协会处理招商活动的能力有限，以致一些中介机构和行业协会成了政府的附属，甚至成了某些企业的代言人。在政府为主体的招商活动中，也还存在着某些不顾本地经济的客观条件，下达不切实际的招商引资"硬指标"；有的热衷于组织招商团和会展，但不认真准备项目，而且讲排场，斗阔比富，不讲实事求是，急于追求"政绩"。

二、若干城市创新招商引资经验

在我国沿海城市或地区，深圳、苏州等城市已加强招商引资、产业转移对产业结构调整、就业结构调整的对策性研究，从招商方式、招商重点、管理模式、工作考核等方面进行创新，并取得较好的效果。

表4

城市	苏州	无锡	深圳	上海	天津	大连
招商方式	"产业集群化"引资模式和讲究"人文和亲商"的引资模式	"创新资源整合—政策支持—资本市场支持—产业链与周边产业发展"模式	"市场主导、政府为辅"的引资模式	"规划管理型"的政府引资模式向市场化引资模式转变	"总部经济"的招商引资模式，构筑"四位一体"的招商推动模式	形成上下联动、整体互动的规模效应，坚持"走出去"、"请进来"相结合

城市	苏州	无锡	深圳	上海	天津	大连
招商重点	以科技和现代服务业为重点，围绕发展高新技术产业和现代服务业，注重产业内部的结构调整和平衡，大力吸引产业链中薄弱环节、上游环节、高端环节的外资项目	优化产业布局，引进高新技术改造传统产业，在培育新兴产业上下功夫，重点放在以世界500强为主的旗舰型项目、龙头项目和产业链项目上	以产业结构调整确定引进外资的重点方向：创新型的高科技制造业和服务业；大力引进产业带动性强的项目，鼓励国际著名跨国公司来深	吸引跨国公司地区总部进驻，加强重大制造业项目引进，力争跨国集团研发中心进驻；推动跨国采购中心进驻；结合城市综合功能开发，加大服务贸易领域引进	加强制造业的引资力度。对移动通讯、汽车、机械等产业实施配套招商；对航空设备、海洋化工等产业强化规划招商；对海水淡化等环保产业开展定向招商	突出特色、优化布局、调整结构、提高质量；发展现代服务业和总部经济
管理模式	打造"三大法宝"，发扬"四千四万"精神，强调"重商、亲商、安商、富商"；建立"三外"互动和"内外"联动机制、创新政策促进体系，全力打造服务品牌，创建健全的服务体系和服务中心；采取市场化的管理模式	"绿色通道"制度；预约登记制度；职务责任制度；首办责任制度；"厅内会审"制度；政务联系制度；建立长效机制；建立协调机制	完善经贸机构间对话机制；转变政府职能，完善服务和监控体系；建立"首问责任制"；为重大项目、重点企业提供"保姆式"服务；建立协调机制，实现招商资源共享和信息互通	建立统一的招商引资工作运行机制；实行"零关税、零收费、零距离服务"的管理模式；建立全区性的招商信息网络，实现信息互通，资源共享	建立重点项目督查、备案、预报等三项制度，改进目标管理和考核工作，建立网上申报制度，实施招商引资工作激励机制；落实重点项目责任制；形成目标推动、创造环境、全员参与的"三位一体"的选商引资模式	成立行政服务中心和投资促进中心，实现了"一站式"审批和外资"一条龙"服务体系；审批服务工作纳入法制法规管理轨道。提供一条龙服务；坚持主要领导负责制

续表

城市	苏州	无锡	深圳	上海	天津	大连
工作考核	科学设计开放型经济考核指标体系；提高项目用地门槛，合理设置产业准入条件；建立限额供地机制	引进项目用地，制定土地投资标准；执行严格的产业能耗标准；建立督查机制	全市各部门、各区、街镇要建立招商引资目标责任制，市贸工局将对完成情况进行实时监控	建立招商引资、土地集约使用量化标准依据；建立"三核"的项目"联席"评估机制；聘请专业评估机构和专家评估新引进项目	实施严格的环保一票否决制；坚持招商项目评价标准；高度强化责任意识和监督	跟踪、落实项目落地、资金到位；加强招商引资的考评工作，完善招商引资机制和项目管理机制

三、青岛创新招商引资方式的对策

（一）明确招商引资的产业重点

加大对第一、三产业价值链的高端环节项目招商引资力度，实现青岛制造业在自动化、节能、环保等方面的技术提升，鼓励外商在青岛设立研发中心和关键零部件生产基地，提高日、韩等国在青企业在生产及技术领域合资、合作水平，并推进由生产环节向研发、设计、配套、服务等领域延伸，进而推动外贸转型、创新服务业态、促进传统优势产业的高端化提升。按照节地、降耗、环保和投资强度高的原则"招商选资"，重点引入绿色化学、智能运输系统、电动汽车、软件外包、动漫创意、移动新媒体、可再生能源设备、太阳能、半导体照明和功能纤维等具有高附加值的先进技术项目。

加大引进研发、设计、孵化与实验等机构。引导青岛本地企业向产业链高端的创新方向转移，如选择为氢经济服务的制造技术项目、纳米制造技术项目、智能与集成制造技术项目等，吸引跨国公司在北京、上海、深圳、成都、西安等研发基地在青设立 R&D 中心，或吸引配套项目或企业的转移性投资，如有重点吸引 IC 设计①等配套项目。设立产

---

① 在全球 1000 多家 IC 设计企业中，美国占 56%，中国台湾占 15%，欧洲占 10%。

业研发基金，向企业提供低息贷款，鼓励国内外企业进行技术和产品的创新研发；制定研发贷款的额度、利率和期限，对电子信息、生物医药、新能源、新材料等重点发展的高新技术产业的研发贷款应予以优先发放。

加大引进现代服务业项目。围绕制造业基地建设，引进金融、物流、创意等功能性服务业项目，信息、会展、旅游、航运服务等新兴服务业项目，研发设计、中介代理、营销推广等生产性服务业项目，系统集成、软件维护、外包、咨询培训等软件服务业项目，以及为新型工业化提供配套增值服务的机构。学习大连软件外包发展的先进经验，以日韩、欧美的跨国公司为招商引进重点，以园区为中心并加快向市内中心区扩散发展，使服务外包成为青岛市招商引资的重要支撑。加快引进海港物流、空港物流，培育发展农产品物流和工业物流项目，加快建设青岛保税物流园区，拓展国际中转、国际配送、国际转口、国际采购和商品展示功能。积极引进培育金融机构，重点引进外资金融机构、金融业法人机构和区域管辖机构，吸引和支持在青设立营销总部、地区总部、票据中心、研发中心和人才培训基地等。

加大引进总部经济项目。以香港中路周边区域为主，培育形成世界500强和跨国公司的集聚地；以香港中路为中轴线，形成内、外资金融业聚集区；以崂山商务一区和商务二区建设为重点，使该区成为区域性商业商务中心和国内外大企业总部的集聚地；在市北区以建设中的"中央商务区"为核心，推进招商壮大楼宇规模，并逐步向市区南部延伸对接；以规划建设中的青岛市"第五大市级商业中心"区域为重点，打造西海岸商务楼宇聚集区，吸引物流、航运、金融、保险等生产性服务业入驻，为制造业基地提供配套服务。出台对青岛总部经济扶持的政策，对符合有关条件的总部企业进驻青岛，给予一定的资金扶持，以此吸引和鼓励国内外企业来青设立企业总部。

加大引进循环经济项目。为与美、日等发达国家争夺我国在节能、新能源、环保等产业领域的3000亿美元的市场规模，青岛市招商引资：①提供循环经济发展保障。招商引资政策上积极引导产业结构、制定合理的资源收费政策，利用税收和投资政策等激励有利于循环经济发展的行为。②形成引进循环经济项目的有效平台。如引进与燃煤炉灶清洁能源替代、生活垃圾分类收集和综合利用、废旧物资收购利用系统、绿色营销等相关的产业项目。③推进废物减量化、资源化，提高废物回收利用率。积极招商引进家电等废品回收系统，重点引进与废品回收、交换、分炼、加工相关的项目。④推进清洁生产。围绕青岛市化工、炼油、冶金等产业结构调整，积极引进生态工业和清洁生产技术项目。从工艺源头开始，研究产品生命周期中实现低消耗、少污染的有效途径。调整产业结构，与外资合作发展工业生态园区，努力寻求物质和能源的最优化合理流动和利用的产业群体。

（二）优化招商引资的布局

以"五带四区"促进高端、高效、高辐射力项目引进：①环胶州湾工业带。重点引进港口物流和都市型工业，吸引技术含量高、附加值高、出口比重高的轻型和无污染产业，依托西岸产业带的枢纽港口和陆路集疏运体系，大力引进高科技、环保节约型制造业和现代服务业项目。②沿青银高速公路工业带。重点引进与电子信息、汽车电子、精密机械、农产品深加工、精细化工等相关的产业项目。③沿济青高速公路工业带。重点引进与出口加工、大宗配套型工业品、机械制造等相关的产业项目。④沿烟青公路工业带。重点引进与特种汽车及零配件、高附加值服装、精密机械、农产品深加工、电子信息和生物制药等高新技术产业等相关的产业项目。⑤海洋经济产业带。重点引进海洋生物等产业项目。⑥都市中心产业区。重点引进与总部经济、金融投资、会展商务、研发设计、职业培训、动漫创意等相关的现代服务业项目。⑦西海岸产业集聚区。重点引进能够提升物流、造船、石化、橡胶、家电电子、汽车、医药、纺机、金属加工、钢铁加工业、建材工业、能源工业等质量和水平的项目。⑧东部旅游度假区。重点引进与商务会议、休闲旅游、度假、康体娱乐等相关的产业。⑨黄岛—胶州物流产业区。以保税区、保税物流园区和胶州中铁物流园区为依托，重点引进物流相关项目，使之成为国际国内商品、部件、物资的集中、储存、拼装、分拨、疏运中心区。⑩平莱产业集聚区。重点引进对化工橡胶、汽车配件、家电电子、机械铸造、纺织服装鞋帽、农产品深加工等更新换代的产业项目。

推动招商引资的"半岛接轨"与联动发展。利用周边城市或地区的相关政策和资源禀赋，实施"东出西进、南北联合"的区域发展战略，加强与烟台、威海、日照、潍坊等周边城市的产业布局合作，通过联合招商和共建项目，避免重复招商和资源浪费，实现与周边城市的合作双赢。根据产业结构优化和政策配套规划，青岛要通过在周边地区建立青岛产业延伸区的形式，对相关企业有序转移。通过利益共享原则，在执行国家财税政策的前提下，对产业转移过程中所涉及的税收和规费地方分成部分，由合作双方按商定比例分成。实施共同招商，周边布局，青岛及其他地区的"双赢"，以促进招商引资的持续发展。

（三）发挥园区招商的主载体作用

利用园区集群配套提升招商水平。依托园区的政策优势，变"招商引资"为"招商选资"，走"大项目"到"产业链"再到"产业集群"招商新路。根据各类园区的区位特点、资源状况、企业集群和产业配套延伸的内在要求，分类指导，加强协调，科学定位，充分体现园区功能特色，形成整体目标统一、园区间良性竞争的局面。园区要重点引进特色型、科技型产业项目，发展配套型产业项目。针对青岛产业链不完善，产业结构层次不高等问题，对招商应定位于产业链长的高端企业，集中力量引进一些附加值高、技术含量高、能带动相关配套企业或其他外资企业来投资的大项目，有效提升青岛招商引资的规模、层次和水平。坚持产业集群发展取向，由集中办企业向集中做产业转变，充分发挥外资大企业、大项目的带动作用，吸引上下游企业、配套协作企业进入工业园区，促成每个园区都有一个主要招商区域、一个龙头牵动项目、一个有自身特色和较强竞争力的产业集群。

通过"双转移"政策，"腾笼换鸟"。提高准入"门槛"，把好项目引进关，进入科技含量高、投资规模大、经济效益好、污染程度低的项目。其次，通过制定"双转移"政策，把竞争力不足的低端产业转移出去，腾出发展空间，引进用地少、产出多、能耗小、污染少、效益好的高端制造业和高端服务业外资项目。通过和出台转移补贴政策，提高环保标准以及大幅度提高最低工资等，促进和鼓励资源消耗型、劳动密集型企业向省内外转移。同时，引进高科技、高附加值项目，主攻服务外包等产业，实现不停产转型。最后，通过制定市内区、先导区及周边各类企业向工业园区搬迁的指导意见和产业更新替代的优惠政策，引导广大区内企业和区、市（县）将原来散、乱、小的工业企业集中到统一规划的工业区中，改善工业空间布局，优化企业之间生产协作流程，促进企业之间共享基础设施。

坚持政策为导向，提高集约发展能力。积极实施集群化招商策略，以现有龙头项目为基础，深入研究项目产业链的特点，及其在全球的投资分布和转移的规律，分门别类地制定鼓励发展政策；重点围绕龙头企业、高关联度的项目重点攻关，着力引进相关企业向环保、汽车零部件等产业园集中，引导产业向园区聚集，形成若干特色产业群。通过调剂整合、回购置换、增加容积率、争取扩容等手段挖掘土地资源潜力，深入开展产业链招商，推动优势和特色产业向开发区集聚，引导产业区域合理分工。实行供地量与投资额、产出效益以及建筑密度、容积率等指标挂钩。积极扶植"零土地技改"、"无土地招商"和"楼宇招商"，从项目投资总额和投资密度上进行严格控制，要求必须达到相关标准，才能供应土地。

（四）采取多样化的招商方式

科技招商。重点抓好填补国内、省内、市内空白的核心技术项目招商。积极组织西安、成都、武汉等地的科技招商活动，通过对国内外大院大所、名校、研究机构的招商力度，吸引国家级、省级科研院所来高新区设立分所和研发中心；组织好对德国、英国、爱尔兰、芬兰、印度和美国、加拿大的海外科技招商。积极招引那些拥有产品行业标准制定权企业和拥有著名品牌、专利企业。加速专业园和产业基地建设：建设软件产业园、生物医药产业园；建设孵化器基地、科技城、先进装备制造产业基地、电子通讯产业基地；提升黄岛工业园、崂山科技园等招商质量和水平。

品牌招商。不定期举办有创意的招商活动，利用奥运协办城市、企业等品牌进行招商。不定期举办赴美欧、日本等国家的重点城市招商活动，积极承接产业转移，扩大青岛在韩国、日本、美国、欧洲以及港、澳、台等地区的知名度；如以专业化项目为重点，举办青岛电子信息、汽车等产业（如日本—九州地区）招商项目推介会、青岛造船和海洋工程服务（如澳大利亚—悉尼）招商项目推介会等，扩大招商成果。着力扶持海尔等大企业、大品牌，形成一批在国内外具有影响力的知名品牌，利用海尔等自主品牌吸引国内外相关产业的投资以及产业集群的形成。

专题招商。根据不同的目标投资者和招商引资目标，实行不同的招商引资主题。从投资动机、企业规模（大、中、小）、所在行业（如自然资源开发、电子、机械、环保等）、地理位置（如欧美、港台地区、日韩、东南亚等）等方面进行细分，进一步做好主题招商工作；根据青岛市的实际状况和招商引资目标，先进制造业的专题招商可以绿色化工、新能源、电子信息、车辆制造、造船、光伏产业等为主；现代服务业以金融服务、物流、环保、动漫游戏等为主；国际服务外包则以业务流程和软件服务外包为主，以及推进总部机构等主题招商等；设立"现代服务业发展引导资金"，组织代表团赴服务业较发达的国家或地区进行专题招商及推介活动。

产业链招商。积极推进产业链定向招商。突出重点产业和特色产业招商，加快从零散的项目招商向集中的产业链招商转变。针对已有大型龙头企业和核心企业，配合招引其上下游企业入驻，建立配套产业链。有针对性引进在产业链中居于核心地位的企业，以技术链提升产业价值链，大力引进先进制造业，逐步淘汰落后生产能力，努力提升高新技术产业。通过择优支持企业技术中心建设，抢占产业高端；通过抓好产业链延伸发展，在推进家电等骨干产业龙头项目和大企业建设的同时，积极引进高端配套项目，拉长产业链，培育支柱产业群。

并购招商。鼓励国外科技园区、研究开发中心进行合作建区，或鼓励外资在高新技术行业进行合资经营。鼓励外资采用并购、风险投资、投资基金、证券投资、国有股减持和出让、资产出售等方法与青岛市企业合作，以解决企业在资金、技术、市场等方面的困难；鼓励符合条件的企业合理利用境外借款、BOT 等进行项目建设，鼓励企业采取境外上市、境外发债等方式多元化利用外资。鼓励社会中介机构提供引资服务，通过专业的投资中介咨询机构，将招商项目推向国际投资市场，为招商方选择最理想的合作伙伴。

节会招商。提高青岛国际啤酒节、海洋节、国际电子家电博览会、国际旅游博览会等节会活动水平，抓住"奥帆赛"的视觉印象及形象广告效应，同步推出会展、会议、休闲等招商品牌。可以考虑举办"会节免费周"活动，将旅游、会展、会议与招商有机地结合起来，扩大青岛在国内外的影响力，以旅游、会节促招商，提高招商引资的档次和水平。

以民引外、以外引外招商。在土地、电等资源紧缺的情况下，通过外商投资企业增资扩股，鼓励"无地招商"；进一步调动民营企业与外商合资合作的积极性，加强对民营企业招商引资工作的分类指导，推动有条件的民营企业与外商合作设立研发、设计、认证等机构，兴办先进制造企业。重视与国内企业、科研机构、大专院校的引资、引智合作，争取更多项目。

中介招商。有效利用驻国外办事机构，以及国外驻华领馆、跨国公司办事处以及国外有影响、有实力、有信誉的机构、组织，参加投资贸易洽谈会、投资贸易研讨会、国际贸易投资展览会、旅游节等活动，全方位、多层次地推荐项目和区域优势，达到招商引资的效果。利用不同国别中介进行招商：通过银行、会社等中介对日本招商；通过跨国公司的代表处、咨询公司、驻华机构对美国招商；加强与半官半民的对外投资促进机构和友好城市对欧洲招商，并借助会计师、律师事务所等中介机构，开展招商引资工作。

（五）完善外商投资综合环境

进一步完善"三大服务体系"，即外商投资审批时的"一条龙"服务、企业建设过程中的全方位服务、企业开工投产后的经常性服务。建设沟通政府和外商之间的"三个渠道"，即市外商投资企业协会、台湾同胞投资企业协会、外资企业沙龙。建立招商引资监督评价机制，研究制定行政效能监察监督制度、行政执法责任追究制度和投资者评议政府职能部门制度，畅通外来投资者投诉渠道。切实落实首问责任制、限时办结制等制度。对相关职能部门开展定期评议活动，公布评议位次，着力营造"亲商、富商、安商"的良好氛围。其次，建立协调服务机构，积极为投资者服务。为美欧、东北亚等地区跨国公司更有效地寻觅产业转移最佳地点提供途径，建议尽快协商商务部在青岛建立"产业转移促进中心"。建立服务全球产业转移的招商引资协调服务机构，健全为外资企业提供配套服务的"三个中心"，即外商服务受理中心、外商配套协作中心、外商投诉中心。搭建与投资者之间联系的桥梁，协调、解决投资者在项目落地以及建设和生产经营过程中遇到的困难和问题，营造良好的投资环境。

努力降低外商投资企业的综合成本。要打造"零障碍、低成本、高效率"的招商品牌，降低外商的投入成本，将土地价格控制在比较合理的水平。要降低外商的经营成本，严格控制土地、水电、劳动力价格。政府服务效率、社会服务体系、市场秩序、通关速度、交通便利程度、诚信体系、城市文明程度等也日益影响城市综合成本，应予以高度重视。突出抓好行政事业收费和服务性收费的监管力度，严格清理收费、罚款，确保降低收费的各项规定落到实处。

建立投资环境监测评估体系，定期评估投资环境状况，建立定期检查和政府相关职能部门反馈问题的渠道。掌握投资者最新需求，解决投资者在生产经营中存在的主要困难和问题，不断地提出投资环境改善的阶段目标和新的标准。督促组织有关部门就各自工作领域改善投资环境制定具体可操作性实施办法与细则，做到服务内容细化、服务标准量化、奖惩措施具体化、接受监督公开化。

（六）重视招商引资人才培养

加强投资项目的人才队伍建设。围绕产业转型和招商引资目标，在改善招商环境时应大力发展基础教育、大学教育和职业培训，有针对性地培养投资项目需要的专业配套人才，加大对软件、汽车、造船、生物工程、资源利用类专业等驻青高校的特色学科的扶持力度，以丰富的人力资源吸引外商投资。

制定务实有效的国内外人才吸纳政策。设立投资创业基金、对缺乏基金的高技术人才进行创业扶持；学习海尔/三菱人才引进模式，定向引进德国（精密机械）、日本（消费电子）、美国（通信、汽车零部件）、中国香港（服务外包）等退休的专业人才。

重视外资企业人才的层次性和实用性。建议政府将技术工人的技能考核与对中、高级技工的津贴结合起来，促使技术工人在就业岗位上就可以不断提升专业技能水平，从而为本地积累专业技术人才创造良好的环境。

（作者：青岛社科院经济战略与管理研究所
山东科技大学 隋映辉 于喜展 张 艺 李丽梅）

第十四篇 关于加快青岛服务外包发展的对策研究

　　服务外包是定位于通过剥离非核心业务减少交易成本以实现企业利润最大化的新型微观经济运行模式。近些年来，随着全球经济一体化进程的深度推进，服务外包已成为联结乃至调节全球产业分工布局体系的一个重要载体及存在形态，影响日益重大。服务外包作为以现代网络技术和高层次人才为支撑的新兴产业，是现代高端服务业的重要组成部分，具有信息技术承载度高、附加值大、资源消耗低、环境污染少、吸纳就业能力强、国际化水平高等特点，已成为新一轮产业结构调整、承载国际服务产业转移和推动经济增长的引擎。在应对国际金融危机，建设资源节约型、环境友好型社会，保持经济平稳较快发展的形势和任务下，大力发展服务外包产业，对于青岛转变经济发展方式，调整优化产业结构，缓解环境资源压力，提高开放型经济发展水平，具有十分重要的意义。

一、青岛发展服务外包产业的必要性

（一）发展服务外包产业，有利于提升青岛服务业的产业规模和水平

　　服务业已成为产业进步的标志，发达国家服务业产值占 GDP 的比重均在 70% 以上，美国更是达到了接近 90%，全球服务业产值占 GDP 的比重也达到 50% 左右。而 2009 年我国服务业占 GDP 的比重仅为

42.6%，青岛也仅为 45.2%，这与青岛作为一个经济中心城市的地位很不相称。目前发达国家跨国公司外包的是非核心价值链的生产性服务，技术含量和附加值相对较低。青岛市受提供服务的技术水平和资源禀赋的限制，也只有接包这一类服务才具有低成本优势。加快青岛市服务外包产业的发展，才能逐步提高生产性服务业在地区服务业中的比重，并逐步由低附加值的生产性服务向高附加值的生产性服务转变，才能最终达到优化青岛市服务业内部结构的目的。当前，以服务业转移为标志的第二轮经济全球化正在兴起，如果我们能够借助服务外包成功抓住服务业国际转移的机会，就能在保持现有加工制造业优势的同时，努力实现从"青岛制造"到"青岛服务"的跃迁。

（二）发展服务外包产业，有利于加快青岛产业结构的调整升级和外贸增长方式的转变

当前青岛市产业结构的主要问题是：一、二、三次产业关系不协调，服务业发展严重滞后；具有自主知识产权的核心技术缺乏，不适应产业升级要求；产业组织结构不合理，企业规模不经济，专业化分工程度低。通过发展服务外包，大力开拓服务业新领域，企业得以在更加开放的环境中直接参与国际分工，有利于企业在国际化和规模发展的基础上培育创新能力，推进产业升级；有利于提高服务业在整个三次产业中的比重，优化产业结构。同时，目前国际服务外包市场潜力巨大，发展势头十分强劲。根据 IDC 发布一份最新研究报告说，中国离岸软件外包市场在未来 5 年内将以 35.5% 的速度高速增长，对欧美市场离岸软件外包市场的年平均增长率将达到 44.7%。2012 年将达到 89.5 亿美元的收入规模。因此，把承接国际服务外包作为扩大服务贸易的重点，以发展服务外包产业作为切入点，积极参与服务业全球化进程，对青岛转变外贸增长方式，提升对外开放水平具有重要意义。

（三）发展服务外包产业，有利于提高青岛市利用外资质量和拓宽利用外资领域

青岛市利用外资的数量和质量与沿海发达地区相比，相对落后。青岛市的外资投入，绝大部分到第二产业，尤其是制造业。最主要的问题是在青岛市的 FDI 中，第二、三产业的比重虽然存在小幅上下浮动，但并不存在明显的由第二产业向第三产业转移的变化趋势。在由农业经济向工业经济转变的过程中，FDI 推动了青岛市的工业化，在一定程度上推动了青岛市产业结构的升级。但在由"工业经济"向"服务经济"

转变的过程中，FDI 对青岛产业结构升级的导向性还没有凸显。2009 年青岛市的人均 GDP 已经超过了 8000 美元，从产业结构演进的理论来讲，应该是"服务化"发展时期，但青岛市的产业结构与这一目标相比，相差甚远。目前，服务业外包已成为全球跨国直接投资的主要引擎，未来几年全球服务业外包市场仍将以 30%～40% 的速度增长，并将成为全球跨国直接投资的重要领域。青岛市承接国际服务外包产业，能拓宽利用外资的领域，同时由于服务外包带动青岛制造业生产性服务业的升级，也能同时提高青岛利用外资的质量。

二、青岛市服务外包产业发展的现状与问题

近年来，随着全球 IT 技术和网络的发展与普及，国际服务业发展日益呈现信息化、现代化、全球化的趋势，服务外包作为国际服务贸易的新型业态，在全球方兴未艾，在青岛市初显端倪。青岛市的服务外包始于软件研发，现已逐步向信息技术外包和业务流程外包扩展，已经具备较好的发展条件和基础。市委、市政府高度重视服务外包产业发展，2008 年 2 月，市政府出台了《青岛市服务外包产业发展规划（2008～2015 年）》，突出了"一带三城五园"的软件和服务外包发展格局，建立了青岛市服务外包产业发展联席会议制度和支持服务外包产业发展的专项资金，并陆续出台了财政扶持、基地建设、人才培训等配套措施，产业推进和政策支持力度逐步加大，全市服务外包呈现快速发展态势。

（一）青岛市服务外包产业发展现状

近年来，青岛市把服务外包产业作为发展现代高端服务业的重要突破口，采取积极措施，在园区建设、人才培养、高校课改等方面全力推动服务外包产业实现快速发展。据市商务局的最新统计显示，2010 年 1～6 月份，全市服务外包合同额 8500 万美元，执行额 5500 万美元，分别同比增长 35% 和 38.5%。上半年全市新增服务外包企业 14 家，IBM 国际商用机器公司青岛分公司、IBM 全球企业咨询服务部青岛分公司、香港百灵科技等服务外包重点企业相继落户青岛。截至 2010 年 6 月底，全市服务外包企业累计 142 家，从业人员 3 万余人，海尔软件、海信网络科技、优创数据、软脑离岸、创迹、富博、阿尔卑斯等一批骨

干企业脱颖而出，有 16 家企业进入全省重点服务外包企业名录。目前，青岛已初步形成了以软件研发、动漫创意、数据录入、人才培训、呼叫中心等五大领域为特色的服务外包产业集群。

按照服务外包产业集聚发展的原则，青岛积极推进服务外包专业园区的建设步伐。2010 年以来，市南软件园、动漫产业园、市北榉林山外包基地、崂山益青科技园、黄岛影视动漫城等园区建设都有新的进展，四方前哨科技园、崂山东元软件园、青岛职业技术学院市北校区实训基地项目加快建设，将成为青岛服务外包发展新的载体。截至 2010 年 6 月底，全市投入使用的服务外包专业园区建筑面积近 100 万平方米，在建园区面积 22.5 万平方米。青岛服务外包产业已逐步形成市南、市北、崂山、黄岛等重点区域为支撑和引领的发展格局。

近年来，为加快服务外包产业发展，青岛出台了多项政策，重点支持服务外包企业新录用大学生、开展国际认证、高端人才引进、办公房租补贴、国际市场开拓、人才培训、高校课改等方面。2009 年，青岛又出台了促进服务外包产业发展的补充政策和技术先进型服务企业认定办法，通过了对技术先进型服务企业的所得税和离岸外包收入营业税实行财政奖励。截至目前已有首批 16 家企业被评定为技术先进型服务企业，将予以税收方面的政策兑现。2010 年以来，青岛还积极兑现其他各项扶持政策，积极组织企业申报扶持资金，近期已兑现服务外包专项扶持资金近 4000 万元。此外，青岛还对服务外包高级人才落实个人所得税奖励政策，对 90 名年收入超过 12 万元的企业高管或研发经理兑现奖励近 150 万元。

（二）青岛市服务外包产业发展存在的主要问题

青岛市服务外包产业虽然成功起步，但要真正适应国际服务外包产业快速发展的要求，全面抓住全球服务外包产业转移的历史机遇，实现全市服务外包产业超常规快速发展，还存在不少问题和薄弱环节，主要表现在：

一是发展基础相对薄弱，外包业务范围小。青岛市软件业和 IT 技术存在总体实力弱、核心技术缺乏、企业规模小、没有龙头企业和自主品牌、人才质量和数量不够等突出问题；青岛市服务业存在仍以传统服务业为主，国际化、信息化、现代化水平不高等突出问题。这些直接制约着服务外包产业的发展速度和竞争力。

二是人才短缺和结构不合理成为制约瓶颈。突出的是计算机应用专家和系统分析员等高级软件人才短缺，具有初、中级程序开发技能的"软件蓝领"总量不足，高校毕业生实际工作技能和项目实战经验缺乏等。业务流程外包的发展需要各类专业和管理人才，特别是对英语、日语等语种的外语人才需求量大。青岛市各类高校现有专业设置不能满足服务外包产业对人才的需求，外语人才培养能力弱，导致服务外包产业所需要的各类人才总量严重不足。特别突出的是，服务外包产业发展最需要的兼具语言、技术、管理，能与发包商实现良好沟通的复合型人才紧缺，已经成为制约服务外包产业快速发展的最大"瓶颈"。

三是缺乏龙头企业带动，上下游配套的产业链条脆弱。目前，青岛市信息技术和业务流程外包领域均缺乏具有带动能力，对外能作为一级承包商、对内能带动中小企业发展的龙头大企业。特别是作为信息技术外包主体的软件企业，规模小、竞争力弱，缺少具有承包重大项目和系统工程的大型集团公司，形不成外包企业间相互配套的协作体系和增值链条，因而难以承接到国内外发包商大额和高端的 ITO 订单。

四是服务外包产业发展软环境尚不完善。主要是公共技术平台缺乏。服务外包产业发展需要各种技术平台作支撑。青岛市尽管已建有软件测试、动漫设计等平台，但在水平、规模、能力等方面远不能满足需要。与先进地区相比，青岛市服务外包发展氛围不够浓厚，政策扶持力度不够大，城市品牌知名度不高，对外宣传和整体策划的力度也不够。在配套环境方面，大部分服务外包载体主要由工业园区转型而来，基础设施、商务环境、生活配套服务不完善，难以满足服务外包产业发展的特殊需求。

三、青岛市服务外包产业发展面临的主要形势

（一）全球服务外包产业发展态势

进入 21 世纪以来，全球经济由工业经济向服务经济转型趋势进一步加快，国际产业转移已从制造业转移为主向制造业和服务业并重转移发展，以服务外包为主要特征的服务业转移势头强劲。发达国家的跨国公司纷纷将自己的非核心服务职能向新兴市场国家和地区转移，跨国公司加速向服务业企业转型。目前，世界 500 强中 70% 为服务业跨国公

司，而50%以上的服务性跨国公司已将自己的非核心业务转移给离岸服务外包公司，美国90%的公司都有外包业务。目前，美国、西欧、日本等发达国家的跨国公司极大地推动了全球服务外包市场的发展，服务外包已广泛出现在信息技术、人力资源、金融、保险、物流、医疗服务等多个领域，由信息技术外包（ITO）和业务流程外包（BPO）组成的服务外包正逐渐成为服务贸易的重要形式。目前全球服务外包的市场分布按发包国（地区）和接包国（地区）来看，发包方主要集中在北美洲、欧洲和亚太地区，主要是美国、西欧国家和日本。亚太地区的BPO外包支出不足全球份额的10%，但增长速度领先全球。目前，澳大利亚、加拿大、爱尔兰和印度被视为发展最为成熟的离岸ITO与BPO接包市场。中国、菲律宾、墨西哥以及中东欧地区成为强有力的竞争者。在发展最为成熟的外包市场中，印度最具竞争力，其份额占全球ITO与BPO市场40%以上。在全球20大ITO/BPO供应商中，有7家是印度公司。虽然印度将继续占有绝对优势，但其他地区（特别是中国）外包服务商正积极拓展业务，竞争能力不断增强。

（二）我国服务外包产业发展态势

从2003年开始，我国服务外包产业进入了快速增长期。根据商务部数据，2010年1~6月，全国新增服务外包企业1548家，新增从业人员27.2万人，其中新增大学毕业生（含大专）就业人员18.3万人，占67.2%；经培训就业人员10.7万人，占40.1%。全国服务外包企业承接服务外包合同执行金额67.6亿美元，同比增长105.8%，其中国际离岸服务外包合同执行金额49.7亿美元，同比增长94.3%。截至2010年6月，全国服务外包企业共10498家，从业人员181.9万人。其中：大学以上学历134.8万人，占74.1%；经培训就业人员73.6万人，占40.4%。近几年来，越来越多的全球服务发包商更愿意将更多业务发包到我国，欧美对我国发包规模以80%的速度快速增长，服务外包产业领域逐步拓宽，目前我国的服务外包产业已由原来的软件外包为主发展到信息技术外包、金融业外包服务等领域。信息技术外包是国内承接外包服务的主要方式。为推动中国服务外包产业的发展，2006年商务部开始启动了承接服务外包的"千百十"工程。目前，已形成14个服务外包基地城市、3个服务外包示范区、1个服务外包示范基地和21个示范城市，并与基地城市所在的省市政府签订"共建协议"，本土外包企业的迅速成长，逐步改变了最初以外资企业为主的格局。2009年9

月出台的《关于金融支持服务外包产业的若干意见》明确了对服务外包产业的金融支持手段。该政策的出台，对于我国服务外包产业的发展起到了巨大的推动作用，不仅可以优化对外经济结构，而且有助于转变贸易增长方式。此外，我国各地承接服务外包的金额差距较大，地区发展明显不平衡。广东、北京、福建、江苏、大连、上海等地承接服务外包合同金额均超过 1 亿美元，合计占全国承接服务外包总额的 2/3以上。

（三）青岛市发展服务外包产业的优势

综观青岛市经济社会发展的现状，发展服务外包产业具有以下优势：

1. 宏观经济环境优势。青岛市正在步入新的发展阶段，经过多年的改革开放和经济发展，基本形成了系统完善、公正规范、健康有序的经济社会环境。政府宏观调控成效显著，电力、交通、市场、劳动力等综合优势进一步得到发挥；服务业市场准入政策日趋公开、透明、统一，服务业发展的良好氛围开始显现；外贸体制改革取得重大进展，初步形成了便利、公平的外经贸运行机制，降低了服务贸易市场主体的交易成本和制度成本。这些良好的宏观经济环境为青岛市承接国际服务业转移、加快发展服务外包产业奠定了可靠的基础。

2. 地缘优势明显。青岛市经济社会发展快，经济活力和城市竞争力较强；青岛市是知名的旅游城市、品牌城市、港口城市、奥运城市，国内外知名度较高；青岛市自然环境好，适宜人居；青岛市毗邻世界第三大发包地日本，有多条国际航线，与欧美国家有便捷的交通，在开展对日、对韩、对美、对欧外包业务方面具有国际地缘优势。从与日本、韩国相邻及青岛市与德国的历史渊源分析，与国内其他城市相比，青岛市发展服务外包产业地缘优势明显。

3. 成本和产业优势突出。与北京、上海、深圳等城市相比，青岛市在房屋和土地租金、人力成本等综合商务成本方面具有竞争力；拥有相对发达的电子信息产业、海洋科技产业等一批优势产业，较多企业具备了借助品牌优势由"制造商"向"服务商"转型的条件；有较多跨国公司设立的外商投资企业和地区总部，与欧美、日韩、港台等国家和地区的经济合作密切。较高的经济国际化水平和产业优势为发展服务外包产业提供了充足的条件。

4. 基础设施完备。青岛市地质条件稳定，发生地震、海啸的概率极低，是储藏和保存数据备份文件的理想之地；青岛市是大型国际海底光缆登陆站主要城市之一，可提供海底光缆所连接国家的直达路由，具备较高的宽带服务和接入能力；信息网络基础设施完备，拥有覆盖全市的光纤网络，光纤总里程达 20 万公里，信息基础设施建设规模和技术水平达到国内同等城市领先水平。

四、青岛市发展服务外包产业的对策建议

（一）把服务外包产业列为优先发展战略，制定科学发展规划

面对新形势，我们必须转变传统观念，从战略高度重视发展服务外包产业，增强发展服务外包产业的危机感和紧迫感，以更大的精力和热情重视发展以服务外包产业为代表的新兴产业，把服务外包作为发展现代服务业的重点及优势产业，制定科学发展规划，并尽快列入全市重点鼓励发展的产业指导目录，培育青岛市新的经济增长点，形成传统产业与新兴产业协调发展的新思路。强化对各区（市）服务外包发展的规划指导，研究制定各区（市）服务外包发展专项规划，明确总体发展目标、发展布局、发展重点、发展任务和发展举措，以促进青岛市服务外包又好又快的发展。建立服务外包统计调查制度，切实做好服务外包发展的趋势分析、运行监测和信息发布工作，为政府和企业提供及时、有效的信息服务。

（二）结合青岛实际，选准突破口，确定服务外包产业的发展重点

青岛市发展服务外包产业首先要结合青岛的实际，选好选准产业发展的近期、中期和远期重点，而当务之急是近期重点，也就是产业发展突破口的问题。从青岛市电子家电制造业、港口物流业、海洋科研三大行业的整体优势出发，有三个产业重点可以担当起全市服务外包产业发展的突破口：一是嵌入式软件外包；二是物流业务外包；三是海洋科研等研发外包。此外，借助青岛市金融保险业的相对发达和相关人才较多、人力成本较低的优势，积极承接国际银行、保险、基金、经纪等金融保险业的财务管理、账户管理、客房服务和信息录入等数据处理业务；结合大力发展文化创意产业，积极与跨国公司合作开发网络游戏、数字动漫和影视传媒等产品，或承接相关产品的设计、加工、汉化、制

作等外包业务；鼓励和吸引日韩、欧美等有关企业和机构设立数据库或计算、呼叫中心。青岛市服务外包产业中远期发展以发展离岸服务外包为重点，培育一批能够承接跨国公司外包业务的企业；以高端市场为重点，巩固并发展对日本、韩国的外包业务，大力拓展欧美市场；以打造布局合理、分工明确的服务外包示范区为重点，推进开发区、高新区、保税区等一批服务外包集聚区建设，高起点建设青岛软件园；以目标产业为重点，加快发展面向航运、物流、金融、保险、教育、医疗卫生、旅游等行业和网络信息安全、社会信用体系、社会保障体系等城市公共管理信息化的应用软件开发与外包以及金融、保险、财务、人力资源后台支持服务等业方面的外包。

（三）放宽市场准入，积极引导跨国公司及服务外包中介商来青岛市发展离岸外包

国际服务离岸外包面向全球市场提供服务，其制度软环境更多地体现为一种与全球经济接轨的规则和标准，以便使交易成本低、效率更高。印度、新加坡、韩国、爱尔兰在承接服务业转移过程中有采用了一些好的做法，其中包括通过建立出口加工区来吸引各种离岸服务，建立针对服务业的科技园区，给予税收、外汇等优惠政策，给予人员往来、清关等便利条件，这些经验值得我们借鉴。青岛市要积极研究服务外包中存在的"瓶颈"问题，要像承接制造业国际转移一样，加快吸引服务业国际转移，在市场准入、税收、就业、融资、用地、价格、产权变更等方面，先行先试，加大探索和突破力度。加快制定完善行业标准和行为规范，制定实施行业技术标准与技术规范，在服务领域大力推广国际标准体系认证，加快信用评价体系建设和服务标准的制定，加速服务业与国际接轨，提高承接转移的能力。创造优越的发展环境，鼓励和引导跨国公司及服务外包中介商来青岛市发展离岸外包。

（四）在承接软件服务外包的同时，大力发展面向制造业的生产性服务外包

目前离岸服务外包中，软件外包是热点，青岛市应利用青岛软件园等一批国家级信息产业基地和园区大力承接软件服务外包。在大力承接软件服务外包的同时，充分发挥青岛制造业的优势，逐步向业务流程外包（BPO）拓展。虽然目前信息技术外包（ITO）的总体份额高于BPO，但是BPO发展速度快于ITO。当然对于有ITO背景的企业来讲，进入BPO市场更有优势，它们不仅拥有大量的可能产生BPO业务的客户群，同时对于客户业务的理解使他们在咨询和服务的基础上顺利进入BPO。生产性服务外包将成为未来服务外包的重要增长点，目前世界500强中一半以上是服务业跨国公司，另一半以上服务业收益也占公司收入的一半以上。企业集中发展核心竞争力的趋势和分工的细化，使得技术支持、现场安装、设备维护等原先隶属于制造业的辅助业务正在从制造业独立出来，并以外包的形式实现。如耐克、戴尔等传统的制造商，已成为真正的生产性服务供应商。对青岛市来说，通过生产性服务业的大力发展，吸引世界500强企业把国外的生产性服务转移到青岛，可以进一步提升青岛市生产性服务业的质量和水平。

（五）支持服务外包企业做大做强，提高国际竞争能力

企业是服务外包的市场主体，服务外包的市场竞争主要是企业间的竞争。一是着力引进境内外知名的服务外包全球服务商、区域服务商和离岸服务商到青岛市落户，推动形成青岛市服务外包产业的第一批龙头企业，对青岛市服务外包产业起到带动和示范效应。二是鼓励青岛市具备条件的企业成立服务外包专业公司，参与全球服务外包产业的发展，形成青岛市本土的服务外包"龙头"企业，对全市服务外包发展起到带动作用。三是引导和扶持有条件的生产性企业转型，由产品制造商向产品及技术方案解决供应商转变。结合做大做强外包企业，一方面要重点培育一批大型的已具有一定服务外包能力的企业，集中资金、政策、技术等多方面资源，打造一批主业突出、核心竞争力强、能够发挥骨干作用的服务外包企业和企业集团，形成服务外包龙头效应，以带动青岛市服务外包的大发展；另一方面要加快培育中小企业。在尊重企业自主权的前提下，选择一批经济效益好，装备水平高，有发展潜力的企业进行择优扶持，按照经济运行规律，引导和鼓励中小软件企业实现战略重组，推动企业向集团化、规模化方向发展。

（六）完善支持服务外包发展的保障机制和政策措施

一是坚持培养和引进并重，优化人才创业和安居环境，扩大服务外包人才资源储备。（1）扩大服务外包人才高等教育规模。在现有高校的基础上，实现校际资源整合，通过扩建或新建软件学院、外语学院，扩大服务外包专门人才的教育规模；鼓励驻青高校针对服务外包和现代服务业产业化发展需求，有针对性地调整和优化专业设置；利用现有IT教育资源，开展面向社会的IT人才培训，逐步形成以促进学生就业为目标、适用产业发展为导向的"定制式"人才培训培养机制。培植

青岛托普信息工程学院为服务外包专业人才培训基地。（2）引进境内外 IT 专业培训机构和专业培训人才，鼓励社会力量办学，形成商业化的服务外包人才培训体系。（3）结合全市软件和服务外包产业发展需求和趋势，根据人才需求状况，每年组织企业开展面向全国、全球范围的产业高端和复合型人才引进活动，鼓励企业引进有经验、有资源的海外企业高管和高级技术人才。（4）通过建设高级人才周转房等，努力优化人才创业和安居环境。对急需的符合条件的服务外包高级人才，创造条件解决其社会保障、子女入学、家属择业就业、住房等后顾之忧。

二是进一步拓宽服务外包企业投融资渠道，积极争取国家有关政策和资金支持。大力开展与国家相关金融服务企业的合作，通过国家政策扶持和政策性贷款支持，为服务外包企业提供方便快捷的融资渠道。鼓励各类金融机构将服务外包产业纳入业务范围，对服务外包企业贷款融资给予支持。鼓励引导国际和市内外金融企业、风险投资企业及商业担保机构大力参与服务外包产业的投资、合资、融资或资本运作，加大对青岛市服务外包企业的投入力度。通过政府资金引导，加强市场化运作，对成长型、扩张型服务外包企业进行股权投资，扶持其到资本市场融资，形成风险投资有进有退、滚动发展的机制。

三是加大服务外包知识产权保护力度。加强知识产权保护、管理和服务，依法严惩知识产权违法行为，为服务外包企业创建良好的经营环境。对拥有自主知识产权的服务外包企业，经申报认定后将其列为知识产权试点企业，并给予重点支持和保护。构建知识产权公共服务平台，为服务外包企业提供方便、快捷、专业的知识产权申报、受理、保护、信息等服务，加大服务外包过程中的专利特别审查服务。鼓励企业培育自主知识产权，按相关政策为服务外包企业申请专利提供资助。

四是制定服务外包统计指标体系。按照国家有关统计标准和规范，建立全市服务外包统计指标体系，掌握行业运行状态，分析和预测行业走势，并据此制定产业政策，为服务外包企业提供市场信息服务；加强服务外包发展的趋势分析和研究，做好信息收集整理归纳和分析，为领导决策、政策制定提供依据。

（作者：青岛市社会科学院　吴　净）

对 外 贸 易 篇

第十五篇 山东加工贸易转型升级需实施大品牌战略

在当今的国际市场竞争中，品牌已经成为领军力量，这是毋庸置疑的，也是不言而喻的。品牌既是企业形象的展示，是企业核心竞争力的集中体现，也是企业攻城略地的重要武器。因此，品牌研究专家李光斗认为：世界上最富有的国家是依靠品牌拼经济。换句话说，谁能营造最靓丽的品牌，谁具有品牌强势，也就意味着市场将倾慕谁，财富将归属谁。尤其在后金融危机时期，这种以品牌效应挽救经济颓势，以品牌集群振兴经济，以品牌的扩张与优势的放大，引领经济走出萧条，从而转危为安已经成为政府与企业的重要思维方式与决策选择。而这其中，大品牌以其更突出的市场竞争力与号召力发挥着摧枯拉朽、叱咤市场风云之作用。山东作为我国的一个制造业大省，加工贸易占据半壁江山，可以说是加工大省，但却是品牌弱省。尤其是所拥有的大品牌数量与其加工贸易地位极不相称。因此，在加工贸易转型升级过程中，实施大品牌战略，借助大品牌兴企、兴省，抢占未来国际市场竞争之优势，则成为我们重要的目标选择和加工贸易发展的必由之路。

一、大品牌特征与市场竞争效应

大品牌是品牌中的佼佼者，不仅大且强且靓。进入品牌时代以来，大品牌就成为市场的当红角色。它凭借其炫目的品牌特质与迥异于其他品牌的影响力，占据着有利的市场地位，发挥着独特的市场竞争效应。

（一）大品牌特征

大品牌是指那些具有规模化资本实力支撑、拥有广泛市场认知与影响力的产品品牌，包括那些国际强势品牌与国内强势品牌。它的主要特征不外乎：（1）品牌产业主导能力强。大品牌往往是行业翘楚，是产业最具竞争力的领军力量，有着响亮的行业话语权，对于行业的发展走向发挥着举足轻重的作用。（2）品牌市场强度倍数大。包括品牌市场占有率、市场美誉度、公众忠诚度、市场稳定性、品牌传播效率等系列指标均位列前茅。（3）品牌获利能力好。在品牌销售收入不断抬升的同时，品牌盈利水平不断增长，能依靠品牌无形资本获取较高的附加值甚至超值利润，有着雄厚的品牌成长扩展的潜力与基础。（4）品牌创新速度快。由于大品牌集中了较为优越的要素与资源，又由于维系品牌优势地位的需要，致使品牌内生性创新能力强，创新冲动强烈，主要表现为品牌技术创新能力、机制创新能力、资本运营创新等速度超前与创新成果丰硕，由此赋予了品牌始终领导市场潮流与主宰竞争格局的地位。（5）品牌管理水平高。大品牌不仅具有良好的品牌提升、品牌维护的丰富经验，也拥有较为完善的品牌培育与发展战略的规范体系，并且在国际交往水平、新闻影响力、品牌诚信力、市场快速反应力与经济危机应变力上总是表现出品牌的大家风范。（6）品牌国际化程度深。无论是国内还是国外大品牌，随着品牌的发展与壮大，走国际化路线就成为必然的方向。尤其是在经济全球化的今天，大品牌的做大做强无不以国际化为目标。2010 年 2 月新出炉的 2009 年度"世界著名品牌 500 强"，其突出的特点就是跨国经营，全球布局。其中中国的 88 个品牌也是由本土化走向国际化的典范，山东海尔品牌的国际化开拓实践也印证了这一点。（7）品牌文化底蕴厚重。探究每一个知名品牌都有着自身独有的、深厚的文化内涵和完善的文化体系。包括品牌的价值取向、人文理念、企业精神、经营口号、视觉识别系统等文化构成。正是这些文化要素铸就了品牌的强大，也正是品牌的强大进一步优化了品牌文化，使两者相辅相成，齐头并进，营造出品牌的文化氛围与文化吸引力。（8）品牌社会责任感显著。当品牌上升到一定的层面，就成为全社会意义上的品牌。大品牌不仅仅追逐经济利益，还被率先赋予应有的社会责任，发挥引导社会进步与人类文明发展的职能。因此，在关注环境、关注民生、关注安全、关注诚信等一系列社会责任方面都有着一般品牌不可企及的水准与高度，因此也赢得了社会给予的赞誉与热捧，成为竞争的另一重要砝码。

（二）大品牌竞争效应

从以上阐述可以看出，较之一般品牌，大品牌凭借卓越的产品品质、科学的经营模式、优秀的品牌文化、积极的社会奉献，凝聚起强有力的品牌综合实力，散发出炫目的品牌魅力，从而也决定了大品牌独有的市场竞争效应，大品牌效应主要表现为：（1）强市场效应。现代经济是品牌经济，是市场竞争进入到品牌为核心的竞争时代所表现出的经济发展时态，即一切经济活动由品牌来引领，围绕品牌而实施，也最终由品牌来评判。在这种经济形态下，品牌的重要作用力被渲染到了极致，品牌是烘托产品魅力的看不见的手，但却是一只有力的手。而大品牌则是占有市场、驾驭市场的最强有力的手。大品牌以其大资本实力、大产品链条、大范围传播所构建起的无处不在、无人不晓的市场冲击力，充分发挥着大品牌开疆扩土、攻城略地的市场效应，享用着大品牌带来的巨大市场蛋糕。这种市场效应表明，谁拥有大品牌，谁就可能是市场的占有者，是市场的最大赢家，甚至是品牌世界的王者。同样，山东加工贸易要在国际市场占有一席之地，借助大品牌则最为快捷，也最为明智。（2）高品位效应。品味意味着优质、时尚、审美，物质享受与精神享受兼而有之。而大品牌则代表着当今消费高质化发展的趋势，从内到外散发着高品位的感染力。随着社会的进步和审美情趣的升华，追逐大品牌，充分感受大品牌带来的超值享受和精神愉悦已经成为时代潮流，尤其是作为市场选择与消费主体群的年轻人，把品牌的时尚要素与品味含量捧上了前所未有的高度。这种崇尚品味的流行文化往往被高度敏感与密切跟踪市场动态的大品牌率先引入，且迅速与品牌相融合，通过品牌高端化、精细化、时尚化、个性化运作，实现品牌品位效应的放大与膨胀，形成人类流行生活方式的引领。这种敏锐与速度正是一般品牌难以企及的。可以说，国际化大品牌无一不注重品牌品质与档次的提升，不注重品牌气质的培育，并将其作为跨国经营的成功之道，也正是由此成就了大品牌的高品位效应，成就了品牌市场的冲击力与开拓力，从而成就了大品牌不可撼动的市场霸主地位。目前，山东加工贸易面临发展的新拐点，增长方式的转变成为首要任务。从低端产业向高端产业进军，提升加工贸易的整体素质与产品品位，必须要实施大品牌战略，以大品牌的品位效应带动加工贸易的转型升级。（3）强带动效应。

具有强市场影响力的大品牌不仅会带动整个企业的发展，还会对所在区域、所在国家的经济发展产生龙头带动效应。这种强带动效应主要来自于大品牌的强集聚力与扩张力。一方面大品牌以其优良的市场形象与优质的文化内涵，衍生出巨大的凝聚力和吸引力，对内有利于整合员工精力、才力、智力、体力甚至财力，使得企业内部资源可以实现最优化配置；对外有利于引导社会最优质的资本、人才、舆论、政策等资源向大品牌流动，凭借品牌强力磁场，不仅吸引着同类产品的资源要素向其集中，而且相关产品的资源要素也不断向其靠拢，成就了整个产业链条的集聚和融合。另一方面，社会资源尤其是人才、技术、管理、机制等重要生产要素的集中聚合，大大增强了品牌在生产规模上、产业升级上、链条延伸上、产品衍生上，以及对中小品牌的兼并与收编等方面的扩张冲动。表现为品牌输出速度加快，通过大品牌实力的张扬和美誉度、忠诚度与追随度的充分运用，不仅实现同地域的广覆盖，而且形成全球范围广辐射，凸显出大品牌的国际化特征；品牌延伸速度加快，利用品牌集聚效应向产业上游与下游不断拓展，占据不同的产业层面与完整的产业链条，并不断尝试新的领域与新产品开发，以获取品牌始终的产业龙头地位。以传承与创新并重的青岛啤酒就是通过启动"大名牌发展战略"，率先在全国开展大规模品牌集聚与扩张，在国际化平台上传播与输出品牌，实现了品牌高度、宽度、长度、厚度立体化成长，同时也凸显了品牌的产业和区域经济带动力。[1] 由此可见，山东加工贸易转型升级如果能步入大品牌带动轨道，就可借助大品牌实力，带动加工贸易跃上新的层面，实现其又好又快的发展。（4）超稳固效应。由于大品牌拥有庞大的市场网络和强大的经营实力，又拥有丰富的人脉资源与文化背景，就如同根深叶茂的大树，盘根错节，咬定青山不放松，表现为较强的抗冲击能力。面对市场竞争对手和经济危机的威胁，大品牌可以通过调动、重组各种力量，利用多方稳定、长期的合作关系，弹性应对，迂回前进，构筑起抵御和化解风险的屏障，而不像一般品牌往往在风浪面前不堪一击，甚至折戟沉沙。因此，依托大品牌发展加工贸易，不仅有利于提升山东加工贸易的整体水平，还有利于保持其稳定的运行和可持续的发展，不至于面对机会而无措，面对挑战而胆怯。正所谓"大

---

① 《青岛啤酒－百年品牌的新活力》，http：//www. p5w. net/stock/news/ah/200910/t2619353. htm，2009 年 10 月 19 日。

树底下好乘凉"，借助大牌谋发展，不失为一个明智选择。

二、大品牌战略与山东加工贸易发展

大品牌效应表明，现代市场竞争不仅是品牌与产品间的竞争，还是品牌与品牌实力的博弈。大品牌就意味着大实力、大效益、大地位。山东加工贸易要从低水平运作走向高效益发展，必须与大品牌结缘，实施大品牌战略。

（一）大品牌与加工贸易

加工贸易首先是一个品牌概念，它加工的不仅是产品，更重要的是品牌，无论是贴牌，还是自主品牌，品牌作为拓展市场的重要武器历来是加工贸易领域里关注的焦点；其次加工贸易还是一个外向型概念，加工贸易面向的是国际市场，是外向型的经济行为，而作为国际化特征的品牌与加工贸易发展就形成了天然的联系与渊源。在加工贸易活动中，无论是引资还是接单，都会以品牌的国际市场影响力与占有率作为考量的重要条件。而大品牌因其产业的尖峰地位与国际市场强势影响力，成为加工贸易提升竞争能力、获取超值利益的重要筹码。也可以这样说，拥有大品牌的加工贸易，则意味着拥有过人的产品形象和市场竞争的优势，从而拥有了市场的话语权与霸主地位。山东作为我国的加工贸易大省，在长期的经济活动中，也是以品牌为发展主线的。从最开始的引进品牌，承接品牌订单，到现在的创牌活动，都倾注着对品牌的关切与努力，但对于大品牌的培育与引入问题还缺少足够的重视，这一方面是由于加工贸易发展尚处于低水平与低层面，还未能将大品牌战略提上重要日程；另一方面也不否定对大品牌与加工贸易的相关性认识不到位。

（二）大品牌战略与山东加工贸易发展方式转变

加工贸易转型升级的重要内容是转型，即实现发展方式的转变，它具有转型升级的核心意义。而加工贸易增长方式转变关键在于实现模式上从制造型向创造型的转变，优势上从劳动型向技术型的转变，产品上从低端型向高端型的转变，利润获取上从单一加工费用型向综合收益型的转变。通过这些转变实现加工贸易质的飞跃和活力再现，从而步入可持续发展的新途径。而这一重心任务如果能够依托大品牌战略的实施来完成，将会取得进度与效果的最佳统一。这是因为，大品牌集聚和占有了大量优质生产要素和社会资源，尤其是智力要素和市场资源，由此表现出大品牌超群的技术与制度创新优势。实施大品牌战略可以为加工贸易注入更多的创新元素，提高加工贸易内在的活跃性与创造性，引领加工贸易步入集约型、内涵型、低碳型发展轨道，实现加工贸易的华丽转身。山东加工贸易目前的发展方向也聚焦于增长方式的转变，力图通过这一转变，迅速改善山东目前这种低水平、低盈利，高投入、高消耗的发展状况，形成效益与速度、投入与产出、环境与发展的和谐统一。而实现这一战略性转变，大品牌战略则成为一种顺势且明智的选择。

（三）大品牌战略与山东加工贸易产业结构调整

加工贸易转型升级的另一重要任务是升级，即实现产业结构的升级，它具有转型升级的直接意义。山东加工贸易之所以处于低水平发展状态，其中重要的原因是由于几十年的发展，原有的产业结构包括产业外结构与产业内结构，与新形势要求形成极大的不适应。主要表现为加工制造一业独大，产业层次偏低；产业链条偏短，上下游环节不发达；产品结构落后，技术构成不优，产品附加值不高，等等，使得加工贸易整体素质不佳，发展后劲不足。而大品牌作为产业领军，拥有丰富的产业资源和厚实的资本实力，在专业化发展的基础上，有足够的能力进军新兴战略性产业，并且长年的品牌培育，锻造了其完整的产业链条，尤其是在产业的研发环节与下游的销售环节往往占据明显优势。因此，实施大品牌战略，引进与培育具有产业结构优化升级的带动力量，对于尽快改善山东加工贸易产业结构、产品结构和市场结构，实现新形势下的新发展具有重要意义。

（四）大品牌战略与山东加工贸易人才队伍建设

人才是加工贸易转型升级不可或缺的要素与构成，它对于转型升级具有关键性意义。在现代市场竞争中，一切竞争要素最终要归结到人才上。可以说，品牌的竞争即人才的竞争，人才是大品牌立牌之本、创新之源，是品牌的核心竞争力。无论是世界 500 强，还是中国知名品牌，无不是集大量优秀人才于麾下。这也就意味着大品牌占据了最广泛的人才资源，并且通过人才的创新才能、战斗意志、谋略机智、人格魅力等最优秀品质的闪烁，铸就着大品牌的市场辉煌。人才是山东加工贸易发展的软肋，尤其是高端人才的缺口直接制约着其发展的步伐。在品尝了人才匮乏的苦涩之后，队伍建设已成为山东加工贸易发展的重要前提与重要内容。而实施大品牌战略，一方面有利于借用品牌优秀人才，另一方面也有利于利用品牌效应吸引更多的社会人才，形成良好的人才引进与培养机制，壮大起人才队伍，为山东加工贸易转型升级打造强有力的智力支撑。

三、山东加工贸易品牌建设
现状与发展误区

山东加工贸易伴随改革开放的步伐走过了 30 多年历程，这期间加工贸易出口总量实现了从几亿美元到几百亿美元的大幅度增长；所占全省出口比重实现了从 10% 多到 50% 左右的提升，与一般贸易平分着一天秋色。即使受国际金融危机影响，一度出现负增长，到 2009 年，加工贸易仍实现出口 399.4 亿美元，降幅明显收窄，低于全国加工贸易出口降幅 6.1 个百分点。① 成绩是显著的，但问题也是存在的。如果说，前 30 年山东加工贸易发展以腾飞之势，创造了遍地开花、姹紫嫣红之景象，为山东经济带来活力与生机，那么发展到今天，加工贸易在继续发展的同时，则面临来自多方面的矛盾与困扰。高消耗低效益、高投入低产出的加工贸易增长，无异于"皮洛士式的胜利"，② 总量越大代价也越大，已经显现出了旧有增长模式的不可持续性。因此，转换加工贸易新思维，寻求发展新视角已经时不我待。而大品牌带动的战略选择不失为一条摆脱目前加工贸易"大而不强，多而不优"困境的新路径。山东加工贸易品牌建设历经多年，成绩明显，但至今尚未开拓出大品牌带动的新局面，仍旧是贴牌多自有品牌少；小品牌多大品牌少，在大品牌建设与引进问题上还存在许多不足和认识误区。

（一）忽视品牌选择

山东加工贸易目前仍以贴牌为主，外来品牌产品的出口占全部品牌产品出口的 80% 以上。统观和分析山东品牌引进现状与特点，一是中小品牌居多知名品牌少；二是低附加品牌居多高增值品牌少；三是落地品牌多，扎根品牌少。究其原因，客观上主要是由于山东加工贸易起点较低，经过这些年的发展，总量迅速扩张，但在产业结构、技术进步等

---

① 《2009 年全省加工贸易情况》，http：//www. shandongbusiness. gov. cn/index/content/sid/88767. html。

② 《皮洛士》，http：//baike. baidu. com/view/410408. htm? fr = ala0_1_1。

方面尚未实现根本性突破。因此，品牌的更新与升级步履也表现为不尽强劲。同时也不能否认，主观上我们对于品牌引进还存在一定认识上的滞后，未能顺应世界经济形势的发展，将大品牌概念积极纳入加工贸易发展并上升为战略，因而对品牌的引进缺少细致的筛选和严谨的评价，基本上是来者不拒，多多益善，忽略了对引进品牌的聚焦与甄别，致使一般品牌占据了大量空间与市场，在土地约束不断加剧的情况下，加大了大品牌的进入和落地难度。

（二）忽视品牌强化

品牌强化是品牌优质化发展的重要过程。它包括品牌技术的创新、管理的创新、质量的精细化、品种的个性化等内在质量的深化，也包括品牌 logo 差别元素的创新、品牌推介形式的创新等外在质量的改观。品牌强化是大品牌竞争之本、立足之本。近些年来，为提高整体水平，改变品牌依赖，山东加工贸易企业自有品牌建设力度逐年加大，不断有新的品牌脱颖而出，也创出令人瞩目的品牌业绩。但同时也有一些加工贸易企业仅重视品牌创建，而忽视品牌经营，尤其在品牌强化方面用心不足，投入不大，导致品牌缺少足够的粘力与张力，品牌美誉度与影响力提升缓慢，甚至有些品牌随着强化与维护力度的下滑而呈虎头蛇尾的萎缩状态，难以成就大品牌气候。

（三）忽视品牌延伸

品牌延伸是品牌规模化的重要途径，它包括产品延伸、理念延伸、文化延伸等。品牌延伸是把现有的品牌名称使用到相同类别新的产品与服务上，借助现有品牌的市场效应将系列新款式、新配比、新性能、新包装产品和服务推向市场，以扩大品牌市场占有。品牌延伸有利于节约新产品的市场导入费用和缩短消费者的产品认可时间，使得品牌在较短时间、较少投入的条件下得到弘扬，并形成大品牌效应。山东加工贸易企业在品牌延伸上也在付出积极努力，比如知名度较高的"海尔"、"青啤"等，在母子品牌延伸与产品线性延伸上均取得了良好效果，但从总体上看还未能做足功课，许多加工贸易企业对其品牌的潜力、粘性、衍生性等特性缺少准确认识与评估，并据此设计品牌发展的长度与厚度。因而品牌单一性明显，立体型较差，很难速成大品牌。这是山东加工贸易缺少大品牌带动的另一原因。

（四）忽视品牌推介

品牌推介是加工贸易塑造企业与产品形象的重要环节，其旨意是通过品牌的广而告之，突出品牌品质特性与文化内涵，以提升品牌的市场认知度、美誉度和忠诚度，谋求更高的市场地位。而成就大品牌首先需要成就品牌视觉冲击力，因而品牌推介是不可或缺的环节，尤其是面向国际市场的推介。但将品牌推向国际市场不仅需要深厚的资金支撑，还需要广泛的推介渠道，较之国内市场推介其难度更大。这就给山东加工贸易企业设置了高门槛，使得一些企业望而却步、知难而退。无论是国际性媒体还是世界级展会，鲜见山东产品的身影，近年来状况有所改善，国际展会经济效应得到逐渐重视，但其产品出镜率与大品牌视觉需求还远不相称。

四、山东加工贸易转型升级需实施大品牌战略

实施大品牌战略是山东加工贸易转型升级的应有之义，也是实现转型升级的重要途径。就山东加工贸易现状与条件看，必须选择走引进大品牌与打造大品牌并重的路径。一方面要鼓励培育自有大品牌，另一方面要大力引进国外大品牌，通过大品牌创建与引进的有机结合，推进大品牌资源的集聚和大品牌战略的实施，充分发挥大品牌带动效应，加速山东加工贸易转型升级步伐和进程。

（一）引进大品牌

随着山东加工贸易不断发展壮大，自有品牌建设也取得了斐然的成绩，对于外来品牌的依赖性逐步弱化。但品牌建设是一个渐进的过程，不会是一蹴而就的事情。因此，在未来一段时期内，贴牌生产仍旧是山东加工贸易的主要经营模式。但随着形势的变化与加工贸易的阶段性提升，这种贴牌生产也会显现出新的要求和新的特点，就如同山东利用外资由引资阶段向选资阶段发展一样，贴牌加工也会由引牌走向选牌，这是山东加工贸易发展的必然进程。所谓选牌就意味着品牌的引进向大品牌倾斜。因为大品牌的国际知名度和全球化经营网络，使得他们拥有中小品牌不可比拟的优势。为大品牌代工，可以使加工企业更深入地融入国际化经营体系，成为生产链条中的相对稳固的环节，并容易获得大品牌引领下的锻炼和发展机会，有利于迅速提升企业技术和管理水平，降低企业市场竞争风险，加快企业"走出去"的步伐。而引进大品牌重

在抓好认识转轨、环境优化和品牌融合等工作。

1. 转换品牌引进认识。山东加工贸易是以引进品牌起步的，在产业发展、外贸出口、财税收入、劳动就业、人才培育等方面，引进品牌的带动作用有目共睹，山东加工贸易取得的巨大成就已经印证了这一点。因此，山东未来的发展依然不能缺少外来品牌的加盟与支撑，在一定时期内，品牌引进所占比重仍可能超过品牌创建。而实现加工贸易转型升级任务，需要转换品牌引进观念，顺应形势发展要求，从引牌转向选牌，将大品牌引进提到必要高度。一是转换品牌评价意识。引进品牌既要考虑数量，更要注重品牌内质及效应，更新品牌价值取向。二是转换政绩意识。弱化单纯数字观，突出综合效益观，兼顾经济、社会与生态效益。三是转换劳动安置意识。端正就业安置与大品牌引进的关系。四是转换引进合作意识。在品牌引进上要形成区域间、企业间的协作关系，切忌攀比，盲目引进，造成品牌引进的无序竞争与同构性选择。

2. 确立大品牌战略引进目标。为此，要将品牌引进纳入有计划、有战略发展轨道，明确大品牌引进规划与方向目标，设置品牌梯度引进方案，一是将世界 500 强国际知名品牌列为第一梯队，结合山东加工贸易对接条件与可行性，选择一批作为引进重点及主攻方向。二是将国内产业巨头等知名品牌列为第二梯队，加大引进力度，集聚国内优势品牌。三是将国内外新兴潜力品牌列为第三梯队，动态跟踪，及时把握合作机会。四是明确引进品牌的二次利用与深度开发目标，推动引进品牌的延伸和扩张，促进名牌产品的系列化、多元化发展，增强品牌带动力。

3. 营造大品牌引进的适宜环境。大品牌多坐拥产业霸主地位，由于其技术创新领先、产业链条完整、优秀人才集聚、运作行为规范等，对于投资地的环境要求较高。因此，营造适宜于大品牌的发展环境对于吸引大品牌的进入与加盟至关重要。为此，一是营造适宜的产业环境，重要的是合理布局产业环节，尽可能完善产业配套条件，使得外来大品牌进入的商务成本和便捷程度更为优越。这点是山东加工贸易与江苏、浙江等省的差距所在，也正是我们发展的潜力所在。二是营造适宜的政府服务环境。即使是国际大品牌，对于投资的政策导向与政府行为也是相当看重的，尤其是政府服务意识与效率，直接关系到品牌运营的速度与效益。因此，在政务环境建设上，山东应针对大品牌特点，制定有利于大品牌进入的相关政策与举措，并加大服务体系建设，给大品牌一个便捷、高效的发展条件。三是营造适宜的市场环境。国际品牌是在成熟的国际市场规则下成长发展的，对于市场环境的要求较高。因此，山东在市场规则体系建设上仍要加快完善步伐，形成稳定规范的市场秩序、公平文明的竞争行为、通畅多元的流通渠道、合理可调的价格体系等，以利于大品牌的迅速适应和满意。四是营造适宜的信誉环境。大品牌由于创新能力强、高新技术产品多，因此对于知识产权保护关注点高。所以，提高大品牌引进力度还需加强诚信山东建设，增强人们遵纪守法意识和信守承诺意识，同时加快知识产权保护措施和体系建设，防止知识产权滥用和仿造侵权事件的发生，以消除大品牌企业的疑虑和担忧。

4. 促进本土品牌与引进品牌的有机协作。品牌协作是品牌延伸的重要策略，它较之单一品牌能更好地标明产品品质，以取得高的市场吸引力和更广泛的信誉度，获得整体大于个体的效果。尤其是本土品牌与引进品牌的相互合作，可以形成技术、管理、文化等方面的明显互补优势，使得市场网络的共享和发展空间大大拓展，有利于内外品牌在同一片领域中共生与共赢。美国专家希尔·莱德勒认为"每一种品牌都在以一种重要的、无法预计的方式受到其他完全不同领域品牌的影响，品牌的最大价值产生于单独品牌的相互作用中"。[①] 因此，实施加工贸易大品牌战略需要积极探索山东本土品牌与引进品牌的联姻与合作，积极引大牌、傍大牌，利用世界知名品牌的市场识别力和话语权，积极融入世界核心经济圈。一是搭大牌销售顺风车。通过联合促销，消除市场对本土品牌的陌生感与排斥力，同时还可融通促销细节之处的做法与经验，迅速拓展品牌市场份额。二是推进品牌生产融合。在国际金融危机形势下，一些国际品牌认识到了融合对于共抗时艰，抵御风险的重要意义。而力度不减的购并潮流也使得品牌协作被赋予更深的意义。山东要做大品牌，就需抓住时机，积极融入国际品牌的生产经营体系，既保证山东品牌能借力成长，也引导外来品牌尽快适应山东水土并且落地生根。三是寻求品牌的文化融合。通过品牌文化的相互碰撞与融合，达到互补与嬗变，使得不同国家的品牌文化步入相互认同的圈子，从而促升品牌文化竞争力，保有品牌国际大市场。

（二）打造大品牌

在为品牌代工、借助品牌影响力发展的同时，自有品牌培育仍旧是

---

① 希尔·莱德勒：《品牌资产》，机械工业出版社 2004 年版。

山东加工贸易转型升级的不可动摇的重要任务。因为品牌依赖会抹杀主动性，企业在经营发展、投资方向、产品开发、利益分配等方面往往缺少话语权，尤其是大品牌的技术封锁和市场垄断，使得加工企业处处受制于人，难以实现超越式发展。即使是为大品牌代工，带来的也是大量利润外流，以及更多的环境污染与资源消耗等负面效应。为提升山东加工贸易的效益性、安全性与可持续性，加快转型升级步伐，品牌建设也由此被赋予了新的使命，那就是加快出口大品牌建设，使更多的加工贸易企业不仅拥有自己的品牌，而且要拥有市场认知度高的品牌，拥有市场冲击力强的品牌，只有这样才有加工贸易新的出路和新的前景。根据山东省委、省政府提出的"大力实施品牌工程，巩固传统品牌优势，培植新的名牌产品，增强山东名牌在国际、国内市场上的竞争力和影响力"的要求，围绕"到2012年，山东要形成一批具有健全市场网络和较大影响力的国际知名品牌"的战略目标，山东加工贸易企业在未来的品牌建设中，要围绕新时期战略任务，把品牌建设融入到强企、强省建设之中，为强企、强省打造大牌、强牌、特色牌。

1. 确立山东加工贸易核心品牌。一般意义上说，建设大品牌需掌握"4S"秘籍，即 Select、Strategy、Sales 和 Safeguard，也就是品牌选择、品牌战略规划、品牌销售管理、品牌维护。而列于首位的是品牌选择。对于大品牌建设来说，选准核心品牌在一定意义上预示着成功了一半。因此，山东加工贸易品牌建设应设立科学的品牌圈，以大品牌为核心，辐射与带动一般品牌，形成广泛的品牌效应。确立核心品牌应合理地进行品牌考察与评估，包括老字号品牌与品牌新秀。重点审视以下方面：一是品牌产业地位。包括企业产业增加值在全省中所占比重、企业资本有机构成、企业综合实力的产业排序等指标。二是市场份额。包括市场占有率、销售收入、出口数额、品牌产销率等指标。三是获利水平。包括销售利润率、总资产报酬率、品牌盈利率等指标。四是成长性。包括企业技术创新能力、资本运营能力、市场开拓能力等指标。五是稳定性。包括品牌影响力、资产规模、国际化水平、品牌传播能力等指标。六是品牌无形资产价值。主要体现为品牌无形资产评估值等指标。通过以上指标分析，可以遴选出各产业中的优秀品牌与前景看好的新生品牌，列入重点培养的核心品牌群，有目标、有方向地进行大品牌打造。

2. 推进品牌整合与延伸。大品牌首先是规模化标志，快速打造山东加工贸易大品牌，品牌整合与延伸就具有了重要意义。为此，我们一是要积极推进品牌整合。充分发挥加工贸易旗舰品牌的优势和影响力，寻求与相关品牌的联系与紧密合作，吸引其向旗舰品牌集中与归并，以品牌整合与资源共享迅速实现规模扩张。正如山东重工通过大品牌战略的实施，集六大中国名牌和中国驰名商标于麾下，并成功并购了法国博杜安公司这一百年品牌。① 凭借品牌叠加效应，创造了产业发展的辉煌业绩，仅核心企业潍柴控股集团就囊括了发动机、火花塞、变速箱、车桥等四个国内产销量第一，实现了危机下的逆势突破。当然，这是成功的案例，其经验可鉴，但在品牌整合中，山东加工贸易企业还要注意品牌资源的有效配置，注重品牌的差异化管理，协调品牌关系，实现有机融合，才能创造出既有战略高度又有市场深度的国际化大品牌。二是要积极鼓励品牌延伸。品牌延伸要制定切合实际的延伸策略，一方面加快产品延伸，选准市场空当，借助品牌市场影响力扩大新产品与同类产品的上市，加大品牌发展的宽度与厚度；另一方面，围绕品牌核心价值，加快品牌的产业延伸，尤其是向产业上游与下游的延伸，以拉长品牌的产业链条，深化与稳固品牌产业地位。但品牌延伸也存在风险，要求山东加工贸易企业必须对品牌延伸各种要素进行研究，把握品牌延伸的时机、延伸切入点和延伸度，以及正确评估延伸价值，预测延伸成本风险，以减少盲目性提高成功率。

3. 增强品牌内生活力。大品牌的核心价值标志在于品牌的内生潜质深厚，表现为品牌内部生成的生机与活力。如果说品牌整合与延伸在于扩展品牌长度，那么，品牌内生能力的强化则在于谋求品牌厚度。而品牌的厚度是决定品牌特质与树立品牌形象的关键因素。品牌内生性动力的源泉在于创新，主要表现为技术创新、机制创新、服务创新、理念创新的四轮驱动内生动力体系。鉴于此，山东加工贸易要创建大牌强牌，丰富品牌内涵，彰显品牌魅力，关键要做足、做细品牌深化的功课，消除山东加工贸易创新能力不足这一软肋。一是抓理念创新。一个好的品牌理念必须是与时俱进的，因而，山东加工贸易大品牌必须要在原有理念的基础上不断赋予品牌新思维，给予品牌价值取向、宣传口号等注入时尚元素，频推具有时代感且引人瞩目的理念闪光点，引发品牌

---

① 《山东重工：品牌叠加构建产业大布局》，http://www.sdrt.com/news/shipin/xinwen-lianbo/200912/322284.htm，2009年12月11日。

好感率与忠诚度的迅速攀升。二是抓技术创新。这是决定品牌内在品质的关键点，也是山东加工贸易品牌摆脱低端初级形象，实现高端化进取、精细化加工，加速加工贸易转型升级的重要任务。而技术创新关键在于人才，人才不足是山东加工贸易转型升级的最大瓶颈与约束，如何培养、引进并留住人才，减缓人才流失现象是山东加工贸易实现技术创新的关键任务。三是抓服务创新。服务创新是大品牌所应有的另一特质，它衍生出的市场效应与品牌发展动力不亚于产品创新。任何产品的销售都不是一锤子买卖，要想出奇制胜，必须以客户为主导，不断更新服务理念、转换服务方式、创新服务。这一点也是山东加工贸易企业需要认真思考与努力实践的。四是抓机制创新。机制创新是企业创新的核心内容，是企业根据市场变化规律与国际竞争要求，不断调整企业内部制度，营造完善的内部环境，并将科学的企业制度内化为正常的企业机制，以激发企业最大的热情、潜能、创造力与竞争能力的一种内部活动。机制创新包括决策机制、运营机制、管理机制、部门协调机制、要素整合机制、激励与约束机制等方面的不断更新与变革。这是企业创新的焦点，也是难点。山东加工贸易要做大品牌，必须抓住机制创新的牛鼻子，以治本为目标，以改革为手段，以和谐为着眼点，才能强基固本，形成内有活力、外有战斗力的大品牌气候。

4. 寻求广泛的大品牌推介途径。大品牌必然有大市场。建设大品牌在内抓品质的同时，外抓市场是不可忽视与偏废的重要任务。品牌的市场影响力不仅仅取决于销售网络的建设，还在于广泛的市场传播。而加工贸易品牌由于其特定市场覆盖，着重在于做好品牌的全球传播和国际形象塑造。为此，一是广泛拓展跨国推介渠道，积极利用大众媒介传播、网络传播、展会传播、民间传播等渠道，尤其要利用好传播面广、影响力大的互联网络，以及当下风靡的软广告方式，最大限度地传播品牌个性诉求，让全球受众充分认知与感受山东品牌魅力。二是突出山东品牌特色推介。品牌推介策略要立足品牌特色与全球市场定位，有针对性地进行品牌设计与包装，以彰显品牌的国际差异性和全球认同的信息编码，以品牌品质的专属性和品牌文化的趋同性创造不同国度与地区的营销热点。三是有机整合推介渠道。随着品牌传播方式与技术含量的增加，传播渠道正向着整合性、集合性方向演化，多种方式的互补与互动成为新的趋势。山东加工贸易也要顺应潮流，更多地关注推介渠道的有机整合，理清主辅渠道网络构成，更利于品牌的广而告之与推介效果的放大。四是优化品牌推介成本。实现品牌与目标市场的有效对接和推介的可持久性，推介成本的降低至关重要。降低传播成本是一项综合治理活动，它涉及多个方面、多个环节。这就要求山东加工贸易品牌的全球传播首先要推出鲜明的诉求理念与脍炙人口的传播口号，其次要有创意新颖的视觉识别系统设计，再次还需要传播渠道的合理选择与疏浚，突出媒介使用的重点性和适用性，即在合适的场合、利用合适的渠道、针对合适的人群，打出合适的山东品牌，以达到事半功倍、四两拨千斤之效果。

5. 构建品牌集群。品牌集群是衍生大品牌的沃土，在品牌集聚的地方最有可能形成龙头品牌。山东加工贸易要实现大品牌带动，从政府到企业都需要将品牌集群化列入重要发展日程。抓住重点产品，重点产业，重点区域，进行合理的品牌集群规划与建设。为此，一是要加快品牌自主培育，尽快形成一个激励品牌个体自主成长，又有利于品牌自觉聚集的良性机制。二是积极引入外来品牌，较之单一的品牌培育既有快速集群的作用，也有品牌杂交效应，更容易扩张品牌集群影响力和辐射力。增强品牌吸引力，重点在产业环境、地域环境、人文环境建设方面加大力度，给予外来品牌提供更好的发展平台和更多的获利机会，使品牌引入成为品牌集群建设的重要力量。三是重点发展优势品牌集群，围绕山东加工贸易的主流产品和出口支柱产品，强势打造农产品、机电产品、纺织服装，以及近几年发展迅速的信息技术产品等品牌集群，突出山东加工贸易的产业特色与地域特色。四是针对区域板块特点，包括蓝色经济区、黄三角、高端产业区等既定区域，设计特色产业集群以带动品牌集聚，逐渐促成大品牌的崛起，形成一方水土养一大品牌，一大品牌激活一区经济的发展模式，引领山东加工贸易摆脱传统的经营方式，融入品牌经济的潮流。

（作者：山东社会科学院　荀克宁）

第十六篇　人民币升值对
山东出口走势的影响

近一时期以来，国际上关于人民币汇率的问题热议不断，美国更是借此频频对我国施压。2010年3月24日，美国国会众议院筹款委员会专门召开人民币汇率政策听证会，试图就"是否将中国列入汇率操纵国"得出结论。与此同时，国内资本市场释放的人民币升值预期信号日益强烈，外汇贷款需求激增，广大出口企业也更加关注汇率走势，担心人民币升值会使刚刚从国际金融危机困境中摆脱出来的出口再次经受严峻考验。究竟人民币汇率向何处去？汇率变化会给出口带来哪些影响？在此影响下出口将呈现什么走势？本文拟通过以下分析加以探讨。

一、关于人民币汇率走势

2010年人民币汇率怎么走？各方关心越来越多，伴随而来的分歧也逐渐增多。有的观点认为，进入后金融危机时代，随着世界经济复苏和我国对外贸易环境的逐步改善，出口增长会不断加速，在此形势下不需要过多依靠固定汇率来为出口护航，相反，一味僵硬的汇率政策还会在一定程度上加剧当前资产价格虚涨、通货膨胀预期抬头以及国际上对我采取贸易保护倾向日趋严重等问题。也有观点认为，强烈的人民币升值预期已使海外热钱不断涌入我国，一旦人民币升值，会进一步强化热钱涌入势头，形成资产泡沫，加剧金融风险，对国民经济健康发展产生消极影响，因而现阶段应重视维护金融稳定和人民币币值相对稳定。

在此，笔者不敢对上述观点妄加评论，但判断人民币汇率走势，以下三个因素不容忽视。一是改革开放 30 年来我国经济持续健康发展，综合竞争力得到快速提升，人民币汇率长期看必然处于一个上升通道，这是人民币升值的内在动力。二是近年来我国形成的巨额外汇储备和贸易顺差，使外汇占款不断增加，基础货币投放量不断加大，客观上对人民币产生了较大升值压力。三是 2010 年以来国内通货膨胀的上扬态势（2 月份 CPI 同比上涨 2.7%，环比上涨 1.2%），使坚持人民币汇率不浮动的难度加大，一味执行人民币捆绑美元很可能会助推通货膨胀，进而产生负面效应。综合各种因素考虑，人民币汇率应当适时做出相应调整。固定汇率坚持越久，调整起来越困难，麻烦也会越大，而灵活运用货币政策，使汇率机制更加富有弹性，实现人民币的适当升值，既有利于降低引发通货膨胀的风险，也有利于推动产业结构升级，提升我国在国际分工中的地位，同时还有利于平衡国际贸易，减少贸易纠纷，缓和我国与主要贸易伙伴的关系，树立我国作为一个负责任大国的良好形象。

当然，在人民币汇率问题上，我国绝不会屈服于一些西方舆论的压力和个别大国的操纵，应根据自身经济情况来做出调整，人民币升值必定是一个渐进的可控的过程，以小幅逐步地进行最为稳妥。可以预见，2010 年，人民币汇率会在"稳定"的主基调下实现渐进式小幅升值（升值幅度预计控制在 3%～5%），重新回归到金融危机之前有管理的浮动汇率机制上。

二、人民币升值对出口的影响

狭义地讲，人民币升值对出口带来的直接影响就是削弱出口产品价格优势和导致出口企业利润减少。假定其他条件不变前提下，人民币汇率升值 1%，意味着商品在维持原价格出口时，利润率相应将减少 1%；而要维持出口商品原利润率不变，只能提高对外报价。考虑到当前国际市场竞争日益激烈，对外提价并让客户接受将会是艰难而渐进的过程，因此人民币升值有可能造成短期内出口增长的徘徊甚至部分国外客户的流失，以及企业利润的缩水，另外，对企业已出口但尚未收回的应收账款，特别是对已签订固定出口价格的长期合同，更会造成直接的收益损失。但人民币升值对不同的出口行业、不同的出口产品、不同的贸易方式而言，带来的影响也是不尽相同的。

一是对劳动密集的纺织服装、农副产品、轻工产品冲击较大。由于这类劳动密集型产品的附加值低，利润率低，同质性产品种类较多，可替代性大，因而市场竞争十分激烈，这类产品的出口企业目前主要依靠规模扩张来保证利润，对产品价格的议价能力弱，缺乏价格话语权，人民币升值就意味着企业利润空间被侵蚀，出口竞争力被削弱，会相应加大出口难度。

二是对大型成套设备出口的对外成交带来较大不确定因素。船舶、成套设备出口的共同特点是合同金额大，建造周期长，技术和资金密集，对汇率变化反应敏感，即使人民币小幅升值也会给企业收益产生较大影响，进而影响出口竞争力。以船舶行业为例，世界造船业的 80% 集中在中日韩三国，与日韩相比，我国造船业在资金、技术等方面处于劣势，优势主要集中在价格方面，人民币一旦升值，会削弱我国船舶行业赖以竞争的价格优势，冲击是显而易见的，而且，近年来我国船舶出口快速增长，多数船舶企业出口订单已签到 2011 年底，人民币升值后还会造成目前大量在建船舶的收益缩水，直接影响企业效益。

三是机电产品、化工产品出口形势喜忧参半。一方面，人民币升值会削弱这些产品的出口价格优势；另一方面，我国钢铁、化工行业所需的铁矿石、石油等初级原材料对进口依赖度较大，人民币升值有利于钢铁和石化行业通过进口原料降低生产成本，从而使下游的机电、化工行业从中受益。

四是加工贸易出口受影响相对较小。加工贸易出口属"两头在外"，即进口原材料或零部件后加工成成品再出口，人民币升值后对出口的消极影响会在一定程度上被进口的积极作用所抵消，汇率变动对加工贸易出口的影响相对较小。

三、人民币升值后对出口走势的分析判断

分析人民币升值后的出口走势，首先，应考虑出口企业的承受能力。目前我国多数出口产品利润率不高，企业平均净利润率一般在 3%～5%，

这也意味着，当人民币升值幅度在 3% 以内时，企业通过压缩成本、降低费用，尚可维系一定出口的增长。升值幅度超过 5% 时，企业就会面临亏损，短期内出口增长势必受到较大影响，但长期看，国内企业通过对外谈判，逐步提高售价，对内降低成本，在经过一段时期过渡后，仍可望走上增长道路。

其次，应考虑出口结构。在我国目前的出口构成中，加工贸易出口比重占到 60% 左右，前文中我们已经分析了加工贸易受人民币升值的影响相对较小，而且随着人民币的升值，可以更多地通过进口原材料来代替国产原材料，来部分抵消人民币升值的负面影响，从这个角度说，人民币升值对整个外贸出口造成的冲击难以改变出口增长的总体态势。

最后，应考虑出口商品的综合竞争力。我国劳动力优势明显超过发达国家，人才资源、基础设施、产业集群及由此形成的相关配套能力等优势又高于一般发展中国家，因而人民币适度升值对我国外贸出口综合竞争力的影响是有限的，对外贸出口结构乃至产业结构的影响则是积极的。

有学者曾计算了 2005 年 7 月至 2006 年 12 月我国三类商品的贸易竞争优势指数，结果显示，随着人民币汇率的缓慢升值，除部分资源密集型商品净出口减少外，劳动密集型商品和资本、技术密集型商品净出口都呈增加态势，竞争力不断增强，贸易结构得到优化。因此总体判断，2010 年如果人民币实行渐进式小幅度升值的情况下，我国出口仍将会维持稳定增长势头。实事上，自 2005 年 7 月汇改以来，人民币汇率累计升值已达 18%，但升值后我国对外贸易仍稳步逐年上升，也从侧面印证了上述判断。

四、人民币升值情况下扩大出口的应对措施

汇率政策影响出口走势，但汇率是否变动、如何变动，不仅要考虑对外贸易因素，还需兼顾国内国际、政治经济等各方面因素。无论人民币升值与否，都应当通过采取有效措施，积极防范汇率风险，实现出口稳定健康发展。

1. 从企业层面讲，出口企业应尽早未雨绸缪，在与国外客户签订

出口订单时，将汇率变动因素充分考虑在内，对于大额远期出口合同，可采取远期汇率锁定的方式，规避汇率风险，也可以选择不同的贸易融资方式和利用出口信用保险来规避汇率风险。同时，企业要学会适时抓住人民币升值带来的进口机遇，充分利用国际原材料和资源扩大进口，加快引进国外先进技术设备，进行技术改造、技术创新和结构调整，提高核心竞争力。

2. 从政府层面讲，一方面要大力营造良好环境，继续加快建立快速便易的通关制度，进一步简化报关、报验手续，提高进出口商品检验检疫工作效率和服务水平，降低进出口商品检验检疫抽验率和收费标准，减少企业成本。另一方面，应积极加快人民币跨国结算的试点和推广，推进人民币国际化进程步伐。

3. 从政策层面讲，还可以对尚未足额退税、留有退税调整空间的商品，进一步提高出口退税率，以缓和短期内给企业带来的冲击。当然，退税政策的应用要十分慎重，现阶段总的原则应以保持退税政策稳定性为主，尽量不做频繁调整。

4. 注重发挥行业协会的协调作用。通过行业协会组织行业内的主要企业采取联合预防措施，避免因人民币升值导致同行之间的自相残杀。

5. 高度重视和发展服务贸易出口。服务贸易是知识和技术含量更高的贸易方式，是未来最具增长潜力的领域，也是转变贸易增长方式和贸易结构的长远战略，努力扩大服务贸易出口的规模，有利于实现我国出口贸易的健康、可持续发展。

（作者：山东省商务厅　臧仁峰）

第十七篇　从广交会看山东机电产品出口走势

机电产品是山东出口支柱产品之一，所占全省出口比重逐年提升，2009 年达 43%。因此，抓好机电产品出口在一定意义上就是抓住了山东对外出口贸易的牛鼻子。为保持山东机电出口持续增长势头，带动全省外贸出口发展，山东省商务厅组织了专门力量于 2010 年 4 月 15～19 日赴以机电产品展洽为主的第 107 届广交会，参与了山东交易团一期的组织运行工作，并开展了机电产品的出口专项调研。

一、山东机电出口企业参会基本情况

广交会一期山东有近 700 家企业参展，其中机电产品出口企业 500 多家，约占一期全省参展企业的 80%；出口成交 15.6 亿美元，较上届同期增长 8.6%，其中机电产品出口成交 14 亿美元，增长 9%，占全部成交的 89.7%。山东机电出口企业参展呈现以下主要特点：

1. 参展企业以内资企业为主。在参展的 500 多家机电企业中，内资企业比例超过 80%，其中大型骨干企业（年出口额 5000 万美元以上）全部为内资企业。

2. 客商到会明显好于上两届。一期山东机电企业接待到会客商数量高于上届，总体增幅在 20% 左右，且到会客商下单意愿较为强烈，现场成交也较活跃。机电产品中成交量最多的为家用电器和电子消费品，增长最快的是计算机及通信产品、机械设备、五金工具等。

3. 出口价格普遍有所上涨。受 2010 年以来原材料涨价和劳动力成本上升等因素影响，山东 85% 的参展机电企业提高了对外报价，实际成交价格涨幅大多集中在 5%～10%，个别企业达到 15%～20%。

4. 对新兴市场成交活跃。南美、中东、非洲到会客商多、成交活跃，是本期广交会一大亮点，新兴市场客商询价多、洽谈深入、下单量相对较大，此特点在机械、五金等行业反映尤其明显。

5. 企业在手订单充足。当前，企业生产任务普遍饱满，新接出口订单多数要排到 5 月底甚至 6、7 月份。受产能制约、原材料涨价及人民币升值预期强烈等因素影响，企业对外报价的有效期普遍较以往缩短，而且大多不敢承接交货期超过 3 个月的订单。

据我们在会上的调查了解，企业反映的问题主要有以下几个方面。一是原材料涨价过快。2010 年以来，钢铁、铜、铝、煤炭等基础原材料价格持续上涨，波动较大，企业难以控制成本，不敢放手成交，不敢轻易接长单。二是"用工难"问题突出。80 后、90 后的年轻工人不安于固守在工作时间长、劳动强度大的制造业岗位，跳槽、转行现象较为普遍，即便企业采取上调工资、提高福利待遇等做法，也难以遏制工人流失。"用工难"成为当前出口加工制造企业的"心病"。三是出口受产能制约较大。2010 年以来，国内国际市场同时升温，多数企业开足马力生产，产能发挥接近极限，仍难以满足市场的需求，这种情况在以往较为少见，与前两届广交会形成了鲜明对照。四是担心人民币升值。此外，企业普遍希望政府加大对企业在产品研发、品牌培育、市场开拓、信息咨询等方面的扶持和引导。

二、主要收获

通过全过程参与广交会一期，我们对广交会的运行特点、参展企业出口成交情况、市场走势等都有了更加全面、深刻、直观的了解。

1. 广交会是了解企业和国际市场走势的最佳场所。广交会一期参展企业中机电企业占 80%，按行业分布，涉及了除船舶、航空航天、铁路车辆、冶金设备等产品领域之外的大多数行业，具有很强的代表性。机电产品发展的高新技术化、机电一体化、电子信息化、设计新颖化趋势，在本期展会上体现得更加明显，新概念、新能源、个性化产品令人耳目一新。在海信集团展位上，3D 电视、LED 电视取代了以往传统的液晶电视；深圳高新奇公司开发的一款手机，只需用户设定好礼拜时间，手机到时就会自动开始诵读古兰经，这种贴心设计的产品受到阿拉伯地区客商的青睐。广交会众多企业、产品、客商和信息的汇集，为我们全面了解机电企业、摸清市场信息、把握出口走势、及时发现问题提供了难得机会，也为今后研究制定政策、当好领导参谋助手提供了有力依据。

2. 有助于指导企业做好自主创新和结构调整。广交会按产品、行业划区布展，一种产品往往会有十几家甚至几十家企业同台竞争，产品同质化特点明显，竞争十分激烈。要跳出同质性竞争，避免价格战，企业的技术进步和产品结构调整就必须更有针对性，尤其要做好新产品的开发和升级换代，突出自主创新、自主品牌、自主营销。在一期广交会上，我们深切感受到，到会企业无论是知名大企业还是一般中小企业，凡重视技术创新、注重推出新产品、坚持走"以新取胜"和"以质取胜"路子的，客商关注度就高，成交情况也就较好。同时，我们也欣喜地看到，山东一些企业通过产品开发、技术升级，在市场竞争上占得了先机。济南好为尔机械有限公司通过引进消化吸收创新开发的食品加工机械，专门定位于出口欧美发达国家高端市场，为麦当劳、肯德基等西方快餐店提供食品加工装备，由于该厂产品开发早并且具有一定核心技术，目前在国内尚没有同类竞争厂家，出口效益可观。文登威力工具厂近年来一直注重培育品牌效应，出口产品坚持标注"迈泊"商标，主打自主品牌，从而大大提高了产品的市场知名度，现在，一副"迈泊"品牌活扳手要比国内其他同类产品报价高出 10% 以上。

3. 进一步看到了山东机电行业的差距。虽然山东参展机电企业总体数量不少，但行业分布极为不均，多数集中在机械、五金、工具、车辆、汽配等一些山东具有传统优势的行业，在电子产品领域特别是一些反映前沿科技的电子消费品领域，山东产品无论技术性能还是外观设计都与南方企业的产品存在差距，在参展企业数量上，差距反映得更加明显。在电子电气展区，山东仅 3 家企业参展；在电子消费品展区，山东同样只有 3 家企业参展，而且生产企业仅 1 家；在计算机及通信产品展区，甚至没有山东企业的踪影，这与广东、江苏、浙江、福建等省数量众多的企业抱团参展形成了巨大反差，反映出山东电子行业发展还存在着明显的薄弱环节。

三、从一期情况看 2010 年山东机电产品出口走势

广交会素有外贸出口"晴雨表"之说，广交会一期则可说是机电产品出口的风向标。从一期情况看，我们对全年机电产品出口走势持乐观态度。一是本届广交会一期接待客商较多，成交活跃，上半年山东机电产品出口快速增长的态势基本明朗，对此出口企业普遍信心较强。二是历年来的规律也预示 2010 年出口走势将看好。考察 2000～2009 年 10 年间机电产品出口的情况，一季度出口始终占全年出口的 19%～20%，即便是在金融危机发生的 2008 和 2009 年间，也没有发生过大的偏离。

综上所述，我们认为 2010 年山东机电产品出口可望实现较快的恢复性增长，结合广交会一期成交和一季度全省机电产品出口 92.3 亿美元、增长 40.1% 的实际情况，初步估计，上半年机电产品出口预计可达到 195 亿美元左右，全年出口预计将超过 450 亿美元，增长 35% 左右，高于全省出口平均增幅 10 个百分点以上。

表 1　　　　　　　历年一季度出口占全年出口比重一览表

年　份	一季度出口（亿美元）	占全年出口比例（%）
2000	6.0	19.3
2001	7.5	19.9
2002	9.9	19.7
2003	12.2	19.0
2004	18.8	19.3
2005	27.7	20.4
2006	38.4	20.7
2007	52.2	18.8
2008	77.7	20.2
2009	65.9	19.0
2010	92.3	预计 20

四、几点建议

一是进一步加大国际市场开拓力度。从广交会一期情况看，欧美、日本等传统市场复苏之路仍漫长曲折，新兴市场虽趋于活跃，但潜在问题多，风险较大。加大市场开拓仍是今后山东机电产品出口稳定外需、优化布局的重要举措。当前，南美、中东、非洲等市场复苏较快，山东应不知时机地加大新兴市场开拓力度，主动走出去开拓市场，巩固客商，建立网络。同时，鉴于新兴市场贸易环境较差、付款方式苛刻、风险较大的实际情况，建议山东省商务厅加大对新兴市场贸易风险防范和出口信用保险等方面的业务培训，加大政策支持，引导企业趋利避害，健康发展。

二是加大山东机电产品出口结构调整力度。进一步制定和完善扶持机电产品出口的政策，推动机电企业的技术进步和出口产品开发，提升传统出口产品的技术含量和附加值，加快电子、信息、通信等高新技术产品发展，提高出口效益。

三是进一步用好广交会这一平台。针对山东薄弱环节，在今后组织引导更多电子企业、外资企业参加广交会，通过广交会促进山东电子企业的发展和电子行业的技术升级，推动外资企业拓宽外销渠道，尽快缩小山东与先进省市的差距。

（作者：山东省商务厅　李民生　臧仁峰）

第十八篇　山东反补贴应对工作所面临的形势、问题及对策建议

在金融危机影响下，国际经济形势复杂多变，许多国家继续实施贸易保护措施，针对我国的贸易摩擦案件仍呈高发态势，山东出口产品也成为贸易摩擦的重点对象。继反倾销和保障措施后，反补贴调查不断扩散，成为国外遏制中国产品出口的重要手段。继 2004 年 4 月加拿大对中国首次反补贴调查以来，针对中国的反补贴调查案件不断快速攀升，并呈现出愈演愈烈的势头，美国、加拿大等发达国家对我密集发起反补贴调查，印度等新兴市场国家也跟随发起调查。在这种形势下，如何在遵循 WTO 反补贴规则和中国入世承诺的基础上，改善我国经济发展的外部环境，推动国际社会更多地认可和接纳中国经济快速发展的现实以及我国经济发展模式，清理和调整现行补贴政策，修改与完善反补贴立法，应对与化解反补贴诉讼，保护国内产业的安全，已成为摆在我们面前的一件重要而紧迫的任务。

一、当前我国反补贴面临的形势

（一）反补贴调查案件不断增加，我国连续多年成为首要目标国

2004 年 4 月 13 日，加拿大边境服务署立案对我出口立式户外烧烤架进行反倾销、反补贴调查，这是我国遭遇的第一起反补贴调查案，自

此针对我国的反补贴调查案件开始扩散。近两年来，美国、加拿大、欧盟、澳大利亚、印度等国家和地区对我密集发起反补贴调查。据世贸组织统计，2007年全球11起反补贴调查中8起针对中国，2008年全球16起反补贴调查中11起针对中国，2009年我国又遭遇了13起反补贴调查。2010年1~8月份，我国共遭受反补贴调查3起，其中2010年4月份欧盟对我铜版纸反补贴调查是欧盟对我发起的首例反补贴调查。截至2010年8月份，我国共遭受6个国家和地区发起的反补贴调查40起，其中美国25起，加拿大9起，澳大利亚3起，欧盟、南非、印度各1起。我国已成为全球反补贴调查的首要目标国。

（二）反补贴调查发起国采用不合理做法，主观提高反补贴税率

在不承认中国市场经济地位的情况下，美国等对我进行反补贴调查，并采用替代国、外部基准和可获得的不利事实等不合理方法计算中国涉案企业倾销幅度，造成了对中国企业的不公平待遇。从已经裁决的案件分析，美国的反补贴税率主要来源于政策性贷款、低价提供土地和低价提供原材料，通常占补贴率的80%以上。比如，美国商务部将中国所有商业银行贷给企业的贷款均认定为优惠贷款，从而认为存在补贴；以中国市场受到政府干预，没有形成有效的市场价格为借口，否定我国土地制度中的低价和国有企业提供的原材料价格，使得中国企业的补贴幅度被人为地大幅提高，极大地损害了中国涉案企业的利益。在对我反补贴调查中使用上述不合理做法的同时，还试图通过世贸组织规则谈判，将现行的不合理做法多边化、规则化。

（三）补贴调查项目不断增多，应对工作日趋复杂和艰巨

加拿大对我发起的第一起反补贴调查中，被调查项目仅为10多项，目前对华反补贴调查中，个案调查项目多达70项。目前，国外反补贴调查已涉及我金融、税收、投资、贸易、土地、资源配置、国企改革等多个领域的中央、地方经济政策150余项。而且，一旦某项政策措施被一个调查国认定为补贴，就会成为"既成事实"在该调查国和其他国家的后续案件中被引用。2009年以来，美国业界又多次提出对人民币汇率反补贴调查申请，一旦美国启动此项调查，我应对工作将更加复杂艰难。

（四）反补贴调查损害企业利益，影响政策措施实施

反补贴调查逐渐成为部分国家遏制我经济快速发展和出口增长、迫使我经济体制政策作出调整的工具。一是挤压政府运用补贴实现经济社会发展目标的空间。二是指控或被采取反补贴措施的调查项目涉及政府

宏观经济政策和制度，比如利用外资政策、特殊经济区政策、金融政策、土地使用及水电供给制度等，向我国经济制度发起挑战并企图影响和改变我宏观经济政策及措施。三是损害企业经济利益，削弱我国产业竞争力。由于频繁遭受反补贴调查，相关行业的出口产品受阻或出口成本增加，产业竞争力受到削弱，也损害了我国企业的经济利益。

二、山东遭遇反补贴案件的基本情况

（一）反补贴调查不断扩散呈蔓延态势

2006 年美国对华铜版纸反补贴调查是美国对我发起的第一起反补贴案，也是山东遭遇的第一起反补贴案。截止到目前，山东产品共遭受来自美国、加拿大、欧盟、澳大利亚和印度 5 个国家发起的 20 起反补贴调查，占全国总数的 50%，涉案金额 8.7 亿美元。其中，2006 年 1 起，2007 年 2 起，2008 年 4 起，2009 年 10 起，2010 年以来共 3 起，2009 年以来山东的涉案件件数占全国的 81.3%。发起国已由美国、欧盟等发达国家不断扩散，蔓延到印度等新兴市场国家，山东已成为反补贴调查的重灾区。

（二）反补贴调查发起国主要是发达国家

除 2009 年印度亚硝酸钠反补贴案是由发展中国家发起外，其他反补贴案件均由发达国家发起，其中，美国 15 起，加拿大 2 起，澳大利亚和欧盟各 1 起。美国对山东产品发起反补贴调查案件 15 起，占案件总数的 75%，案值 8.1 亿美元，占比 93.1%，涉案产品包括钢铁及其制品、铜版纸、纺织品等，调查密度高、范围广、案值大，成为对我反补贴调查影响最严重的国家。

（三）反补贴调查发起形式以反倾销反补贴合并调查为主

山东共遭受反补贴调查案件 20 起，其中，由发达国家发起的 19 起案件都以反倾销反补贴合并调查方式提起，救济措施实施后，两税税率合并计算，企业难以承受，特别是 2009 年以来美加等国裁定的反倾销税和反补贴税越来越高。2010 年 1 月 21 日，美国对我输美钻管发起"双反"合并调查，初裁向我涉案企业征收 429% ~ 496% 的反倾销税，并征收 15.72% 的反补贴税，两税相加后税率最高超过 510%，迫使我产品基本退出美国市场。

（四）反补贴调查的主要指控对象是钢铁及其制品、铜版纸等大宗出口商品

山东涉案产品范围迅速扩大，从纺织品等劳动密集型产品逐步向高附加值产品扩散，主要包括铜版纸、钢铁及其制品等。且涉案金额在千万美元以上的反补贴案件15起，占比60％。在备受关注的美国油井管"双反"案和金属丝网托盘"双反"案中，山东涉案企业的涉案金额分别高达3.6亿美元和1.2亿美元，数额巨大；美国先后两次对我铜版纸进行反补贴调查，欧盟也于2010年首次对我国铜版纸进行反补贴调查，密集的立案调查，不仅给涉案企业造成影响，且危害并冲击我相关行业发展。

（五）贸易摩擦案件产生连锁反应

在全球经济衰退的影响下，频繁发生一个产品在多个不同市场遭遇贸易救济调查的现象，呈现出贸易救济调查发起国急剧扩散和各种不同贸易摩擦形式叠加使用的势头。继2008年1月加拿大对我标准钢管发起"双反"调查后，同年7月欧盟对无缝钢管发起反倾销调查，2009年10月美国又对我无缝钢管发起"双反"调查。美国于2009年4月对油井管发起"双反"调查，随后加拿大于8月对石油管材发起"双反"调查。这些不同国家对我发起的频繁叠加的贸易救济措施对我企业开拓多元化国际市场设置了障碍，增加了难度，使得山东企业面临产品积压、资金紧张、开工不足等运营困难局面。

三、山东应对反补贴主要措施

面对日趋严重的贸易摩擦形势，山东创新工作思路，加强协调联动，全方位开展贸易摩擦特别是反补贴应对工作，主要采取了如下应对措施：

（一）完善工作机制，努力做好反补贴调查应对工作

2010年7月5日，省政府办公厅印发了《关于建立山东省应对国际贸易摩擦联席会议制度的通知》（鲁政办字〔2010〕111号），山东应对国际贸易摩擦联席会议制度正式建立。联席会议成员单位涉及23个省直有关部门和中央驻鲁单位，办公室设在省商务厅，承担日常工作。联席会议制度使山东相关政府部门直到涉案企业，形成相互协调、各司其职、密切配合、优势互补的反补贴调查应对工作体系，按照规定的程序，及时有效地做好每一个反补贴案件调查的问卷填答、实地复核等应对工作，为山东做好反补贴应对工作打下了坚实基础，提供了制度保障。

（二）发挥网络优势，及时做好贸易摩擦信息服务

发挥山东国际商务网的优势，建立健全贸易摩擦应对信息系统，紧紧抓住案前预警、案中指导、案后跟踪三个环节，利用"四体联动"机制，做到关口前移，密切跟踪国外贸易保护主义发展趋势，全面了解山东主要贸易伙伴贸易政策及措施的调整和变化最新动向。利用商务部、相关进出口商会、行业协会及驻外机构等资源，在得到国外有关产业向其立案机关提出立案申请的信息后，第一时间内就将有关信息发布在山东国际商务网上，并通知相关部门和企业及时做好应对准备工作。目前，上网信息量超过 1 万条，日均访问量达到近 9000 次。

（三）积极主动配合，认真做好问卷填写和实地复核工作

对涉及山东的每一起重大案件，山东省商务厅都召开应对协调会，向有关部门与涉案企业介绍案件情况，辅导应对技巧，动员企业应诉，重点应对反补贴与"双反"调查案件工作。积极配合商务部做好实地核查工作，在美国对我复合编织袋"双反"调查、美国对我国薄壁矩形钢管"双反"调查、加拿大对我碳钢焊缝管"双反"调查、美国对原产我国的柠檬酸和柠檬酸盐进行"双反"调查等多起案件实地复核中，山东全力配合商务部，积极协调相关各级各部门，较好地完成了相关问题的回答和相关资料的递交。

（四）夯实基础工作，建立完善反补贴案件信息库

注重基础工作建设，对发生的涉及山东出口产品的反补贴案件情况进行逐一梳理，建立案件信息数据库，加强对案件的统计分析工作，做到全面及时了解每个案件的情况，分类统计案件基本信息及进展情况，密切关注涉案产品行业动态，为应对工作打下坚实基础。

（五）加大培训力度，提高反补贴应对工作能力

为不断提升山东国际贸易摩擦应对能力，做好反补贴应对工作，山东省商务厅多次举办反补贴调查应对培训班，邀请商务部公平贸易局领导前来指导授课，重点培训 23 个国际贸易摩擦联动工作机制成员单位相关处室负责人和市、县（区）商务主管部门分管领导与相关业务人员、行业办（协会）、大企业集团、中介组织等相关人员，提高各级部

门应对国际贸易摩擦的能力。通过培训，山东地方商务主管部门以及主要出口企业的领导提高了对国际贸易摩擦特别是反补贴应对工作的认识，有关业务人员了解了应对知识和技巧，山东反补贴应对工作队伍的素质有了新的提高。

四、山东反补贴应对工作存在的问题

（一）对反补贴应对工作认识不到位

由于 2006 年之前山东没有遭到国外反补贴调查，个别部门对目前的反补贴形势缺乏足够的认识和准备，部分政府官员对反补贴应对工作存在错误认识。主要表现有：一是认为中国有权根据实际情况制定相应的经济政策，其他国家无权干涉，无权过问；二是认为反补贴应对是分外之事，不愿配合调查，问卷填写应付了事；三是怕承担责任，在填写问卷和接受实地核查询问时担心自己填错或答错问题。

（二）应对金融危机期间出台的部分经济刺激政策明显违反 WTO 规则

入世之初，山东进行过一轮政策法规的清理，部分明显违反 WTO 规则的政策法规已经清理。金融危机发生后，山东各级各部门相继出台了许多经济刺激政策，为山东经济尽快摆脱金融危机影响发挥了重要作用，但是有些政策明显违反 WTO 规则，如部分市县出台的按出口实绩或出口增量给予补贴或奖励的政策，是 WTO 补贴和反补贴协议中规定的禁止性补贴，这就给其他成员国对我出口产品发起反补贴提供了事实证据。

（三）机构不健全，专业人才缺乏

目前，山东省商务厅内设进出口公平贸易处，负责全省应对包括反补贴在内的国际贸易摩擦工作。在 17 个地级市中，只有烟台和潍坊市商务局设有进出口公平贸易科，具体负责国际贸易摩擦应对工作，其他 15 个市局则将该项职能放在其他科（处）内，从事该项工作的人员多是兼职。另外，反补贴应对除了政府律师由商务部聘用外，涉案企业也需聘请律师指导，由于山东律师尚无应对反补贴的经验和能力，山东企业只能到北京相关律师事务所聘请律师，造成山东相关涉案企业应对成本过高等系列问题。

（四）企业应诉不够积极主动

除印度亚硝酸钠的反补贴案外，其他反补贴调查案件都是与反倾销调查合并进行，由于企业应诉积极性不高，最后裁定的税率都比较高，反倾销税和反补贴税两税合并税率高达 100% 以上，有的甚至超过 500%。从已发生的案件看，绝大多数案件"双反"裁决后我相关产品就因高税率不得不退出调查国市场，不但给涉案企业造成严重损失，对行业发展也造成了严重的危害。

五、对策建议

（一）熟练掌握并有效运用 WTO 反补贴等规则

熟悉规则是有效应对反补贴调查的基础和前提，有效运用反补贴规则是应对工作的关键。一是加强 WTO《补贴与反补贴协议》以及 WTO 争端解决机制等基本问题的研究，特别是加强对我频繁使用反补贴措施的国家和地区反补贴法及其判例的研究，熟练掌握其反补贴法律规则与制度，明确权利与义务，澄清认识上的误区，积极利用 WTO 争端解决机制的运行规则和机制，有效抵制外国反补贴措施的滥用，并对他国的补贴提起反补贴申请，以保护我国相关产业的利益和安全。二是对频繁使用反补贴措施的国家和地区，比如美国、加拿大、欧盟等，加强对其反补贴动向的监控与跟踪，密切关注国外反补贴调查的重点产品、重点产业和重点国家和地区等信息，分析其趋势和特点，提前做好反补贴调查的各项应对准备工作。

（二）对现行的经济政策进行梳理调整

目前山东部分鼓励和扶持产业发展、促进贸易结构优化的政策及措施在形式、内容及文字表述方面都存在一些问题，个别市（县）政府仍在出台鼓励出口的禁止性补贴措施，很容易被国外指控或认定为违反 WTO 的反补贴协议。为避免授人以柄，减少贸易摩擦，更主动更有效地应对国外反补贴调查，建议地方政府有关部门尽快摸清家底，并设立专门的补贴评估机制，对本地本级政府的补贴政策进行专业评估和规范，按照 WTO 协议和我国入世承诺及时调整相关补贴政策，对本地与世贸组织规则不符的政策和措施进行梳理和规范。各地政府部门在制订招商引资的优惠政策时，熟悉并掌握《补贴与反补贴协议》和我国入世承诺，及时取消禁止性补贴，合理利用可诉补贴，充分运用不可诉补贴。在此基础上，各部门对网站进行更新，对涉嫌禁止性补贴的，要尽快修改或废止。

（三）加强机构和人才建设

根据反补贴应对工作的实际需要，建议各相关部门配备必要的专业人员，确定专门机构和人员负责调查问卷、复核等应对工作。各市、县商务主管部门要有专门应对机构，配备专业人才，加强对本地反补贴工作的协调和指导。加强应对反补贴律师队伍建设，提高山东律师应对反补贴工作的水平和能力。

（四）设立反补贴应对专项资金

近年来，国外反补贴特别是"双反"合并调查案件急剧增加，对出口企业的正常经营造成严重影响，同时大幅增加了政府部门的工作量，造成工作经费不足。借鉴兄弟省市的做法，建议设立山东应对国际贸易摩擦特别是反补贴应对工作专项资金，主要用于政府和涉案企业聘请律师，组织协调相关部门应对国外对山东反补贴调查，国外调查官员反补贴实地核查时的外事接待，组织企业到国外参加听证会和游说，对受反补贴影响较大的企业在应诉方面给予扶持，对联席会议成员单位和地方商务部门的工作给予资金支持。

（五）进一步加大培训工作力度

有针对性地培训政府相关部门和重点行业、企业，通过规则培训、情况通报、专题研讨、案例分析、经验交流等多种方式，深入普及WTO有关法律法规、补贴与反补贴知识，了解地方反补贴政府答卷和政府复核的应对程序、原则和方法，尽快熟悉游戏规则。培养各级各部门业务负责人员，以积极务实的态度面对反补贴诉讼，增强应对反补贴的主动性和自觉性，提升省内各方面对反补贴应对工作的敏感性和主动性，确保应对工作的顺利开展。

（作者：山东省商务厅　吕　伟　王玄瑜　姜宝臣　郭颖颖）

第十九篇　欧洲主权债务危机对山东出口的影响及对策

近期，由希腊债务危机引起的西南欧五国欧洲主权债务危机受到全球关注。从目前形势看，虽然欧洲主权债务危机走势仍不明朗，对世界经济乃至全球贸易的进一步影响仍有待观察，但它引发了对世界经济"二次探底"可能性的担忧。尽管目前欧债危机对外贸出口影响尚未集中显现，欧盟作为中国最大出口市场、山东第二大出口市场（2006～2008年为第一大出口市场），欧盟经济走势对山东2010年出口目标的完成十分关键。为此，我们应认真分析本次欧债危机对山东外贸出口可能产生的影响，未雨绸缪，积极应对。

一、欧洲主权债务危机走势及影响

主权债务是指一国以自己的主权为担保向外借来的债务。2008年全球金融危机爆发以来，全球依靠宽松的财政和货币政策度过了金融危机，但后遗症也开始显现。2009年12月，希腊政府承认其公共债务高达3000亿欧元。随后，欧洲的其他国家葡萄牙、爱尔兰、意大利和西班牙也都预报未来三年财政预算赤字居高不下，整个欧盟都受到主权债务危机困扰，欧元开始大幅下跌，欧洲股市暴挫。为了避免刚刚复苏的欧洲经济乃至世界经济受欧债危机的拖累，欧盟和IMF共同推出了一揽子救市方案，但是出于对该计划可能带来的恶性通货膨胀以及欧元体系可能崩溃的担忧，欧股和美股再次陷入暴跌之中，欧元疲软态势显著。随着救助计划的实施，直至近日，欧洲经济局势才渐趋稳定，但欧元疲软的态势仍未见根本性起色。2010 年以来，欧元对美元贬值 19.3%，对人民币已经贬值 16.5%。

在国际社会的通力合作下，这次危机将会逐渐平息，欧洲经济甚至全球经济"二次探底"的可能性已大大降低。但欧洲主权债务危机的影响是多方面的：首先，欧洲主权债务危机进一步延缓欧盟经济复苏速度，增加了世界经济复苏的难度和不确定性。受债务危机影响，目前欧元区国家采取的紧缩财政政策今后可能拖累欧元区以及与欧元区有密切贸易关系的国家和地区的经济景气，从而拖累欧洲经济的复苏步伐，影响世界经济复苏进程。作为美国的主要贸易伙伴之一，欧盟的巨额救助计划会加大欧元对美元中长期的贬值压力，这将导致美国对欧盟出口减少，影响到美国经济恢复。欧元贬值以及欧盟经济复苏速度放缓会导致一些以出口拉动的新兴经济体出口欧盟市场的难度加大，这将拖累新兴经济体的经济复苏进程。其次，欧盟需求有可能再向低迷。欧债危机使得欧盟很多国家面临着缩减政府开支的局面，不管是削减开支，还是增加税赋，必然抑制国内消费，再加上就业状况难以好转，居民可支配收入增长缓慢，造成欧盟消费需求疲软。欧盟近期经济增长主要依赖于外部出口的拉动，近期欧元的持续走低也是促进欧盟出口增加的重要因素，尽管受到出口增加的支持，然而欧元区零售销售的徘徊表明消费者需求仍没有改善。

主权债务危机对经济和社会的影响是多方面的，不仅会显著增加经济复苏的难度和不确定性，而且有可能会使经济陷入长期的调整。20世纪80年代拉美各国经济停滞不前，90年代日本经济的徘徊低迷在很大程度上与其巨额的政府债务有关。新世纪以来，美国巨额财政赤字和巨额国债居高不下，中长期美国发生财政和国际收支危机的风险也在加大，世界最大经济体的经济复苏之路依然布满荆棘。

二、欧债危机对山东外贸出口的影响不容忽视

2010 年 1 ~ 5 月份，山东对欧盟出口 65.8 亿美元，同比增长

28.1%；与金融危机前的 2008 年 1～5 月份相比，增长 2.1%。5 月份，山东对欧盟出口 15.7 亿美元，同比增长 39.8%，比金融危机前的 2008 年 5 月增长 11.9%，创自 2008 年 11 月份以来 19 个月新高。前五个月，山东对欧盟出口企业 8263 家，比 2009 年同期增加 654 家；出口企业主要集中在机电产品、高新技术产品、纺织服装、农产品等行业。山东对欧盟出口仍保持快速增长，主要基于以下原因：一是受 2010 年客商补库存的影响，在手订单较为充足。在第 107 届广交会上，对欧盟出口订单呈现恢复性增长态势，且企业对欧盟出口的订单大都为 2010 年 6、7 月份前交货。二是欧元贬值或人民币对欧元升值并不会马上导致我对欧盟出口的下降，出口企业担忧欧元进一步贬值会加快出口，欧盟进口商也会加快进口，一段时间内反而会刺激出口增长。

从短期看，欧债危机和欧元走弱对部分外贸出口企业的负面影响已经显现，主要表现在影响对欧出口订单和结汇损失。首先，部分外贸企业在 2009 年底时因为担心人民币兑美元升值而考虑用欧元来进行结算，欧元贬值最直接的就是蚕食掉出口利润，部分企业因汇率变动蒙受了不小的损失。潍坊埃孚光伏制造有限公司对欧洲出口均以欧元结算，从 2010 年 1 月份到目前为止，已出口 1700 万欧元（与 2009 年全年出口额相当），但由于欧元贬值带来的汇兑损失已达千万元。山东金城医药化工股份公司对伊朗出口采用欧元结算，预计 2010 年对伊出口 2000 万元左右，汇率损失在 60 万～70 万元左右。金晶集团有限公司目前对欧盟出口在手订单的直接经济损失已经超过 100 万元。其次，部分外贸企业所接欧盟订单有的要求延迟交单，有的减少订单数量，有的甚至取消订单。济钢前五个月对欧盟出口 2242 万美元，占该企业总出口额的 20% 左右，欧债危机使目前出口欧盟订单全无，只能放弃该市场。青岛美极公司在第 107 届广交会与欧盟所签低端鞋类订单大约 50% 撤销，金额约 300 万美元。东岳集团反映，欧元贬值导致该公司产品报价比欧洲本地供应商的价格都高，部分订单无法成交，出口欧盟订单约减少 10%，数额约 300 万人民币。金晶集团有限公司反映，由于欧元贬值，目前欧洲普通玻璃的价格已经基本和国内价格持平，该公司产品基本无法出口到欧盟市场。

从长期看，与欧元贬值带来的损失相比，目前企业更担心的是欧盟国家采取的紧缩政策，将引起欧洲市场的萎缩，对欧出口形势有可能进一步恶化，下半年欧洲订单出现大幅下滑。主要表现在以下方面：一是欧债危机影响欧盟经济增长，降低对我产品需求。为应对危机，欧盟各国进一步收缩公共财政支出，居民收入减少，这必将导致对国际商品需求的下降。在财政紧缩和收入减少的情况下，人们容易产生通缩预期，消费热情将更受打击。二是人民币升值对我出口的累积效应将更加明显。一方面，由于跟随美元升值，人民币实际有效汇率还会继续小幅升值，人民币对欧元仍将呈现升值态势。另一方面，随着欧元兑美元的大幅贬值，亚洲与我国产业结构较为接近的韩国、中国台湾、印度尼西亚、马来西亚等国家（地区）的货币都出现了较为明显的贬值，由此可能挤占我出口市场份额。三是由国内劳动力工资上涨和原材料涨价引发的企业生产成本上升进一步减弱我对欧出口商品竞争力。四是日益增多的技术壁垒及贸易摩擦使我对欧盟出口环境更加严峻。当前欧盟国家拥有的技术标准达 10 多万个，技术性壁垒给山东出口带来了极大负面影响。五是补库存结束也可能迫使我对欧盟出口放缓。从历史情况看，补库存周期长约 9～13 个月，按此推算，本轮补库存在 2010 年三季度末结束的可能性较大，届时，我对欧盟出口增速可能趋缓。

三、应对危机的对策建议

一是采取金融杠杆手段，防范汇率波动带来的经营风险。企业签订合同时，尽可能用美元结算规避汇率风险；如签订部分欧元合同，可采用银行远期结售汇汇率向客户报价，以便确定订单后能够锁定客户报价汇率，或者采取签订汇率补差合约等方式降低汇率风险。从结算方式看，采用尽快结汇、提前收汇或预收货款应对人民币升值对出口带来的不利影响。

二是深入实施市场多元化战略，大力开拓新兴市场。山东出口主要依赖美国、欧盟、日本和韩国等传统市场，出口市场过于集中。此次欧债危机再一次为山东出口企业敲响警钟。我们要继续推进实施市场多元化战略，鼓励和支持企业到新兴市场参展办展，深度拓展拉美、中东欧、东南亚等新兴市场；引导企业利用好现有的区域次区域合作机制，扩大与区域内新兴市场的贸易往来。

三是调整出口结构，提高企业综合竞争力。通过加大新品开发力度来提高产品的技术含量和附加值，扩大自主知识产权、自主品牌、高附加值产品出口，形成自己出口产品的特色，提升企业的议价能力，增强国际综合竞争力。

四是密切关注欧盟经济和欧元走势，适时稳妥"走出去"。欧盟经济疲软加上欧元贬值，投资成本明显降低，并购条件明显改善，给部分企业并购欧洲企业、品牌和营销网络也带来了机遇。企业可以尝试开展小规模跨国并购和股权投资，以低价掌握下游市场和销售渠道，直接进入欧盟市场，拓宽营销渠道，提高市场占有率。

（作者：山东省商务厅　秦海峰　蔡培安）

第二十篇　山东省出口贸易竞争力分析

改革开放以来，山东省出口贸易的发展取得了巨大进步，出口数量不断增加，贸易顺差也不断扩大。2009 年山东进出口总额达 1386.04 亿美元，比 1978 年增长近 160 倍，其中出口 795.65 亿美元，较 1978 年约增长 95 倍。[①] 与此同时，面对日益激烈的国际竞争和层出不穷的贸易壁垒的严峻挑战，山东出口贸易的发展将面临更大考验。在世界贸易自由化不断发展的背景下，有必要对山东的出口贸易竞争力进行深入分析，找出山东出口贸易存在的问题，从而促进山东对外贸易的健康发展。

一、山东省出口贸易竞争力实证分析

目前，研究和评价一个国家或地区的出口贸易竞争力的指标主要有市场占有率、贸易竞争力指数、出口商品结构转换率、竞争优势指数等，本文主要通过其中几个重要的指标来分析山东的出口贸易竞争力。

（一）市场占有率

国际市场占有率是指一个国家或地区的外贸出口总额占世界出口总额的比重，它反映该国家或地区在国际市场竞争中所具有的竞争实力。

$$WMS_{ij} = X_{ij}/X_{wj}$$

---

① 根据《山东统计年鉴》整理、计算。

X_{ij} 表示 i 国或地区商品 j 的出口量；X_{wj} 表示整个世界商品 j 的出口总量。

国内出口市场占有率①是指某省某商品的出口额占全国该商品出口总额的比重，反映了该省该商品在全国各省市间的相对竞争优势。

$$MS = X_{aj}/X_{ij}$$

X_{aj} 表示 a 省商品 j 的出口额；X_{ij} 表示 i 国商品 j 的出口总额。

21 世纪以来，山东的国际市场占有率一直保持增长，2000 年山东的出口总额为 155.3 亿美元，国际市场占有率为 0.002497，到 2009 年山东的出口总额达到 795.65 亿美元，国际市场占有率为 0.006471，约是 2000 年的 2.6 倍。由图 1 可知，2000 年以来，山东、广东、江苏、浙江的出口商品的国际市场占有率都呈现上升的趋势。山东的国际市场占有率虽然有了一定程度的提高，但是与上述其他贸易大省相比，还有很大的差距，且增长的速度也远低于上述省份。2009 年，广东、江苏、浙江的国际市场占有率分别为 0.029195283、0.016205205 和 0.010818463，分别是山东的 4.5、2.5 和 1.67 倍。

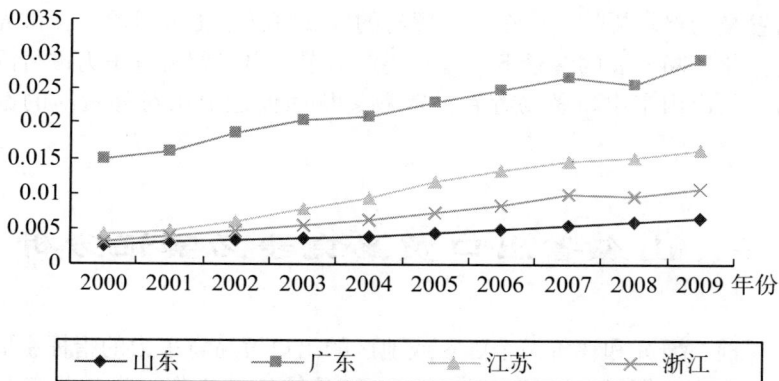

图 1　山东省国际市场占有率概况及地区比较

数据来源：根据《中国统计年鉴》、《山东统计年鉴》数据整理。

---

① 本文在常用指标"国际市场占有率"的基础上，根据本文研究目的重新设计指标"国内出口市场占有率"用以衡量山东省商品在全国各省市间的相对竞争优势。

从表 1 可以看出，在国内省外销售市场占有率方面，尽管广东省国内省外销售市场占有率呈缩小的趋势，但始终处于主导地位。江苏、浙江和山东的国内市场占有率相对比较稳定，2009 年三省的国内市场占有率分别为 16.58%、11% 和 6.6%。尽管山东的国内省外销售市场占有率高于中国省市的平均比例，但是仍然无法与上述省份相匹敌。

表 1　　山东、广东、江苏和浙江的国内省外销售市场占有率比较 单位：%

年份	2003	2004	2005	2006	2007	2008	2009
山东	0.060612	0.060405	0.060525	0.06048	0.061776	0.065226	0.06621
广东	0.348813	0.322875	0.312546	0.311642	0.303161	0.282882	0.29871
江苏	0.134893	0.147457	0.161378	0.165559	0.167268	0.166634	0.16581
浙江	0.094911	0.09799	0.100788	0.104128	0.112471	0.108015	0.11069

数据来源：根据《中国统计年鉴》、《山东统计年鉴》数据整理所得。

（二）贸易竞争力指数

贸易竞争力指数，即 TC（Trade Competitiveness）指数，是一国或一个地区进出口贸易的差额占进出口贸易总额的比重，是衡量一个国家或地区出口竞争力的一个重要指标。

$$TC = (X_{ij} - M_{ij})/(X_{ij} + M_{ij})$$

X_{ij} 表示 i 国或地区商品 j 的出口总额，M_{ij} 表示 i 国或地区商品 j 的进口总额。当 TC < 0 时，$X_{ij} - M_{ij} < 0$ 表示该国家或地区的该种商品进口大于出口，出口贸易竞争力较弱，当 TC = -1 时表示出口贸易竞争力达到了最低点，TC 指数越接近于 -1 表示竞争力越薄弱；当 TC > 0 时，$X_{ij} - M_{ij} > 0$ 表示该国家或地区的该种商品出口大于进口，出口贸易竞争力较强，当 TC = 1 时表示出口贸易竞争力达到了最高水平，TC 指数越接近于 1 表示出口竞争力越强。[1]

1. 出口总体竞争力分析与地区比较。2003 年到 2009 年山东的贸易竞争力指数在 0.14～0.25 之间波动，这表明山东总体的对外贸易具有一定的竞争力。从表 2 可以看出，浙江省的贸易竞争力指数始终位居四个省份之首，从 2003 年到 2009 年相对比较稳定；江苏省和广东省的贸易竞争力指数经短期的下降后迅速上升，直至 2009 年略有下降，这表明

---

① 汪素芹：《我国工业制成品出口贸易结构与竞争力实证分析》，载《国际贸易问题》2005 年第 6 期。

这两个省份近几年的出口贸易竞争力总体呈上升趋势；2006 年来，山东的贸易竞争力指数呈现降低的趋势，2006 年山东的贸易竞争力指数在四个省份中排第二，而 2009 年则降为最后一位，其数值仅为 0.148。

表 2　　　　山东、江苏、浙江和广东的贸易竞争力指数对比　　　单位：%

年份	2003	2004	2005	2006	2007	2008	2009
山东	0.189917	0.181852	0.20212	0.2308789	0.226543	0.178349	0.148097
江苏	0.040563	0.024229	0.07902	0.1297312	0.165243	0.213654	0.176058
浙江	0.354647	0.364676	0.43035	0.4501853	0.450561	0.461426	0.41706
广东	0.0782	0.072835	0.11298	0.1454740	0.164693	0.182848	0.174752

数据来源：根据《中国统计年鉴》、《山东统计年鉴》数据整理所得。

2. 不同出口贸易结构的竞争力分析。出口贸易结构在很大程度上影响一国或一个地区的出口贸易竞争力。从出口产品的结构来看，山东初级产品的贸易竞争力指数为负值，其绝对值逐年变大，这表明初级产品出口的国际竞争力比较弱并呈逐年下降的趋势；工业制成品的贸易竞争力指数在 0～0.19 之间波动，并表现出上升的趋势，这表明山东的工业制成品的出口具有的竞争力已经超过世界平均的工业制成品的竞争力，并且这种竞争力在逐年加强，但是与其他贸易大省相比还存在一定的差距。2007 年江苏省的工业制成品的贸易竞争指数为 0.21，同年山东为 0.188。从不同的贸易方式来看，山东的一般贸易出口和加工贸易出口都具有较强的国际竞争力，不同的是一般贸易的竞争力呈现下降的趋势而加工贸易的竞争力有上升的趋势，2007 年加工贸易的竞争力超过一般贸易，因此，在今后发展中山东应更注重保持和提高一般贸易的竞争力。

表 3　　　　2002～2009 年山东省不同出口贸易结构的竞争力指数　　　单位：%

年份	初级产品	工业制成品	一般贸易	加工贸易
2002	−0.1061225	0.0344371	0.3890306	0.2435424
2003	−0.2448598	0.0894198	0.2765376	0.2203056
2004	−0.3562387	0.1361437	0.2366884	0.2426628
2005	−0.3901997	0.1483782	0.2887029	0.254087
2006	−0.4711033	0.1882435	0.3162953	0.2721784
2007	—		0.2640505	0.2791622
2008	—		0.1788597	0.2815884
2009	—	—	0.088792	0.302844

数据来源：根据《山东统计年鉴》数据整理。

3. 出口主要商品的贸易竞争力分析。在山东的出口贸易中，出口数量较大的产品为纺织服装、农（副）产品、机电产品和高新技术产品。山东的纺织服装产品具有很强的竞争力并呈现上升的趋势，这主要是由于技术进步所带动的；农副产品的出口贸易竞争力比较强，但是近几年总体呈现下降的趋势；从整体趋势来看，机电产品和高新技术产品这两大类产品的贸易竞争力指数已从原来的负值变为现在的正值，这说明这两大类产品的贸易竞争力在增强，且现在已有一定的出口竞争力。

表4　　　　2002~2009年山东省出口主要商品的贸易竞争力指数　　单位：%

年份	纺织服装	农（副）产品	机电产品	高新技术产品
2002	0.66	0.3290978	0.0161616	−0.237458
2003	0.6977273	0.2485769	−0.0015504	−0.216285
2004	0.7240039	0.2269032	0.078203	−0.105925
2005	0.7510305	0.159396	0.1294215	−0.001175
2006	0.7784215	0.1475178	0.2111111	0.152889
2007	0.806536	0.1642542	0.2607906	0.068813
2008	0.831567	0.061138	0.263521	0.070897
2009	0.825305	0.075991	0.234242	0.065056

数据来源：根据《山东统计年鉴》数据整理。

（三）出口商品结构转换率

一国或地区的出口商品结构转换率一般用高新技术产品的出口额或工业制成品的出口额占一国或地区总出口额比重的变化来表示，是用来评价出口商品竞争力发展趋势的指标。

$$X_s = (X_{ij}^t / X_i^t) / (X_{ij}^0 / X_i^0)$$

X_{ij}^t、X_{ij}^0分别为i国家或地区的工业制成品或高新技术产品j在报告期和基期的出口额；X_i^t、X_i^0分别为i国家或地区在报告期和基期的出口总额。如果$X_s > 1$表示出口商品结构的改善和提高，意味着出口商品竞争力的增强。如果$X_s < 1$表示出口商品结构恶化，竞争力也在衰退。[1]

① 刘梅：《河北省出口商品国际竞争力的实证研究》，华北电力大学硕士论文，2004年。

2004 年以来，山东工业制成品出口占出口总额的比重逐渐变大，结构不断优化。从表 5 可知，工业制成品的结构转换率在逐年增加，这表明山东的工业制成品总体的竞争力不断增强。高新技术产品和机电产品各年的结构转换率均大于 1，且在数值上越来越大，这表示山东的高新技术产品和机电产品的出口潜力比较大，出口具有较强的竞争力。

表 5　　山东省工业制成品、高新技术产品和机电产品的结构转换率
（2003 年为基期）　　　　　　　　　单位：%

年份	2004	2005	2006	2007	2008	2009
高新技术产品	1.197707	1.585565	1.906538	1.942363	2.531554	2.964574
机电产品	1.118028	1.210625	1.303709	1.521756	1.70186	1.77204
工业制成品	1.030075	1.042607	1.06391	—	—	—

数据来源：根据《山东统计年鉴》数据整理计算。

二、山东省出口贸易竞争力现状分析

（一）出口贸易竞争力不断上升

从市场占有率的角度分析，山东的国际市场占有率从 2000 年的 0.002497 增长到 2009 年的 0.006471，市场占有率的提高表明山东的出口竞争力在增强；从贸易竞争力指数的角度看，山东工业制成品的贸易竞争力指数总体呈上升趋势，机电产业和高新技术产业的贸易竞争力指数均从负数增长到正数，这表明山东的出口结构不断优化，出口竞争力在不断提高；最后从出口商品结构转换率的角度来看，山东工业制成品、高新技术产品和机电产品的结构转换率均呈现上涨的趋势。

（二）出口总额和贸易顺差不断增大，但市场占有率相对较低

虽然山东出口产品的总额和贸易顺差不断扩大，但总体的贸易竞争力没有明显的提高，出口总体的贸易竞争力指数并不稳定，且从 2006 年到 2009 年呈现下降的趋势。从市场占有率方面看，尽管近几年山东市场占有率呈上升趋势，但是总体国际市场占有率与其他贸易大省相比仍比较小。2009 年，广东、江苏、浙江的国际市场占有率分别为 0.029195、0.016205 和 0.010818，而山东仅为 0.006471。

（三）出口商品结构虽然不断优化，但还不尽合理

虽然在山东的出口贸易中，工业制成品的比重不断上升，从2000年的78.3%到2006年的84.9%，但是这只表示山东的出口结构在不断优化，出口的竞争力在不断增强，却不能表示山东商品结构已经合理。山东与广东、江苏等其他出口贸易大省相比，初级产品出口的比例还很大，江苏省2006年工业制成品的出口额占总出口额的98.7%，而山东只有84.9%。此外，虽然山东的高新技术产品出口的贸易竞争力指数已由负值增长为正值，但是目前贸易竞争力指数还很小，2009年仅为0.065056，同年江苏省的高新技术产品的贸易竞争力指数为0.20476。

（四）出口商品技术含量较低，企业缺乏自主知识产权

近几年，山东出口的技术产品份额不断变大，但总体出口商品的技术含量相对较低，出口的产品大多没有树立良好的品牌形象，很多都是"贴牌"，特别是农产品和纺织品出口，这严重影响了山东出口贸易的竞争力。此外，山东省出口企业技术创新能力不足，缺少自主知识产权。由于上述原因及其他原因的影响，山东的出口贸易不断遭受世界各国的技术贸易壁垒。加入WTO以后，我国的出口受国外技术壁垒的限制更加严重，其中山东是受技术贸易壁垒影响比较严重的省份之一。据国家质检总局调查，2009年我国有34.3%的出口企业受到国外技术性贸易保护措施不同程度的影响，全年出口贸易直接损失574.32亿美元，其中山东的直接损失占全国总额的38.81%，是遭受国外技术贸易壁垒最严重的省份。① 从贸易竞争力指数来看，农副产品竞争力不升反降，这说明面对层出不穷的各种绿色壁垒、技术壁垒，山东农副产品贸易的发展已面临严峻挑战，竞争优势有所衰减。

三、山东省提高出口贸易
竞争力的对策建议

近几年，山东出口商品总体在国际市场上有一定的竞争力，出口商品的结构不断优化。但是，山东的出口贸易还存在着许多亟待改善的问题，与广东、江苏、浙江等省的外贸发展水平相比，仍处于明显的落后

---

① 中国质检网。

地位。我们应该抓住经济复苏的契机，不断提高山东的出口贸易竞争力，确保山东经济有序稳定的发展。

（一）深入贯彻实施科技兴贸战略和"出口农产品绿卡行动计划"

在经济复苏的时期，山东应进一步贯彻、落实科学发展观，加快转变贸易增长方式，不断优化出口商品结构，从而完成山东从"贸易大省"向"贸易强省"的跨越。在取得的成绩的基础上，深入贯彻"出口农产品绿卡行动计划"，加大资金投入、扩大实施规模、增加实施企业，从农业生产的源头抓起，严格监控与管理生产过程，保证生产的农产品达到进口国农产品质量安全标准要求，争取从根本上解决农产品出口受阻的问题，全面提升山东农产品在国际市场的竞争力。

（二）优化产品结构和产地结构，促进出口贸易的平衡

山东的出口贸易表现出极度的不平衡，主要表现在出口商品结构的不平衡和生产地区的不平衡。一方面，山东应该继续保持自己在资源密集型和劳动密集型产品中具有的比较优势，加快和鼓励发展资本密集型产品和技术密集型产品，争取使各种类型的产品出口齐头并进。另一方面，充分利用和发挥青岛、烟台和威海的龙头带动作用，积极协调和扶持其他地区出口贸易的发展，研制有地区特色的产品、创建有地域风情的品牌，有效地规避贸易壁垒，提高出口贸易竞争力。

（三）加强对中小外贸企业的扶持，完善出口信用保险

要注重中小外贸企业在对外贸易中的重要地位，深入贯彻实施《山东省中小外贸企业融资担保专项资金管理实施办法》，加强对中小外贸企业的监管和补贴，确保外贸企业的外贸业务顺利进行。与此同时，不断完善出口信用保险机制，为山东的外贸企业者直接出口提供保障。首先，政府要广泛宣传出口信用保险的作用，让企业认识到利用出口信用保险是规避市场低迷等风险的有效途径。其次，山东应制定完善、专项的出口信用保险方面的法律，实行企业自主选择投保制度。最后，要有重点地对不同的企业在信用保险方面提供不同的优惠政策，着重于信用好、具有比较优势或高新技术产品出口的国有大中型企业集团，放宽对民营企业及外资企业的服务范围。

（四）大力吸引外资，提高外资对山东省贸易发展的贡献率

多年来，外资企业出口一直是山东出口的主要力量，在全省的出口总额中占据半壁江山。外商直接投资的行业主要为第二产业，整体上有利于山东出口贸易竞争力的提高。山东应该通过改善投资软环境、加强基础建设等措施，大力吸引外商对山东的直接投资，正确引导外资的流向，充分调动和发挥外资企业的出口能力和外资企业的技术外溢效应，不断提高外资对山东省贸易发展的贡献率。

（五）充分利用自己的地理优势，加强鲁日韩次区域经济合作

日韩一直是山东省的重要贸易伙伴，2009 年山东省对日韩的出口总额占全省出口总额的 28%。山东应该充分利用自己的地域优势，重视并加强鲁日韩次区域经济合作。一方面，山东省应在建立山东半岛城市群的同时，加强与日本九州地区和韩国西南沿海地带的经济交流和贸易往来，进一步促进山东出口贸易的发展和出口竞争力的提高。另一方面，鼓励鲁日韩跨国企业之间的经济合作。实现鲁日韩跨国企业间共享信息、共同开发市场的良性体系。山东企业通过"走出去"战略和不断学习韩、日企业的生产技术、经营管理方面的经验，逐步提高产品质量，实现出口竞争力的提升。

（作者：山东大学经济学院 范爱军 赵 琳）

第二十一篇 从"用工荒"看山东加工贸易转型升级

　　随着世界经济进入后金融危机时期，逐渐回升的经济发展温度使得加工贸易国外订单不断增多，危机期间大批返乡的企业工人又频接加工贸易企业递来的"橄榄枝"，招工用人启事多见诸报端。但与危机前的景象相反，劳动力回流势头并不像人们想象的那样汹涌，相反的是企业招工困难，用工不足，甚至出现"用工荒"。这种现象尤以广东、浙江为甚，2009年7月份以来，珠三角、长三角地区相继出现用工短缺，至今未能有效缓解。在山东，作为人口大省，历来以吸纳劳动力为特点的山东加工贸易也面临用人捉襟见肘、产业开工不足的困境。过去庞大的劳动大军哪去了？是劳动力供给缩水，"刘易斯拐点"已经到来而"人口红利"走向衰减？还是供给结构失衡所致？或为用工制度滞后？"用工荒"究竟是一种伪现象还是真现象，是局部问题还是全局问题？专家学者们可谓见仁见智。但无论原因何在，从加工贸易自身来看，现有的加工贸易发展模式和用工制度已经与形势新的发展形成极大的不适应，加快调整势在必行，而"用工荒"问题的破解将在一定意义上成为加速加工贸易转型升级步伐的重要动力因素。

一、"用工荒"现象形成的主要原由

　　从一般意义上说，"用工荒"意味着劳动力市场表现为用工供给小于需求，劳动力资源紧缺。但我国作为人口大国，充裕的劳动力资源使得这一常规定律显得说服力不足，"招工难"与"就业难"并存的悖论现象引起众多关注，成为一个不可回避的热点问题。它关乎我国经济社会健康、可持续发展的问题，也关乎在国民经济中发挥半壁江山的加工贸易的生存与发展问题。因此，认真分析其产生的原因，找准问题的症结，以便对症治疗，解除困扰，对于保障我国包括山东加工贸易的发展具有积极的意义。笔者认为，"用工荒"产生的原因无外乎以下几方面：

（一）经济社会的发展与国家政策的调整

近几年，随着改革开放的发展，我国国民经济总量不断增长、经济质量不断提升，国家的综合经济实力不断增强，城乡两地发生了巨大变化，全面建设小康社会的步伐不断加快。根据形势的变化与社会发展目标要求，国家政策也在不断调整与完善，出台多项举措以促进经济社会和谐发展，由此催生了劳动力流动的新动向。从农村来看，农业税的取消、种粮补贴力度加大、新农村建设、农村社会保障制度的不断完善等多项支农惠农政策，使得农业生产、农村环境、农民生活状况不断改善，大大缩小了务工与务农的收入差距，当温饱问题得以解决后，农民的居家意识回归，漂泊在外的机会选择降低；从城市来看，最低生活保障制度的宽覆盖，社会养老、医疗、失业等保障制度的完善，最低工资制度标准的不断抬升，拉动消费政策的频出，等等，使得居民收入状况和保障程度得到改善，在一定程度上也减缓了劳动力的流动性。

（二）工资水平预期提高

改革开放30多年，我国经济快速发展，物质总量猛增，财富硕果累累，而分享改革开放的成果就成为人们的期待和社会公平发展的必然。在这种形势下，劳动力对就业工资水平的预期也随之发展变化。变化产生的原因主要基于以下两方面：一是我国经济快速发展抬升了工人工资预期。30多年的经济持续高位运行，使得我国GDP一跃超过日本，成为居美国之后的第二经济大国。依据市场内在发展规律，经济的高增长必然伴随劳动力的高收入，使得劳动这一生产要素得到不断优化以适应新的经济发展阶段需求。但就目前我国现状来看，工资收入的增长与经济发展不同步，甚至大大落后于经济发展的步伐，这就造成了不平衡表现和矛盾现象：工人创造价值越来越大，但自身价值却没有得到应有的体现，未能分享到不断丰富的劳动成果。教育部"金融危机对珠三角农民工的影响"课题项目的调查结果显示，在珠三角地区许多

209

企业，现在儿子打工和多年前父亲打工获取的是同样的工资报酬。据统计，2009 年外来务工人员平均月工资为 1677.8 元，比 2008 年增加 70 多元，① 增长 4.2%，而 2009 年尽管受国际金融危机影响，我国 GDP 增速仍旧达到 9.1%，是务工人员工资增幅的近 2 倍。这种现实与预期的对比反差，势必影响人们的择业态度与选择。二是消费成本增加抬升工人工资预期。外出务工首先要考量的就是工资收入与实际支出水平的权衡，这是最现实的问题。低工资收入不仅使得劳动力难以实现自身的发展，甚至影响到其温饱与生存。近年来，我国经济快速发展以及拉动内需导向，大大刺激了市场消费。生活需求扩大、社会购买力增强、物价居高、CPI 指数上涨，导致务工人员平均消费成本增加，实际工资水平下降，有的生活甚至到了难以为继的地步。这种物质上的剥夺与精神上的不平等助长了人们对外出务工的抵触情绪。

（三）用工的结构性矛盾

主要表现为一是产业结构凸显用工问题。由于传统产业仍旧占有较大比重，且产业环节处于低端，劳动效率低，用工需求量大，尤其是加工贸易企业，大多是以获取廉价劳动为价值取向的，对用工有较强的依赖性。在正常状态下，这种产业结构引发的用工矛盾尚不明显，但一旦形势发生变化而影响到劳动心理预期与用工格局，这种矛盾就显现出来，形成招工难与就业难同时并存的状况。二是劳动素质结构凸显用工问题。长期以来，以劳动密集为主要产业领域、加工制造为主要环节的产业结构吸纳的主要为简单熟练劳动，尤其是加工贸易企业，就业人员大多为农民工，高学历、高素质人才比重较低，而且由于加工贸易企业劳动强度与时间的束缚，使得农民工缺少足够的时间与精力从事文化知识和专业技能学习，新技术与新事物接受能力与适应能力差，带来加工贸易新技术项目需求与劳动力素质滞后的落差，形成招工不难但从业难的困扰。三是教育结构凸显用工问题。人们对于常规教育的青睐和对职业教育的排斥侩得我国职业教育生源常年供给不足，质量不佳，而近年火爆膨胀的常规教育由于受专业设置与实际需求不匹配、学生动手操作能力弱的局限，导致用工需求结构与供给结构不对接，形成就业岗位过热过冷的两极分化。大量的劳动资源涌向少数工作岗位，而大量岗位的

---

① 刘植荣：《论"用工荒"的原因及对策》，公民社会网（http：//www.gmsh.org.cn/news/view.asp?id=23533），2010 年 3 月 4 日。

工作没人做，或不会做，尤其是在经济转好或发展迅速时期，这一矛盾现象将更为突出。

（四）新生代的崛起与民工的觉悟

社会的进步与农民工视野的开阔，使得他们已经把公平与尊严提上了日程。是选择弃农务工，或是弃工务农，或是自主创业等，农民工现在已经有能力从过去的单项选择发展到今天的多项选择。尤其面对我国分配两极分化不平衡发展状况，他们要求社会公平、尊重劳动、捍卫自身权益的呼声日高。尤其是占民工比重逐年增大的新生代民工，较高的教育水平与大信息量的集结，使其对择业问题有着新的诠释，对生存标准有着更高的追求。与老一代民工相区别的是，他们认知和考量问题的因素不仅局限于工资收入的多少，他们对于公平公正、对于基尼系数、对于个人价值的实现、对于利益无偿让渡等问题也表现出极为强烈的关注与敏感。工资水平、福利待遇、生命安全、公民地位、社会保障、自由时间、城市公共服务等享有水平如何，成为他们务工选择的重要衡量条件。而那种工厂化、大规模、流水线式的工作环境下的枯燥乏味、时空束缚、千篇一律使他们已经产生厌倦。在这种心理预期与现实状况不相合拍的情况下，他们宁可闲在家，宁可土里刨食，也不愿意成为企业老板的机器、生产机器的奴隶，由此也加重了"用工荒"危机的蔓延。

二、"用工荒"带给山东加工贸易的困顿

上述可见，"用工荒"问题折射的不仅仅是劳动力自身生存要求的抬高，它还反映出社会的进步。因此，对加工贸易企业来说，这是一个必须面对的现实与考验。就山东这一对外贸易大省发展形势看，较之一般贸易企业，"用工荒"对于加工贸易的影响更为明显。山东加工贸易大多为两头在外，经营利润多被经营委托方和供货方所赚取，而企业仅仅凭借廉价劳动的使用来赚取比例很小的加工费用。尽管近年来山东加工贸易致力于结构调整和模式转换，并取得一定成就，机电产业和高新技术产业在整个加工贸易的占比不断提高，2009年机电产品出口达228.3亿美元，占比提升到57.2%；高新技术产品加工贸易出口121.9亿美元，占比提升到30.5%，但不可否认，山东加工贸易依然没有摆脱旧有的经营模式，大量活动仍处于"微笑曲线"所展示的产业低端

环节，而处于曲线上端的产业研发设计与商品营销环节仍欠发达。这样长时期的低产业层次、低利润水平运作使得加工贸易企业自身调节用工矛盾的力量薄弱，面对突如其来的"用工荒"也往往陷入诸多困顿之中。"用工荒"带给山东加工贸易的主要困扰表现为：

（一）用工成本增加

"用工荒"带给山东加工贸易直接的影响主要表现为企业过去那种面对庞大的用工队伍随意定价，无视权利的风光已经不再，为求得吸引和稳定劳动队伍，保障用工来源，不得不以工资待遇改善、劳动时间调整、环境条件优化等为应对手段与措施。这种变化使得企业用工成本的增大势在必然。尤其是在山东，由于是劳动人口大省，其加工贸易优势就在于依靠廉价劳动获取利益，对劳动成本的提升毫无预见与准备。因此，在用工形势发生新的变化的情况下，山东加工贸易所凭借的劳动力无限供给和廉价优势直接受到冲击与挑战。不提升用工工资标准，生产经营面临招工困难；而提升用工工资水平，企业生产成本势必增加。在两难的情况下，企业要继续生存，就不得不顺应大势，抬高工资标准，而在市场与销售价格不变的情况下，企业盈利就被迫摊薄，本来获得的利润就很微小的企业生存空间将被进一步挤压。这就形成一种倒逼效应：山东加工贸易要突破用工困扰，必须寻求新的出路，尽快提升企业创利水平以适应工资待遇增长的必然性，因而转型升级成为必然。

（二）用工选择受限

随着改革开放形势的不断深化发展，与我国经济社会飞跃进步相伴的是我国高等教育的迅速普及性发展，以大学生为主体的新生代用工队伍不断壮大。他们由于与父辈接受的信息与事物不尽相同，知识结构更为优化，思想更为活跃，视野也更为开阔，因此对于择业要求更为挑剔。他们要求企业不仅产品要有一定技术含量，产业要有一定的层次地位，而且还要求企业要有良好的发展潜力与发展前景，这就对山东现有的加工贸易格局提出严峻挑战。如果仍旧维持目前的发展局面，不从根本上转换依赖廉价劳动力赢利的发展模式，不仅将影响企业落后面貌的改观，制约企业整体获利能力，重要的是将陷入用工来源收缩、用工选择越来越窄的境地，企业赖以生存的劳动力支撑将面临垮塌的威胁。因此，山东加工贸易必须正视这一现实，加快山东加工贸易现代化发展，以加工贸易的转型升级来应对当前我国人力资源文化素质结构的升级，有效化解企业"招工难"与大学生"就业难"的矛盾。

（三）企业发展后劲乏力

用工成本增加直接影响到了企业的利润水平，继而影响到企业扩大再生产的能力。本来山东加工贸易企业多处于产业低端，所赚取的仅仅是比重很小的加工费用，长期维持在贫困性增长的状态，要想扩大企业生产，做大做强企业，并不断扩大市场份额，稳固市场地位本来已经步履艰难，企业用工成本的增加无疑是雪上加霜。在不进则退的竞争形势下，没有发展后劲的企业也无疑没有发展前途，甚至会走向衰退。因此，对于以传统产业为主要业态、以中小企业为主要组织形式的山东加工贸易企业来说，严峻的发展形势逼迫其做出选择，而且是都要承受痛苦与压力的两难选择：要么顺其自然，维持现状，目睹企业的萎缩直至消亡，置企业生存于不顾；要么痛则思变，寻求新的出路，加快转型升级步伐，置之死地而后生。

（四）用工队伍贫穷化加深

以利用廉价劳动力为主要优势的山东加工贸易，不仅表现为企业经营的贫困性增长，制约了加工贸易的发展后劲和可持续增长，还带来务工人员工资收入最小化、社会保障空心化、劳动素质低平化、精神消费饥渴化等副产品，用工队伍呈整体贫穷化状况，而且这种贫穷化状况和影响很可能一直延续到后代。"留守儿童"以及外出打工子女的成长环境、教育权利与质量都堪忧。这些现象不仅不断蚕食着务工人员的身心，干扰着务工人员的工作与生活，也为权利意识日益觉醒的农民工所无法忍受，直接影响了队伍的稳定性与积极性。工潮、纠纷，甚至恶性事件屡屡发生，富士康的"N"次跳带给我们血的警示，用工队伍物质与精神的双贫困化问题不仅影响到加工贸易企业的现实需要，也关系到未来加工贸易企业队伍的素质与质量，成为一种可怕的恶性循环，不仅应引起加工贸易企业的高度重视，也需引起全社会的关注与警觉。不然后果很可能是由用工队伍蜕变成社会不稳定因素。而解决贫困化问题的出路有多条，但就山东加工贸易企业来说，无论是企业的创富责任要求还是企业的社会责任要求，都需要加速企业的转型升级。

（五）传统用人模式难以为继

"用工荒"是一种信号，表明以掠夺性方式维持加工贸易增长的廉价劳动依赖模式已经不适合形势发展需要，以廉价劳动和低价促销为优势的竞争模式已经演变和发挥到了极致，廉价劳动力所带来的生产规模最大化而工资收入最小化、社会福利边缘化等弊端日益凸显至务工人员难以承受的临界点。并且，这种落后的用工模式已经与经济社会发展的现代化趋势不相同步，与发展内需市场搞活国民经济的发展思路不相合拍，与全面建设小康社会的共同致富道路不相一致。这也说明传统用人模式潜力已经挖掘殆尽，能量已经释放完毕，也由此可见，传统用人模式具备了内在外在两种变革主张和促动力量，用工待遇的提高与用工环境的改善已经成为一种潮流和发展趋势，是每个加工贸易企业必须正视的现实。面对这一挑战，山东加工贸易必须更新传统的用人模式，"山东制造"必须新辟蹊径。加快转型升级步伐，推进用人模式现代化，就成为山东加工贸易的必然选择。

三、加快山东加工贸易转型升级
突破"用工荒"困扰

在世界经济形势度过危机逐渐复苏和国内产业结构调整步伐加快的双重压力下，"用工荒"形成一种倒逼机制，要破解"用工荒"难题，既能消化用工成本上升的压力，又能消除用工短缺的困惑，必须走加快加工贸易转型升级的路子，通过转型升级获得的效益来消化劳动力薪资提升后上涨的成本，舍此则无路可走。山东加工贸易也是如此。但加工贸易转型升级既是企业的职责，也关乎政府和社会的作为，它作为一个涉及方方面面的系统工程需要全社会的努力。因此，解决"用工荒"问题，加速山东加工贸易转型升级需要政府、企业、社会联手，共同作为，形成政府引导推进、企业积极践行、社会全面呼应的加工贸易转型升级格局，开创山东加工贸易用工新局面，不断提升其整体国际竞争实力。

（一）政府作为：加大对加工贸易转型升级的扶持力度

在破解"用工荒"难题上，山东省委、省政府应该有所作为，也可以大有作为。首先需要做的就是加大对山东加工贸易转型升级的关注程度，同时在产业调整上、政策倾斜上、资金扶持上、管理协调上、服务支持等多方面加大力度，推进山东加工贸易转型升级，努力实现加工贸易发展速度、结构、质量和效益的同步增长，并通过加工贸易新的增长和效益的提升，改善用工标准与条件，弱化供给与需求的矛盾，刷新山东加工贸易用工队伍的物质条件与精神面貌，在经济增长的同时不断改善用工队伍整体素质，实现企业与队伍的共同发展。

政府作为主要表现在：

1. 调整加工贸易产业布局。重点一是以发展高新技术产业与新兴产业为重心，尽快改变传统劳动密集型产业比重过高的状态，促使山东加工贸易在产业层面上跃上一个新的高度，以技术更新和产业创新促进发展模式的转变，实现加工贸易效益与发展后劲的增长。二是严格控制"两高一资"加工贸易企业数量，对于投入产出比率不佳而仅仅表现为劳动安置意义的企业采取强制性手段，加大关停并转的力度。三是加快地区产业优势的转换，对于资源渐进枯竭、原有产业优势锐减的县市和地区，要推促他们尽快转变思路，根据地区特点培植新的加工贸易亮点，尽快实现产业转轨和经济新增长。四是制定适应世界经济形势发展特点的产业规划，将服务业发展提上新的高度大力推进，广泛拓展吸纳劳动的产业渠道，开展更多的国内国际服务业合作，尤其是服务外包，要动员多方因素抢抓外包机遇，将其作为带动就业率提高并且促进劳动素质提升的重要力量。五是调整利用外资产业方向，严格限制不符合调结构、转方式的资金进入，真正实现引资到选资的转变，增强外资技术溢出效应和产业链条延伸效应，通过政策导向使山东加工贸易产业结构更为优化、产业布局更为合理、经济效益更为可观。

2. 加大政策与资金扶持力度。加快转型升级是大势所趋，作为山东加工贸易企业已明了形势，并在努力实践。但加速转型不仅需要企业的自主意识与努力，还需要政策作为引导，需要资金作为后盾，这些对于转型实力尚单薄的企业来说无疑是急需和渴求的助力因素。因而，助企业一臂之力，解企业燃眉之急就成为政府的责任与作为。因此，一是要根据形势和企业需求，制定有利于加工贸易转型升级推进政策体系，给予加工贸易企业大展拳脚的尚方宝剑，构筑其坚强保障，使企业可以心无旁骛投入转型升级任务。二是对于重点企业、重点项目在资金上给予一定支持，在税收、信贷等方面给予一定优惠，使企业不至于在资金上捉襟见肘而阻滞了发展脚步。

3. 实现加工贸易协调管理。一是实行区域间协调管理。重点根据山东区域发展特点，在加速加工贸易东西部梯度转移、实现产业梯次优化分布的同时，加速加工贸易的产业集聚，利用经济园区，尤其是国家级开发区的有利平台，结合蓝色经济区和高端产业聚集区的建设规划，打造山东加工贸易重点产业聚集区和特色产业集聚区，做大做活山东加工贸易。二是实行企业间协调管理。根据产业调整与升级规划，对企业加工贸易活动进行密切监管与指导。协调好大中小加工贸易企业关系、不同产业的企业关系、外资内资企业关系等，引导企业合理选择产业环节和产业定位，促进企业间的合作与配套，形成良好的产业链关系，实现整合效率最大化和利益共赢最大化的目标。另外，实行严格的企业准入管理，对于与转型升级不和谐行为进行有效约束，保证企业活动能围绕转型升级的既定方向开展。三是实行对外关系协调管理。山东加工贸易转型升级不是孤独求成，需要对外的广泛联系与合作，尤其是国际化合作。因此，营造良好的对外关系尤为重要。在这方面也需要政府充分利用其特定的地位和身份，协调对外关系，为企业提供更广泛的信息来源，构建更开阔的对外桥梁和更协调的对外联系。

4. 做好服务支持。政府就是服务，在一定程度上说，服务到位就是促动力，服务缺失就是阻碍力。政府服务于山东加工贸易转型升级重点在于一是做好信息服务，利用政府平台积极为加工贸易企业收集并传递转型升级的有关发展动态、政策变动、可能机遇、外来经验等信息，帮助企业进一步开阔视野，跟上时代潮流。二是打造有利于加工贸易企业技术孵化与创新的服务平台，尤其是对于那些规模偏小、资本实力偏弱的企业，最好能采取政府集中资金与资源，建立技术研发设备与场地有偿租赁机制，并且在科技人才上也采取资源整合与优化使用方式，打破企业技术创新掣肘。三是抓好市场环境建设，维护公开公平公正的竞争秩序，为企业解除来自市场的干扰与困惑，集中企业转型升级的注意力。四是优化加工贸易企业电子审批和监管模式，强化服务意识，提高效率，降低企业这一环节成本，通过服务促进企业转型升级步伐，通过转型升级化解用工矛盾。

（二）企业作为：积极主动改革创新

破解"用工荒"难题，企业首当其冲。说到底，加工贸易转型升级首先是一种企业行为。生产在企业、贸易在企业；赢在企业，输也在企业。所以，解决"用工荒"问题关键也在企业。如果说加工贸易转型升级，政府是一种外在推力，那么企业就是一种内生动力。而企业的作为主要表现为积极主动、改革创新。积极主动是一种态度，而改革创新则是实实在在的行为实践。以转型升级带动用工队伍建设必须实现多方面的创新，主要包括发展模式创新、产业技术创新、企业机制创新、企业文化创新等内容。

企业作为主要表现在：

1. 发展模式创新。模式创新的关键在于企业盈利是依托外延规模扩张，还是依托内生动力形成的高盈利率。也就是说企业发展的重心和核心在于是追求宽度还是更为重视厚度，是追求数量还是更为关注质量，是追求眼前利益还是更多考虑发展后力。实现发展模式转型是山东加工贸易企业转型升级的关键。从目前状况看，山东加工贸易的发展模式已经不适合发展了的现实，拼资源、拼设备、拼人力的发展模式已经时过境迁，也成为"用工荒"产生的原因之一。因此，加速企业发展模式创新也就成为破解"用工荒"难题的重要手段。发展模式创新企业首要做的就是转变思维定势，将企业经济、社会、环境效益的相统一作为考量决策体系的重要原则和出发点，建立创富责任与社会责任相兼容的发展思路，并据此调整企业产业结构与经营方向；其次树立鲜明的效益意识，不求多但求好，这不仅关乎企业的再生产与可持续发展，也关乎企业职工利益水平的增长，对消除"用工荒"有着重要意义；再次树立合理的用人观，将"人"作为企业经营之本，实现企业人性化管理，增强用工吸引力。

2. 产业技术创新。技术创新是企业实现转型升级的重要动力，是企业提升创利水平、更新产业地位、增强国际竞争力的关键环节。尤其是山东加工贸易企业，面对的技术竞争是高端的、是国际化的，在新的发展模式下，技术不仅成为企业转型升级的重点，也成为难点。而决定山东加工贸易企业技术创新的重要条件在于以下三个：一是在于把握产业前沿技术动态。这就要求企业开拓更广阔的信息渠道和国际视野，培育企业的敏锐力、洞察力和甄别力，不断跟踪最新技术。二是在于优化创新团队。这也就要求企业在人才机制上既要有伯乐能力，慧眼识珠，知人善任；又要兼备组织协调能力，善于有机组合人才，促成人才协同攻坚态势；还要具备借力发展能力，积极整合外部资源，实行产学研结合，形成低成本高效益的共同创新体系。三是在于加大创新投入。创新投入对于山东一些加工贸易企业来说恰恰是最主要的软肋和制约。这就要求企业一方面要有长远意识，重视创新投入；一方面要善于开源节流，既要发扬对内挤压精神，又要培养对外吸纳能力，多方筹措资金来源，为企业创新提供较为充裕的资金保障。

3. 管理机制创新。管理机制创新是加工贸易企业转型升级的重要软实力之一。企业转型升级不仅需要科学的发展模式，先进的产业技术，还需要现代的、具有自我优化功能的管理机制，以达成企业行为的科学、时尚、公平和充满活力。目前山东还有许多加工贸易企业带有浓重的作坊式经营特点和家族经营特点，他们的机制设置和运行与现代化加工贸易有着明显的抵触。因此，实现加工贸易转型升级，优化管理机制的任务尤其繁重和迫切。而山东加工贸易企业管理机制创新重点在于两个方面：一是要改革完善企业决策机制，引入先进的企业治理结构，从个人独领风骚转向权利制衡、从依靠个人决断转向依靠集体决策，以提升企业决策效率，保证企业投资发展方向不失之偏颇。二是要进一步优化企业激励约束机制，完善奖惩分明且公平的企业考核评价体系，以增强企业员工的凝聚力和创造力。这就需要破除企业家长制和一人独大的习惯意识，不断调整企业激励目标，创新激励手段，促进物质激励与精神激励的有机结合，责权利的协调一致，树立公平公正的企业内部竞争环境。只有这样才有利于企业队伍的成长、稳定和充分发挥作用，也才有利于吸引人才，有效化解"招工难"困境。

4. 企业文化创新。文化决定观念，观念决定行为，企业的行为模式在一定意义上取决于企业文化的宽度与厚度。因此，对于山东的加工贸易企业来说，转型升级需要在产业、技术、管理等方面做出努力的同时，还要着眼于企业文化的丰富与再塑。为此，山东加工贸易企业需要重点关注的一是创新企业理念，要根据形势变化和转型升级的要求，与时俱进地丰富和优化企业经营理念，使其始终表现出鲜明的时代感和科学性。二是创新企业价值观，根据社会的发展和企业壮大了的实力，将更多的社会责任与环境责任内涵容纳进来，确立多赢的价值体系。三是创新企业精神，要根据企业特色和优势，设计具有明显个性化特征的企业精神，突出设计独特的企业团队精神、创造精神、对外合作精神等，并通过企业口号和企业标志、标准色、标准字以及应用要素的设计创新，准确传达、推崇和张扬，以对外扩大企业影响力，对内增强企业向心力。四是创新企业形象，通过企业理念识别体系、行为识别体系、视觉识别体系的不断更新，不断展现基于企业文化创新之上的企业员工整体素质与道德行为的新面貌，展现企业员工的归属感、成就感和创造力，为务工人员展现更具魅力与吸引力的舞台。

（三）社会作为：完善劳动与社会保障为企业分忧

社会是一个大的平台，而企业立于平台之上。因此，平台建设是山东加工贸易企业转型升级、谋求发展不可或缺的依托条件和重要载体。并且，"用工荒"在一定程度上可以说与劳动社会保障的不到位和不完全有着密切关系。完善务工人员的劳动与社会保障，可以帮助企业解除后顾之忧，无疑有利于加工贸易企业破解难题，心无旁骛地专注企业发展。因此，山东加工贸易企业加速转型升级寄望于得到来自全社会有力的外部支持与保障。

社会作为主要表现在：

1. 建设完善的社会中介支持服务体系。一是建设强有力的就业服务体系。包括建立信息畅通的山东劳动市场，使得用工的需求与供给能够有机契合，有效地弱化用工的结构性矛盾；健全城乡一体化就业登记制度，能较为清晰地掌握城镇就业状况，更重要的是掌握农民工流动的数量与区域方向，为加工贸易企业和就业人员提供准确的就业岗位信息和人才区域流动信息，降低招工与就业成本；完善就业培训制度，加大劳动力的社会培训力度，通过整合山东培训资源，实现企业与培训机构的对接，培训需求与培训内容的对接，使山东整体劳动素质与技能有一个较高、较快的提升；规范就业服务体系，针对山东劳动力市场存在的问题进行积极的整顿与改革，包括不断丰富服务机构类型、优化机构管理质量、扩展服务内容、提高服务效率、加强各类机构的信息互通与业务合作等，构筑网络化服务体系，在企业与用工之间搭建起快速便捷的对接渠道。二是建设强有力的产业服务体系。包括不断完善服务机构的服务能力与质量，克服目前山东服务中介尤其是经济性服务中介的准入标准过低、素质参差不齐、行为约束不力等问题，重点抓好机构监管与行为规范，为山东加工贸易企业转型升级提供更为优质的融资服务、科技中介服务、资产评估服务、社会征信服务等各种服务。尤其要抓好山东各类行业协会建设，协调协会与政府、与企业间的关系，充分发挥协会牵线搭桥的作用和沟通政府与企业、联系对外与对内的功能，尽快提高他们的社会公信度和影响力，真正让打拼国际市场的加工贸易企业有娘家可依，有后盾可靠。

2. 建设完善的劳动和社会保障体系。一是努力实现用工社会保障和公共服务宽覆盖。为此，山东省有关部门要重点关注企业用工社会保障问题，尤其注重农民工群体的诉求，积极调整改革二元户籍制度导致社会保障制度的偏向，帮助加工贸易企业理顺员工养老保险、医疗保险、失业保险等关乎其切身利益和后顾之忧的各方面关系，这是增强用工吸引力的关键和长久之计。二是要在全社会普及平等用工意识，消除歧视现象，为山东加工贸易企业员工包括城镇职工和农民工提供均等的就业机会和相同的工资、劳保，包括城市公共服务待遇。三是培育农民工的归属意识。农民工对就业地区的游离感大于归属感，就容易加大用工的流失性。因此，在未来发展中，山东要重视起农民工的归属意识的培育，借鉴西方发达国家的一些经验，调整对劳动力市场的管理，按照属地化原则进行管理，即劳动力在哪里打工，就属于当地人口的一部分，其户籍与低保随之纳入当地政府的管理范畴。使这种属地化管理成为农民工队伍稳定的一剂良药，也成为解决山东加工贸易企业队伍稳定的保障措施。通过上述改革与调整，在减少用工流失的前提下，不断提高山东加工贸易企业用工的整体素质，为其转型升级奠定良好的社会基础和微观基础。

（作者：山东社会科学院　王爱华）

对 外 投 资 合 作 篇

第二十二篇 把握机遇
进一步扩大对非经贸合作

　　非洲地域辽阔，资源丰富，是亟待开发、充满商机的大市场，也是对山东加快转方式调结构、加快实施"走出去"战略具有重大现实意义的地区。这一地区，如今正成为全球投资的热土。山东应深化认识，抢抓机遇，加快发展对非经贸合作。2009年3月，为配合中共中央政治局常委、全国政协主席贾庆林访问非洲，加强山东对非经贸合作，山东省商务厅吕在模厅长率团访问南非、加纳、苏丹三国。此次出访，山东考察团参加了商务部和南非贸工部共同主办的中国—南非经贸合作论坛暨签约仪式、南非投资环境说明会和中资企业座谈会，拜会了我国驻南非、加纳和苏丹三国大使馆和经商处，组织召开了山东在非投资企业负责人座谈会，实地察看了山东企业在南非的纺织工业园、在加纳的系列工程项目、在苏丹的农业技术示范中心项目等，并与苏丹农林部签署了加强双方农业投资合作备忘录。总的感到，与中国有着深厚传统友谊的非洲，是一片充满发展机遇的沃土，良好的政治、经济环境正在逐步形成，市场开发潜力十分可观，山东企业到非洲投资正面临前所未有的历史性机遇。

一、山东与非洲经贸合作的
外部环境不断优化

（一）中非友谊源远流长，基础坚实
非洲是发展中国家最集中的大陆，非洲人民经过长期斗争，挣脱殖

民统治桎梏，铲除种族隔离制度，赢得独立和解放，为人类文明的进步做出了重大贡献。非洲国家独立后，积极探索适合国情的发展道路，联合自强，谋求和平、稳定与发展。在非洲各国以及非洲联盟的共同努力下，非洲政局总体稳定，地区冲突逐步解决，经济连年增长。新中国成立和非洲国家独立开创了中非关系新纪元。中非在争取民族解放的斗争中始终相互同情、相互支持，结下了深厚的友谊。早在 20 世纪五六十年代，中非就在反帝、反殖的历史浪潮中并肩战斗，在振兴民族经济的艰辛历程中携手同行。坦赞铁路、援非医疗队、青年志愿者，是中国无私帮助非洲的生动例证；把中国"抬进"联合国、北京奥运圣火在非洲顺利传递、向四川汶川地震灾区热心捐款，是非洲人民对中国人民情谊的真实写照。半个多世纪以来，双方政治关系密切，经贸关系发展迅速，其他领域合作富有成效。近年来，双方高层互访进一步频繁，政治互信日益加深，国际事务中密切协调配合，经贸合作务实推进。中国向非洲国家提供力所能及的援助，非洲国家也给予中国诸多有力的支持。当前，中非关系正处于加速发展的新阶段，为发展对非经贸合作创造了良好的外部环境。中非之间良好的国际关系和我国经济持续增长对非洲的吸引力不断上升。近年来，非洲大多数国家已摆脱战乱，经济基础得到加强，改善民生、谋求发展的愿望日益强烈。非洲国家十分重视中国的发展模式和理念，迫切希望与中国加强合作，引进资金、技术和发展模式。

（二）中非合作新举措为经贸发展注入强大动力

我国政府高度重视与非洲的传统友谊，积极鼓励企业到非洲投资兴业。2006 年，我国除发表《中国对非洲政策文件》外，还与非洲国家共同确立了政治上平等互信、经济上互利共赢、文化上交流互鉴的中非新型战略伙伴关系，中国政府两次提出中非合作八项举措，2006 年中非合作论坛北京峰会上，胡锦涛主席宣布包括扩大对非洲援助规模、设立 50 亿美元中非合作基金、在非洲建立农业技术示范中心、建立境外经济贸易合作区、为非洲培训 15000 名各类人才等中非合作 8 项举措，有力推动中非经贸合作快速发展。2009 年 11 月召开的中非合作论坛第四届部长级会议，对未来三年中非各领域合作作出全面规划，温家宝总理宣布了中国对非合作新的八项举措，包括联手应对气候变化，援建 100 个太阳能、沼气等清洁能源项目；新提供 100 亿美元优惠贷款，支持金融机构设立非洲中小企业发展专项贷款；免除非洲重债穷国 2009 年底对华到期政府无息贷款债务；免征非洲最不发达国家 60% ～ 95%

的输华产品进口关税；加强农业、医疗、职业培训和高等教育合作；扩大人文交流，实施中非联合研究交流计划等，进一步提升中非合作层次。中国政府鼓励和支持企业到非洲投资兴业，与非洲国家商签并落实《双边促进和保护投资协定》和《避免双重征税协定》，保护双方投资者的合法权益。制定和完善相关政策，为企业提供优惠贷款和出口买方信贷，探索经贸合作的新途径和新方式。加强引导，注重服务，为进一步深化和拓展对非务实合作提供了坚实保障。

二、 山东与非洲经济互补性强、 经贸合作潜力大

（一）近年来山东与非经贸合作发展迅速

从 2004 年至 2009 年，中非双方进出口总额由 17 亿美元上升到 59.1 亿美元，其中山东对非出口由 11 亿美元升为 41.4 亿美元、进口由 6 亿美元升为 17.7 亿美元。出口已由纺织服装延伸到机电设备、橡胶轮胎和高新技术产品等，进口多以原棉、钻石、原木和铁矿石为主。山东在非投资项目 208 个，中方投资 5.39 亿美元。山东考察团此次出访，积极配合中共中央政治局常委、全国政协主席贾庆林对南非的正式友好访问，向驻非山东企业负责人介绍了国内、省内经济形势和有关政策，为山东"走出去"企业更好地服务于全省转方式、调结构大局和发展与非经贸合作明晰了思路，提出了要求。贾庆林主席对山东企业在南非投资发展取得的成绩给予了充分肯定，勉励企业继续发扬不怕吃苦、勇于开拓的精神，努力为国内经济建设和中非关系发展作出更大的贡献。目前，全省已有山东新光实业、青岛海信电器、山东海戈、山东国际、烟台国际、威海国际、东营胜建等一大批企业在非洲成功设厂，并在非洲实现了产业集聚，为省内企业赴非扩大发展空间起到了良好的示范带动作用。

（二）非洲资源极为丰富，与山东经济互补性强

非洲总面积 3020 万平方公里，现有 53 个国家和地区，总人口超过10 亿，拥有丰富的资源和巨大市场潜力，世界各国普遍将其视为"世界资源开发的最后一块处女地"。蕴藏着全球铬铁矿的 91%，铂族金属的 88%，锰矿的 83%，黄金的 50%，磷酸盐的 49%，钴矿石的 41%，

大多数矿床品位高，适合大规模开采。全球最重要的 50 种矿产，非洲有 17 种储量居世界第一，各种矿产储量占世界总储量的 20% ~ 90%。南非是世界五大矿产资源国之一，现已探明储量矿产 59 种，黄金、铂族金属、锰、钒、铬、硅铝酸盐储量均居世界第一位，铁矿石居第九位，铜居第十四位。加纳主要有黄金、钻石、铝矾土、铁和锰等矿产资源，黄金储量约 17.5 亿盎司，钻石储量约 1 亿克拉，居世界第四位，铝矾土储量约 4 亿吨，锰储量 4900 万吨。苏丹有丰富的土地和水资源，全国可耕地面积约 12 亿亩，相当于我国的 60%，目前仅开发了 2.5 亿亩，仅占 20%；青、白尼罗河贯穿苏丹 3300 公里，每年可从尼罗河分得 200 亿立方米河水。非洲已成为我国能源资源的重要来源地，2009 年我国从非洲进口石油超过 1 亿吨，占当年进口总量的 50%。开发利用好非洲资源，对提高山东经济发展资源保障能力，实现可持续发展意义重大。

（三）扩大对非经贸合作潜力巨大

山东与非洲在资源、资金、人力资本、技术和市场等方面各有优势，合作的空间广阔。非洲多数国家工业化水平低，工业产成品价格高，产业与技术梯度低于山东，是山东生产设备、成熟技术、富余产能实现梯度大转移的最佳地区。南非是非洲经济最发达国家，经济门类齐全，工业基础好，市场开放程度高，其国土面积占非洲的 4%，人口占 5%，但国内生产总值占全非洲的 26.5%，对外贸易额占 23.3%，南非对周边国家和地区有很强的辐射力和影响力。加纳地处西非要津，作为西非经济共同体成员，其产品可以自由进入西非其他国家，作为美国《非洲增长与机遇法案》受惠国，可向美国免税出口 6450 种商品，而且对欧盟国家出口享受免关税待遇，可以辐射整个西非市场，并以此为跳板转口欧美市场。肯尼亚地处东非门户，是东非贸易中转中心，也是东非共同市场和东非共同体重要成员国，产品向欧盟出口享受关税减让优惠，有实力的企业可探讨在肯设立商品分拨中心，辐射整个东非市场。

三、山东与非洲经贸合作对策建议

（一）把加强与非合作作为提升山东对外开放水平的战略举措

非洲是新时期我国经济外交战略根据地，是未来我国能源资源、重要工业原材料的储备基地，同时也是山东对外经贸合作最具发展潜力的地区。山东应加强对非经贸合作的战略性研究，特别是对非洲资源大国、人口大国的全面深入研究，按照"深化日韩、突破欧美、提升东盟、拓展非洲"总体开放布局，立足长远，统筹规划，多层次、分门类、有重点地推动山东企业开拓非洲市场，合作开发非洲资源。

（二）选准对非经贸合作切入点和突破口

一是加强与南非、加纳、安哥拉等非洲矿产大国的资源合作。南非矿产素以种类多、储量大、产量高闻名于世，加纳黄金、钻石、铝矾土和锰等储量在世界占有重要位置，山东有实力的大企业应抓住机遇探索南非、加纳的矿业开发。安哥拉地处非洲西南部，石油、天然气、铁矿、锰矿等矿产资源极为丰富，但本国缺乏系统准确的地质矿产资料，山东应发挥优势借助援外项目和资金，争取以勘探技术换取矿业权。二是推进山东优势产能向加纳转移。加纳工业基础薄弱，技术设备落后，主要工业制成品和大部分日用品都依靠进口。应积极推动有比较优势的农业机械、太阳能发电、食品加工、电子信息、纺织服装、日用轻工等行业重点企业到加纳投资办厂或开展境外加工贸易，在带动山东优势产能境外转移的同时，促进加纳民族工业发展，实现互利双赢。三是加强公路、铁路、电力等基础设施领域的合作。目前，加纳公路总里程6万多公里，60%以上的公路急需改造升级，加政府高度重视道路交通等基础设施建设，资金投入占发展总支出的近50%。目前，国家开发银行与加纳政府签署了60亿美元一揽子混合贷款框架协议，应争取更多项目纳入双边合作框架。

（三）总结对非合作典型经验，提升合作水平

近两年，山东对非洲经贸合作有了一定基础，一些企业积极探索对非合作的新路子，值得推广借鉴。临沂新光集团坚持贸易先行、投资跟进，设立纺织工业园带动其他企业"走出去"；东营胜建集团通过承揽国家援外项目，探索路子，摸索经验，在肯尼亚树立了企业品牌形象，建立了人脉关系，开拓了承包工程市场和对外投资；山东国际公司借助与中石油的合作，进入苏丹市场，业务规模和合作领域不断扩大，通过援建农业技术示范中心，转向农业开发；威海国际公司通过在刚果（布）承揽工程进入矿产开发领域，获得10亿吨钾盐矿资源。但总体看，山东对非经贸合作的规模不大，领域不宽，水平不高。应积极引导对非投资企业加快转型升级，将山东农机、食品加工、电子信息、纺织

服装、日用轻工等优势产能转移与帮助非洲国家提高自我发展能力结合起来，重视多种经贸合作方式并举，综合利用贸易、投资、工程承包、援外、多边合作等手段，积极探索以基础设施建设换资源、用国内优势产能换资源、以农业合作开发换资源开发等新型合作方式，实现互利共赢，提升水平，扩大规模，努力做大做强。

（四）加快推进对非农业合作

苏丹政府把农业摆在战略发展首要位置，制定了鼓励和吸引本国及外国资本投资农业的发展政策，启动了以实现粮食安全为首要目标的"绿色计划"。刚果（金）号称"世界原料仓库"，面积234.5万平方公里，是山东面积的15倍，人口仅有7000万。山东作为农业大省，应充分利用非洲丰富的土地和水利资源，把山东成熟的农业技术和农业机械推向非洲。一是全力推动苏丹农业技术示范中心项目建设，确保按期完成并交付使用。二是积极落实双方已签署合作备忘录内容，加快大农业合作，推动山东有实力的农业龙头企业在种子、化肥、农药等方面推广应用，以及农产品加工、农机设备生产、畜牧饲养等方面与苏丹开展全面合作。三是加快推进山东高速与中石油、与国家开发银行的战略合作，扩大农业示范种植的面积，建立大宗优质农产品种植基地，扩大山东在非洲的影响力。四是积极争取在刚果（金）或其他非洲国家承担新的国家级农业示范中心项目。

（五）完善工作机制拓宽服务渠道

一是加强与我驻非洲各国使领馆及非洲重点国家驻华使馆的联系沟通，建立工作渠道，为企业提供项目信息和政策法律咨询服务。二是用好国家外交资源，借助多边及双边经贸合作机制和高层互访，推动重点合作项目。三是借鉴浙江等省市成功做法和山东在其他地区设立经贸代表处的模式，选择政局稳定、投资环境好、资源丰富、合作潜力大、辐射带动作用明显的国家设立经贸代表处，加强信息搜集和沟通联络，指导企业"走出去"。

（六）用好国家援非优惠政策和资金

国家推动中非经贸合作的政策扶持力度不断加大，山东省应抓住机遇，加强与进出口银行、国家开发银行、中国信保等政策性金融机构合作，有针对性地推出一批对非合作项目，为更多企业争取使用中非合作基金、援外优惠贷款等政策性资金。

228

（七）引导企业依法规范经营有效防范风险

加大境外企业跨国经营风险管理培训，引导境外企业合法守信经营，杜绝低价竞销、粗放式开发等"短视"行为，特别在环保、劳工、知识产权、外汇管制等方面严格遵守当地的法律法规，尊重当地文化和风俗习惯，积极履行必要的社会责任，妥善处理与当地政府、政党、工会、社区、居民的关系。督促境外企业自觉接受我国驻外使领馆的领导和管理，争取我国驻外使馆的指导和支持。

（八）坚持互利共赢，讲求策略，少说多做

对非经贸合作在新的国际环境下面临一些新的挑战，一些西方大国对中非经贸关系快速发展感到压力，增加制约手段，与山东争夺非洲市场，为中非友谊和经贸发展制造障碍；部分非洲国家对山东期望值不断提高，认为中国已是发达国家，提出了一些超过山东承受能力的要求。另外，一些"走出去"企业搞低价竞销，有的企业追求短期利益忽视社会责任，搞粗放式开发，被西方一些媒体夸大渲染，冲击中非友好合作基础，这些问题在对非经贸合作中应引起高度重视。

（作者：山东省商务厅　臧耀刚）

第二十三篇　充分发挥山东比较优势　积极扩大对墨西哥经贸合作

近年来，我们围绕扩大对墨西哥合作进行了综合调研分析，认为山东与墨西哥在产业上具有诸多对接点，充分发挥彼此优势，积极扩大山东与墨西哥经贸合作，对于促进山东与墨西哥产业发展和经济国际化都具有积极的意义。2009 年 11 月，山东省委书记姜异康率中共代表团成功访问墨西哥，进一步加深了双方的交流与互信，为扩大对墨西哥经贸合作奠定了更牢固的基础。借此有利时机，我们应认真分析双方加强合作的形势与可行性，制定具有针对性、适用性且可操作的推进举措，以积极主动的姿态发展对墨合作。

一、墨西哥的基本情况

（一）基本国情

墨西哥位于北美洲南部，北与美国接壤，南与危地马拉和伯利兹为邻，面积 196 万平方公里，在拉美地区仅次于巴西和阿根廷居第三位。人口 1.05 亿，仅次于巴西。墨西哥海岸线长 11122 公里，全国六分之五为高原及山地。高原地区气候温和，年平均气温 10～26℃；西北内陆为大陆性气候；沿海和东南部平原为热带气候。大部分地区分旱、雨两季，雨季集中了全年 75% 的降水。

墨西哥全国划分为 31 个州和 1 个联邦区，首都墨西哥城，官方语言为西班牙语。墨西哥实行立法、司法、行政三权分立，总统普选产生，任期6年，联邦议会设参众两院，行使立法权。2006年，国家行动党候选人卡尔德隆当选总统。墨西哥与中国于1972年2月14日建交。

墨西哥是美洲大陆印第安古文明发祥地之一，著名的玛雅文化、托尔特克文化和阿滋特克文化均为墨西哥古印第安人所创造。

（二）经济发展

从20世纪80年代中期开始，墨西哥通过国有企业私有化改革和对外开放以及实行进口替代战略，推动经济持续增长，逐步发展为经济结构多样、工业门类较为齐全的新兴工业国家。2001年受美国"9.11"事件影响，墨西哥经济增长放缓，2004年开始又步入新的增长期，2008年国内生产总值创新高，达11430亿美元，在拉美地区列巴西之后居第二位，在全球排名第13位，年均增长约4%，高于本地区其他国家。2010年以来，墨西哥经济面临较大的困难，政府先后推出了多项举措，防止金融危机对经济造成更大冲击。总统卡尔德隆2010年11月份表示，墨西哥经济已开始企稳并将在2010年恢复增长，预测增长率将能够达到3%，2012年有望实现5%的增长。

（三）产业结构

工业。墨西哥工业产值占国内生产总值的26%，主要工业门类有采矿、钢铁、化工、汽车、机器制造、食品、纺织、制革、服装、造纸等。墨西哥是世界第六大石油生产国、拉美最大石油生产国，2008年日产280万桶，年出口石油433亿美元，占墨出口总额的14.8%；墨西哥是全球第11大汽车生产国，70%~80%的汽车产品出口40个国家和地区。通用、福特和大众等著名汽车制造商均在墨西哥投资设厂，总投资逾70亿美元；电子产业产值占国内生产总值的4.5%，2007年电子和电气产品出口占整个制造业出口的27%；纺织服装是墨西哥传统产业，从业人口超过70万，占制造业从业人口的15.6%。墨西哥"客户工业"即加工贸易兴盛，贸易自由化使墨西哥能以较低的成本进口中间产品和零配件，加工组装后向北美地区出口。墨西哥的"客户工业"主要集中在电子电器、电脑、机械设备、服装、汽车零部件、家具、鞋类及运动用品、食品、工具等行业。

农业。墨西哥农业产值仅占国内生产总值的4%，全国有可耕地3560万公顷，已耕地2300万公顷，农业就业人口占全部就业人口的

14.3%。主要作物有玉米、小麦、高粱、大豆、水稻、棉花、剑麻、咖啡、可可等，剑麻产量居世界前列。与美国毗邻的北部和西北部地区为较为发达的现代农业，机械化程度较高，主要生产商品粮和水果、蔬菜、花卉等出口农产品。而中部和南部地区主要是传统的小农经济，主要种植玉米、菜豆等农作物，单位面积产量较低。墨西哥全国牧场占地面积 7900 万公顷，饲养牛、猪、羊、马、鸡等，畜产品部分出口。

服务业。墨西哥服务业较为发达，服务业产值在国内生产总值中的比例高达 70%，服务业从业人员占全部从业人员的比例也高达 60%。既是墨西哥国内生产总值中占比最高的部类，也是创造就业机会最多的部类。主要行业包括商业、金融、通讯、房地产、旅游、保险、广告、传媒、物流等。其中，旅游、餐饮和商业约占服务业产值的 30%，而交通运输、物流业则是近年来发展最快的产业。

二、墨西哥的对外合作

墨西哥 1986 年 8 月加入关贸总协定（世贸组织），次年宣布对外开放。20 多年来，墨西哥已同 200 多个国家和地区建立了贸易关系，与 43 个国家签订了自由贸易协定，与 24 个国家和地区签订了双边投资促进和保护协定，与 30 多个国家和地区签订了避免双重征税协定。特别是 1994 年墨西哥加入北美自由贸易区后，对外经贸合作呈现加快发展的态势。目前墨西哥已成为拉美地区最大贸易国和第二大外资流入国。

（一）对外贸易

2008 年，墨西哥进出口总额 6015.1 亿美元，同比增长 8.6%。其中，出口 2926.7 亿美元，增长 7.6%；进口 3088.5 亿美元，增长 9.5%。墨西哥主要出口市场为美国、加拿大、西班牙和德国，主要出口商品为石油产品、矿产品、机械产品、运输设备、服装及农产品等。美国是墨西哥最大贸易伙伴，对美进、出口分别占了墨西哥进、出口额的 49.0% 和 80%。墨西哥主要进口来源地为美国、中国、日本、韩国、德国和加拿大，主要进口产品是钢铁、机械设备、石化产品、塑料原料及其制品、食品、医药等。

（二）利用外资

2008 年墨西哥吸收外资 219.5 亿美元，比上年减少 19.5%，仅次于巴西居拉美第二位，居全球第 18 位。外资主要进入加工制造业、服务业和商业，投资主要来自美国、西班牙、瑞士、加拿大和荷兰。墨西哥是吸引外资风险较小的国家之一，据《世界投资报告》显示，墨西哥 1998 到 2003 年之间曾是世界吸引外资风险最小的前十个国家和地区之一，2003 年曾经最高排到第三位，近几年多排在十几位。到 2008 年底，墨西哥已吸引了全球 3 万多家跨国公司的投资，成为发展中国家中吸引外资最多的国家之一。

（三）对外投资

2008 年，墨西哥对外投资 82 亿美元，同比增长 25%，主要分布在银行、食品和批发贸易等行业，地区分布则主要集中在拉美和美国。总的来看，墨西哥对外投资不多，对美洲以外地区投资更少，政府也没有鼓励对外投资的政策。2008 年世界 500 强企业中，墨西哥仅有 4 家入选（墨西哥国家石油公司、墨西哥美洲电信公司、墨西哥国家电力公司、墨西哥水泥集团）。2008 年墨西哥百强企业产业分布为：商业零售 17 家，食品饮料 15 家，汽车及零部件 9 家，电子电器 8 家，钢铁 8 家，电信 6 家，建筑建材 6 家，石化 5 家，矿业 4 家，机械设备 4 家，其他电力、交通物流、化工医药、轻工造纸、医疗服务、媒体等 18 家。这些企业中本地企业大概占 80%。

（四）北美自由贸易区

北美自由贸易区于 20 世纪 80 年代初由美国提出，于 1994 年 1 月 1 日经美国、加拿大、墨西哥三国议会批准正式成立，协议的主要内容是三国承诺到 2008 年在成员国之间取消关税和非关税壁垒，实现商品和生产要素的自由流动。加入北美自贸区对墨西哥经济产生了广泛而深远的影响。首先是进出口额在不到 10 年的时间从 3000 多亿美元增长到 6000 多亿美元，翻了一番还多，成为拉美最大贸易国；其次是吸收外资从年均不到 100 亿美元增加到 200 多亿美元，也翻了一番，在拉美排第二；再次是加快了与美国经济一体化的进程，美国公司纷纷将汽车、电器、纺织等劳动密集型产业的中间加工环节或完整工序搬到墨西哥，刺激了当地经济发展。同时加入北美自贸区也对墨西哥发展带来了一些负面影响，如农业受到冲击，粮食生产萎缩，许多中小企业陷入困境以及生态环境恶化等。

（五）与中国合作情况

据海关统计，1972 年两国建交时，中墨双边贸易只有 1299 万美元。近年发展迅速，年均增长达 20%。目前墨西哥已成为中国在拉美第二大贸易伙伴，第一大出口市场和第五大进口来源国。2008 年双边贸易再创新高，达到 175.6 亿美元，同比增长 17.3%，是建交时的 1300 多倍。其中中国对墨出口 138.5 亿美元，进口 37.1 亿美元，分别增长 18.3% 和 13.6%。中国对墨出口主要商品有机械、电气、电子产品，玩具、运动用品，光学、照相、医疗设备等；主要进口商品有铜、汽车及零部件、机械设备、有机化学、铁矿砂等。随着两国经济实力增强和技术水平提高，中国向墨出口的产品中机电产品的比例逐年提高，从墨西哥进口的产品也从主要是原料性产品转变为以加工制成品为主。

墨西哥对中国投资始于 1991 年。到 2008 年底，墨西哥在华累计设立企业 131 家，合同投资额 4.33 亿美元，实际投入 7036 万美元，主要涉及仓储、房地产、冶金、医疗用品、运输装备等行业。截至 2008 年底，我国共核准在墨投资约 4 亿美元，实际投入 1.7 亿美元。主要投资领域为电子电器、纺织服装和农业开发等。投资额较大的有上海华源公司的纺织城项目、新天国际公司农业开发项目、TCL 公司电视机生产项目、中石油和中石化石油技术服务项目等。2010 年双方又签订了一批新项目，如联想集团投资 4000 万美元在墨西哥北部蒙特雷设立制造及技术中心项目，以及河南金龙集团在墨西哥科韦拉州投资 1.2 亿美元设立精密铜管生产项目等。该项目是目前中国在墨最大投资项目。

墨西哥是山东对拉美地区最大的出口国。2008 年，山东与墨西哥贸易额 11.4 亿美元，同比增长 42%；其中山东对墨出口 9.6 亿美元，增长 37.4%；进口 1.8 亿美元，增长 72.6%。主要出口商品有电子电器、机械设备、橡胶轮胎、运输工具、钢材、金属制品、纺织品等；主要进口商品有铁矿砂、电子电器、棉花、废金属、水海产品等。目前墨西哥在山东投资了 9 个项目，合同外资 687 万美元。山东累计在墨西哥设立企业和机构 5 家，投资额 1581 万美元。如日照兴业进出口公司 2007 年投资 900 万美元在墨西哥从事铁矿石开采，运营情况良好，2008 年回运铁矿石 18.5 万吨。

三、扩大对墨西哥合作的重要意义

目前山东经济已发展到一个重要节点，未来要实现新的突破，大力推动和引导企业进行海外投资成为必然选择。墨西哥物产丰富，人口众多，经济繁荣、社会稳定，市场潜力很大。同时得益于优越的地理位置和多国自由贸易地位，墨西哥成为进入南北美洲乃至欧洲市场的桥头堡和中转站。墨西哥与山东经济互补性较强，其资源类产品、本地市场和多国自由贸易地位都是我们所青睐和追求的。而山东物美价廉的商品和在许多领域的实用技术也受到墨西哥的重视与欢迎，双方扩大交流、加强合作、实现共赢的潜力很大。选择墨西哥作为山东在北美乃至整个美洲地区的主要投资目的地之一，充分利用"两个市场、两种资源"，发挥双方互补优势，扩大对墨西哥的经贸合作，对促进山东经济持续、稳定、健康发展具有重要战略意义。

（一）扩大对墨西哥合作有利于实施市场多元化战略，扩大山东出口

墨西哥有 1 亿人口，人均国内生产总值过万美元，本地市场容量较大。同时墨西哥与 43 个国家和地区签署了自由贸易协定，是世界上签署自由贸易协定最多的国家之一。由此所形成的大市场涵盖了世界经济总量的四分之三和十亿以上的人口，使墨西哥成为进入美、欧等主要市场的快车道。扩大对墨西哥的合作，特别是境外投资合作，在当地投资设厂，既有利于山东资本货物进入墨西哥本地市场，扩大山东机电产品出口，也有利于落实市场多元化战略，通过墨西哥的自由贸易地位将山东产品打入美加及其他协议国家市场。

（二）扩大对墨西哥合作有利于山东企业实现全球资源优化配置，引进短缺的资源类产品，建立资源保障体系

墨西哥是世界能源和矿产大国，自然资源丰富，石油、天然气、金、银、铅、铜、锑、锌、锡等 10 多种矿产品储量居世界前列。山东是资源消耗大省，长期的开采使山东许多重要矿产如铝土矿、硫铁矿、铜、铅、锌等几近枯竭。这些矿产资源的需求还将继续增加，建立境外资源支撑保障体系刻不容缓。扩大对墨西哥的合作，投资开发矿产资源、林木资源、农业资源、水产资源等是山东企业实现全球资源优化配置的重要举措，有利于我们建立境外资源保障体系，增强山东经济稳定持续发展的后劲。

（三）扩大对墨西哥合作有利于发挥山东比较优势，释放过剩产能，加快产业改造升级上水平的步伐

改革开放 30 年来，山东经济快速发展，与多数发展中国家相比，我们在生产、研发、品牌、市场、经营、资金等方面形成了自己的特色和优势。山东在机械设备、电子电器、食品加工、清洁能源、纺织服装、农业渔业等领域的实用技术受到墨西哥方面的关注与欢迎。推动山东长线产业向墨西哥转移，有利于发挥我们的比较优势，释放过剩产能，调整优化山东产业结构，并可发挥墨西哥进军欧美市场的跳板作用，扩大对欧美市场的出口。

（四）扩大对墨西哥合作有利于缓解双方贸易摩擦，促进双方友好合作关系健康发展

由于中墨贸易中我方长期享有巨额顺差，墨西哥成为发展中国家中对华反倾销最多的国家。而且墨西哥对华反倾销具有成功率高、税率高以及带有背离世贸规则的歧视行为的特点。如墨西哥对我鞋类征收的反倾销税税率竟然高达 1105％，创下了反倾销税率世界之最。对华频频采用反倾销措施说明墨西哥官民对中国商品的抵触不断增强，单纯将合作的着眼点放在贸易上的做法将会制约双方友好合作关系的进一步发展。以跨国投资、跨国并购方式进入墨西哥，利用当地资源在当地生产销售，有利于平衡两国贸易，规避其关税和非关税壁垒，也有利于缓解双方贸易摩擦，改善两国政治和经济关系。

（五）扩大对墨西哥的合作有利于配合我国外交政策的实施，扩大我国在该地区的影响

中墨在国际事务中一直保持良好的合作。墨西哥在历届联合国人权会议反华提案问题上，均对相关动议投弃权票。在台湾问题上，墨历届政府均奉行一个中国政策。2006 年卡尔德龙总统就职后明确表示将继续恪守"一个中国"原则。近年来，墨政府多次在不同国际场合发言，表示反对台湾"参与"联合国和以观察员身份加入世界卫生组织、美洲国家组织和拉美议会。拉美地区情况复杂，与我未建交国家集中，墨西哥是拉美地区最有影响的国家之一，扩大对墨西哥的合作有利于扩大我在拉美地区的影响，配合我外交政策的实施。

四、对墨西哥合作领域的选择

从墨西哥经济发展和对外合作情况可以看出，虽然近年来墨西哥经济取得了很大发展，但其经济中加工装配的比例较高，主要还处在为跨国公司打工的阶段，本地有实力的企业较少，尚未能明显形成独特的技术和产业优势。2008年墨对外投资仅相当于我国的七分之一，数额不大，层级也不很高，对美洲以外地区投资就更少。因此墨西哥目前主要还是一个投资输入国，尚不具备大规模向外投资发展的能力。而贸易方面，我方长期出超，贸易摩擦频现，短期内显著扩大对墨出口也受到一定限制。根据当前双方产业发展现状，我们建议以鼓励和推动企业"走出去"为抓手，以山东优势产业和龙头企业为载体，充分发挥我们的比较优势，着重在以下领域寻求突破，加强合作。

（一）矿产资源

墨西哥矿产资源丰富，石油、天然气、金、银、铅、铜、锑、锌、锡等储量居世界前列。其中银、石墨居第一位，萤石、重晶石、铋、汞等居第二位，锑居第三位，原油居第六位。墨西哥政府鼓励外资对矿产资源的勘探与开采，外资开采矿产资源可进行100%投资，并享受一定的税收优惠。山东是冶金大省，拥有山东钢铁、黄金集团、招金集团等大型冶金企业，在冶金方面具有明显优势。双方优势互补，合作潜力较大。

（二）太阳能利用

墨西哥靠近赤道，太阳能资源丰富。由于气候炎热，墨国人对太阳能热水器需求较大。目前墨全国安装了40万平方米的太阳能集热板，但主要用于宾馆和企业，远远不能满足全国居民的需求。2008年11月，墨西哥国会通过了可再生能源法案，鼓励发展风能、太阳能、生物质能等可再生能源。山东的太阳能产业发展较快，光热利用技术在国内处于领先水平，拥有皇明、力诺、桑乐、亿家能、绿地、孚日光伏、东营光伏等规模以上太阳能企业达到523家，2009年产值440亿元，位居全国首位。应积极鼓励有实力、有技术的企业赴墨投资办厂，开拓当地和南北美洲市场。

（三）电子电器

墨西哥地处热带和亚热带地区，对空调等家用电器的需求非常大，但空调普及率不高，且以窗式居多，耗电多、噪音大。随着墨西哥经济趋于稳定和好转，必将出现家电更新换代和新的消费热潮。电子电器是山东的支柱产业，拥有海尔、海信、浪潮、澳柯玛等一批国内外知名企业。目前受金融危机影响，山东家电企业普遍面临需求萎缩，增速回落，产能闲置的问题。应鼓励山东有实力的家电企业到墨投资生产或开展加工装配业务，依靠我们的技术和价格优势，扩大在当地市场的份额。

（四）汽车及汽车零部件

墨西哥是全球第 11 大汽车生产国，通用、福特、克莱斯勒、大众、丰田、本田、日产、现代等跨国公司都已在墨投资设厂。北美自由贸易协定以及墨西哥与欧盟、南共体国家签署的自由贸易协定，为汽车厂商以墨西哥为"跳板"开发北美、欧洲及南美市场提供了便利。墨西哥近80%的汽车产品出口 40 个国家和地区，汽车零部件市场容量很大。近年来我国汽车及零部件企业也开始到墨投资发展，如 2007 年 11 月一汽与墨西哥萨利纳斯集团共同投资兴建了年产 10 万辆经济型轿车的生产基地。山东拥有潍柴、重汽、山工、临工等 750 多家规模以上的汽车及零部件制造企业，汽车零部件出口全国第一，有能力通过输出技术和设备来拓展墨西哥和美洲其他国家市场。

（五）纺织服装

由于成本低、交通便利、享有北美自由贸易地位等，墨西哥的纺织服装大量输美。而墨西哥纺织服装业所需的机械设备多为进口，当前面临技术改造和资金短缺等问题。山东拥有魏桥、德棉、兰雁等规模以上纺织服装企业近 5000 家，纱、布、家纺产品产量均居全国同行业第一。由于在北美自由贸易协定中，对纺织品规定了"从纱线起"和"从纤维起"的原产地规则，山东产品通过墨西哥转口、或在墨简单加工后免税出口美国的可能被封杀。在这种情况下，引导企业加大对墨直接投资，在当地进行生产加工，既可避开关税壁垒和原产地限制，还可以有效缓解金融危机带来产销下滑的困境。

（六）农业开发

墨西哥土地富饶，气候多样，适合农作物生长。但加入北美自由贸易区后，墨西哥农业受到冲击，竞争力下降，投入不足，目前墨西哥食品不能自给，对外依赖越来越大。山东农业产业化起步早、发展快，形成了许多独特的优势，特别是在果蔬生产、农产品集约化生产和农产品深加工方面积累了经验。应积极鼓励有条件的农产品生产与加工企业、农机企业、化肥企业发挥自身优势，参与墨西哥的农业开发。

（七）水海产品养殖加工

墨西哥海岸总长一万多公里，海洋资源丰富，海产品主要有对虾、鲍鱼、龙虾、蠔、金枪鱼、沙丁鱼、章鱼等。尽管墨海产资源丰富，但其渔业并不发达，捕捞能力、加工能力较弱。山东在水产品捕捞、养殖和加工方面拥有较为丰富的经验和成熟的技术，中鲁渔业、京鲁渔业等一批水产品养殖、捕捞及加工龙头企业，具备赴墨开展合作的基础条件。墨西哥驻华使馆商务处阿里本参赞曾向我们表示，墨西哥非常希望山东知名水产企业到墨西哥从事水海产品养殖加工或向当地企业传授海参加工技术。

五、对墨西哥合作的机遇和风险

当前我们发展对墨西哥的合作，有很多有利条件，一是中墨国家关系良好，两国领导人频繁互访，为发展双方合作营造了良好的氛围和环境；二是双方签署了《避免双重征税协议》等法律框架协议，完备了企业开展合作的法律环境；三是通过持续对高速公路、港口、机场、通讯、电力和水利等设施进行投资，墨西哥拥有了拉美最完备的硬件环境，并颁布了鼓励外国投资的政策；四是随着山东企业实力的增强和实施"走出去"战略，山东企业赴海外投资兴业的积极性高涨，许多大企业和名牌企业积累了海外发展的经验，为企业开展国际化经营，实现全球资源优化配置奠定了基础；五是金融危机压低了目标国资产的价格，为山东企业提供了低成本海外扩张的机会。

在看到机遇的同时，我们也应清醒地看到，赴墨西哥投资合作也存在一些挑战和风险。一是市场竞争较为激烈。墨西哥近90%的外国投资来自美、欧、日等发达国家。由于进入拉美市场较早，垄断和控制了许多制造业部门，在品牌及市场认知等方面占优势，山东企业市场开拓有一定难度。二是存在劳资纠纷风险。墨西哥工会势力强大，如果劳资双方未能就劳工福利待遇达成一致，工会常常组织罢工。三是社会治安状况还不甚理想。墨西哥贫富差距过大，社会治安欠佳，以获得金钱为目的的凶杀、绑架、偷窃、抢劫和勒索等各种犯罪活动猖獗，一直是困扰墨西哥社会的严重问题。四是由于距离遥远，交流较少，文化、制度差异大等原因，山东企业对当地投资环境了解不够，容易走弯路。如一些已在当地投资的企业普遍反映，当地政府效率不高，存在腐败现象，感觉难以应付，增加了经营成本。

六、扩大对墨西哥合作的政策措施建议

（一）加强宣传和研究工作

加强宣传，提高各级政府和企业对投资墨西哥的重视度。主动与各方加强沟通、增信释疑，为企业赴墨投资营造良好的舆论环境。进一步加强对投资墨西哥的研究，会同有关学术机构，围绕扩大对墨西哥的合作开展专题研究，重点研究墨西哥的经济结构、产业结构、市场容量、消费习惯和投资环境，包括法律环境、投资政策、基础设施、生产成本、经营成本、劳动力素质等，排出赴墨开展合作的主要产业和主打产品，供企业赴墨开展投资合作参考。

（二）建立健全长效促进机制

建立健全投资墨西哥的促进服务体系，加强公共信息服务，加快服务平台建设，充分发挥中介机构的咨询服务功能。加强与我驻墨西哥使馆商务处的联系，疏通工作渠道，协助企业解决投资过程中遇到的问题和困难。选择墨西哥及有关州政府部门，与之建立政府间长期的交流和合作促进机制，加强交流、增进互信，探讨合作。通过政府间合作，协助更多的企业赴墨进行投资考察，并协调解决双方企业在投资合作中遇到的问题。加大对企业培训力度，围绕重点产业合作、风险防范、规范企业经营行为等，有计划、有针对性地对企业进行培训，提高对墨西哥投资项目人员素质，增强企业跨国经营管理水平。

（三）积极推动双方经贸互访

积极推动和促进双方高层领导经常互访，更多地派遣经贸团组赴墨西哥开展交流，寻求合作。积极与墨方政府有关部门探讨相互派遣人员到对方对口机构短期学习和观摩。对赴墨出访活动在审批和资助方面给予适当倾斜，为企业开展实质性交流合作提供便利。

（四）着力促进优势产业合作

根据研究确定的优势产业合作领域，重点推动双方在矿产资源、新能源、电子电器、汽车零部件、纺织服装、水海产品加工等领域合作，鼓励和支持有条件的企业赴墨西哥开展跨国并购，并购优质企业的资产、股权、品牌、技术和营销网络，提高国际竞争力。支持有实力的山东企业积极参与墨西哥能源、港口、公路、铁路、水电等基础设施建设，承揽大型建设项目。

（五）探讨设立山东工业园区

按照"政府引导和支持、企业具体运作"的思路，参照山东在委内瑞拉、俄罗斯设立工贸区的模式，引导企业与墨西哥开展经贸交流，适时探讨山东在墨西哥设立工业园区的可行性，作为推动和扩大双方合作的基本平台和抓手。

（六）探讨建立友好省州关系

建议外事部门选择墨西哥的一个州建立友好省州关系。通过政府间合作促进民间合作的开展。建立友好省州关系应考虑双方经济实力匹配程度、产业互补性、双方的积极性和合作潜力、交通通信便利情况以及山东产品和服务转由墨西哥进入美加和拉美市场的便利程度。

（七）规范企业投资经营行为

规范山东企业在墨西哥的投资经营行为，树立良好形象。督导企业依法规范经营，有序开展对墨西哥的投资合作。引导企业树立互利共赢的理念，遵纪守法，尊重当地宗教习俗，主动履行社会责任，构建和谐关系，增强可持续发展能力。

（作者：山东省商务厅　房小杰　曹国平）

第二十四篇　以论坛为契机　积极推进山东与蒙古的投资合作

借助中蒙经贸合作论坛的有利时机，山东省商务厅于 2010 年 5 月 31 日~6 月 5 日组织投资促进团出访蒙古国，开展投资促进活动。代表团参加了中蒙经贸合作论坛开幕式和基础设施、农牧业、矿产能源三个分论坛活动，出席了在蒙中资企业家交流会暨投资政策、法律风险分析会。中国驻蒙古大使余洪耀、商务参赞赵清茂多次会见和宴请代表团，介绍了山东在蒙投资合作企业情况，并就蒙古国政治、政策、法律、环保、投资等进行广泛沟通交流。代表团还分别与蒙古国中华总商会多位会长、蒙古主管环保、农业食品的国会议员巴耶巴特尔进行座谈，实地考察或听取了蒙古正元公司矿业、山东黄金矿业、东苑蒙古矿业、贾氏伟业集团、鲁能蒙古煤电项目等在蒙企业情况。应蒙方要求，代表团还到地处俄蒙边境的色棱格省和当地保税区考察，与色棱格省巴里巴特尔副省长进行会谈。经过几天考察与交流，收到了较好成效。

一、中蒙经贸合作论坛与对蒙经贸合作

（一）关于中蒙经贸合作论坛情况

中蒙经贸合作论坛 2010 年 6 月 2 日在乌兰巴托举办。商务部部长陈德铭和蒙古国对外关系与贸易部部长赞登沙特尔主持论坛，温家宝总

理和蒙古巴特包勒德总理出席并致辞。温总理在致辞中提出，中国政府高度重视中蒙经贸合作。中国连续 11 年成为蒙古最大的贸易伙伴及最大的投资国。进入新世纪，双方要采取切实措施，深化经贸合作，实现共同发展，积极推进矿产资源开发、基础设施建设、金融支持三位一体合作，尽快启动中蒙自贸区可行性研究；中方愿在能源、环保、交通运输领域同蒙方加强合作，支持蒙方发展加工业，愿继续为蒙经济社会发展提供力所能及的援助；中方将为蒙方提供 5 亿美元优惠贷款，5 年内向蒙方提供 2000 个政府奖学金名额，邀请 300 名蒙古国青年访华，探讨建立两国青少年交流机制；中方欢迎并支持蒙方参与区域合作。巴特包勒德表示，中国是蒙古国最大的贸易伙伴和最大的投资来源国，蒙方欢迎中国企业来蒙投资，参与基础设施建设和矿产、能源资源开发，在金融、环保等领域拓展新的合作；蒙方愿积极扩大人文交流，邀请 60 名玉树灾区学生到蒙休养。论坛按照基础设施、农牧业、矿产能源三个领域邀请中蒙相关主管部门官员和中蒙企业代表分别发言，举办了专场企业家交流会。

（二）关于考察、洽谈、交流情况

2010 年 6 月 1 日，中国商务部在乌兰巴托主办了投资蒙古企业家交流会暨蒙古投资政策和法律风险分析会，随团企业参加会议，就各自关心的领域和话题参与交流，深化了对投资蒙古的认识。中国驻蒙余洪耀大使和赵清茂商务参赞反复强调，近两年，山东在蒙企业自觉地遵守当地法律，履行社会责任，取得的经济效益、社会效益远好于在蒙的央企和内蒙古及东北三省的企业，蒙方和使馆是满意的。目前，在蒙有三个企业搞得最好，山东的正元公司和胜利油田的东胜公司名列其中。同时指出，蒙古国政体实行三权分立，是弱势政府，投资中遇到的问题靠政府干预难以解决，因此，在蒙投资要注意投资政策变化，注意防范风险。蒙古政策的出发点是，不要过分依赖中国，要注意政府和国民潜在的亲俄心态。2011 年蒙古将举行大选，有些政策会出现变化，企业要加强预测，慎重对待。蒙古国会分管农业、环保的议员巴耶巴特尔曾在山东省商务厅陪同下多次访问潍坊等地，会见时表示，积极支持山东企业在蒙发展农业，积极协调解决鲁能集团煤电一体化项目的审查问题，并私下透露，近期向山东提供蒙政府明年拟向全球招标的 25 个重大矿业开发项目名单，供山东企业提前研究、介入。

目前，蒙古借鉴我国经验，正在推进两个经济园区建设。一是在中蒙边境的南戈壁省建设以冶金、石化产业为主的园区；二是在色棱格省建设面向俄罗斯出口的保税区。保税区占地 2 平方公里，正在进行土地平整，已有多家日、韩企业表示入住。6 月 4 日，代表团应邀考察保税区。副省长巴里巴特尔会见时表示，当地有丰富的铁矿、煤炭资源和庞大的俄罗斯市场，希望山东来投资办厂。色棱格省电视台、电台、报社对代表团也进行了联合采访。

二、山东在蒙投资合作情况

2008 年，山东省商务厅把蒙古国作为实施"1163"工程的重要国家，加强在蒙企业的业务指导和风险防范，投资合作取得显著成效，蒙古政府部门、我驻蒙古使馆、蒙古中华总商会给予了高度评价。2010 年 1~4 月，山东与蒙古双边贸易 4490 万美元，进口 3949 万美元，进口商品几乎都是投资回运的矿产品。截至目前，山东在蒙古国共有各类投资项目 30 个，协议投资总额为 1.22 亿美元，有 20 个企业进行矿产开发，进展大都顺利。主要特点是：

（一）资源勘探深入扎实

使馆和在蒙中资企业一致认为，这些年，我国在蒙矿业开发之所以取得显著成效，山东冶金地质局发挥了不可忽视的作用。2003 年，山东冶金地质局在蒙投资设立正元矿产勘查开发公司。经过七年多的开拓，在地质找矿、矿权运作、市场开发方面取得显著成效。7 年多来，累计探获铁矿石 1.5 亿吨、锌 50 万吨、煤炭 1.2 亿吨，控制金资源量 5 吨，铜 15 万吨，钼 8 万吨。公司总经理郝献晟利用各种关系和渠道，搜集和购买了苏联及蒙古国政府完整的地质资料，并通过大量的野外实地勘探和验证，加强对重要金属成矿带分布规律的研究，整理和绘制出比蒙古地矿部更为详细准确的各种比例的地质资料，为国内企业进行资源开发提供了可靠、翔实的资料基础。使馆介绍，公司为中资企业购买当地矿权避免了数十亿元的损失。某央企以 8000 万美元购买当地人的铁矿，签字之前找到该公司咨询，通过公司的现场勘探和资料评估，果断地制止了该央企的铁矿交易，避免了上当受骗。山东黄金矿业、东苑矿业、锦华矿业的多个大、中型铁矿和有色金属项目，都是在正元公司指导下发展起来的。同时，公司积极探索矿权有偿流转，已实现流转收入 2 亿多人民币，为中资企业提供的矿权潜在经济价值高达数百亿元人民币。其分析实验室设备先进，技术优良，分析实验可靠性远高于蒙国家水平，并得到欧美发达国家的认可。该公司已成为地质、勘探、测绘、钻探、岩矿测试分析、技术咨询一体的开发公司。目前，该公司投资 1800 万元，兴建总面积 6000 平方米的实验大楼，年底即可入驻。

（二）能源开发开始起步

胜利油田进入蒙古后，累计投资 9505 万美元，购买了 3 列油罐车，钻井 75 口，井尺 11.6 万米，2009 年达到年产 8 万吨的产能，实现利润 1100 万美元。累计生产 18.2 万吨原油。预计今年产能可突破 12 万吨。

（三）矿业开发稳步推进

在蒙古正元公司的支持下，黄金集团在蒙古戈壁省获得总储量为 5000 万吨的铁矿。目前详勘、采购等前期准备工作已就绪，9 月正式开工，建成后将形成年产 130 万吨铁矿石、50 万吨铁精粉的能力。东苑矿业公司原是临沂个人在蒙古兴办的，因国内没有母体企业，难以获得贷款和政策支持。通过山东省商务厅协调，与省内企业相互参股。开发银行已同意贷款 5000 万元，首笔 2000 万元已到位。目前拥有两个铅锑金属矿和钼铜伴生矿，地处中蒙边界的铅锑多金属矿，开采设备进入调试安装阶段，年内可实现矿石回运。初步探明，该矿有铅金属量 5 万多吨，锑金属量 2.8 万吨，银金属量 116 吨，投产后利润可达 4000 多万元。该公司还在东方省拥有中型铜钼矿，初步探明钼金属量超过 6 万吨，铜金属量 15 万吨，今年再投入近 800 万元，委托正元公司进一步详勘。从目前掌握的资料分析，有可能成为大型钼铜矿。考虑到公司的整体实力，建议将钼铜矿与省内大企业合作开发，公司提出请山东省商务厅帮助选择合作伙伴。

（四）鲁能集团煤电一体化项目进展顺利

自 2008 年，山东省商务厅始终关注目前中蒙双方最大投资项目的进展情况。该项目在蒙东戈壁省，利用当地褐煤资源，建设年产 2000 万吨的煤矿，8 台 60 万超临界发电机组，总投资超过 60 亿美元。建成后，除留蒙古国 30 万千瓦外，其余通过 50 万千伏超变压输电线路向华北电网送电。目前项目框架协议已通过蒙矿业环保等部门的论证审查，并由总统、总理、议长三人组成的国家安全委员会阅后提交议会讨论，如无大意外，2010 年 9 月即可通过审查，签署投资协议。目前存在的问题是，由于该项目需从 30 公里外引水，当地群众尚有顾虑，留蒙负荷及电价问题需进一步协商。据了解，煤矿及发电机组由鲁能集团与蒙古签订，输变电项目暂由国家电网公司签订。

（五）农业开发方兴未艾

在蒙进行大规模的矿产资源开发必须同步推进农业开发，以缓解当地粮食紧张状况，缓和群众对立情绪。从 2008 年起，山东省商务厅支持菏泽贾氏伟业在蒙进行大规模农业开发。2009 年公司租赁的 46 万亩农田，播种小麦 5 万亩，日本红芸豆 4 万亩，种植 20 万株俄罗斯果木沙棘。共购置大型农机 68 台。今年公司增加投资 3700 万元人民币，计划抢播各类大豆、小麦、芸豆等农作物 10 万 ~ 15 万亩，同时开展牧业饲养和肉制品加工，2011 年，46 万亩农田将全部开发。与此同时，越来越多的企业开始关注蒙古的农业开发，菏泽、聊城等市已有多家企业到蒙考察，探讨租赁土地或苏联遗留的农场，进行大面积农业种植。东苑矿业公司正与西部几个省政府洽谈建设中小型屠宰场事宜，对方政府承诺，在今后三十年，当地不再新建类似项目，以支持企业发展。

三、进一步推进与蒙古资源
合作开发的措施

从近几年的调查情况看，与非洲、拉美及我国其他周边国家相比，蒙古矿产资源具有储量大、品位高、埋藏浅、运距短、限制少等无可比拟的优点。尽管近年其政府收紧矿产资源政策，提高税收和禁止矿产权买卖，但综合政治、经济、文化等多方面因素考虑，蒙古仍是山东进行资源开发的重要国家。近期应做好以下工作：

（一）深入开展对蒙战略矿产资源合作研究

资源开发具有风险。要注意研究蒙古国矿业法规和动向，规避风险。蒙古国政府 2006 年发布了新的《矿产资源法》，取消对投资 5000 万美元以下项目免税进口设备优惠；建立国家战略资源储备制度；对铜、金等资源征收暴利税；加强了对矿产资源开发的环保监管；禁止了矿权许可证的买卖。目前有当地不法分子相互勾结，采取编造假地质资料、假矿样、假开采证等不法手段骗取钱财，这些都是当前境外资源开发的共性问题。只要熟悉了解当地法律法规，积极采取规避措施，是可以避免的。山东企业要坚持独资为主，尽量不与蒙古私人公司合资合作。要通过参与企业股权获得矿权许可证，牢牢掌握主动权。要坚持地质勘探先行，对搜集到的各类资料进行对比分析，请专业地勘单位把关，降低投资风险。要坚持在遵守当地法律的前提下开展经营活动。认真履行社会责任，与当地政府和群众建立起良好关系。坚持多做少说或只做不说，低调行事。

（二）着手研究富余产能转移问题

商务部、工信部拟选择蒙古作为我国钢铁、石化等富余产能转移的国家。特别是蒙古政府要在中蒙边境的东戈壁省建立以吸收中国投资为目标的工业园区，解决日益增多的受灾牧民就业问题。鲁能集团 8×60 万千瓦电站周围，有丰富的煤炭、铁矿和有色金属资源，电力供应充足。近期可组织研究把焦炭、化肥和钢铁等生产能力向蒙古转移的可行性，特别是山东黄金铁矿项目投产后，为在当地建立焦炭、生铁生产基地提供了可能。

（三）加强交往，为经贸合作铺路

蒙古各省对与山东企业的合作充满期待。色棱格省提议其苏哈巴托市与山东对等市建立友城关系。东方省、南戈壁省等都提出类似要求。可考虑选择几个市建立友好关系，提升全方位的合作水平。

（四）为在蒙企业提供更加便捷的服务

我驻蒙大使余洪耀和商务参赞赵清茂反复强调，必须把农业与矿业开发同步推进，中蒙间的经贸合作才能持久发展。据山东在蒙企业反映，当地所需的各种化肥、机械、原材料种子等都需从国内进口，蒙古几个周边口岸均是季节性的，从未办理过此类业务，执行政策偏严。前不久，在小麦抢播季节，山东贾氏伟业的化肥、农药、种子、机械及 170 余人，在口岸滞留长达十多天，造成很大损失。下一步，山东省商务厅可组织商检、海关、口岸、出入境管理等部门到内蒙古、东北三省等与蒙古接壤的主要口岸进行走访，为山东企业入蒙发展提供通关便利。

（五）加强在蒙企业管理

要万分珍惜山东在蒙形成的良好声誉。目前，也发现少数国内经营不佳的企业进入这一市场，有的不能遵守当地法律，官司缠身，也有的设立空壳公司，有骗取政策扶持的嫌疑。下一步，一是提高进入蒙古进行矿业开发的门槛，加强对去蒙投资企业资质、实力、信誉等的考察了解，从源头上减少问题的发生。二是加强对在蒙企业经营状况的监管。三是创造条件，适时建立山东在蒙企业商会，增强凝聚力，提高山东在蒙的知名度。

（作者：山东省商务厅　石启东）

第二十五篇 新加坡外劳政策调整对山东外派劳务影响及对策

新加坡是山东第二大对外劳务合作地区，近几年呈现稳步发展势头。近期，新加坡提出调整引进外籍劳务政策，在新加坡上下引起较大反响，也对山东开展对新加坡外派劳务产生一定影响。

一、新加坡调整引进外籍劳务政策背景及主要内容

新加坡人力资源长期匮乏，其经济发展离不开引进外籍劳工。近年来，新加坡人口生育率持续下降，甚至出现负增长，外籍劳务实际已成为新加坡经济发展不可缺少的部分。20世纪80年代末，外籍劳务已占新加坡劳动力的16%；进入21世纪后，新加坡经济保持较快增长，2006年GDP增长7.9%，劳动力市场出现供不应求，建筑、服务业劳力缺乏尤为突出。2007年，随着新加坡圣淘沙等两个综合度假项目的建设，引进外籍劳务更出现快速增长势头。金融、咨询服务业及跨国公司也引进了一批高端技术人才。据人力资源部统计，截至2009年底，新加坡企业雇佣员工300万人，其中105万是外籍员工，占35.2%。大量外籍劳务的引进，引起各方关注：一是部分优秀外劳成为新加坡永久居民，当地人产生危机感。特别是金融危机后，公司裁员，当地人就业率持续下降，部分新加坡人认为是外籍人员抢占了工作岗位。二是个别

建筑外劳素质不高，乱穿马路、乱丢垃圾、高声喧哗，造成当地居民反感，电视台甚至制作专门宣传片，呼吁外籍务工人员遵守社会文明。三是个别从事餐饮服务外劳语言不过关，引起负面影响。新加坡虽然可以讲华语，但大部分新加坡华裔的华语仅限于闽南话和客家话，公共场所已习惯用英语交流。在餐馆就餐时，个别服务生看到华裔就用普通话点菜服务，让不会讲普通话的新加坡华裔感到尴尬和反感。四是新加坡将在 2010 年底或 2011 年初进行大选，为表示对社会民生问题的重视和改善，针对外籍劳工等社会敏感问题出台政策，自然将引起民众的关注。

在上述背景下，新加坡经济战略委员会提出未来十年经济年均增长 3% ~5% 的七大战略。其首要战略是，提升技能与创新精神。包括：（1）成立全国生产力理事会，协调各部门和劳资政各方，推动提高生产力的各项活动。（2）鼓励企业在技术与培训方面进行创新和投资。政府拨出 10 亿元并逐步扩大至 20 亿元建立全国生产力基金，为各行业和企业生产力计划提供资助。建设局还成立了"建筑业生产力中心"，设立为期五年的 2.5 亿元的基金，用来培训、鼓励公司采用新科技和购买新机器。（3）强化继续教育和技能培训（CET）计划，扩大对员工技能和专业人员培训。（4）通过就业培训补助计划（WTS），增强对低收入员工的支持。（5）逐步提高外籍劳工税，调制对外籍劳工依赖。扩大熟练与非熟练外劳劳工税的差距，减少雇主对外劳的依赖，鼓励雇主引进技能更高的外籍员工。经济战略委员会认为，过去十年新加坡经济实现 5% 的增长，主要是靠劳动队伍壮大的推动，要改变以单纯扩大引进外劳提高生产力的做法，外籍劳工比例不能超过 1/3。

在吸引外劳最多的服务业，新加坡政府还规定，自 2010 年 7 月起，零售业、餐饮业和酒店业的外籍工作准证持有者必须通过"服务业语言能力测试"（Service Literacy Test）才能成为熟练工人，雇主也能享受每个月每个员工 90 元的劳工税折扣，以提高服务业外劳的素质和服务水平。

二、新加坡调整引进外籍劳务政策的影响

政府上述政策出台后，引起各方反响。有学者认为，外籍劳工根本没抢本地人饭碗，从事的是本地人不愿做的"脏、苦、累"工作，不

少本地人"自愿不就业",推掉劳发局推荐的就业岗位;一些雇主则认为,外劳税将加重公司运营成本;工会则担心劳工税调高后,雇主会趁机削减外劳薪金,以弥补劳工税的损失;还有人担心业主会最终把增加的成本转移给消费者。

我国是新加坡外籍劳务主要来源地,新加坡引进外劳政策调整对我国劳务外派影响较大。一是外派规模将受到限制。随着韩国实施外劳雇佣制改革,新加坡已连续多年为我国劳务外派第二大市场,且有上升趋势。据商务部统计,2009年我国对新加坡外派劳务2.9万人,期末在外8.4万人。据新加坡迈龙人力资源公司分析,在新加坡的中国劳务远远大于商务部统计数据。目前新加坡105万外籍劳务中,约20万为菲律宾女佣,其余为各行业人员,而中国劳务约占各行业外籍劳务的40%。新加坡也是山东第二大外派劳务市场,2009年对新加坡外派劳务5622人,占全省外派12%,新加坡外劳政策,包括对服务生的严格语言考试制度,将直接影响山东外派数量。二是不法雇佣、劳资纠纷可能增多。新加坡外劳市场一直存在非法雇佣,此次外劳税将大大增加雇主雇用外劳成本。当地媒体分析,个别雇主为逃避劳工税将会铤而走险,非法雇佣工人,或克扣工人薪水,降低工人福利,甚至借口解雇、更换外籍劳工,以降低外劳税的损失。三是当地中介聘请外国劳务收取回扣、倒卖工作准证配额等违法行为将重新抬头。新政策实施后,外劳将成为紧缺资源。虽然按新加坡雇用代理法令,雇用代理者可向求职者征收不超过求职者首月薪水10%的介绍费,而雇用代理最多可向雇主收取雇员首月80%的介绍费,但由于监管难以到位,当地中介给雇主回扣、倒卖工作准证配额等违法现象难以制止。四是市场的不确定性进一步加大。由于中国劳务的规模庞大,一直受到当地社会关注。新加坡政府对中国劳务的管理作为对外劳市场的一种调控手段,时紧时松,市场需求大时就放宽,市场有变化或因某些政治因素时就严查,控制中国劳务进入。由于历史原因,长期以来新加坡政府对引进马来西亚人就业网开一面,在外劳管理中,马来西亚人在各行业雇用比例高于中国等其他国家,如服务业,政府规定雇用1名中国外劳需雇佣9名当地人,而雇佣1名马来人仅需雇用1名本地人。雇主雇佣1名外劳须向政府缴纳5000元新币押金,而雇佣马来人则不需缴纳。此次规定服务业的英语考试,马来人也除外。因此,新加坡此次调整引进外劳政策,将促使雇主更多雇佣马来西亚外劳。

三、新形势下开展山东与新加坡
劳务合作建议

（一）密切关注新加坡政府外劳政策走势，逐步调整外派劳务结构

总的来看，随着新加坡 GDP 目标调至 6% 的增长，对外籍劳工仍有较大需求。2010 年以来，新加坡制造业、电子产业回升，企业开始招募外劳；圣淘沙和金沙湾两个大型综合娱乐度假设施（赌场、环球影院和酒店等）相继运营，服务业外劳需求数千人。建筑市场未来三年仍有 180 亿～210 亿元新币的工程需求。目前中国劳务以建筑业为主，2009 年，中国建设、上海建工、青岛建设等 21 家中国公司在新建筑劳务 4 万多人。山东 2009 年对新加坡承包工程合同额达 3.4 亿美元，同比增长 88%，外派建筑劳务 1261 人，占全省对新加坡外派总量的 22.4%。此次新加坡出台的外劳税政策，将使建筑业成本提高 1%～2%，而政府设立的对企业购买新设备、采用新技术给予补贴的政策，则促使建筑企业减少用工。近期，政府举办了"新加坡人力资源峰会 2010"，副总理张志贤提出，很多国际企业已把业务迁移到亚洲，世界最好的人才也汇聚亚洲，这为新加坡已具备成为人才资源中心提供有利条件。他要求企业善于利用多元化的思想、经验管理劳动队伍，更注重劳动者的"巧干"（work smart），而不是一味地扩大队伍和延长工作时间。山东劳务企业应结合新加坡市场的变化，未雨绸缪，调整外派劳务结构，加大对制造、服务业等领域的技术培训和储备，减少建筑劳务外派。

（二）与新加坡职总恒习等机构合作，加大劳务人员派出前培训，提高素质

据使馆通报，新加坡人力资源部拟在建筑工技能考试制度基础上，对其他行业外籍劳务也实行考试制度，并拟在海外设立培训考试中心。山东应抓住机遇，率先与新加坡企业合作，建立相关培训机构。新加坡职总恒习隶属新加坡全国职工总会，是政府背景的机构，经职总恒习培训的劳务人员，受到各企业欢迎。2009 年下半年，新加坡职总恒习曾到山东考察，选择合作伙伴。建议推进省外贸学院、泰安外经贸技工学校与其合作，设立餐饮服务、机械制造等专业，开展有针对性的培训，提高外派人员语言和技能。

（三）结合落实中新劳务合作备忘录，推进与新加坡雇主行业协会合作

2008 年 10 月，商务部与新加坡人力资源部签订劳务合作备忘录，商定双方须经政府批准中介机构和经营公司派送劳务；中国经营公司与新加坡人力公司不得向劳务人员收取政府规定以外费用；新方中介费应由雇主承担；雇主不得向劳务人员收取保证金；因雇主原因导致劳务人员提前回国、终止合同，雇主应做出赔偿。经商处建议，山东可率先落实双边劳务合作备忘录内容，双方指定信誉好的经营公司和中介机构，在政府监督指导下，按照同等优先的原则，建立与雇主的直接联系，降低中间环节收费，逐渐形成双方劳务合作的主渠道。为加大政府监督指导，减少环节，建议由省承包劳务商会与新加坡制造商联合会等行业协会建立联系，开展行业合作，按照中新劳务合作备忘录框架内容，签订合作协议，支持经营公司与雇主建立直接联系，减少中间环节，规范赴新加坡劳务外派。

（四）建立双边工作小组

经商处建议，应充分发挥山东—新加坡经贸理事会作用，在理事会框架下成立工作小组，新加坡人力资源部及恒习培训机构、有关行业协会等派员参加，围绕提高山东外派劳务素质、合作开展培训、打击非法雇用、规范业务发展等拟订工作内容，协调推进双方劳务合作健康有序发展。

（作者：山东省商务厅　郑少平　岳宗敏）

第二十六篇 山东培育跨国公司亟待解决的问题及对策

跨国公司作为当今世界经济中的一股重要力量，其凭借庞大的产业规模、雄厚的资本实力、垄断的高新技术，已成为当今世界经济活动的主角，是世界贸易、全球投资的重要载体，是全球科学技术进步的发动机。目前，全球经济经过危机的洗礼，开始出现复苏势头，我国经济也在不断升温，世界已经进入后金融危机时期。在这一新的历史时期，面对新形势下新的机遇，加快山东跨国公司的培育就成为必要而迫切的任务。姜大明省长在 2010 年《山东省十一届人大三次会议政府工作报告》中又进一步强调，要鼓励有条件的企业抢抓机遇，大胆走出去，积极开展海外并购，积极开展境外资源合作开发，积极拓展海外市场，在加快由利用国内资源到积极利用国内国外两种资源转变的同时大力培育山东自己的跨国公司。这对于进一步扩大山东对外开放广度和深度，提高山东开放型经济水平，更深层次地融入世界经济体系，以获取更多的发展机遇与话语权，推进山东对外经济发展方式转变具有重要而现实的意义。

一、加快培育山东跨国公司的重要性和紧迫性

改革开放 30 年来，山东经济持续快速发展，综合实力大幅度提升，

"走出去"的领域和规模不断扩大，跨国公司培育取得了一些成绩，为山东经济发展作出了积极贡献。后金融危机时期的到来，山东面临新的发展机遇，加快培育山东的跨国公司，对于山东拓展开放型经济发展空间、转变经济发展方式、加快开放型经济从粗放型向集约型转变、实现由经济大省向经济强省跨越既具有重要性也具有紧迫性。

（一）培育跨国公司是山东拓展经济发展空间的迫切需要

山东未来应进一步推动开放型经济的发展，以开放促发展。山东经济的发展，不仅需要"引进来"，在新形势下还需要"走出去"，积极培养一批具有国际竞争力的跨国公司。通过培育和发展跨国公司，不仅可以更好地利用国内国外两个市场、两种资源，同时还能够充分享受投资地区的各种优惠政策，最大限度地消除国家间贸易壁垒造成的影响，有利于企业拓展海外市场，提升企业的发展空间。从某种意义上讲，未来国际之间的竞争就是大型企业、企业集团之间的竞争。西方发达国家之所以经济实力强大，就是得益于具有众多实力强大的大型跨国公司，从而能够在全球展开资源配置、生产、销售、研究与开发活动。席卷全球的金融危机，对山东经济和企业造成了不小的冲击。然而，"危"也与"机"并存，由于全球资源、能源和企业资产价格大幅下滑，山东可低成本进入这些市场。因此，山东要把握机遇积极培育跨国公司，在境外资源、能源开发上取得新进展，进一步拓展对外开放的广度和深度，在更高层次、更大范围内、更广领域参与国际竞争与合作，从而进一步扩大山东经济的发展空间。

（二）培育跨国公司是山东转方式、调结构的迫切需要

2010 年 6 月，山东省委九届十次全委会召开，从十个方面对加快经济发展方式转变做出了战略部署，而打赢加快经济发展方式转变这场硬仗，力促产业结构调整是关键。山东的传统产业体系中，纺织、造纸、化工、家电、原材料加工业等占比大，附加值低，竞争乏力，是"转调"的重中之重。以纺织工业为例，至今落后产能还占有较大比重。[①] 培育山东的跨国公司是以山东为主吸纳全球资源、改善产业结构的重要方式。一方面，可充分利用国际资源和国际市场，把传统的优势产能转出去，使国内产业生产能力向海外延伸的同时，加快国内产业结构调整，从而为山东经济发展提供不竭的动力，为发展新的产业"腾

---

① 李梦、袁涛：《产业发展步入新轨道》，载《大众日报》2010 年 10 月 8 日。

笼换鸟";另一方面,通过研发设计全球化、组装制造全球化、市场营销全球化,可以有效提高山东企业在国际产业链、品牌链、价值链中的位置,成为产业链条的集成者,进而推动山东转变经济增长方式、调整产业结构,进一步提升山东企业国际市场竞争力。

(三) 培育跨国公司是山东加快开放型经济由粗放型向集约型转变的迫切需要

实施"走出去"战略是山东对外开放进入新阶段的一个重要标志,跨国公司是实施"走出去"战略的一个重要途径。改革开放 30 多年来,由于山东处于迅速推进工业化和城市化的发展阶段,经济高速增长,对自然资源的开发强度不断加大。加之粗放型的经济增长方式、技术水平和管理水平比较落后,污染物排放量不断增加,资源、环境、生态面临着越来越大的压力。这就需要培育新的经济增长点,拓展新的经济发展空间。跨国公司作为全球化时代配置资源的主体,在更广阔的空间里进行经济结构调整和资源优化配置,可以有效缓解经济运行中日趋严重的资源、环境、生态压力,加上跨国公司先进技术的带动作用,可形成走出去的规模效益,并为山东带来先进技术和经验,促使山东加快实现由粗放型经济向集约型经济转变。

(四) 培育跨国公司是提高山东创新能力的迫切需要

创新是企业发展的不竭动力。当今世界,科技发展突飞猛进,技术创新能力已成为一个国家和企业发展的核心驱动力。从国际上看,跨国公司作为技术引领者的地位一直在加强,其凭借先进技术、资金优势在全球分工格局中处于主动地位,世界上的领先技术绝大部分掌握在大的跨国公司手中。在目前的全球分工格局中,山东主要从事技术含量和附加值低的劳动密集型产业和加工制造环节,创新程度低,而发达国家则致力于发展收益高的高新技术产业、服务业和高附加值部分的加工制造环节。通过培育跨国公司,山东充分利用全球科技资源获得的强大竞争力,可不断加强其在科技、生产领域的强势地位,进一步增强创新能力,成为自主创新的重要力量。

二、山东培育跨国公司的现状及问题

近年来,山东省委、省政府高度重视实施"走出去"战略,"走出去"的规模和质量不断提高。培育跨国公司作为实施"走出去"战略的一个重要组成部分，在"走出去"各个时期都得到充分重视。2002年，省政府召开专门会议，省有关部门制定了《山东省贯彻"走出去"开放战略，大力发展国外经济合作的意见》中明确提出，要"培育发展一批世界知名的跨国公司"。2005年，省政府出台了《关于加快实施"走出去"战略的意见》，提出"大力推进境外资源合作开发，积极发展跨国经营"。在金融危机发生后，又出台了《山东省境外能源资源合作开发实施意见》等文件，形成了上下高度重视培育跨国公司的氛围，跨国公司培育得到迅速发展。

（一）山东培育跨国公司的现状

在山东省委、省政府的支持、推动下，经过企业自身努力，山东的跨国公司取得了一些成就。据有关数据，截至2009年底，全省累计核准设立境外企业（机构）2026家，中方投资36.8亿美元。2010年上半年山东省境外投资额居全国首位。山东省新核准境外企业180家，中方投资额11.7亿美元，分别增长33%和126%，境外投资额居全国首位。[①] 山东跨国公司的发展呈现如下特点。

1. 投资产业领域不断拓宽。山东跨国企业经过多年发展，投资产业领域进一步拓宽。对外投资领域已从贸易、餐饮等行业逐步拓展到境外资源合作开发、纺织服装、轻工机械、电子电器、食品加工、化工建材、商务服务等领域，从无到有，从小到大，不断发展壮大。其中，临沂澳美纺织有限公司以坯布出资2635.4万美元参股台湾友良高科技纺织股份有限公司，也成为山东首家赴台投资的企业；淄博兰雁集团投资4365万美元在柬埔寨开展纺织服装加工业务；临沂新光针织投资1091万美元收购柏伟（柬埔寨）制衣有限公司54%的股份；青岛新华锦集团控股子公司——山东鲁锦进出口集团有限公司在香港设立了华晟控股有限公司，用于收购位列世界男发品牌前三名的国际中高档发制品知名品牌NI。

2. 投资地区分布更为广泛。一是境外营销网络建设区域继续扩大，主要分布在中国香港、美国、日本等发达国家和地区，其中在中国香港新设营销网络41家，中方投资1.9亿美元，分别占境外营销

---

① 韩祖亦：《上半年境外投资额山东居全国首位》，载《经济导报》2010年7月25日。

网络的 30% 和 58%。① 二是境外投资的地区分布日益广泛，全省已有 1400 多家企业在 120 多个国家和地区开展境外投资和其他形式的经济技术合作。② 亚洲是山东境外投资最多的地区。其中，在发达国家日本，山东如意集团出资 5883 万美元购买瑞纳株式会社 41.18% 的股份，成为第一大股东，获取 35 个服装品牌 2900 个专卖店，加快了由纺织加工企业向零售终端的战略转型，短期内将快速提升产品竞争力和品牌影响力。非洲有所拓展。如：烟台冰轮加快"走出去"步伐，分别在塞内加尔、肯尼亚等 8 个国家和地区设立办事处，从事境外信息收集、调研等活动，为下一步开展大规模境外投资奠定基础。

3. 投资方式多样化发展。山东早期的跨国公司大多从事比较单一的出口贸易、劳务输出、对外承包工程等。发展到现在，呈现出多样化特点，有投资办厂、跨国并购、股权置换、设立境外研发机构、甚者创办工业园等形式。其中，大企业跨国并购和境外研发增长迅速。兖矿集团投资 33.33 亿澳元收购澳大利亚菲利克斯公司，成为 2009 年山东最大的跨国并购项目；潍柴动力、烟台万华、潍坊天翔、临沂隆盛等一批优秀企业抢抓机遇，通过并购境外资产、先进技术、品牌和市场网络，获得更多的技术支撑和市场渠道，整合了资源，进一步提升了企业国际竞争力；海尔在巴基斯坦园投资兴建的工业园区逐步完工并完善。在研发方面，山东省 2010 年前三季度新核准设立境外研发中心 23 家，中方投资 1.6 亿美元，分别同比增长 28% 和 293%。③

4. 投资主体多元化发展。境外投资主体呈多元化趋势，从改革开放初期的以国有企业为主，转变为近年来民营、国有企业等多元化发展格局，境外资产超过 1 亿美元的山东对外直接投资主体既有民营企业山东海丰航运、青岛茂源金属，也有国有控股企业海尔、海信、济钢和兖矿。2010 年海尔集团投资 3.1 亿美元收购其香港上市公司"海尔电器集团有限公司" 31.93% 的股份，整合了内部资源，增强了核心竞争力。

① 《前三季度全省境外投资持续稳定发展》，http：//www.shandongbusiness.gov.cn/index/content/sid/124476.html。
② 《境外处臧耀刚处长与网友在线交流》，http：//www.shandongbusiness.gov.cn/index/interview/sid/110293.html。
③ 《前三季度全省境外投资持续稳定发展》，http：//www.shandongbusiness.gov.cn/index/content/sid/124476.html。

（二）山东培育跨国公司存在的问题

山东培育跨国公司虽然取得了较大成效，为未来跨国公司的发展壮大积累了宝贵经验，但由于多种原因，仍旧存在一些问题。

1. 培育跨国公司的政策措施还不尽完善。山东培育跨国公司的管理政策有待进一步完善。由于我国目前处在跨国公司发展的初始阶段，尚未形成支持跨国公司发展的法律政策体系，没有针对培育跨国公司制定专门的法律，引导跨国公司发展的产业政策、技术政策、金融政策及税收政策需要进一步具体化。基于国家法律和政策的限制，山东也未能结合本省实际完善自己的培育跨国公司的政策体系，缺乏专门针对培育跨国公司的政策措施，使跨国公司发展缺乏进一步的总体规划和宏观指导。

2. 跨国公司运行质量还偏低。跨国公司的质量较低，是导致山东跨国公司项目效益低下、部分企业经营难以为继的一个重要原因。就总体情况而言，尽管山东到海外去投资设厂的大多是国内同行业中居领先地位的龙头企业，但限于山东企业资金实力，跨国经营企业的海外投资项目大多以中小项目为主，超过 1 亿美元的项目几乎是凤毛麟角。从2009 年全年山东批准海外投资企业的统计数字看，山东新核准设立境外企业（机构）299 家，中方投资额的平均规模只有 380 万美元。这不仅仍低于发达国家平均 600 万美元的水平，而且与发展中国家平均投资规模 450 万美元相比，也有一定差距。这种现象的出现是由于山东跨国经营企业资金实力偏小，企业融资能力差，缺乏足够的规模实力和竞争优势，因此限制了不利于山东跨国经营企业多元化战略的实施，难以与国际大型跨国公司抗衡。

3. 跨国公司高级人才比较缺乏。拥有高级人才是企业开展跨国经营的前提条件，也是企业可持续发展的基础。跨国高级人才一般都应有在几个国家工作的经验，具备全球化意识，精通外语、熟悉专业知识与操作技能。目前，仅仅依靠跨国公司自身培养人才难以满足企业发展的需要，国内高等院校培养的人才也难以适应企业开展跨国发展的要求。导致山东跨国公司一方面面临善经营、懂管理、会外语的复合型人才严重不足，很多高层管理人员大部分是在"干中学"成长；另一方面，不管是在国有企业还是在民营企业中，都没有形成职业经理人市场，吸纳海内外英才来山东创业的条件与氛围远未形成，使得大批有实力的企业缺乏国际化视野和国际化经营能力，导致许多跨国企业无法尽快做大做强。

三、上海、广东、浙江培育跨国
公司的经验借鉴

上海、广东、浙江三省、市培育跨国公司取得显著成效，截至2010 年初，浙江共核准境外投资企业 3900 多家，位居全国各省（市、区）第一位，覆盖全球 129 个国家。截至 2009 年底，上海、广东对外直接投资流量位列第一和第三名，直接投资分别达到 12.1 亿美元和9.2 亿美元。三省的经验做法，值得山东学习和借鉴。

（一）较为完善的政策支持体系

上海、广东、浙江三省市以其完善的政策支持体系，推动了跨国公司的发展。一是出台了一系列政策法规文件。上海市先后出台了《关于上海市进一步推进实施"走出去"战略的若干意见》、《上海市鼓励企业实施"走出去"战略三年行动方案》，明确提出要培育本市的跨国企业，并"形成一批有国际竞争力的大项目"、"形成一批有国际影响的工程总承包项目"、"培育一批在国际市场上有影响力的企业品牌，打造一批具有国际竞争力的上海本土跨国企业"。为落实中华文化"走出去"战略，2010 年 3 月上海市又对文化"走出去"实施专项资金扶持，大力培育跨国文化产业发展。广东也加快实施"走出去"战略，并制定重大扶持政策培育跨国公司，先后提出了目标："使跨国经营成为广东对外经贸的重要组成部分"、"发展一批具有国际竞争力的跨国公司"、"形成产业结构内外互补、生产要素全球配置的发展格局，实现融资、生产、销售国际化"。浙江省制定了相关政策积极培育跨国公司，先后发布了《浙江省人民政府关于加快实施"走出去"战略的意见》、《浙江省财政厅、省商务厅关于印发浙江省实施"走出去"战略专项资金使用管理办法的通知》等文件，提出要"大力培育具有较强综合实力的跨国公司"。二是具体制定了多项扶持举措鼓励企业培育海外跨国公司。上海市积极树立开放合作理念，专门制定了鼓励政策和措施，包括简化项目的外汇和出入境审批手续，放宽海外投资限制，改善"走出去"的项目信息和人才培训服务，设立海外投资发展专项资金、政治风险保险、项目贷款贴息、制定了先进单位和先进个人评比表彰制度等，并对文化企业进行专项资金扶持。浙江省设立了 2000 万元/年的专项扶持资金，支持企业在境外设立具有一定规模的商品专业市场、生产加工企业和研发机构，开展工程承包、资源开发等。广东省不断完善财政、金融、保险、税收、外汇、外经贸、海关、检验检疫等政策促进体系，充分发挥两业贷款、优惠贷款、无息贷款和发展援助的作用，促进跨国公司的培育和发展。正是在这些政策和举措的支持激励下，三省市一大批企业迈出了品牌出国门、资源出国门、技术出国门、资本出国门的步伐，积极开拓国际市场，培育自己的跨国公司。

（二）不断提高的政府服务水平

为推动企业培育跨国公司，上海、广东、浙江三省市进一步强化服务意识，政府服务水平不断提高。一是完善了跨国公司信息咨询服务网络。浙江省外经贸厅建立了"浙江省国际投资促进网"，向企业提供对外投资动态、对外投资政策、各国投资环境等多方面的详细信息。二是加强了舆论宣传和引导。为了更好地培育跨国公司，加强浙江与国内外的经贸合作，浙江省十分重视培育跨国公司的宣传工作，通过各种新闻媒体和舆论工具，介绍对外投资的成功案例和经验，引导具有比较优势的企业和劳务人员大胆走出国门。广东省政府不仅率领企业走出省外进行参观考察，而且还让由企业代表组成的经贸团借助高层领导出访之机到国外开展一系列经贸合作活动。三是简化了办事程序。广东省加快实现了境外投资便利化健全了境外投资行政审批制度，简化和规范审批程序，提高行政效率；简化人员出入境手续，在贷款、保险、担保、外汇、退税以及境外施工设备、生活物资和带动的出口商品在通关、检验检疫等方面提供便利。浙江切实加快政府职能转变，下放审批权限，减少审批环节，简化审批手续，明确审批时限。

（三）企业培育跨国公司的主动性不断增强

上海、广东、浙江三省市的政府重视和支持，激发了企业培育跨国公司的积极性与主动性。一是大企业、知名企业注重拉动其他企业走出去。在培育跨国公司过程中，上海市知名企业以其行业、产品、技术、市场和品牌优势，率先开拓国际市场，表率作用十分明显，一批大企业在海外直接投资兼并收购取得重大突破。2009 年上海电气以 1.6 亿美元价格成功收购美国高斯公司。有"中国酒店业海外并购第一案"之称的锦江国际集团以 9900 万美元的价格收购美国州际集团，将北美最大的独立酒店管理公司 50% 的股权收入囊中，取得一把打开国际酒店市场的"钥匙"，成为展示上海服务业形象的窗口。二是企业注重发挥自有品牌优势，拓展多元化国际市场。如珠江钢琴、TCL、格力、美的等注重发挥自有品牌优势，努力提高产品和服务的附加值，在国际市场上逐步树立起了"优质广东"形象。三是企业注重"抱团走出去"。浙江跨国企业95%以上为民营企业，民营企业"走出去"连续多年居全国第一。企业积极争取政府支持，在境外开办了一大批像温州服装城、义乌小商品市场、浙江建材城等以浙商投资、浙货经营为主的商品专业市场。其在阿联酋建立的浙江商品城，引导该省企业在当地设立了22 个贸易性项目，总投资额 482 万美元，提高了浙江产品的知名度，较好地带动了该省产品出口。

四、山东培育跨国公司的对策研究

上海、广东、浙江三省市对于培育本地区跨国公司，都采取了一些积极措施。山东应在借鉴先进省、市成功经验的基础上，从战略高度来对待山东培育跨国公司，一方面要充分发挥政府的总体规划、组织、协调、监督、管理和规范等作用，建立健全政府扶持体系；另一方面要充分发挥企业主观能动性，抢抓机遇，知难而进，采取积极措施，培育山东的跨国公司，增强企业国际竞争力。

（一）增强培育跨国公司的责任感、使命感

一是要破除可有可无的思想，高度重视培育跨国公司。培育跨国公司是山东"走出去"战略发展到一定阶段的必然选择，也是适应经济全球化和推进经济国际化战略实施的客观需要。培育跨国公司对于山东在更高的层次上参与国际分工与合作，从而在更广阔的空间进行"转方式、调结构"具有十分重要的作用。因此，山东必须从战略高度重视跨国公司问题，并采取切实可行的措施，促进其持续、快速、健康发展。二是要破除无所作为的思想，抢抓后金融危机时期的新机遇。尽管山东培育跨国公司存在一些问题，但仍大有可为。经过多年改革开放，山东很多企业已具备参与世界产业大重组的实力与条件，金融危机发生后，投资或并购海外优质资产、开展能源资源领域投资合作、开展境外技术研发及市场营销等核心能力机会大大增加。另外，发达国家经济复苏并不稳固、一些跨国公司压力很大，山东企业与跨国公司开展战略合作和建立技术联盟的可能性增加，山东跨国公司发展面临新的历史性机

遇。因此，山东要在正视对外投资面临一些挑战的同时，善于抢抓机遇，应把培育跨国公司作为新一轮对外开放的重点，实现从"商品输出"为主向"资本输出"、"商品输出"并重转型，获取关键技术、工艺流程和商业模式，全面提升核心竞争力。三是要克服畏难情绪，大胆探索培育跨国公司的新思路。山东培育跨国公司虽然面临一些矛盾和困难，但是另一方面，改革开放 30 年来山东培育跨国公司已积累了一些经验，有一定基础和优势。从总体上看，山东的某些跨国公司企业如海尔、海信等已具备参与全球经济发展的能力。山东省要充分认识培育跨国公司的重要意义，把培育跨国公司作为重点，认真研究培育跨国公司的问题，更新观念，创新思想，以进一步推动跨国公司的培育和发展。

（二）制定切实可行的中长期战略规划

上海、广东、浙江三省、市培育跨国公司的实践已表明，政府通过宏观规划与指导，可以催生跨国公司的成长，并推动其发展。跨国公司的培养是一项长期、系统的过程，其需要政府、行业协会、企业、金融机构、税务部门等众多组织的共同参与，但政府的推动作用不可小视。为进一步推动山东跨国公司的发展，应在充分掌握后金融危机发展趋势的基础上，结合山东经济发展实际，继续加大扶持力度，帮助跨国公司赢得发展空间。尽快制定培育跨国公司的总体规划，统筹安排山东培育跨国公司的方向、重点、行业导向、地区选择和国别政策等，有计划、有重点地推动大企业培育跨国公司，促进跨国公司的优化。目前，山东省应进一步鼓励具有产业优势的跨国公司到资源丰富、开发成本较低的国家和地区进行资源开发性境外投资合作；积极开拓发达国家市场，以带动企业技术进步和产品出口；鼓励有实力的企业通过并购、重组、联合等多种形式，获取境外品牌、技术、高端智力等资源。

（三）加大财政金融支持力度

从国际经验看，西方发达国家在培育跨国公司的初期，对"走出去"的企业给予资金、税收优惠、信息咨询服务等方面的政策扶持。实践证明，这些措施有效推动了各国的跨国公司发展。因此，我们必须以企业为主体，进一步加大对跨国企业的财政扶持力度，设立山东培育跨国公司专项资金，支持企业用足用好国家鼓励"走出去"的优惠政策，对符合山东产业发展战略的境外投资、承包工程和劳务合作等项目给予一定的补贴或奖励。要进一步加强境外投资企业的金融服务体系建设，放宽融资限制，扩大跨国项目的融资渠道，支持银行为培育跨国公司提供更多金融产品和信贷服务。

（四） 实行技术创新战略

企业所拥有的技术及创新能力是企业的核心竞争力。而核心竞争力是难以买到、难以模仿、稀少、专用的资源和能力。经济全球化背景下，跨国公司依靠核心关键技术和创新能力，已成为全球分工体系的主导者，世界经济的主导力量。技术创新能力有限的企业生存空间越来越小。因此，山东要大力培育跨国公司，必须坚持不懈地致力于技术开发，提高技术创新能力。要充分认识研发的重要性，将研发作为企业现代化管理的重要内容，加大研发投入，提高研发人员待遇，吸引优秀人才一起参与企业研发，在全球竞争中，抢占技术创新的制高点。据统计，华为、中兴的研发投入每年都在其收入的 10% 以上，海尔在 3% 以上，且研发投入占销售收入的比例不断提高。研发投入的增加，加上建立的与之相适应的科学健全的研发管理体系，是山东企业向跨国公司发展的必要条件，是企业竞争力不断提升与海外扩展获得成功的重要保证。因此，必须走自主创新之路，也只有自主创新能力强大的企业才能顺利走出去，寻求到在海外的生存和发展，并成长为跨国集团。

（五） 增强品牌意识

跨国公司到中国，比如肯德基、麦当劳，这些品牌包含着美国的生活方式、消费文化，聚集了大量的品牌信息和文化，它们卖的不仅是产品，还有文化、品牌。所以山东企业培育自己的跨国公司，还要进行自身企业软实力的打造才能成功。为此，山东企业要提高品牌意识，改变在外国人眼里山东产品档次低、品牌认知度差等印象，摆脱商品低价竞争的模式，这也是山东企业走向全球的最好方式，也是打造山东跨国公司的必要条件。品牌国际化是一个长期而艰巨的过程，其贯彻于企业实际操作的每一个环节，而国际知名品牌一旦成功树立起来，将可以为企业带来长久稳定的超额利润。因此，山东跨国企业应树立耐心，要看得长远，克服暂时的困难，加强品牌建设与管理，提高出口商品质量，培养自主品牌，扩大国际市场份额，以增强经济全球化下参与国际经济合作与竞争的能力。

（六） 加强跨国企业高级人才培养

人才不足是山东培育跨国公司的短板。跨国企业要重视人才的引进和培养工作。短期内，可着眼于人才引进。借鉴外资在高端管理人才引进上的经验，通过加强合作，引进高端人才，携手共同发展；中长期，要重点培育本土的跨国经营管理人才。充分发挥高等学校培养跨国经营人才的主渠道作用，大力加强高等学校、培训机构等与企业紧密合作，高起点规划师资、生源、教材等方面的工作，加快培养造就一大批通晓国际经济运行规则、熟悉当地法律法规、具有国际市场开拓能力的跨国经营管理人才，为跨国公司培养一批领军人物。

（七）加强风险防范

风险管理是现代企业管理的一项重要内容，跨国企业要树立科学的风险防范理念，增强风险防范措施。一是要坚持预防为主。一方面要加强对东道国的社会制度、风俗习惯、宗教信仰、法律环境、安全禁忌、外汇管制、金融等多层面、多领域的研究，以做到有的放矢，及时避险，减少投资的安全隐患；另一方面要积极学习和利用《国家风险分析报告》等相关文件与资料，加强项目前期风险评估和可行性论证，提高跨国企业对外投资决策的科学性和风险管理水平。二是要积极利用好各类金融性政策工具进行风险防范。要积极利用保险手段，通过海外投资保险、中长期出口信用保险、特定合同保险等产品，在获得更多融资便利和市场开拓能力的同时，积极化解收汇风险，规避信用风险。三要完善跨国企业风险管理机制。风险管理机制是跨国企业建立健全全面风险管理体系、确保风险管理流程得到有效执行的根本保障。企业风险控制的决策权、执行权和监督权要分离。对从事风险管理的人员进行专业培训，要充分利用现代风险管理软件等技术手段，提高风险管理的水平。

（作者：山东社会科学院　李晓鹏）

经济园区篇

第二十七篇　全面提升山东开发区发展水平努力实现"三个率先突破"

伴随黄河三角洲高效生态经济区上升为国家战略以及山东半岛蓝色经济区等重点区域带动战略的推进，山东经济开发区发展迎来新的战略发展机遇。作为山东基础设施最完善、投资环境最优越、要素资源最集中、经济基础最雄厚的各类园区，有条件、有能力、有责任打好转方式调结构这场硬仗，积极探索新的发展模式，采取新的发展战略，全面提升开发区发展水平，争取在转方式调结构上率先突破，在创新体制机制上率先突破，在实施山东半岛蓝色经济区、黄河三角洲高效生态经济区等重点区域发展战略上率先突破。

一、地位与作用

（一）经济发展的重要载体

开发区已经成为山东加快经济发展的重要载体，产业集聚和规模效应日益显著。2009 年，全省省级以上开发区完成业务总收入 38736.3 亿元，增长 22.5%；实现地方财政一般预算收入 717.9 亿元，同比增长 25.8%，占全省的 32.6%。产业结构日趋优化，高端产业集聚效应明显，已初步形成了十大产业集群，主要是：以富士康科技、LG 手机、三星打印设备为代表的电子信息产业集群；以通用东岳、通用五菱、威亚发动机为代表的汽车及零部件产业集群；以三星、大宇造船等为代表的船舶产业集群；以青岛大炼油、丽东化工、海化等为代表的化工产业集群；以魏桥、孚日、亚光等为代表的纺织服装产业集群；以皇明、大唐风电为代表的新能源产业集群；以龙大、泰祥、好当家为代表的出口农产品产业集群；以日钢、信发、祥光为代表的有色金属产业集群；以青岛、烟台保税港区、出口加工区为基础形成的保税物流产业集群；以青岛拓普基地、威海服务外包国际产业园为代表的服务外包、创意产业集群。

（二） 工业发展的重要支撑

开发区坚持以工业立区为主导，推动了园区经济的较快发展，同时也带动了当地经济的发展。2009 年，全省开发区规模以上工业实现总产值 32965.4 亿元，比上年增长 26.2%；实现增加值 8986.7 亿元，同比增长 23.2%，占全省规模以上工业增加值的 47.7%；主营业务收入 32511.8 亿元，同比增长 28%，占全省规模以上工业主营业务收入的 46%；利税总额 2948.9 亿元，同比增长 29.3%，占全省规模以上工业利税总额的 40.6%。

（三） 外向型经济的主阵地

开发区作为对外开放的先行区，目前已经成为山东吸引外资的重点地区。2009 年全省开发区实现进出口总额 821.9 亿美元，同比下降 3.9%，其中进口 368.3 亿美元，同比下降 0.2%，出口 453.6 亿美元，同比下降 6.7%，实际到账外资 46.5 亿美元，同比增长 1.5%。实际到账外资和进出口降幅均低于全省平均水平，占全省比重分别提高了 2.2 个和 5.2 个百分点。特殊监管区的特殊功能日益显现。2009 年，青岛前湾保税港区的正式封关运作，烟台保税港区正式获批，全省保税港区和出口加工区等海关特殊监管区充分发挥政策功能优势，积极应对金融危机，2009 年实现进出口 180.6 亿美元，其中出口 93.2 亿美元，分别增长 36% 和 43.4%，占全省进出口的比重由 8.3% 提高到 13%，成为全省稳定外需的一大亮点。

（四） 科技创新的主战场

开发区在坚持工业立区的同时，不断提高企业的自主创新能力，加大对高新技术产业的引进和扶持力度。目前在开发区内已集聚了一批涉及电子信息、精细化工、生物技术、光机电一体化、现代农业及环保产业等领域的高新技术产业群。2009 年，全省开发区科技活动经费支出总额 415.2 亿元，同比增长 90.6%，其中研发经费支出 222.2 亿元，增长 96.5%。开发区全年专利申请量 12625 件，同比增长 49.1%，专利授权量 6914 件，同比增长 52.2%。截至 2009 年底，开发区规模以上高新技术企业 2876 家，实现工业总产值 12234.2 亿元，增长 26%；实现工业增加值 3568.9 亿元，增长 24.6%。开发区内高新技术企业数累计达到 3597 个，博士后工作站 47 家，省级以上重点实验室 63 家、工程技术研究中心 141 家，已成为区域自主创新的重要载体。

（五）重点区域带动战略区域经济发展的排头兵

开发区作为经济发展中最具活力的区域，已经成为推动区域经济发展的排头兵。山东半岛蓝色经济区中共有国家级开发区 12 家，省级开发区 35 家，开发区总数占到全省的 29.9%。2009 年，半岛蓝色经济区中的开发区完成业务总收入 16128 亿元，占全省开发区的 41.6%；实现地方财政一般预算收入 314 亿元，占全省开发区的 43.7%；规模以上工业实现总产值 17264.8 亿元，占全省开发区的 52.3%，实现增加值 4322.2 亿元，占全省开发区的 48.1%。实现进出口总额 646.4 亿美元，占全省开发区的 78.6%；实际到账外资 27.9 亿美元，占全省开发区的 60%。黄河三角洲高效生态经济区中共有国家级开发区 2 家，省级开发区 23 家，开发区总数占到全省的 15.9%。2009 年，实现地方财政一般预算收入 97.5 亿元，占当地的 42.7%；规模以上工业实现总产值 5112.6 亿元，实现增加值 1393 亿元，占当地的 45.5%；实现进出口总额 88.1 亿美元，占当地的 78.7%；实际到账外资 6.5 亿美元。

二、主要问题

（一）开发区发展不平衡

国家级的青岛、烟台开发区均跻身全国先进前列。在省级开发区中，发展水平高低不齐，差距明显，业务总收入不足 100 亿元的开发区 47 家，个别的甚至不足 10 亿元。2009 年，全省有 73 家开发区实际到账外资不足 1000 万美元，其中 19 家没有外资到账，有 43 家开发区出口不足 5000 万美元，其中 10 家不足 1000 万美元。

（二）体制机制弱化

清理整顿期间，多数省级开发区原有的许多集中管理权限被有关部门收回。据问卷调查，109 家开发区无项目审批权，94 家开发区无工商发照权，110 家无建设发证权，126 家无土地发证权，117 家无行政处罚权。有投资者反映，引进一个项目从公司名称预约登记到办好施工许可证，共有 30 个审批环节，涉及 12 项行政事业收费，历时 90 个工作日。管理职能行政化趋向明显，开发开放功能不突出。对开发区考核激励机制尚待完善，在科学发展综合考核中缺乏开发区指标内容，考核激励导向需要进一步强化。

（三）配套设施及环境建设滞后

据对 132 家省级开发区问卷调查，目前累计基础设施投资不足 10 亿元的开发区有 76 家，每平方公里投资强度低于 1 亿元的开发区有 60 家，主要集中在中西部（中部开发区基础设施达到"七通一平"，每平方公里约需投入 1.7 亿元）。一些开发区产业配套能力、科技研发平台、孵化器建设及节能环保等方面尚有很大差距，吸引高质量高水平外资项目的综合承载能力不强。特别是专门为外商服务的学校、医院、食宿等生活配套设施不健全，具备国际化仿真环境的开发区还不多，软硬环境建设都还存在较大差距。

三、主要措施

全面提升开发区发展水平，要深入贯彻落实科学发展观，以转方式调结构为主线，以深化改革和扩大开放为动力，以提高发展质量和效益为重点，努力把经济开发区建设成为全省开放型经济的重要增长极，高端、高质、高效产业的集聚区，体制改革和自主创新的示范区，辐射带动区域经济发展的现代化新城区。

（一）以产业升级为主线，争取在转方式调结构上实现率先突破

目前，山东开发区与南方先进省市相比，在产业结构、土地集约利用等方面均存在一定的差距。如在土地集约利用方面，以山东发展比较好的烟台开发区为例，目前投资强度为 45.9 亿/平方公里，苏州工业园是 131.3 亿/平方公里，昆山开发区是 69.5 亿/平方公里，天津开发区是 57 亿/平方公里。要缩小与先进地区差距，增创开发区科学发展新优势，关键在于痛下决心，狠下工夫，加快转方式、调结构。一是以提高外资质量提升产业发展层次。坚持有所为有所不为，推动开发区由产业低端环节向高端环节转变，由制造业为主向制造业和服务业联动发展转

变，由产业集群向创新集群转变。争取在先进制造业、高新技术产业、现代服务业等领域，引进一批跨国公司战略投资，鼓励跨国公司在开发区设立地区总部、物流中心、研发中心、采购中心和培训中心等功能性机构。重点突破服务外包，支持有条件的开发区引进国际服务外包领军企业，培养服务外包高端人才，鼓励服务外包企业开拓省内外市场，做大做强服务外包企业，实现服务外包跨越发展。积极培育新能源、新材料、新医药、新信息等战略性新兴产业。二是以优化对外贸易结构促进产业转型升级。落实好国家和省里稳定外需的各项政策，扩大自主知识产权、自主品牌、自主营销、高技术含量、高附加值、高效益产品出口。重点培育优势产品出口集群，依托现有汽车产业集群，积极争取设立国家级汽车进出口基地，围绕船舶、海洋工程设施等重大装备，认定发展一批装备制造业出口基地。促进一般加工向高端制造提升，产品竞争向品牌竞争提升，本地制造向本地创造提升，推动产业链的两头延伸，价值链的高端攀升，生态链的循环再生。三是以"走出去"拓展发展空间。把高端高质高效产业引进来，把富余产能调出去，鼓励先进开发区传统产业增资转型，全面提升综合竞争力。推动有条件的企业"走出去"，深化境外资源合作开发，为开发区可持续发展提供稳定资源保障；把富余产能和贴近市场、贴近原料的生产环节转移到最适宜的国家和地区，优化跨国经营链条；抓住当前有利时机，收购境外优质资产、股权，获取国际知名品牌、先进技术和营销网络，提升企业跨国经营水平，培育具有国际竞争力的跨国公司。四是以自主创新增强核心竞争力。推进开发区从产业服务平台向创新发展平台延伸，引进吸纳有利于科技创新的资金、人才、科技成果、科研机构、先进设备和高科技项目等各类创新资源。加快高新技术改造提升传统产业步伐。加强孵化中心、重点实验室等各类科技创新载体的建设。坚持引进与消化吸收再创新相结合。鼓励和引导企业与跨国公司建立技术战略联盟关系，参与跨国公司主导的技术研发活动，或通过合作研发设计、联合承包工程、配套协作制造等方式积极承接技术外溢，在消化吸收基础上实现再创新。五是以节约资源保护环境增强可持续发展能力。土地是最宝贵的资源，重点推动开发区在节约集约利用土地上下工夫，坚持供地量与投资额、产出效益、建设密度挂钩，提高项目用地门槛，对技术含量高、经济效益好的项目，优先保证用地。推动开发区下大气力整合、挖潜和盘活存量土地，提高土地投资强度和利用效率。以新一轮土地利用规划修编为契机，扩大开发区管辖范围内的建设用地，适当预留发展空间。注重环境保护和生态文明建设。积极开展创建国家级和省级生态工业园区活动，鼓励开发区走以人为本、民生优先，集约发展之路，努力以最小的环境损害、最少的资源和能源消耗，产生最大的经济效益。

（二）以创新为引领，争取在体制机制上实现率先突破

开发区的最大优势就在于机制创新，创新的本质是大胆探索，勇于突破条条框框，在一些重点领域和关键环节先行先试。一是创建服务型管理机构。推动开发区由管理型政府向服务型政府、阳光政府转变，突出为招商服务、为项目落地服务、为企业服务功能。简化审批程序、审批流程，压缩审批时限，降低行政收费，以一流的服务营造一流的投资环境，将开发区打造成为地方政府的行政效率的高地，行政成本的洼地。充分发挥市场配置资源的作用，支持开发区根据发展壮大经济的需要设置内部机构。支持有条件的开发区建立健全一级财政体系，给予更大自主权，构建精简高效的管理体制，灵活顺畅的运行机制。二是创新选人用人机制。对领导职位和重要岗位，引入公开竞争机制，在全省范围内公开选贤任能用优；对一般管理人员，实行对外公开招聘、对内竞争上岗，努力构建公开、公平、择优的用人机制；树立"招商先招人，引资先引智"的工作理念，大力引进集聚一批海内外高层次创新创业人才和团队，以人才引好项目、引大项目，努力做到"引进一个领军人才、催生一个新兴产业"。三是创新投融资机制。鼓励开发区引入市场机制，引导外资、民资和各类社会资本参与开发区基础设施建设，实现投资主体的多元化和融资方式的多样化。鼓励具备条件的开发公司运用发行企业债券、上市融资等现代金融工具筹集开发资金。鼓励有条件的开发区设立担保公司。四是构建国际仿真环境。按照外资项目落地要求，进一步完善园区道路、供电、供水、通讯、热力等基础设施，在硬环境"九通一平"的基础上，加快提升软环境建设水平，建设国际化的衣、食、住、行、购、娱等配套设施，将优美的自然环境和完善的人文环境结合，建设一个让投资者满意的宜居宜业环境，确保外企引得进，发展得好，外商留得下。

（三）以做强做大开发区为重点，争取在推动重大区域发展战略实施上实现率先突破

一是深化定向招商。创新高层推进对外开放机制，围绕山东半岛蓝色经济区、黄河三角洲高效生态经济区等重点区域带动战略的产业定位，包装一批先进制造业、海洋优势产业、现代服务业等产业项目，突出目标跨国公司，精心谋划实施好在境内外举办的重点经贸活动，积极组织开发区在活动中唱主角、扛大梁，推动开发区全面加强与重点国家和地区的经贸合作。二是壮大园区规模。充分发挥青岛、烟台、威海、日照、潍坊滨海等基础比较好的开发区骨干带动作用，重点在汽车、船舶、电子信息、装备制造、海洋工程机械、海洋化工等领域引进、培育一批投资超过 5 亿、10 亿美元的大项目，形成若干个产业链长、带动辐射作用大的千亿产业集群。在半岛蓝色经济区主体区内打造一批业务总收入过 1000 亿元的开发区，在联动区内培育一批业务总收入过 500 亿元的开发区。引导创建国家级开发区活动，对条件成熟的开发区，做好培育升级准备工作。三是培育特色园区。推动开发区在合理进行产业定位基础上，结合区位、资源条件，将本地优势产业融入全球经济分工体系、进入跨国公司产业链、价值链。围绕特色龙头产业，延伸上下游产业链条，培育各具特色、优势明显的产业集群，以产业集群培育和提升特色工业园区。积极推动生态园建设。在沿海规划培植一批海洋经济特色园。四是增创开放新优势。加快推进与商务部共同开展的山东半岛蓝色经济开放先导区研究，推动开发区在重点领域和关键环节先行先试，率先取得突破。支持青岛前湾保税港区向自由贸易港区转型，推动烟台保税港区加快发展，支持符合条件的地方设立海关特殊监管区。推进海关特殊监管区与口岸之间建立"虚拟口岸、直通放行"模式，构建覆盖全省的多元化保税物流和保税加工网络。

（作者：山东省商务厅

阎兆万　张连峰　张义英　王春雁）

第二十八篇 新形势下山东经济园区产业升级的新思路研究

改革开放 30 多年来，山东经济园区在引进外资、发展工业、扩大出口、增加税收、解决就业、推进工业化、城市化和带动新农村建设等方面发挥了积极作用，成为山东发展最快、活力最强、潜力最大、协调发展最好的经济板块。然而，经济园区在飞速发展的过程中也存在着产业聚集度较低、自主创新能力不强、发展空间受限、发展后劲不足等问题。如今，在国际金融危机和国内大环境变化的影响下，加快经济园区转型升级成为园区经济再发展的关键，而园区产业升级则是园区转型升级的重中之重。因此，深入研究探讨经济园区产业升级问题，寻求一条科学的发展道路，对于推动经济园区整体实力的发展和山东半岛蓝色经济区建设具有重要意义。

一、山东经济园区产业升级面临的机遇与挑战

国际金融危机和国内大环境的变化给山东经济园区产业发展带来了巨大的影响，但机遇与挑战并存。因此，我们在处理经济园区产业升级问题的时候，应做到在抓住机遇的同时迎接挑战、在迎接挑战的同时抓住机遇。

（一）山东经济园区产业升级面临的机遇

1. 国际产业转移带来的机遇。经济园区产业选择是一个综合性课题，涉及政策环境、区位环境、竞争环境和产业环境等诸多因素。这其中，国际产业转移的现状和发展趋势是产业环境中影响经济园区产业选择的重要条件之一。目前，世界主要国家或地区的产业转移趋势表现为由劳动密集型产业向资本技术密集型产业转变；由一般加工制造业向现代制造业转变；由传统产业向高新技术、节能环保、服务外包等新兴产业转变；由单一项目转移形式向产业链转移形式转变等。而山东经济园区产业正经历由劳动密集型的食品、纺织、轻工等产业向更高层次产业迈进的结构调整期。在此趋势下，作为对外开放窗口和基地的经济园区，承接国际产业转移，加快经济园区产业与国际转移产业的对接，将有利于山东经济园区获取高新技术产业资本、最先进的科学技术、最先进的工艺设备和科研设施及营销技能，从而达到推动经济园区产业升级的目的。

2. 国际金融危机带来的机遇。一是在金融危机的影响下，一些国家和地区放松了对出口的管制，部分对我国出口限制的高新技术产品也获得了解禁。因此，我们可以抓住这次机遇扩大高新技术产业的进口，进而推动园区产业的升级。二是此次的金融危机造成大量的欧美企业倒闭破产，我们可以利用此次机会通过较低的成本并购这些企业，获取技术、品牌和市场等资源，不断扩大园区产业的规模，促使产业的升级。三是金融危机的发生，加剧了产业的竞争，一批科技含量低、附加值低、高能耗的粗放型企业在危机的倒逼机制作用下必须转型升级，这在一定程度上也促使了园区产业的升级。

3. 山东省相关政策带来的机遇。2010 年，山东省出台了促进新材料、新医药、工业设计等 10 个新兴产业加快发展的若干政策和指导意见，进一步从财政、金融、税收等多个方面支持新兴产业的发展。这次出台的政策包括新材料、新医药、新信息三个促进产业发展的若干政策，以及工业设计、海洋工程装备、游艇、文教体育用品、通信设备、机器人、高效照明等七个新兴产业的指导意见，每个产业对应一个发展政策或指导意见。以新信息产业为例，《关于促进新信息产业加快发展的若干政策》设立了扶持信息产业发展的专项资金，对支持高性能计算机与服务器、大规模集成电路等新信息产业提供了贷款贴息，对省级示范工程项目、具有重大示范推广重大工程和项目给予了资金扶持，对"新信息产业"创新企业给予奖励，等等。这 10 大新兴产业也是现今经济园区急需升级或着重发展的产业。10 大新兴产业政策或指导意见的实施，将会增强经济园区企业产业升级的积极性，并为经济园区产业升级提供坚实的政策支持和资金支持。

4. 半岛蓝色经济区建设带来的机遇。2009 年，国家主席胡锦涛在视察山东时做出了"要大力发展海洋经济，科学开发海洋资源，培育海洋优势产业，打造山东半岛蓝色经济区"的重要指示，从而拉开了山东半岛蓝色经济区建设的大幕。经济园区是山东半岛蓝色经济区发展的重要增长极和对外开放的重要载体，加快经济园区产业升级是山东半岛蓝色经济区产业结构调整和优化的可靠基础，是推动山东半岛蓝色经济区发展的巨大动力，而蓝色经济区建设目标的关键环节和重要举措是加快产业结构升级和提升产业竞争力，这就为作为半岛蓝色经济区重要组成部分的经济园区产业升级提供了优越的环境优势和动力支持。

（二）山东经济园区产业升级面临的挑战

1. 国际金融危机要求经济园区加快产业升级。近年来，由美国次贷危机引发的全球金融危机使世界消费需求大幅缩减。受此影响，一些国外市场集中在欧美的技术水平低、处于产业链低端的企业受到了更大、更直接的冲击。尽管中国经济近来正逐步回暖，但受国际市场环境的影响，相关企业的发展仍面临着诸多挑战。如何实现企业的可持续发展？进行产业升级是企业应对金融危机的重要出路之一。

2. 后金融危机的不确定或不稳定因素要求经济园区加快产业升级。一是国际环境还有许多不确定的因素。一些国家的经济虽然开始恢复，但还可能出现反复。外部需求持续减弱这个趋势还是难以转变的。二是虽然经济园区的经济出现一定的好转，但是经济的发展、企业的运行，许多还是靠政策的支持，缺乏内在的动力和活力。在这种情况下，若缺少必要政策支持，经济园区的经济发展就可能前功尽弃，甚至会使形势发生逆转。因此，要增强经济园区活力和后劲，必须要未雨绸缪，加快产业的升级，以应对后金融危机时期的各种挑战。

3. 低碳经济的发展要求经济园区加快产业升级。低碳经济是以低能耗、低物耗、低排放、低污染为特征的发展模式，是在可持续发展理念指导下，通过技术创新、制度创新、产业转型、新能源开发等多种手段，尽可能地减少煤炭、石油等高碳能源消耗，减少温室气体排放，达到经济社会发展与生态环境保护双赢的一种经济发展形态。发展低碳经济不仅是缓解经济发展的资源约束矛盾、减轻环境污染的有效途径，而且是调整优化经济结构和转变经济发展方式的必然要求，是实现可持续发展的必由之路。从产业结构升级和可持续发展的角度看，能源利用效率低下和能源结构不合理已成为制约经济园区发展的桎梏，因此，发展低碳经济是经济园区产业升级的必然选择。

4. 经济园区未来发展定位要求加快产业升级。未来经济园区的发展是从单纯的增长中心，变成技术创新的扩散中心，变成管理创新和人力资本的扩散中心。也就是说，在未来的发展中，经济园区的定位应该是三个中心：经济增长中心，技术创新扩散中心，管理创新与人力资本扩散中心。然而，在现今大多数经济园区中，由于建区时技术门槛比较低，有些经济园区更是把经济园区做成了"家乡饭"，低技术高能耗的企业在经济园区占据较大比例，技术的扩散效应很小或近似于无，这与经济园区的发展目标相违背，亟待进行产业的优化升级。

5. 我国经济园区间的竞争要求加快产业升级。西方发展经济学认为：经济增长是不均衡的，经济欠发达地区发展的最有效途径，就是集聚有限的资源要素培植增长极，而经济园区正是资源集聚创建增长极最重要的载体。因此，加快经济园区发展已成为各地提高区域经济综合竞争力、构筑经济发展的重要平台，区域间的竞争已表现为经济园区间的竞争。山东经济园区与其他省市的经济园区在产业结构上基本趋同，在现今国内外大环境变化的状况下，经济园区间的产业竞争将更加残酷，裹足不前或发展缓慢，就有被边缘化甚至淘汰的危险。如广州经济开发区为了推动高新技术产业的发展，加大了对高新产业、企业的扶持力度，2009 年，高新技术企业产值、高新技术产品产值双双突破 1000 亿元，分别为 1043.88 亿元、1386 亿元，分别增长 7.77%、20.27%。高新技术企业全年实现利润总额 50.09 亿元，增长 97.98%。江苏省昆山高新区推动了模具产业升级，并使其产业链向两头延伸，拥有鸿准、华富等一批高新技术精密模具企业及 30 多个高新技术产业，形成了模具产业集群。面对其他省市经济园区的种种推动园区产业升级的举措，作为山东对外开放的载体和增长极、半岛蓝色经济区建设坚强后盾的经济园区若不利用一切有利因素加快产业升级的步伐，势必会使山东经济园区丧失同其他省市经济园区竞争的能力，进而导致山东整体经济的落后。

二、山东经济园区产业
发展的现状分析

截至 2010 年 6 月底，山东经国务院、山东省政府批准设立的经济园区共 172 个。其中，20 个国家级园区，包括 7 个国家级经济技术开发区（其中，邹平经济开发区是山东首家设在县级市的国家级经济技术开发区）、5 个国家级高新技术开发区、2 个保税港区、6 个出口加工区；152 个省级园区。① 近几年来，山东经济园区发展进入"快车道"，园区经济得到飞速发展。园区产业在推动园区经济高速发展的同时，也呈现出不足，亟待解决。

（一）山东经济园区产业发展的成绩

1. 经济总量飞速增长。经过多年的发展，尤其是近几年，山东经济园区经济总量飞速增长。2000 年，经济园区批准入区项目 2547 个，固定资产投资 131.77 亿元，工业总产值 793.92 亿元，工业增加值 212.42 亿元，利税总额 37.82 亿元，财政收入 23.84 亿元。2009 年，经济园区批准入区项目 26858 个，是 2000 年的 10.54 倍；固定资产投资 17780.34 亿元，是 2000 年的 134.94 倍；工业总产值 80475.8 亿元，是 2000 年的 101.37 倍；工业增加值 21994.24 亿元，是 2000 年的 103.54 倍；利税总额 7356.04 亿元，是 2000 年的 194.50 倍；财政收入 1884.02 亿元，是 2000 年的 79.03 倍。②

2. 高新技术产业发展迅速。近几年来，经济园区的通信设备、计算机等高新技术产业集群发展迅猛。2001 年，经济园区规模以上高新技术企业总产值 915.18 亿元；实现工业增加值 243.32 亿元。2009 年，经济园区高新技术企业 10064 个；规模以上高新技术企业总产值 31990.24 亿元，是 2001 年的 34.96 倍；实现工业增加值 9274.01 亿元，是 2001 年的 38.11 倍。③ 禹城高新技术开发区建成了 17 个国家级糖工

---

① 根据阎兆万、王爱华、展宝卫：《经济园区发展论》（经济科学出版社 2009 年版）及《邹平经济开发区升级为国家级经济技术开发区》（http://www.shandongbusiness.gov.cn/index/content/sid/128280.html）整理。
② 根据《山东统计年鉴》（2001，2010）整理。
③ 根据《山东统计年鉴》（2002，2010）整理。

程技术研究中心、功能糖重点实验室等研发和公共技术服务平台，培育了9家功能糖高新技术企业，产品占据了80%国内市场份额和25%国际市场份额。青岛经济技术开发区以日立空调、新都理光、威伯科汽车、浦项不锈钢等企业为代表的家电、石化、汽车、新型材料等高新技术产业群实现产值近1000亿元，占区内总产值的45%。荣成经济开发区蓝德超声设备依托哈尔滨工业大学、中国船舶工业715研究所等大学和科研院所，研制新一代超声波采油设备项目，已列入国家863高科技发展计划，其核心技术属于国际尖端技术，项目投产后，将为石油行业创造巨大的经济效益。

3. 产业集群发展态势良好。山东经济园区已初步形成了"大企业—产业链—产业集群—产业基地"的良好发展势头。如青岛经济技术开发区的海尔集团、海信集团，烟台经济技术开发区的东岳集团、富士康科技集团，威海高新技术开发区的三星、新北洋、华东数控、威高集团，潍坊高新技术开发区的歌尔声学、楼氏电子，邹平经济开发区的魏桥创业、宏诚集团，等等。这些企业不但有较大生产规模和市场份额，更重要的是拥有自主知识产权品牌，不仅享誉省内外，有的在国际上也占有一席之地。经济园区的产业结构也日趋优化，高端产业集聚效应明显。目前已初步形成了十大产业集群：以富士康科技、LG手机、三星打印设备为代表的电子信息产业集群；以通用东岳、通用五菱、威亚发动机为代表的汽车及零部件产业集群；以三星、大宇造船等为代表的船舶产业集群；以青岛大炼油、丽东化工、海化等为代表的化工产业集群；以魏桥、孚日、亚光等为代表的纺织服装产业集群；以皇明、大唐风电为代表的新能源产业集群；以龙大、泰祥、好当家为代表的出口农产品产业集群；以日钢、信发、祥光为代表的有色金属产业集群；以青岛前湾保税港区、烟台保税港区、出口加工区为基础形成的保税物流产业集群；以青岛拓普基地、威海服务外包国际产业园为代表的服务外包、创意产业集群。

4. 科技创新步伐加快。山东经济园区以科技创新为切入点，实施外源带动、内源支撑和科技强区战略，加快了科技创新的步伐，推动了园区产业结构升级。2009年，山东省级经济开发区科技活动经费支出总额415.2亿元，同比增长90.6%，其中研发经费支出222.2亿元，同比增长96.5%。专利申请12625件，同比增长49.1%，其中发明专利

4253 件，同比增长 40.5%，专利授权 6914 件，同比增长 52.2%。[1]
2009 年，山东省级以上高新技术开发区专利申请 6441 件，其中申请发明专利 2302 件；专利授权 3003 件，其中发明专利授权 536 件；R&D 经费支出 159.86 亿元。[2] 如今，经济园区拥有国家级工程技术研究中心 2 家，引进大院大所共建省级以上重点实验室 63 家，建设国际微电子技术研发中心、朗讯研发中心、宋健科研中心等各类研究机构 200 多家。济南高新区已经形成了软件合作国际联盟、电力软件企业联盟、交通软件企业联盟和通信企业联盟，带动了相关行业和下游企业的创新发展。淄博高新区围绕国家陶瓷新材料基地建设，整合山东理工大学、齐鲁化工研究院、工陶院、硅盐院的科技资源，组建了国家陶瓷工程技术研究中心，重点培育了 21 家新材料骨干企业。威海高新区的威高集团与中科院等单位合作建立了 5 个研发机构，与 16 名院士建立了长期合作关系，为企业持续发展提供了技术支撑。

　　5. 外商投资企业在产业发展中起到了重要作用。2009 年，经济园区合同利用外资 254.03 亿美元，同比增长 1.56%。实际利用外资 144.52 亿美元，同比增长 1.60%。新增外商投资企业数 10620 个。[3] 外商投资企业纷纷在经济园区安家落户，极大地推动了园区产业的升级。世界 500 强企业在经济园区投资主要集中于机械电子、交通运输、通讯设备、化学化工、纺织服装等多个制造业行业，普遍具有技术层次高、带动能力强的特征，有效推动了产业结构的调整。[4] 美国通用汽车在烟台开发区投资的上海通用东岳汽车整车和汽车动力总成发动机 2 个项目，经过多次增资，目前投资总额近 17 亿美元，形成了年产 20 万辆整车和 30 万台发动机的生产能力，带动了 100 多家配套生产企业。台湾鸿海集团投资 7.5 亿美元在烟台开发区设立了 4 家电子设备生产企业和 1 个电子产品研发中心，初步形成了计算机电子设备及配件的产业集聚。瑞典沃尔沃、美国卡特比勒、日本小松制作所、韩国大宇重工等国际工程机械行业巨头纷纷在经济园区投资，对山东工程机械行业的大发展产生了重大而深远的影响。烟台经济开发

---

①　《2009 年山东省经济开发区经济发展统计公报》，载《山东开发区》2010 年第 3 期。
②　《关于 2009 年 12 月份全省高新技术发展情况的通知》，http：//www. sdstc. gov. cn/default/mingxi. jsp？cclumnid＝iroot1000710008&articleid＝783630。
③　《山东统计年鉴（2010）》，中国统计出版社 2010 年版。
④　代玲玲：《园区：山东经济发展新动力》，http：//www. dzwww. com/finance/sdcj/201009/t20100910_5816395. html。

区设立了山东最大的外资研发机构富泰康研发中心和首家跨国公司研发机构 LG 手机研发中心。美国信必优集团、益昂通讯公司在威海经济开发区设立了服务外包国际产业园。日立空调、新都理光等一批跨国公司在青岛开发区加快了投资步伐，带动了临港工业和配套的现代物流业发展。这些国际大公司纷纷落户于经济园区在很大程度上推动了园区产业升级的进程，并成为园区产业集群的核心和重要竞争力量。

（二）山东经济园区产业发展存在的问题

1. 产业趋同化明显。山东经济园区由于实施的是分块式的管理模式，园区的产业发展没有明确的分工和布局，致使同一产业分散在各个园区，缺乏地区产业经济的特色，大多数园区成为综合型园区，而专业型、特色型园区相对较少，园区发展产业链难以形成。调查显示，越是先进的产业（通讯设备、计算机及其他电子设备、专用设备、电力设备等）在各经济园区的重合相对较少，越是传统的产业（纺织服装、金属制品、皮革制品、塑料制品、工艺品等）在各经济园区的同构相对较多。通过对青岛、烟台、威海、济南、德州、胶州、泰安、邹平等20 个省级以上经济园区的走访，有 13 个经济园区机械制造成为主导产业之一，有 7 个经济园区汽车及零部件成为主导产业之一，有 7 个经济园区电子信息成为主导产业之一，有 8 个经济园区食品成为主导产业之一，有 9 个经济园区纺织服装成为主导产业之一。产业的同质化、趋同化必然带来激烈的市场竞争和残酷的同行搏杀，同时，也会造成人才、资金、技术等生产要素的分散，导致资源的无效或低效配置，不利于形成专业化分工协作的产业网络，集聚效应将难以发挥，从而阻碍产业集群的发展。

2. 产业尚未形成链条式发展。第一，经济园区内企业间的关联度低。山东大多数园区是通过税收、土地等优惠政策以及区位优势来吸引企业进驻园区而形成空间聚集的，由于这种企业的空间聚集不是以其内在的机制和产业的关联为基础，因而缺乏强烈的根植性。随着改革的深入，市场经济的进一步推进，地区政策上的差距日益缩小，区位优势的逐步消失，这种空间上的聚集就会表现出很大的脆弱性。第二，园区企业的产业网络化尚未形成。由于园区在发展初期的"短视"行为使得一些低档次的企业趁机而入，造成了不少园区产业结构的低度化，产业关联度不强，无法形成相互支撑、相互依存的专业化分工协作的企业网络，因此园区企业的产业网络也就无法形成。[①] 第三，园区企业的协作机制缺乏。由于经济园区一些企业政策优惠依赖性较强，企业间产业技术属性和产品结构方面的差异较大，难以形成相互支撑的"共生状态"，也难以建立专业化分工与协作的网络体系。第四，很多园区在设计时主要定位于如何利用外资，而没有考虑所处的区域背景；产业定位与周边地区相脱节，不能实现园区与所在区域的产业联动。特别是不少在园区内投资的外资企业，仅从事生产链的某一环节，缺少与当地企业的联系，这种生产特点在区位条件发生变化时，跨国公司有可能转移投资，从而对区域发展产生不良影响。

3. 招商机制不完善。第一，招商策略缺乏针对性。一些经济园区尽管热情很高，但由于自身发展定位不准确，产业特色不明显，加上招商考核政策重政绩、重指标的短期功利偏好，使得招商缺乏足够的针对性。第二，招商引资的方式滞后。目前大多园区招商引资的手段、方式仍沿用传统的"行政推动"式招商，很少真正运用符合招商引资内在规律的新型招商方式，重总量扩张而轻集约产出、重数量而轻质量、重企业招商而轻产业配套、重招商活动而轻产业链整合等倾向依然存在。第三，招商奖罚机制没有形成。园区招商仅有目标任务、奖励文件，对损商、卡商案件查处力度不够，且没有相应的处罚细则。大多数园区对招商引资奖励力度小、不到位，这极易挫伤招商引资项目引进人的积极性。第四，招商环境有待优化。主要表现为：园区管理效率低下；中小企业融资渠道不畅；引资不管用资；亲商惠商未落到实处，对企业的承诺不予兑现；对外招商政策变数较大；市场不规范，竞争不公平，等等。

4. 人才结构不合理。山东经济园区虽然人力资源的总量不小，但人才结构不甚合理。根据山东省商务厅和职教办对 3000 多家经济开发区企业人力资源现状的调查显示，经济开发区人才结构存在较多问题。一是管理人员偏多，专业技术人员偏少。经济开发区企业的管理人员占比 45.8%，专业技术人员仅占比 54.2%。二是高层次人才缺乏，总体质量不高。从职称结构分析，经济开发区企业具有高级职称的人才占4.8%，中级职称占 13.2%，初级职称 23%，没有职称的占比高达

---

① 王发明、邵冲、应建仁：《基于产业生态链的经济技术开发区可持续发展研究》，载《城市问题》2007 年第 5 期。

59%，中、高级职称人才数量明显偏少。从学历结构分析，博士研究生占 0.17%，硕士学位研究生占 0.52%、大学本科学历占 12.2%，大学专科学历占 23%，中专（高中）及以下占比高达 64.1%，人才质量明显偏低。三是管理人员业务素质高，专业技术人员业务素质偏低。从职称结构分析，管理人员具有中、高级职称的占比高于专业技术人员 4.9 个百分点。从学历结构分析，管理人员具有本科以上学历的占 17.4%，而专业技术人员占 9.1%。管理人员的技术层次和业务素质明显优于专业技术人员。①

5. 科技研发环节薄弱。国际上一般认为，企业 R&D 投入占销售收入的比重为 2% 时方可维持生存，而达到 5% 以上，在激烈的市场竞争中才能站稳脚跟。而山东经济园区企业，除海尔、海信、东方、万华等少数骨干企业外，大多数企业 R&D 经费占销售收入的比重远低于 1% 的要求，难以形成具有自主知识产权的主导产品。作为优势产业的家电企业的配套产品，除钣金、注塑、橡胶件等技术含量低、工艺简单的结构部件外，关键技术和关键零件仍需要进口。造成研发薄弱的主要因素包括：第一，从内部因素看，山东省的开发区内虽然拥有一大批大中型企业，但大多数企业处于 OEM（贴牌生产阶段），离 ODM（产品的研发设计生产阶段）、OBM（独有品牌、独有技术的产品制造阶段）还有较大的差距。企业与大学及科研机构的互动机制不够健全，科研成果产业化率极低。第二，从外部因素看，由于制度上的障碍和组织效率的低下，使得一些大制造商宁愿承担高额的运输成本在海外组织生产零配件，也不愿与当地企业进行合作。外资企业在经济园区投资的企业多采用标准化的技术，而把产品的开发、设计和生产的核心技术放在母国，这使得外资企业的核心技术和管理知识的扩散极为有限，影响了经济园区产业的研发及优化升级。

6. 园区社会化服务体系不健全。用政策来推动产业发展是有限度的，优惠政策只能在企业初创阶段有吸引力，产业发展的关键是产业发展所需要的一些其他要素的可得性。然而如今，在推进产业发展的进程中，大多数经济园区仍然采用政策优惠手段来吸引企业入驻，致使促进经济园区产业发展的社会化服务体系得不到健康发展。第一，科技服务

① 《开发区企业人力资源供需状况调研报告》，http：//www.chinairn.com/doc/50160/266820.html。

体系较弱。经济园区企业往往以生产加工企业为主，企业的技术研发能力较弱，有的企业甚至没有自己的研发机构，只是依托母公司的技术研发支持。而园区所在地虽然有一定的技术研发机构，但是往往与园区内的企业很难建立有机的联系。第二，人才服务体系不健全，尚未形成完善的人才培训与供给体系。第三，信息服务体系不完善，缺少完整的信息来源渠道和传递渠道。第四，国际国内销售服务体系不能有效地结合。

三、新形势下山东经济园区产业升级的对策

从以上分析可以看出，山东经济园区产业升级面对的是一条机遇与挑战并存的道路。科学的制定产业升级路径与举措，必将加快山东经济园区产业升级的进程，最终实现园区整体经济的提高。

（一）制定和完善经济园区产业发展规划及产业布局

1. 要高度重视科学规划的重要性，抓好园区的区域规划、产业规划、环境规划、社会发展规划等工作，给予园区建设一个清晰的构架和明确的路径，避免园区发展中重复建设、产业同构、资源浪费、地区分割等弊端的出现，高屋建瓴地部署和引领园区发展。

2. 推进园区总体产业布局合理化。一是要加强对各类开发主体的引导，保证各类企业的投资经营行为与产业布局的整体要求相吻合。二是要出台各地产业指导目录，明确区域产业分工，规定各区县鼓励发展的产业、限制发展的产业、禁止发展的产业，以指导各区县产业发展，产业指导目录要细分行业，要获得各专项产业政策的配合。三是要合理开发利用土地资源，抓好土地资源的保护和利用，严格按园区产业整体经济布局的要求和园区发展规划办事，合理布局经济园区及园区产业。

3. 坚持主导产业优先发展方针。一是要全力推进主导产业发展，尽快提升其竞争能力。二是要积极发展新兴战略性产业，抢占产业发展先机。三是要设置合理的门槛，搞活传统优势产业。

4. 促进产业集聚和产业协同环境的构建。一是积极实施产业集群战略。二是引导园区企业注重产业协同环境的构建与融入。

5. 促进经济园区差异化发展与协同合作。发达经济园区应努力顺

应产业升级的要求，推动产业转移，实现"腾笼换鸟"；落后的经济园区应大力改善投资环境，"筑巢引凤"，主动承接产业梯度转移。同时，处于不同发展阶段的经济园区要探索建立长效合作机制，进行跨区域的资源整合、功能互补、人才互动、经验交流，建立园区的多渠道信息互通与产业转移平台，打造梯度优势，寻找共赢轨迹。

（二）加快经济园区产业链的高效整合

1. 围绕龙头企业、骨干企业，发展壮大中小企业，提高配套企业的技术创新和生产管理水平，创造产业链内企业合作交流和资源共享的平台与机会，建立企业间务实有效、形式多样的专业化、社会化协作配套体系。

2. 延伸产业链条，突出项目建设，强化产业上下游的技术经济联系，构建与主导产品和终端制造相配套的研发、采购、物流、零部件生产和市场营销等产业链体系。

3. 根据产业链特点采取参与区域产业链环节分工、截取产业链高附加价值环节、弥补产业链关键环节缺失、打造完整产业链、延伸创新产业链等多元化手段整合园区产业。

4. 大力推进产业链招商，优先吸引跨国公司在园区建立研发中心、原材料和零部件基地、专业市场，设立总部、分支机构。

（三）完善招商引资方式

1. 大力发展产业招商。一是抓好重点产业调研和招商项目策划。二是主攻重点产业，形成产业聚集效应，鼓励和引导区内企业挂靠上游产品的生产企业扩大生产规模，引进下游产品的生产企业进区配套，构筑具有核心竞争力的产业发展格局。

2. 逐步推进中介招商。由中介招商公司负责项目推介洽谈并收取合理的中介费用，以市场机制应对市场变化。

3. 完善招商引资奖惩体制，制定规范的奖惩制度，做到有绩必奖、有过必罚。

4. 加强招商引资环境的建设。一是建设优质高效的政务环境。充分利用好园区政务大厅，为外资项目提供快速度、高效率审批服务。加强工作人员的职业培训，提高公共服务意识和水平。加强对"四乱"的治理力度，切实减轻企业不合理的负担。二是建设有序的法制环境。推进依法行政，过错责任追究制度，加强行政执法责任制和行政执法监督，规范执法程序，建立健全政府服务承诺制、行政问责制。三是建设优质的人文环境。通过加强园区社区居民素质教育，努力培养居民文明礼貌、诚实守信的良好品格，形成风气正、环境美的良好生活工作环境。

（四）加强经济园区人才资源的建设

1. 更新人才引进观念，不能在人才和学历之间简单地画等号，应该突破学历限制，唯贤是用。

2. 进一步加大教育培训投入，鼓励民办院校和培训机构的发展，主动利用国际培训资源，加强国际交流，促成人才培养主体的多元化。

3. 人才吸引方向要明确，大力引进紧缺、急需人才，积极引进海外留学人员和国外智力，重点引进高新技术人才和高级经营管理人才。

4. 加快人才国际化建设，加强用人机制、分配机制、管理机制、流动机制等各项人才机制与国际接轨的力度。

5. 加快人才环境的改善，搭建适宜人才成长发展的政策与市场联动的环境平台和有利于人才集聚的制度平台，营造广纳人才、留住人才、用好人才、鼓励人才创业的城市环境、工作环境、生活环境和文化环境。

6. 加快人才开发与管理创新。实施人才资源开发与积累优先发展战略；加大对人才投资的力度，为高素质人才的成长提高坚实的物质基础。加快培养技能型人才，提高人力资源的竞争力。

7. 加大对职业教育的投入，对新增就业人员和返乡农民工进行职业培训。

（五）推进经济园区科技的自主创新

1. 加强科技创新主体培育。一是重点培育一批骨干企业，促进其加强科研队伍和科研平台建设，提高企业新产品开发和引进消化新技术的能力。二是着力培育一批新的中小型科技型企业，建立起高新技术企业的梯队培育模式，增强科技产业的后备梯队力量。三是探索民间资本吸引与利用的道路，建立扶持科技型中小企业发展的"种子基金"，重点支持源头创新、行业和企业研发、成果转化和中介服务 3 类平台建设。

2. 推进科技创新载体建设。一是以企业为主体深化产学研合作，培育发展不同类型的中介机构，形成研究、开发、产业化一体化的创新链条。二是吸引专家型和学者型等高级人才入驻经济园区，依靠高端人才和高校资源为经济园区产业发展注入动力和活力。三是利用已经投资的核心项目积极申报和创建国家级产业基地、省级特色产业园区。四是加快经济园区建设创新型科技园区试点工作的启动，并在政策、资金等方面给予一定的倾斜。

3. 优化创新发展环境。一是建立技术标准、知识产权管理服务机构和信息化服务平台，制定适合园区特点的知识产权形成和保护制度。二是建立以政府投入为引导、企业投入为主体、吸引社会投资的新型投融资机制。三是加强创业服务中心等各类孵化器建设，拓宽服务领域，提高服务水平。四是根据经济园区的功能定位与主导产业等情况，重点设立高新技术创业投资基金和风险投资基金，完善项目经理责任制、完善一站式服务。五是发挥经济园区体制改革先行区的优势，加快知识产权改革步伐，让科技人员能够以科技入股。

（六）健全经济园区服务体系

1. 加强科技服务体系建设。一是要整合企业与园区科研机构的资源，按照发展产业集群的思路，联手建立技术服务体系。二是充分发挥政府的桥梁作用，积极沟通科技界和企业界的联系，使高等院校、科研院所成为高新技术企业坚强的技术后盾，逐步形成一个以政府为导向、以企业为主体、以银行为后盾的多层次、多渠道的社会化科技投入体系。

2. 加强信息服务体系建设。一是园区相关部门要密切关注区内企业的经济动态，为区内企业提供及时有效的信息资讯。二是筹办各类产业发展论坛、新技术新设备推介会、展览会，将园区与园区所在地生产企业、研发机构、配套企业、销售客户等连接起来，共享相关信息。

3. 加强销售服务体系建设，使区内企业与所在地域的企业能够联手营造相关的销售服务网络。

（作者：山东社会科学院　王鹏飞）

第二十九篇 更好发挥开发区在打造山东半岛蓝色经济区中的重要作用

——对江苏、浙江开发区新一轮发展的考察及启示

当前，应对国际金融危机的宏观背景，尤其是打造山东半岛蓝色经济区的现实条件，为全省开发区新一轮发展跃升创造了重大机遇、提出了客观要求。最近，山东省委政研室、省政府研究室、省商务厅和烟台、日照、明水三个开发区组成调研组，在省内调研的同时，重点对江苏省开发区"转型升级"、浙江省开发区"资源整合"情况进行了考察学习。在此基础上，调研组就如何借鉴江苏、浙江开发区发展经验，抓住半岛蓝色经济区建设的重大机遇，充分发挥开发区在打造蓝色经济区中的重要支撑和推动作用，推动山东开发区新一轮发展的问题，作出了综合分析研究。

一、江浙两省推动开发区新一轮发展的基本情况

江苏、浙江开发区起步早、发展快、总量规模大。目前，两省省级以上开发区数量分别达到 136 个和 117 个，分别居全国第二位和第三位。但发展中也逐步暴露出空间资源不足、产业层次偏低、体制优势退化等难题。国际金融危机以来，两省准确把握复杂经济形势和国家宏观

政策取向，围绕全省总体发展定位、重大发展战略，变被动为主动，变挑战为机遇，以大视野、大思路、大气魄、大手笔、大动作适时推动开发区新一轮发展，把开发区推向更高层次和阶段。江苏省实施开发区"转型升级"。结合国家批准实施《江苏省沿海地区发展规划》，明确提出"把加快开放型经济转型升级、提高对外开放水平作为紧迫任务"，突出强调"推动开发园区二次创业，提高集约发展水平"，对开发区全面展开"转型升级"，努力形成"极点带动、多元发展"的梯度格局。浙江省实施开发区"整合提升"。在推进"创业富民、创新强省"总战略中，把开发区新一轮发展作为重大战略性措施，研究出台《浙江省开发区（园区）整合提升试点工作方案》，制定实施《浙江省开发区整合提升专项行动计划》，在 12 个开发区展开"整合提升"试点，2010年年底前将扩大到全省全部开发区。尽管江苏的"转型升级"和浙江的"整合提升"提法不同，但两省上下都认识统一、氛围浓厚，党委和政府强势引导、大力推动，各开发区真抓实干、开拓创新，工作着力点都放在了推动开发区以科学发展为标志的新一轮大发展上。其主要做法有以下几点：

（一）明确基本内涵

在充分调研的基础上分别概括提出的"转型升级"、"整合提升"，不仅叫法响亮，而且界定了清晰内涵，确立了主攻方向。江苏的"转型升级"，就是大力推动"三个转变"，即推动产业由低端环节向高端环节转变，推动经济园区向新型城区转变，推动传统管理模式向现代园区管理模式转变。浙江"整合提升"中的"整合"，即整合土地、行政、政策、招商、人力、资金、管理等各类要素资源；"提升"，即提升规划建设、招商引资、科技创新、产业发展、集约用地、生态环境、办事服务等各方面水平；"整合提升"，就是对要素重新组合，对资源优化配置，对体制探索创新，全面提升开发区发展水平和辐射带动能力。

（二）加强工作推动

浙江由省政府牵头，省商务厅、发改委、经信委、国土资源厅、建设厅、林业厅、环保厅、海洋与渔业局等 15 个部门参加，组成工作领导协调小组，在国家现行法规政策和各类专项规划框架下推动"整合提升"试点。省政府常务会议先后三次就试点方案、试点情况等进行研究，召开了全省开发区试点经验交流会，推动整合提升深入全面展开。江苏先后召开了高规格的全省开放型经济工作会和全省开发区工作座谈会，研究制定《江苏省外经贸发展纲要》，把开发区"转型升级"作为重中之重来抓，通过苏南苏北共建开发区、建立特色园区等措施，把"转型升级"的具体要求体现到实践工作中。

（三）解决突出问题

无论"转型升级"，还是"整合提升"，都始终把解决存在的问题作为一个重要目标和关键性措施来抓。针对这次国际金融危机开发区影响最深、受冲击最大的问题，立足当前，积极应对，以危求机，化危为机，大力招商引资，吸纳发展要素，稳定外部需求，开拓国际市场，推动经济尽早复苏。着眼长远，注意解决开发区发展中逐步显现出来的空间资源不足、产业结构层次偏低、体制优势退化等问题，谋求长远发展优势。浙江省在"整合提升"增添开发区发展活力的同时，着力放眼今后 5～10 年的发展需要，优化发展布局，完善基础设施，培植主导产业，构建管理机制，推动开发区向多功能、综合性产业区和现代化、生态型新城区转变，新的发展优势已初步显现。

（四）积极探索创新

解放思想，积极创新，采取新措施，探索新路子，是两省的共同做法。江苏省把创新作为推动开发区新一轮发展的重要保障，结合发展开放型经济解放思想大讨论，在开发区"转型升级"中，全面推动思路、政策、开放、体制、管理、环境等六大创新，突破固有模式，探索了开发区由内向外、由低向高、由量向质转变的许多好办法。浙江省把创新体制机制、发展路径、增长模式等作为"整合提升"中的重要原则来把握，放宽政策，下放权力，鼓励试点开发区大胆试验，在创新中开拓，在开拓中提升。

江苏"转型升级"、浙江"整合提升"已收到良好效果。总体上，都有利于提高资源使用效率、优化提升产业结构、拓展区域布局空间、辐射带动区域经济、形成全新体制机制，推动开发区在新起点上展开新一轮发展格局。具体成效有以下几个方面：

1. 拓展了发展空间。浙江省 12 个试点开发区，规划 3～5 年时间拓展发展面积 200 平方公里，目前已拓展了 70 平方公里。杭州开发区大范围整合空间资源，新增了 8 平方公里的工业发展空间、15 平方公里的城市发展空间和 40 平方公里的产业发展空间。江苏省空间拓展的重点放在合理布局新建园区上，在 2006 年设立首批 10 个共建南北合作园区的基础上，2009 年以来又新建 10 个共建园区，累计新增开发区面积 120 平方公里。

2. 推动了产业升级。江苏省"转型升级"突出各开发区的产业特色化，南京软件、苏州电子信息、无锡微电子、泰州生物医药、扬州光电、南通海工装备、徐州工程机械等重点产业和新兴产业更具优势，成为品牌。浙江省针对民企规模小、产业结构层次低的问题，引进新兴产业、转型传统产业、孵化初创型科技企业，着力提高产业素质。目前，该省 12 个试点开发区高新技术产业产值、新产品产值占工业增加值的比重，同比分别提升 9 个和 15 个百分点。

3. 提高了开放水平。江苏省以"转型升级"促对外开放，1～8 月份，全省实际到账外资居全国 1 位，其中开发区实际到账外资占全省的77％，支撑全省进一步扩大了在全国沿海省市中利用外资的领先优势；开发区进出口总额占全省的 74％，成为全省外贸进出口的重要支撑。浙江省试点开发区利用外资、对外出口，从重数量向重质量转变，加快建立对接国际市场的开放式开发区，逐步形成开放新优势。

4. 创造了发展环境。浙江省在规划管理、项目审批、工商登记、房地产管理、环境保护、土地管理、引进人才等方面，进一步给予开发区更多的授权。江苏省重新规范开发区规格，激励开拓创新，并引导开发区自身加快行政管理机制和工作运行机制的创新，改善发展环境，提高管理水平。

5. 增强了综合实力。江苏省开发区 2008 年完成业务总收入 56951 亿元，同比增长 30％；2010 年 1～10 月份，业务总收入、地方一般预算财政收入继续保持较快增长。浙江省 12 个试点开发区 2010 年前 10 个月的业务总收入、地方财政收入、提供税金等主要指标增长速度，超过同期全省开发区平均水平 10～15 个百分点，呈现发展快、后劲足的强劲态势。

二、江浙两省做法对山东的重要启示

近几年，山东积极采取措施，推动开发区发展。特别是 2009 年由分管副省长牵头，省商务厅等部门参加，对开发区发展进行了专题调研，提出的一些重大措施已转化为领导决策，发挥了重要作用。截至目前，全省已有省级以上园区 176 家，其中开发区 150 家，居全国第一位。开发区创造了全省 45% 的地方财政收入、40% 的税收、60% 的工业增加值，全省利用外资的 2/3、对外出口的 70% 集中在开发区。当前，充分利用国际金融危机形成的倒逼机制，特别是抓住打造山东半岛蓝色经济区创造的有利条件，推动全省开发区实现新一轮发展跃升的潜力巨大、空间广阔。这方面，江苏开发区"转型升级"、浙江开发区"整合提升"的经验，给我们提供了一些启示。

（一）树立新理念，努力走集约化发展的路子

开发区作为改革开放的产物，其蓬勃发展的过程，就是解放思想，创新理念，探索路子的过程。从这次考察看，江浙两省推动开发区新一轮发展，最突出的特点就是树立新理念。江苏全省上下强化"敢为人先、快人一拍"的争先理念，大力强化抢国际资本重新布局、抢国际市场重新洗牌、抢国际资源重新估值"三大机遇"意识，加快经济向外向型转变、开发区向集约化发展。浙江宁波等试点开发区，之所以能够比较顺利地推动资源大整合、结构大优化、体制大创新，关键在于大胆突破"围墙经济"、"工业孤岛"等观念束缚，有了新的理念指导，指导选择了集约化发展的路子。推动山东开发区新一轮发展跃升，必须着力实施理念层面的突破，坚定不移地走集约化发展路子。应突出五个方面：功能定位上，以更加开放的视野和思维，突破"加工区"等传统界定，将开发区定位于提高全省经济国际化水平的重要载体、推动产业结构优化升级的重要基地、促进高新技术产业化的重要平台、加快城乡一体化的重要力量。园区形态上，从"点轴式"拓展到"组团式"布局，从"摊饼式"扩张到"跳跃式"发展，从单纯"工业孤岛"到集工业化、城镇化、新农村为一体的"新经济平台"。开发模式上，树立资源运营、统筹协调理念，从"开发一片、成熟一片"的滚动式开发，到"整体规划、分步实施"的优化开发。管理体制上，强化开发区自身的管理责任、现代管理意识，从"封闭管理"到"开放管理"，从"单纯管理经济"到"统筹经济社会发展"。工作指导上，从政府相关部门实现"单一工作目标"的示范区、样板田，到成为各级地方政府"坚持科学发展、促进社会和谐"的示范区。

（二）拓展新空间，拉开布局合理的发展框架

开发区发展空间不足，是影响新一轮发展的突出问题。江浙两省拓展开发区发展空间的做法，很有借鉴意义。浙江省结合正在编制或者修编的主体功能区规划、土地利用总体规划等，对整合提升试点的 12 个开发区，采取就近整合、异地整合、外建开发区功能区、开发利用滩涂地等多种形式，扩大了开放区实际发展区域，基本保证了开发区未来 3 至 5 年的用地需求。目前，山东一些开发区遇到了发展空间制约难题。一方面，要挖潜现有土地资源利用潜力。坚持高起点规划、高强度投入、高密度产出，整合利用好现有开发区土地资源，提高综合利用效益和水平，挖掘现有土地资源的潜力。可考虑由省国土资源厅、省商务厅组织，选择建立一批集约用地示范开发区，以点带面促进提高土地集约节约利用水平。另一方面，要多渠道利用土地资源。在符合主体功能区开发、城市总体规划和土地利用总体规划的前提下，合理运用、创新政策，继续在利用山东大量沿海滩涂、黄河滩地、临海浅水土地资源区、煤田塌陷地等方面进行尝试，继续做好"飞地"文章，继续探索开发区就近滚动式向外延伸、利用周边区块的路子，为开发区新一轮发展提供较充足的土地资源保障。

（三）开展新招商，以更多投入增加发展后劲

江、浙两省的经验表明，现实条件下，增加开发区发展后劲、保持发展活力，必须积极有效地招商引资，吸纳聚集更多生产要素，不断增加投入，形成新的增长点。江苏省采取政策招商、产业招商、环境招商"三位一体"，把招商重点放到国际高端、新型产业引入集聚上，推动一批新产业、新业态特别是国际服务外包产业的迅速崛起。全省在加快建设南京、无锡、苏州 3 个国家级服务外包示范城市的基础上，重点培育 6 个省级示范城市、15 个省级示范园区、50 个重点企业和 15 个培训基地，目前全省外包企业数量达到 2290 家，从业人员 29 万人，服务外包合同额占全国的 1/4。从山东情况看，2010 年以来，省里直接组织举办了 8 次重要境外招商活动、15 次境内外贸易促进活动，派出 400 多个经贸团组实施有针对性的招商和贸易促进活动，对外招商力度很大。但在国际金融危机的大背景下，国际资本、产业流动和贸易方式呈现新趋势、新特点，开发区的招商方式也要调整改进、不断创新。一是大力实施产业招商。在明确产业招商牵头部门的同时，组织几个或者若干个开发区参加，采取"一个产业、一支队伍、一抓到底"的模式，明确目标，落实责任，有效推进，着重引进国际海洋先进技术，积极承接国际海洋产业、先进制造业、服务外包产业等转移，培植高端产业集群。二是抓好大项目落地建设。对招商引进的具有全局性牵动作用的项目，保障土地供应，解决配套资金，落实项目责任制，实施地方领导、开发区领导、企业领导三到位，加快项目推进进程。三是积极推动优势产业向境外转移。在招商引资的同时，抓住有利时机，鼓励和支持各开发区特别是东部开发区将比较优势的纺织、工程机械、农产品加工等产业向境外转移，拓展发展空间，规避贸易壁垒。

（四） 实施新调整，推动产业结构优化升级

坚持把产业结构调整作为主线，促进产业结构优化升级，构建现代产业体系，既是开发区新一轮发展的鲜明标志，也是必须采取的重大举措。江苏省按区域产业发展水平，有针对性地推进产业升级，苏南地区优先发展先进制造业、现代服务业和服务外包产业，苏北开发区承接产业转移，发展能够发挥当地资源、劳动力优势的特色产业，初显布局合理的区域产业发展雏形。近几年，山东围绕解决开发区产业结构层次低的问题下了很大功夫，下一步要突出打造山东半岛蓝色经济区的产业培植重点，推动开发区新一轮产业结构优化升级。一是制定开发区新一轮产业调整规划。山东已制定出台了 10 大产业调整振兴规划、40 个特色产业调整振兴指导意见和 13 个新兴产业加快发展的指导意见，还明确了打造山东半岛蓝色经济区培植发展的"八大"重点产业，在这一大的框架下，要加快研究制定各开发区具体规划。在操作办法上，可借鉴浙江经验，由开发区研究提出方案，省里论证后审批，保证科学可行，形成各具特色的产业发展规划格局。二是严格结构调整规划的实施。采取市场引导、政策扶持、政府推动等手段，实施严格考核的办法，增强实施的刚性约束，把各调整要求逐一落实到开发区各行业、各企业。三是以创新推动产业升级。坚持结构调整与提高自主创新能力结合，探索建立开发区创新平台，加大自主创新力度，推动由制造向创造跨越，加快主导产业高端化、传统产业品牌化、新兴产业规模化，以强大的产业优势支撑开发区新一轮发展。

（五） 探索新机制，创造良好的发展环境和氛围

一是着力探索行政管理新机制。完善经济园区管委会机构设置和职能，实行"小政府、大社会"的管理模式，构筑与市场经济相适应、与国际惯例相接轨、与一般行政区相区别的管理模式和机制。可借鉴江苏、浙江做法，赋予开发区更多的经济和行政管理权限，进行开发区调整行政规格试点，配强领导班子，完善工作机制。二是着力探索政策支撑新机制。对现有开发区政策进行一次清理，该完善的完善，该调整的调整，该整合的整合。对开发区与行政区合并政策、开发区与蓝色经济区衔接政策等进行探索，形成政策制定、调整、创新、执行新机制。三是着力探索部门协调新机制。进一步理顺开发区税收征管、财政征收、信贷管理等方面的关系，建立履行管理职能、实现利益目标协调机制，调动各方面促进开发区建设的积极性。四是着力探索和谐发展新机制。坚持以人为本、民生优先，在平衡利益关系、满足区内群众要求、优化生态环境、承担社会责任等重要方面探索路子，完善办法，构建新机制。

三、几点具体建议

（一）建议对开发区新一轮发展跃升作出决策部署

目前，山东开发区正处于重要而关键的发展时期。着力使开发区在应对国际金融危机中培育和建立新的发展优势，机遇难得，势在必行。应抓住机遇，明确新思路，采取新举措，以支撑山东半岛蓝色经济区建设、带动全省经济又好又快发展为目标，以转方式、调结构、上水平为主攻方向，在深入研究的基础上适时作出科学决策，实施全省开发区新一轮发展跃升大行动。可以考虑，通过召开高规格的全省开发区工作会议，研究出台发展跃升的意见，推出相应的行动计划，动员和组织省直有关部门、各地和全省各开发区，积极行动起来，合力推动开发区发展跃升，努力培育发展新优势。

（二）建议实行东西部地区共建园区

目前，山东已有10多家省级经济开发区签订了东西联动合作发展协议，纳入了全省东西联动范围，省直有关部门做了大量工作，取得好的效果，但实质性联动合作似需加强。2009年以来，江苏省南北共建园区在财政资金、用地指标、用电价格等方面实施优惠政策，特别是省政府连续3年对每个园区每年资助1000万元，形成了共建格局。截至2010年9月底，该省20家共建园区完成基础设施投入30.19亿元，项目投资总额128.92亿元，建成投产项目91个，成为全省经济发展新的增长点。山东应从区域竞争发展的战略高度，进一步明确政策，加大扶持力度，运用经济、行政等综合手段，调动和激励东西地区双方积极性，形成共建机制，加快建设速度，提高建设水平。建议在省政府的统一组织领导下，商务、发改、国土、财政等部门参加，共同研究推动东西园区共建的更加有力有效的措施办法。

（三）建议设立开发区发展扶持资金

结合推动开发区"转型升级"，江苏省加大外经贸扶持资金规模，2010 年达到 12 亿元，明年计划扩大到 30 亿元，其中规定相当比例用于扶持开发区发展。浙江省用于开发区的扶持资金达到 3.8 亿元。目前，山东外贸扶持资金仅 1.8 亿元，对开发区的专项扶持有限。建议适当在增加全省外经贸扶持资金的同时，从中划出一块专门用于扶持开发区新一轮发展跃升，或者专门设立开发区专项扶持资金。还可考虑利用国家允许地方政府设立政府性融资平台的政策，进行可行性论证，探讨设立促进对外经贸和开发区发展的融资平台。

（四）建议改进对开发区的考核激励

一是把开发区发展纳入科学发展综合考核体系。在省里的科学发展综合考核体系中，建议增加"开发区集约发展水平"考核项目。二是修订完善经济开发区评价办法。在继续考核经济实力、产业结构、开放水平、可持续发展能力的同时，增加土地集约利用、投入产出率、环境保护、社会贡献、管理状况等指标的考核。同时，采取全省统一考核排名，对位居前列的给予奖励。

（作者：山东省委研究室、山东省商务厅等

杨占辉　张连峰　尚　鹏　王春雁）

学习借鉴篇

第三十篇　新加坡发展现代服务业的经验及启示

改革开放以来，特别是进入 21 世纪以来，山东经济获得了持续、快速、健康发展，取得了举世瞩目的成就，产业结构日趋合理，经济效益不断提高，国内生产总值以年均 10% 以上的速度递增，人均国内生产总值已经突破万元大关，国民经济主要指标居全国前列，成为中国东部沿海经济大省。然而，随着山东外向型经济的不断发展和深化，现有经济发展中的诸多问题也逐渐积累并显现出来，主要表现为依靠要素价格竞争取胜的投资竞争模式没有得到根本性改变，低效益使用资源的高能耗生产方式没有得到根本性改变，高污染的经济发展困境没有得到根本性改变。转变经济发展方式已经成为目前经济发展中面临的一个重要而急迫的任务。实质上，这一任务的内涵不是尽快转型升级的问题，而是如何转，朝着什么方向转的问题，对此，理论界和实际工作部门均缺乏应有认识和思路。"他山之石，可以攻玉"。为了推动山东经济以更快的速度和更高的质量实现转变，我们有必要研究和借鉴国外先进地区进行产业结构调整的措施和经验。新加坡国土面积狭小，资源贫乏，但在过去短短不到 50 年的时间里，从一个贫穷落后的"孤岛"发展为当今世界著名的国际航运中心、国际金融中心、国际贸易中心以及国际旅游会议中心、东南亚最大的海港、重要的商业城市和世界第三大石油提炼中心，取得了举世瞩目的成绩。自 20 世纪 80 年代新加坡将服务业确定为经济发展的重要引擎以来，服务业在新加坡经济总量中的比重不断上升。从进入新世纪开始，新加坡再次调整发展重点，大力发展现代服务业，加快促进经济转型升级，不仅为本国经济的快速发展找到了一条成功之路，同时也为世界各国经济发展和转型升级提供了宝贵经验。

一、新加坡现代服务业的
发展现状

　　新加坡服务业的发展，与其特殊的地理位置以及国际经济形势的变化密切相关。在新加坡立国之初，由于没有坚实的工业基础，服务业的发展非常迟缓，以单一的转口贸易为主。20 世纪七八十年代新加坡制造业获得了迅速发展，服务业的发展则相对迟缓，20 世纪 90 年代以来，新加坡进一步认识到了产业升级的重要性，采取措施，积极推动服务业，特别是现代服务业的发展，使服务业的发展呈现出新的面貌，具体而言，新加坡现代服务业的发展具有以下特点。

　　（一）现代服务业稳定增长，已经成为新加坡的支柱性产业

　　20 世纪末东南亚金融风波的发生对于新加坡产业结构调整产生了重要的影响。在应对危机的过程中，新加坡政府检讨了以往经济发展中的失误，分析了新加坡的竞争优势，确立了重点发展服务业，特别是现代服务业的经济战略，提出了新的目标：努力发展成为能够提供世界级服务的国家。新加坡主要从两个方面入手推动现代服务业的发展，一是积极引进世界先进的技术成果，特别是知识化和信息化改造原有的服务业，如贸易、物流、资讯、旅游等传统优势服务业。二是积极引进教育、健康保健、法律服务等新兴服务业，以此推动新加坡产业结构调整和升级。从 2000 年开始，新加坡进入了服务业迅速发展的时期。从图 1 中可以看出，自 2004 年以来，新加坡服务业在 GDP 总量中所占的比重基本上保持了平稳的增长态势。2004 年新加坡服务业 GDP 达到 1156.1 亿美元，较 1999 年增长 35.51%，占当年 GDP 总量的 60.69%，较 1999 年增长了 1.39 个百分点；到 2008 年新加坡服务业 GDP 达到 1813.03 亿美元，占 GDP 总量的 66.28%，为近年来的最高值。2009 年受国际金融危机的影响，服务业 GDP 1736.03 亿美元，同比略有下降，但占 GDP 总量的比重仍然保持在 65% 以上。

单位：%

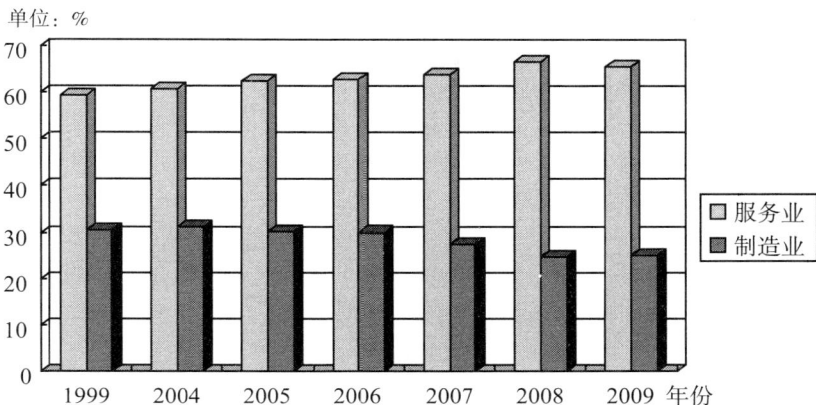

图1　新加坡服务业和制造业占 GDP 比重变化情况

资料来源：根据新加坡统计局：《新加坡统计年鉴（2010）》（http：//www.
singstat. gov. sg/pubn/reference. html#yos）数据计算。

（二）优势行业所占比重保持基本稳定，但现代服务业增长速度较快

根据新加坡的统计年鉴，其服务业主要包括批发零售业（含贸易
服务业）、商务服务业、交通仓储、信息和通讯、金融服务业、膳宿业
（酒店与宾馆）以及其他服务业共七大门类。进入新世纪以来，新加坡
服务业发展形成了以批发与零售业、物流仓储、金融服务业和商务服务
业等四大产业为主的产业结构。2004~2009 年上述四大产业 GDP 共计
6965.14 亿美元，占同期 GDP 总量的 76.15%。从图 2 中可以看出，近
年来，由于受到多种因素的影响，各行业在服务业总量中所占的比重虽
然略有变化，但基本上保持稳定。其中，批发零售业是新加坡服务业发
展所占比重最大的行业。2004 年批发零售业 GDP 276.47 亿美元，占服
务业 GDP 总量的四分之一弱。其后批发零售业一度取得了较快的发展，
但 2006 年开始逐步回落，到 2009 年批发零售业 GDP 444.58 亿美元，
占当年 GDP 总量的 25.61%。为了保持和增强新加坡的国际竞争力，新
加坡政府也高度重视新兴产业的发展问题，先后出台了大量的措施，推
动服务业内部结构的优化和调整，取得了一定的效果，主要表现为近年
来，新兴的商务服务业发展势头较好，在服务业 GDP 中所占的比重不
断上升，而传统的重点行业交通仓储业在服务业总量中所占比重出现了
不断下滑的倾向（见图 2）。据统计，2004 年新加坡商务服务业和物流

303

仓储业 GDP 分别为 184.68 亿美元和 193.23 亿美元。到 2009 年新加坡商务服务业 GDP 增长到 353.98 亿美元，占服务业总量的 20.39%，而交通仓储业在服务业 GDP 总量中所占的比重则下降到 12.76%。

单位：%

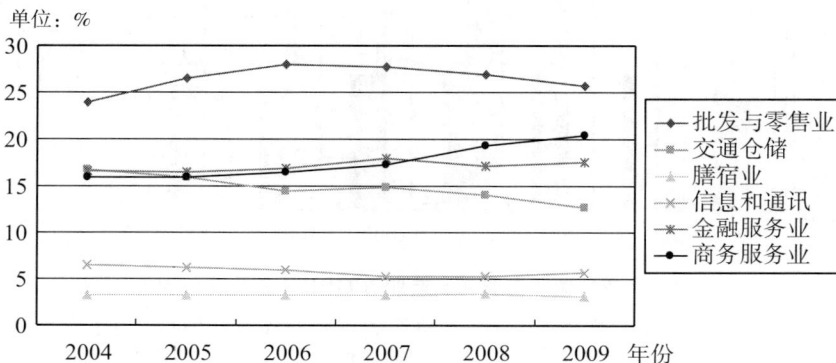

图 2   新加坡服务业结构（2004～2009 年）

资料来源：根据新加坡统计局：《新加坡统计年鉴（2010）》（http：//www. singstat. gov. sg/pubn/reference. html#yos）数据计算。

（三）在促进就业方面发挥生力军作用

统计数据表明，无论是传统优势行业还是新兴服务业都对新加坡就业的增长发挥着重要作用。据统计，2004 年服务业解决了新加坡 75.21% 的就业人口（15 岁以上，下同）的就业问题，同期制造业和建筑业的就业人数比重分别为 18.28% 和 5.67%。近年来，随着新加坡服务业的发展，服务业就业人数呈现出不断上升的趋势。到 2009 年服务业就业人数占到新加坡总人口的 77.09%，较 2004 年又上升了 1.8 个百分点。在服务业内部，就业人数最多的是社区、社会和个人服务业，2004 年共有 30.25 万人致力于该行业的发展，占同期新加坡就业总人口的 21.62%。其次是批发与零售业。2004 年就业人数为 27.24 万人，占同期新加坡就业总人口的 16.87%，商务服务业和交通仓储业也在促进就业方面发挥着重要的作用。尽管近年来新加坡新兴服务业发展速度快于其他行业，但是产业结构的这种变动并没有带来就业结构的明显变化。从 2004 年到 2009 年除了批发零售业就业比重略有下降和交通仓储业就业比重略有上升外，其他行业就业结构没有发生明显的变动（见图 3）。这说明虽然都是劳动密集型产业，但新兴产业在带动就业方面所起的作用明显低于传统行业。

表1　　　　　　　新加坡就业的行业情况（2004～2009年）　　　　单位：%

年份	2004	2005	2006	2007	2008	2009
制造业	18.28	16.71	16.79	16.89	16.84	15.71
建筑业	5.67	4.95	5.29	5.59	5.7	6.09
服务业	75.21	77.26	76.67	76.38	76.24	77.09
批发零售业	16.87	18.43	16.76	15.36	14.55	14.57
交通仓储业	11.23	9.9	9.68	9.98	9.85	9.62
膳宿业	6.61	6.26	7.17	6.83	6.48	6.68
信息和通讯业		3.92	4.16	4.87	4.7	5.04
金融服务业	5.63	6.2	5.92	6.08	6.67	6.52
商务服务业	13.25	12.57	12.09	12.42	12.82	13.02
社区、社会和个人服务业	21.62	19.98	20.88	20.84	21.16	21.63
其他	0.84	1.08	1.25	1.15	1.23	1.12

资料来源：根据新加坡统计局：《新加坡统计年鉴（2010）》（http://www. singstat. gov. sg/pubn/reference. html#yos）数据计算。

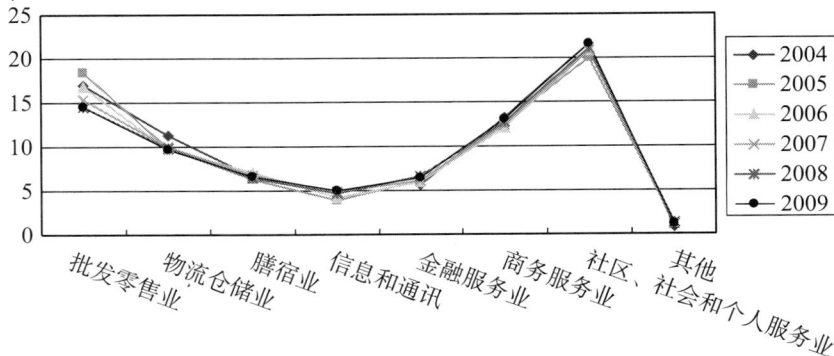

图3　近年来新加坡服务业内部各行业就业变动情况（2004～2009年）

资料来源：根据新加坡统计局：《新加坡统计年鉴（2010）》（http://www. singstat. gov. sg/pubn/reference. html#yos）数据计算。

（四）在服务业国际资本流动中承担重要角色

立足国情，审时度势，根据世界经济发展和国际资本流动的趋势，积极引进前瞻性新兴产业，并推动竞争优势不强的产业向外转移，促进产业结构优化升级是新加坡在经济发展中的一个显著特色。在服务业领域同样如此。无论是利用外资还是对外投资，服务业都在新加坡对外经济交流中占据着"半壁江山"。图4、图5描述了近年来新加坡服务业利用外资和对外投资的变动情况。在利用外资方面，新加坡良好的经济社会发展条件、便利的交通、廉洁高效的政府服务使新加坡成为服务行业外商投资的热土之一。截至2008年新加坡服务业累计吸收外商投资3593.38亿美元，占新加坡利用外资总量的76.4%，是新加坡利用外资最大的产业。其中金融保险业和批发零售业是服务业内部各行业中利用外资规模最大的，分别占新加坡利用外资总额的39.8%和17.98%。在新加坡对外投资中，服务业所占的比重也很高。截至2008年，新加坡服务业累计对外投资2125.14亿美元，占同期新加坡对外投资总额的71.29%。特别是金融保险业对外投资占新加坡对外投资总量的1/2强。

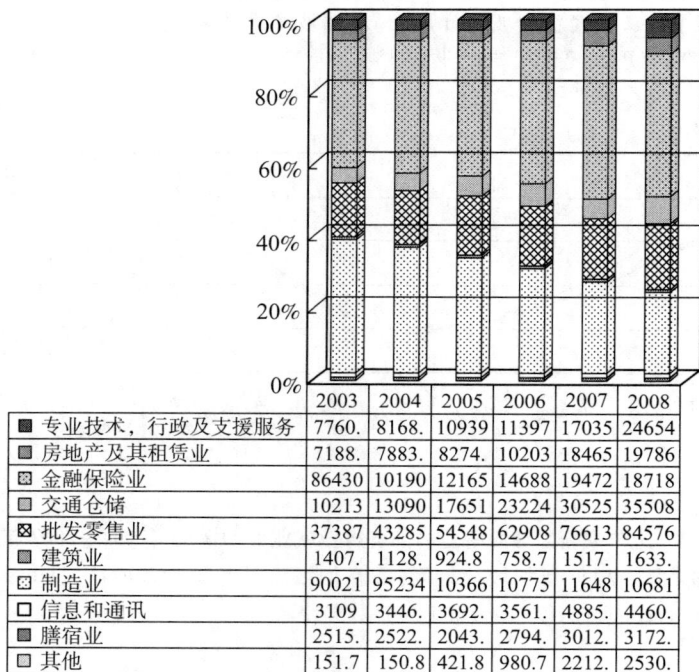

	2003	2004	2005	2006	2007	2008
■ 专业技术，行政及支援服务	7760.	8168.	10939	11397	17035	24654
▩ 房地产及其租赁业	7188.	7883.	8274.	10203	18465	19786
▨ 金融保险业	86430	10190	12165	14688	19472	18718
□ 交通仓储	10213	13090	17651	23224	30525	35508
▨ 批发零售业	37387	43285	54548	62908	76613	84576
■ 建筑业	1407.	1128.	924.8	758.7	1517.	1633.
▨ 制造业	90021	95234	10366	10775	11648	10681
□ 信息和通讯	3109	3446.	3692.	3561.	4885.	4460.
■ 膳宿业	2515.	2522.	2043.	2794.	3012.	3172.
□ 其他	151.7	150.8	421.8	980.7	2212.	2530.

图4　新加坡分行业外资存量情况（单位：百万美元）

资料来源：根据新加坡统计局：《新加坡统计年鉴（2010）》（http：//www. singstat. gov. sg/pubn/reference. html#yos）数据计算。

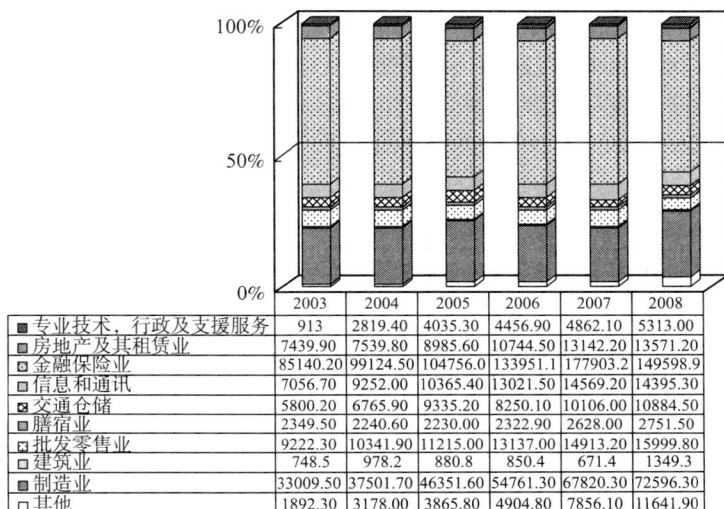

	2003	2004	2005	2006	2007	2008
■ 专业技术，行政及支援服务	913	2819.40	4035.30	4456.90	4862.10	5313.00
▣ 房地产及其租赁业	7439.90	7539.80	8985.60	10744.50	13142.20	13571.20
▣ 金融保险业	85140.20	99124.50	104756.0	133951.1	177903.2	149598.9
▨ 信息和通讯	7056.70	9252.00	10365.40	13021.50	14569.20	14395.30
⊠ 交通仓储	5800.20	6765.90	9335.20	8250.10	10106.00	10884.50
▣ 膳宿业	2349.50	2240.60	2230.00	2322.90	2628.00	2751.50
▥ 批发零售业	9222.30	10341.90	11215.00	13137.00	14913.20	15999.80
▣ 建筑业	748.5	978.2	880.8	850.4	671.4	1349.3
▣ 制造业	33009.50	37501.70	46351.60	54761.30	67820.30	72596.30
□ 其他	1892.30	3178.00	3865.80	4904.80	7856.10	11641.90

图 5　新加坡分行业对外投资存量情况（单位：百万美元）

资料来源：根据新加坡统计局：《新加坡统计年鉴（2010）》（http：//www. singstat. gov. sg/pubn/reference. html#yos）数据计算。

（五）服务贸易呈现出快速增长态势

随着经济国际化的发展，新加坡越来越重视国际市场对其服务业发展的带动作用。在政府的有力推动下，自进入新世纪以来，新加坡的服务以年均增长 11.2% 的速度迅速发展起来。2008 年新加坡服务贸易出口 1426.44 亿美元，进口 1234.56 亿美元，贸易盈余 123.33 亿美元。2009 年新加坡服务贸易虽然出现了一定程度的下降，但仍然保持了 1319.61 亿美元的出口规模。在出口贸易中，交通、保险和金融行业处于贸易较为频繁的领域，贸易数额较大，约占新加坡服务业出口的 60%。而在进口中，交通、旅游、版税是新加坡服务贸易进口的主要产业，保险、金融业保持了较大的份额。在新加坡服务贸易发展中，交通、金融贸易额加大，且为贸易顺差，而旅游、版税两大行业出口额小于进口额。

二、新加坡发展现代服务业的主要做法

新加坡是一个非常小的城市国家，地小人少，没有资源以及其他能

够促进现代服务业发展的特别优势或外在条件。但是，在建国短短 40 多年去了如此巨大的成就，从昔日的一个破渔村、贸易站和海军基地，发展成今天这样一个繁荣的服务业集聚区。其经验值得我们研究，其做法值得我们学习。

单位：百万美元

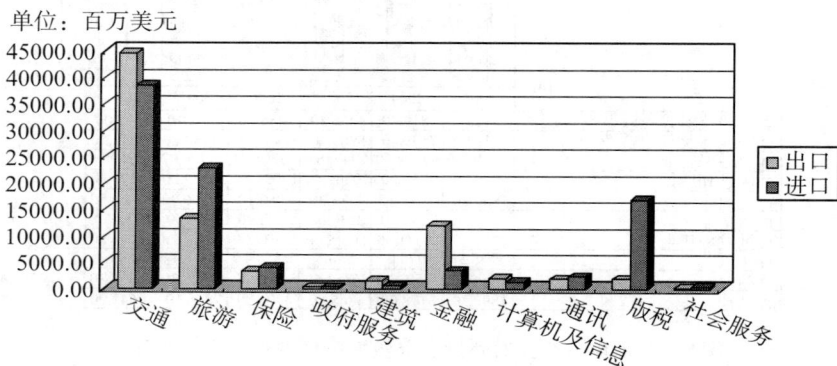

图 6　新加坡服务贸易情况

资料来源：根据新加坡统计局：《新加坡统计年鉴（2010）》（http：//www.singstat. gov. sg/pubn/reference. html#yos）数据计算。

（一）忧患意识和不断创新是新加坡的强国之魂

新加坡 1959 年自治，随后加入马来西亚，1965 年脱离马来西亚独立。那时新加坡内忧外患，困难重重。由于特殊的地理位置和特殊的民族结构，以及特殊的历史背景，新加坡从建国的第一天起，国人都具有强烈的忧患意识、危机意识和生存意识，担心国土的安全，担心种族的矛盾，担心资源的封锁，他们知道新加坡的生存不能寄希望于国际社会的施舍，而是必须自力更生，必须做出非同寻常的努力。正是这种心态和精神激励着新加坡各族群人民勤勉、刻苦、不懈奋斗。44 年后的今天，新加坡人在最小的国土上创造了最大的发展空间，赢得了巨大的经济成果。当年的诸多梦想成为现实，新加坡已经成为世界第一大货柜码头、第二大电子中心、第三大炼油中心。新一代新加坡人依然秉承前辈的忧患意识，以自强不息、创新求变的精神，推动着国家和社会的发展。新加坡内阁资政李光耀的那段话——"新加坡从挖坑入厕到住进冷气房的时间还太短，基础还不牢固，我们的国民不要视新加坡的成功为理所当然、一成不变和一劳永逸。稍有疏忽、失误和差池，三十多的成果和心血便会毁于一旦，新加坡便会在一夜之间被打回原形。"——成为众多新加坡国民心中的信念，他们不懈怠、不偷懒，坚持在已有成就的基础上，不断创新，不断探求新的发展道路。他们根据本国实际，参考和采用其他国家行之有效的制度，不断接受新的思想、新的理念，即便是反传统的观点。新加坡坚持"吸收全球资源，服务全球顾客"的发展理念，实行全面开放，跟世界保持联系，特别是跟科技发达的先进国家，于是，总能够不断地寻找到新的发展路径和最大发展空间。目前，新加坡在激烈的国际市场竞争中积极开拓新的服务领域，主要包括利用语言优势、能力和高专业标准建设新兴的服务业，开发一个活跃的和可持续发展的创意服务业集群，大力发展创意服务业，等等。

（二）未雨绸缪，持续不断地推进产业升级

一个国家或地区要长期保持竞争力，就必须不断进行产业结构调整和升级。正如李光耀所说的那样："在一个急剧变化的世界，新加坡如果要维持国家经济的活力及避免让其他国家赶超，就必须不断做出改变，继续往价值链的上端攀爬，以提升本地的产业活动，发展他国尚未能进军或者进行得不比我们出色的行业"。面对全球竞争，新加坡一直致力于拓展与发达经济体的产业关联，提升产业结构。现代服务业的发展就是新加坡不断推进产业升级的结果。新加坡在不断调整产业结构，加快服务业发展方面，主要有两条经验：一是善于把自身的发展同全球发展密切关联，以世界的眼光谋划发展，从而在连接东西方的世界产业体系中准确定位。在独立之初，新加坡利用本国区位优势，大力发展物流业和电子制造业。随着经济的发展，企业经营成本逐步提高以及周边国家和地区制造业竞争的加剧，很多制造业部门失去了竞争力。于是，新加坡开始积极推动国内制造业向亚洲国家和地区转移，重点发展与国家经济发展紧密相关的高技术、高附加值的制造业和现代服务业。同时，大力培养和引进尖端人才，支撑高技术、高附加值的制造业和现代服务业的发展。二是不断瞄准世界新兴服务业，着眼于现代化战略性产业的开发与引进。通过吸引外资，引进国外先进服务业，促进国内服务业发展和产业结构调整。20世纪60～90年代，通过引进外资重点推动了金融业的发展，为新加坡成为亚洲金融中心奠定了基础。逐步发展形成了现代制造业、现代石油化工业、国际化的航运业和物流业。90年代以后，重点发展高技术制造业、信息服务业、医药产业和环境保护等

产业，近年来又加快了审计、会计、管理咨询、市场研究、公共关系、人力资本、法律服务等高端服务业的发展。

（三）致力于建设良好的经济社会发展环境

与制造业相比，服务业的发展需要更加良好的外部环境。新加坡政府对企业发展环境建设给予了高度重视。

一是建立高效、稳定的行政管理。减少政策的突变，为企业提供一个明确的预期，减少企业的机会成本。突出表现在新加坡的城市规划管理中。新加坡城市规划运作过程非常复杂，须经过上至总理、下到老百姓等数道关口才能审定通过。新加坡的城市概念规划期限为 45 年，每 10 年调整一次；城市总体规划期限为 20 年，每 5 年调整一次。在新加坡的四次经济转型过程中，新加坡的城市规划都起到了极其重要的作用，被联合国评选为全球生活素质最好的城市。

二是积极营造和谐文明的社会环境。严格社会秩序管理。有人说，新加坡的良好环境是罚出来的。正是因为它采用了极为严格的城市管理办法，才使新加坡的城市干净、整洁、美丽如画。新加坡政府实行普惠性的组屋政策，82% 的新加坡人居住在政府组屋中。对于华族、马来族、印度族等多个族群的居住问题，政府通过规定社区种族比例、加强社区服务、丰富社区生活等方式，实现了种族融合，和谐相处，促进了社会建设。新加坡成为认可度最高、最具亲和力的国家之一。

三是注重完善教育制度来培养人才。早在独立之处，新加坡就提出了"人才乃立国之本"的思想。李光耀告诫国人："我们一无所有，除了我们自己。"他还强调："一个国家人力资源的素质是影响竞争力最重要的因素，一个民族的创造力、企业精神、集体协作和职业道德，可以使他们的竞争力更胜人一筹。"新加坡注重完善教育制度来培养人才，注重让人才的所得与付出相符，注重给予人才施展才华的舞台。近年来，新加坡政府以前瞻性的战略眼光培养人才，加大对教育和培训业的投入，严格教育质量管制，建立起了多渠道的人才培养机制，并引导教育和培训机构，根据国家发展战略的重点，实施人才培养计划，及时为社会输送适应产业升级所需要的人才。

四是建设猎取世界一流人才的资源网络，积极吸引海外人才。新加坡政府为在全球范围内引进专家、尖端人才和创业者，舍得投入，制定了大量优惠政策。新加坡充分利用旅居海外的丰富人力资源，利用海外人才的专业、知识、技能和信息为经济社会发展创造更多收益。搭建世界一流人才的资源网络，促进新加坡本土专业人士与海外专业人士之间的联络，增强旅居海外人士与新加坡企业、商业机构等的合作伙伴关系，推动他们在不同层面、以各种形式参与新加坡的经济活动与企业经营。

三、启示与建议

新加坡强烈的危机意识、国际化意识、创新意识、可持续发展意识和以人为本意识，给我们留下了深刻的印象，也给予我们深思和启迪。加快发展现代服务业，是贯彻落实科学发展观、推进经济结构调整、实施国民经济可持续发展战略的迫切需要。如何学习借鉴新加坡先进理念和成功经验，推进我省现代服务业向更高层次的发展，是我们学习考察期间思考、研讨最多的问题。大家共同的认识和感悟主要有以下几点：

（一）发展现代服务业应有世界眼光和创新思维

目前我省正处于工业化、市场化、国际化加速发展时期，产业结构升级加快，服务业的地位和作用日益提升，对外开放程度显著提高，空间布局趋于优化，市场潜力广阔，已初步具备支撑经济又好又快发展的诸多条件。但与发达国家和地区相比，我省服务业还存在产业总体规模小、产业集聚度低，国际化程度弱，市场化程度低等差距。大家一致认为，我省的服务业特别是现代服务业要有大的发展，必须进一步解放思想，打破固有的框框和旧的思维方式，要不断创新，唯有创新才有活力，才有竞争力。一是要学习培养"吸收全球资源，服务全球顾客"的意识，学习培养国际化与区域化的概念，认识国际化竞争的环境以及所面对的挑战。二是创新发展体制和机制，聚焦支持现代服务业领域。创新是服务业发展的不竭动力。创新不仅可以提高现行服务的生产效率，革新服务生产系统，提高服务质量，而且会导致新服务的产生，催生一批新兴服务业。坚持创新发展，吸收发达国家的先进经验、技术和管理方式，提高服务业国际竞争力。

（二）以扩大服务业对外开放为重要突破口，更加全面合理地融入全球经济

新加坡是一个西方现代化与东方文明和殖民时代相融合的国家。它以全面开放的胸怀拥抱世界，被誉为最全球化国家。世界各国的货物可

自由出入，投资手续简便，配套服务完善，商业环境公平，经济政策开明，特别是政府对市场进行适度的监管、提供人才和教育的配套支持，创造了良好的发展环境。这些都是值得我们借鉴和仿效的。随着经济全球化进入服务业全球化阶段，加快我省服务业发展与升级，必须以扩大服务业对外开放为重要突破口，更加全面、合理地融入全球经济。一是进一步扩大服务业对外开放领域和提高服务市场准入度，抓住现代服务业国际转移的有利时机，加强与跨国企业、国际组织的沟通与合作，提升服务业外资引进的规模和质量，增强服务业的国际竞争力。二是积极承接国际服务外包转移。以商务服务、IT 技术和软件行业、影视和文化服务、互联网服务等行业为重点，积极承接国际服务外包转移。鼓励支持有条件的服务企业实施跨国经营，加强海外营销网络，建立战略联盟，增强服务业企业的国际经营能力。三是鼓励引进国际先进的服务理念、服务方式和市场规范、行业管理经验，加快培育一批拥有自主知识产权的龙头企业，参与国际竞争，全面提升我省服务贸易发展的质量和水平。

（三）以前瞻性的战略眼光培养人才，注重给予人尽其才的环境和政策

新加坡十分重视人力资源开发，积极推行精英政策，将人才视为立国之本，这是新加坡能够跻身于世界经济强国之列的关键所在。现代服务业是高技术、高人力资本、高附加值的产业，专业人才的规模和质量是现代服务业持续发展的核心因素。为了推动国家建设和经济社会发展，新加坡以优厚的政策和待遇从世界各地引进顶尖人才，同时，注重增加各级各类教育的投入，提供各项教育与在职培训计划。各类人才的聚集形成了人才高地和团体效应。相比之下，我省现代服务业人才整体素质偏低，尤其是创新型、高技能型人才严重不足。现代物流、金融保险、国际商务、项目管理等知识密集型的高端服务业专业人才十分匮乏。人才短缺是我省现代服务业发展面临的最大障碍和挑战。要加快我省现代服务业的发展，必须强化人才支撑。培养一批高层次、高素质的服务业人才，加快专业技术人才和管理人才的培养，造就一大批有创新精神的人才队伍。应建立完善服务业人才、智力和项目相结合的柔性引进机制，重点引进高层次、高技能、熟悉现代服务业的高端人才。努力营造尊重人才、宽容失败的创业环境和社会氛围，使优秀人才的聪明才智在创新、创业中得以充分的展现和发挥。

（四）借助新加坡技术和管理优势，加快推进双方现代服务业的合作共赢

新加坡现代服务业的发展，在上市融资和资本运营方面有许多先进理念和成功经验。我省应充分利用新加坡的资金、技术及管理优势，积极推进与新加坡现代服务业领域的合资合作，促进我省服务业的转型升级。在物流业发展方面，可积极创造条件，吸引新加坡企业在我省中心城市设立现代物流企业，建设具有较强辐射能力的物流基地和国内主要分销中心。在城市规划和建设方面，可学习借鉴新加坡的生态保护和城市管理理念、模式和经验，引进新加坡城市规划机构、项目管理人员和优秀建筑设计师参与我省城市规划编制和城市设计。要鼓励省内各类企业与新加坡公司开展全方位合作，引进新型服务外包项目和特色产品，借助新加坡的资本、技术和管理优势，培育和形成一批具有国际竞争力的跨国公司，以迅速提升我省相关行业的建设水平和管理能力。在信息服务业方面，以软件产业和互联网信息服务业为基础，引进和发展面向产业、面向消费和面向娱乐的信息服务业。重点推进电子商务、数字医疗、互动娱乐软件等新兴领域的合作与发展。建设一批公共技术支撑平台，提供公益性、普遍性的信息服务。

（作者：山东社会科学院　顾春太
山东大学信息学院　尹　华）

第三十一篇 关于江苏、浙江船舶出口情况的考察报告

为加快山东造船业的发展，扩大船舶出口，由山东省商务厅、国防科工办、中国电子进出口山东公司组成的联合调研组，于 2010 年 7 月 25 日至 31 日赴江苏、浙江两省，进行了船舶出口专题考察调研。期间，调研组分别与江苏省商务厅、国防科工办及扬州、泰州、南通三市商务局和浙江省舟山、宁波两市外经贸局进行了座谈，实地考察了部分船舶企业。总的感受，江苏、浙江两省在发展船舶工业和船舶出口方面，政府部门思想解放，观念超前，勇于创新，政策务实，措施得力；广大企业机遇意识强，资金投入大，发展速度快，核心竞争力强，经济效益显著。两省的经验做法，值得山东认真学习借鉴。

一、两省船舶工业基本情况及主要经验做法

江苏省："十一五"以来，江苏省船舶制造和出口实现跨越式发展，异军突起成为全国第一造船大省。全省现有各类船舶及配套企业 1600 多家，其中造船厂 1100 多家。2009 年，江苏省三大造船指标均列全国第一，其中造船完工量 1546 万载重吨（占全国造船总量的 36.4%），手持订单 6846 万载重吨（占全国的 36.4%），新船订单 733 万载重吨（占全国的 28.2%）。2009 年实现船舶出口 57.6 亿美元，

2010 年上半年出口达到 40.5 亿美元，是山东的 4 倍之多。

浙江省：现有各类船厂 295 家，2009 年造船完工量 748 万吨，居全国第三，手持订单 2837 万吨，新船订单 1035 万吨（占到全国的40%，位居全国第一）。2009 年船舶出口 43.3 亿美元，2010 年上半年出口 40.8 亿美元，接近 2009 年全年规模，同比增长 127%。

概括江浙两省发展船舶工业和船舶出口的成功经验和做法，主要有以下几方面：

一是各级各部门思想解放，着力为船舶工业发展打造良好环境。长期以来，融资难一直是各地方船舶工业发展中最大的"瓶颈"。为解决这一难题，江苏省于 2006 年出台了《江苏省在建船舶抵押融资试点办法》，在全国率先尝试开展在建船舶抵押融资业务。在具体实施中，省国防科工办组织中介机构和专家队伍对各类造船企业的建造能力和各种船型的风险等级进行评价，并将评价结果通告海事部门和银监部门；海事部门为其中符合条件的船舶办理建造中船舶抵押权登记；在此基础上，人民银行鼓励各金融机构对符合条件的企业以在建船舶作为抵押提供保函。5 年来，通过开展在建船舶抵押，各级金融机构累计为江苏省船舶企业融资约 1000 亿元，有效解决了长期困扰船厂的抵押能力不足问题，满足了船舶企业的巨额资金需求。事实证明，这一做法是推动江苏省船舶工业快速发展的关键。此外，江苏省的金融机构敢于大胆创新，积极为全省船舶企业开展银团授信等 20 余种信贷服务，其中银团信贷就达 65 亿美元，开了全国先河。为推动船舶出口，江苏省商务厅自 2007 年起组织认定了一批船舶出口基地，每年拿出专项资金支持基地内企业的设计研发和共性技术平台建设。对一些产品技术含量高的大型船厂，江苏省还通过认定高新技术出口企业的方式，使船厂享受高新技术企业的税收优惠。南通、泰州、镇江、扬州等市也都制定专门政策，通过建立船舶产业发展专项资金、对船舶企业所得税和增值税地方留成部分进行返还或奖励等政策，推动船舶工业的发展。浙江省舟山市国税局针对船舶建造周期长、企业出口退税资金占压严重的问题，采取按船舶施工进度分期退税的做法，给企业办理提前退税，缓解企业资金压力。

二是积极推进投资主体多元化、民营化步伐，为船舶业发展注入活力。两省在发展船舶行业中，不求所有，但求所在，积极引入国内外资金注入船舶业，借助外力推动船舶业发展。早在十年前，江苏舜天、苏豪、苏美达、省机械设备进出口公司等几家实力雄厚的专业外贸集团就通过参股控股省内船厂或提供出口融资代理等途径，介入到船舶业务领域。由江苏民营房地产企业投资兴办的熔盛重工，从 2005 年 10 月打下建厂第一根桩算起，边建设，边接单，边造船，仅用 5 年时间，建成了三座宽度超百米的大型船坞，建造了国内最大的 40 万吨矿砂船，创下了我国造船界的奇迹。江苏大洋和浙江的金海重工、扬帆等大型船厂，也是由本省或外省的房地产、钢铁、甚至航空运输企业来控股或参股，大洋、扬帆在前些年实施重组过程中，还成功吸收了法国波邦、美国高盛等国际知名财团或基金投资入股。外来资金的注入，使江苏、浙江骨干船企的发展得以实现高起点、高投入、高速度、高回报，在较短时间内使船舶建造质量、能力、水平跃上了大台阶，牢牢抓住了金融危机前国际船舶市场持续兴旺的难得机遇期，走在了全国前列。江苏的新世纪、熔盛重工等大型船厂，一家企业目前的年造船完工量、出口创汇、利润总额指标就超过了我们全省的总和。

三是高度重视研发投入和高端人才引进，着力提高核心竞争力。2004 年，江苏省依托江苏科技大学（前身是华东船舶工业学院）成立了全省船舶先进制造技术中心，2009 年，江苏又成立了数字化造船软件开发工程中心，为全省船舶企业提供技术支撑。此次考察的大洋、熔盛、新世纪、扬帆这 4 家船厂，都有自己的专门研发设计机构，有的还不止一个。熔盛重工的技术设计队伍多达 1400 人，引进的享受国务院特殊津贴专家就有 10 多位，专门设立了院士工作站、博士后工作站。为更好地吸引国内外高端船舶设计人才，大洋、熔盛、扬帆等企业还把研发总部或工程研究中心设在上海甚至国外。由于重视研发和外脑智力引进，江苏骨干船厂的标准化造船进程明显加快，造船效率不断提高，形成了产品特色和品牌，行业竞争力大大增强。大洋船厂的船台周期由最初的 93 天缩短到 42 天，船坞周期由 112 天缩短为 45 天，码头周期达到 50 天，创下了四艘 5 万吨级散货船同坞建造、同坞下水的全国纪录。不少企业由于形成了系列化、标准化生产，工艺成熟，质量可靠，客户认知度高，成为国内外船东选购同类船舶的首选，实现了卖船位向卖产品的转变。

四是形成了配套体系较为完善、区域错位发展、产品差异化竞争的良好格局。江苏省在抓船舶工业过程中，始终重视配套产业发展，培植拉长产业链，发挥聚集效应，围绕南通、泰州、镇江 3 大船舶基地，建成了 3 个船舶配套专业园区。目前，全省有船舶配套企业 400 多家，配套产品上千种，60% 以上的产品实现了省内配套，中速柴油机、舾装件、内饰、救生设备等一大批产品处于全国领先地位。在船舶业布局上，江苏着力推动错位发展，差异化竞争，以南通市为基地，重点发展技术含量高的海洋工程装备；新世纪、中远川崎、熔盛重工等骨干船厂则各有侧重地发展集装箱船、油轮和大型散货船；对于中小型散货船、内河船舶，则由江苏处于二、三梯队的中小型船厂承担，初步形成了错位发展、差异化竞争的良性产业布局。

五是企业战略定位明确，理念先进，综合素质较高。金融危机后，船舶市场萧条，船价大幅下跌，为此，江浙骨干船企都及时调整战略，大力推动造船模式转换。江苏新世纪船厂已全面推行了 ERP 管理；大洋船厂从 2010 年开始，计划用 3 ~ 5 年时间，全面引入韩国造船模式和计算机集成制造系统，借助计算机把生产计划推进到班组，最大限度地提高生产效率，降低成本，缩小与日韩先进造船技术的差距；扬帆集团通过自己给自己下订单，抄底船市，保证生产连续性，并借此涉足海运领域，谋求多元化发展。针对国际海事组织为减少船舶运输过程中对海洋环境造成有害影响而出台的《国际船舶压载水和沉积物控制与管理公约》和《防止船舶污染空气规则》，江浙的重点船厂都在未雨绸缪，主动适应，强化对相关规则的学习了解，以适应低碳经济要求，积极发展绿色船舶。

二、山东船舶工业情况及存在问题

纵向看，"十五"以来，在省委省政府重视和领导下，山东船舶工业发展步伐不断加快，规模、效益逐年提高。目前，全省年造船能力达 400 万载重吨，海洋工程装备生产能力 40 万标准吨，列入行业统计范围的造修船企业 73 家，海洋工程装备企业 5 家，游艇制造企业 30 多家，配套企业 34 家，从业人员 10 万人。2009 年，全省船舶工业完成总产值 439 亿元，交船 100.6 万载重吨，接新船订单 47.5 万载重吨，手持订单 845.1 万载重吨，完成出口 19.2 亿美元，比上年增长 171%，"十一五"前 4 年船舶出口的平均增速达到 60.8% 。

但横向比较，我们与江浙等先进省份还有明显差距。应该说，在

20 世纪 90 年代中后期，山东造船业与江浙两省基本处于同一水平线上（新世纪船厂建造的江苏第一艘万吨轮下水时间是 1997 年，威海船厂建造的山东第一艘万吨轮下水时间是 1998 年底），但在"十五"和"十一五"期间，山东船舶工业没能很好地抓住国际船舶市场持续兴旺的机遇期，发展速度明显落后，在造船能力、企业规模、研发设计等方面与江浙等省的差距越拉越大。究其原因：

一是船舶工业的投入严重不足。与江苏、浙江许多大型外贸、房地产、民营企业早抓机遇、纷纷投资船舶行业不同，山东在这领域始终未能引入大企业、大财团、大资金，除了烟台来福士、山东大宇造船（该企业受国家政策限制，只能生产附加值较低的船舶分段）等几家外资企业外，多数船厂基本上是靠自我积累来发展。北海重工搬迁改造实施了六七年时间，威海船厂、黄海船厂始终处于筹集一点、注入一点的小步慢行过程中。投入的不足，投资多元化进程缓慢，使山东船舶业发展速度远远落后于江苏、浙江两省。

二是"融资难"始终是制约山东船舶工业发展的主要"瓶颈"。2002 年，山东成功引入中电山东公司从事省内船舶出口的融资担保和代理，解决了少数船厂的燃眉之急，但对于众多船厂巨大的融资需求而言，一家企业所提供的融资能力只能是杯水车薪，多数船厂至今依然深受融资难之困。而且，由于山东船厂在生产能力、设计水平、建造周期、配套等方面的差距，中电山东公司前几年有大量船舶订单不得不在江苏寻求建造厂家。在建船舶抵押方面，山东在学习江苏的经验后，虽然也出台了办法，但在具体操作中一直没有大的突破，这些年来真正开展起业务的只有乳山船厂等几家企业，融资额不足 10 亿元，影响了船企接单能力的提高。

三是船舶研发设计力量薄弱。山东至今还没有一家省级专业船舶设计院所。在众多船厂中，除烟台来福士研发水平较高外，其他多数船厂没有高水平专业设计机构，承接的船舶从基础设计、概念设计到生产设计都严重依赖外部力量。由于研发设计能力弱，不少船厂的生产设计难以符合实际建造要求，经常反复进行修改，这也导致首制船建造质量难以保证，达不到船东要求，造成拖期，从而削弱了船厂在国际市场的接单能力。

四是配套产业链条短，聚集度低。与山东船厂规模小、数量少的情况相类似，省内从事船舶配套的企业数量与配套产品种类也远远少于江浙，船用设备本地化装船率只有 30% 左右，比江苏低了一半。配套能力差，产业聚集度低，使山东船舶工业企业多数处于产业链低端，难以吃到船舶配套这块附加值最高的"蛋糕"，制约了船企的盈利能力和做大做强。

五是政策落实不到位。从政策层面讲，山东针对船舶工业发展出台的意见、规划不少，但政策含金量明显不如江苏和浙江，且难以落到实处，特别是在设立船舶出口发展基金、船舶企业享受高科技企业所得税率、提前出口退税等方面基本还是空白。

三、对山东船舶业下一步发展面临形势的研判

2008 年国际金融危机，导致国际海运市场严重萧条，给造船业带来巨大冲击，船舶市场由持续 5 年多的"卖方市场"转变为"买方市场"。2009 年以来，国外船东以种种理由延迟接船、压低船价，违约撤单现象屡屡发生。与此同时，新船订单大幅度减少。2009 年我国新船订单总量尚不及危机前的 30%。2010 年上半年，船舶市场呈现出一定回暖迹象，但船厂成交情况呈现出明显的两极分化，多数船东更加看好国内有实力的骨干船舶企业（2010 年上半年全国 32 家骨干船厂新接订单占到全部的 85%），大多数中小船厂和新建船厂则一单难求，未来 2~3 年的企业生存面临严峻挑战。除了"交船难、接单难、融资难"外，船价大幅度下跌也是金融危机后船舶行业面临的一大突出问题。据调查，当前国际船价仅相当于危机前的 60% 左右（如 18 万吨散货船的平均报价由 1 亿美元/艘降至 5500 万美元/艘左右），船舶企业的利润空间大幅度萎缩。此外，船用钢材价格的波动、人民币汇率的升值预期、新船不断投放后带来的运力过剩等问题，都使我国特别是山东船舶工业发展面临严峻的形势。有关专家和企业预测，未来几年内国内船企重组洗牌已成定局。

在这种大环境下，加快山东船舶工业发展、企业做大做强的任务更加艰巨。今后三年，国家将暂停审批现有造船企业船坞、船台的扩建项目，决定了我们不能按常规模式去缩小与江浙之间的差距，而应重点培育山东新优势，努力形成自己的产业特色和产品品牌。山东有 3000 多

公里的海岸线，岸线资源总体优于江苏等省，还有毗邻日韩的独特区位优势，都为山东船舶工业在新一轮国际产业调整中加快发展孕育着机遇。当前，国际造船业向我国转移的大趋势没有改变，国内船舶行业优化调整、兼并重组的步伐还将进一步加快，只要山东抓住机遇，解放思想，突出重点，强化政策引导扶持，加大技术、人才、资金的引进和投入，加快船舶企业优化重组，山东船舶工业应该可以实现跨越式发展。

四、几点建议

一是把推动船舶出口作为振兴山东船舶工业的突破口。这些年来我国船舶工业的快速发展，主要得益于大量承接出口船舶。在反映我国船舶工业运行的三大指标中，出口船舶一直占据相当高的比重（2010 年上半年，出口船舶分别占全国造船完工量的 82%，手持订单的 87%、新接订单量的 70%）。围绕出口抓船舶，既有利于加快提升山东船舶工业的整体水平，也是推动山东造船业与国际接轨的必然选择。最近，商务部会同国家发改委等 8 部门出台了《关于进一步促进船舶出口的意见》，山东应以此为契机，结合实际制定出台贯彻实施意见，着力解决好融资、退税、研发、配套、营销服务等关键问题，通过推动船舶出口，实现山东船舶工业的振兴。

二是下大力气解决船舶企业的投融资困局。建议山东学习借鉴江苏的经验做法，由省政府协调，商务、国防科工办、海事、人民银行等部门密切配合，推动省内金融机构全面开展在建船舶抵押融资、银团贷款等业务。制定政策，鼓励引导跨国公司、各类基金、非船舶领域大企业和船舶产业链上下游的钢铁、航运及其他装备制造业企业，通过重组、参股等方式参与投资船舶工业。积极推动有实力的船舶企业开展境内外上市，对国有船厂不良债务尝试进行债转股，通过加快投资主体多元化，增强发展活力。

三是切实加大对船舶业发展的政策扶持。建立省船舶出口发展专项基金，用于推动山东船舶出口基地建设，加快船舶出口企业的升级改造，支持公共研发平台建设。仿照江苏、浙江的做法，建议国税部门对出口船舶实行按施工进度分期退税的提前退税办法，以减轻船舶企业的资金压力。对具备一定规模和研发能力的骨干船舶企业，可以认定为高新技术企业，或视同为高新技术企业，享受优惠所得税率。建议对省内船舶企业经批准开山填海整治土地、改造废弃土地和湖滩涝洼地用于发展造（修）船，所征用海域（湖域）换发土地使用证时不再缴纳或减半缴纳土地出让金。

四是提高全省和主要船企的研发设计能力，增强核心竞争力。建议由省、有关市两级共同出资，在青岛、烟台或威海市选点成立山东省船舶研究设计院，通过依托省内外高校、专业院所的研发力量和大力引进高端专业技术人才，推动公共研发平台建设。研究设计院初期以政府投入为主，逐步过渡到面向市场自主运营。以烟台来福士为依托，加快建设海洋工程装备研究设计院，力争年内建成运营。加大省内骨干船企的研发投入，允许骨干船企享受高新技术企业的优惠所得税率，引导企业把减税后的自有资金专项用于建立高水平的研发机构、引进高端技术人才、购置国际先进水平的技术装备和先进管理模式等。

五是重点推动海洋工程装备、游艇等高端产品的投入和产出。目前，山东在海洋工程装备和游艇建造方面占有一定优势，下一步应重点围绕这两类高技术、高附加值产品，努力寻求新突破，打造新优势，瞄准国际一流企业，进一步提升研发设计和制造能力，力争5～10年的时间，达到世界先进水平。游艇建造要面向欧美高端市场和国内自身巨大的潜在市场，走高端化和大众化并举的路子，大力引进技术，强化船型设计开发，努力创建国家级游艇研发设计中心，培育形成山东游艇产业集群和游艇配套产业链，巩固和发展现有优势，形成自身产业特色。

六是积极为船舶业发展创造良好环境。建议借鉴江苏、浙江等地做法，进一步理顺山东船舶工业管理体制，发挥好省国防科工办对全省船舶工业的管理职能作用，强化省商务厅在船舶出口方面的协调职能。协调海关、边防、海事、检疫等部门，加大造船企业口岸开放力度。依托省内现有航运企业，探索建立山东远洋运输船队，实现"省轮省造"，带动山东造修船及配套产业发展。

（作者：山东省商务厅　山东省国防科工办　中电山东公司
张　霖　李民生　臧仁峰　董文照　夏天勇）

第三十二篇 成都发展服务外包的经验及启示

山东济南市与四川省成都市同为中国服务外包示范城市，两省都把发展服务外包作为调整优化经济结构的重要抓手。本文通过介绍四川服务外包产业发展现状及工作措施，根据山东服务外包现状及比较优势，提出几点发展建议。

一、成都市服务外包现状

近年来，四川省和成都市把发展软件及服务外包产业作为经济发展的"绿色引擎"，切实抓好服务外包示范城市建设，大力加强载体培育，涵养龙头骨干企业，加大招商引资力度，加大人才培育，努力做大产业主体，服务外包呈现良好发展态势。据商务部统计，2009年四川省离岸服务外包企业登记合同金额达 1.6 亿美元，执行金额超过 1 亿美元，同比增长 1 倍以上。四川服务外包产业发展有以下主要特点：

（一）服务外包示范城市带动作用突出

成都市充分发挥西南政治、经济、文化、交通、航空的中心枢纽优势，对服务外包产业不断加大政策扶持，优化发展环境、完善园区建设，促进企业迅速发展。截至 2009 年四月份，全市共登记服务外包企业 170 家，其中 2009 年新增 67 家，从业人员近 4 万人，颠峰软件、聚思力、川大智胜、汉科、银海、音泰思等本地企业跻身全国服务外包成

长型企业 100 强。作为服务外包产业发展的核心载体，成都高新区
2009 年软件产业销售额突破 300 亿美元，增长 26.9%，区内软件及服
务外包企业突破 600 家，其中服务外包企业 100 余家，汇聚了 IBM、埃
森哲、诺基亚、亚马逊、摩托罗拉、英特尔、微软、DHL、赛门铁克等
企业在内的 32 家世界 500 强企业，华为、中兴通讯等知名 IT 企业相继
在成都设立了研发机构。

（二）招商引资成果显著

四川省抓住国家将成都市确定为中国服务外包示范城市的战略机
遇，针对跨国公司整合全球资源的新趋势，大力承接重大服务外包项
目。2009 年引进 40 余家服务外包企业，特别是世界 500 强。其中埃森
哲为全球第一大业务流程外包企业，从事业务流程外包、应用系统外
包、技术基础架构外包及系统集成服务，人员规模达到千人以上。此外
引进的印度维布络公司，是世界知名软件外包企业，该公司将在四川打
造全球一流 IT 研发及交付中心，形成近千人规模，目前在印度实施的
项目中将有 60%～70% 被移交到成都发展。马士基全球信息服务中心
担负其各种贸易文件处理、后台运营、物流订单处理及员工培训等功
能，新基地办公面积超过 2 万平方米，员工规模将达到 1500 人。大批
服务外包名企的加盟，壮大了成都服务外包产业规模，提升了服务外包
产业的竞争实力。

（三）基地平台建设获得突破

成都把服务外包基地和服务平台建设作为先行工作加以大力推
动，截至目前成都市已经建立了包括国家软件产业基地、国家软件出
口创新基地、国家 863 软件专业孵化器、国家集成电路设计产业化基
地、国家数字媒体产业化基地、国家信息安全成果化基地等在内的多
个国家级产业基地。在平台建设方面，成都搭建了首个西部软件外包
服务平台——"天府软件外包业务平台"，不仅为成都中小型软件企
业提供国际国内市场渠道拓展咨询、金融担保、投融资、软件外包业
务支持等服务，还在欧美日韩等地设立了 20 多个办事处和联络点，
为海内外知名企业落户软件外包业务平台提供"无缝"服务。各服
务外包产业基地的成功建设及多功能平台的完善搭建，为成都服务外
包产业的发展提供了良好发展基础和优越环境，促进了服务外包产业
的快速发展。

（四）人才支撑能力大幅提升

成都市不断完善服务外包人才培育体系，成立了"成都软件人才培训联盟"，由成都市政府管理并提供相应政策，实施人才行动计划，整合高校、企业、政府和社会培训等资源，在企业和人才之间搭建信息桥梁，大力开展服务外包人才的实战性培训和指定性开发。加大财政支持力度，设立了2亿元的培训专项资金，鼓励支持成都高新区吸引服务外包高级人才来成都就业和创业。加快国际知名服务外包人才培训机构引进步伐，其中印度国家信息学院（NIIT），是全球领先、亚洲最大的IT教育培训机构，现在学院已正式开业，初期年培训能力约为1000人，三年内预计培训1万人。美国服务外包交付保障研究院年培训并认证200名高端服务外包管理人才，培养1000名基础类专业人才。成都服务外包人才培训体系不断完善，人才队伍逐步壮大，加速了服务外包产业的发展。

二、成都发展服务外包的主要经验

（一）坚持把软件及服务外包产业作为战略性产业加以培植

2005年5月，成都提出把软件和服务外包产业作为全市"基础性、先导性和战略性产业"进行重点扶持、重点发展，建立了软件产业市长联席会议制度，每季度召开一次，及时协商解决产业发展中的重大问题。市政府出台了系列扶持政策，从人才引进、房租优惠、税收返还、融资帮扶、市场开拓等多方面对软件企业及外包企业进行培育，支持企业尽快做大、做优、做强，大大地促进了软件及服务外包产业的发展。

（二）高水平推动软件及服务外包载体建设

成都天府软件园通过政府建设、企业自建、第三方投资等方式，先后组织了高新国际广场、天府软件园、孵化园、天府新谷、联通、移动、中兴、安捷伦等载体建设，目前已成为国家级重点软件和服务外包基地之一。成都高新区以"软件产业城、城市新中心"为定位的科技商务新城，预计到2015年，建设规模将达到3900万平方米。国际化的建设水准、优美的园区环境、完备的配套服务设施，使成都高新区成为承接和发展软件及服务外包产业的高地。

（三）倾力打造服务外包产业城市品牌

针对服务外包产业高层次人才聚集、对生活环境要求高的特点，成都依托西南的商贸、科技、金融中心，交通、通讯枢纽的优越地位，特别注重打造创业环境最优、人居环境最佳、综合竞争力最强的城市品牌。目前，"非常适合外包"已经成为成都的"城市名片"。可以说，国际、创业、宜居的城市品牌加速了成都服务外包产业的聚集，同时，服务外包产业的快速发展又进一步提升了成都在国内外的形象。

（四）积极营造服务外包产业发展环境

一是提供充足人才保障。成都作为西南经济文化中心，借助大学、科研院所集中、人才富集的得天独厚优势，为服务外包产业的发展提供了充足、稳定的高素质人才支撑。二是创新服务外包发展的体制机制。成都高新区专门成立了天府软件园有限公司，作为园区的专业运营服务机构，重点负责园区的建设及运营管理，政府则注力于优化发展环境，提供优质服务等方面。三是大力加强配套设施建设。在服务外包园区，成都规划建设了一流的商贸、居住、交通、国际学校、专家公寓、医院等设施，为企业和从业人员提供便利完善的配套服务。开通了上海—成都—班加罗尔国际航线，打通了与印度的空中通道，使中国与印度的服务外包资源向成都汇集。

三、对山东服务外包工作的启示

山东服务外包近年来发展势头较好，已经形成了一批有影响的服务外包聚集区，但与国内前沿服务外包省市相比，特别是济南、青岛两大中心城市与其他示范城市相比，无论是在对服务外包产业的认识程度，还是在产业发展的规模、质量上，还存在一定差距。成都市发展服务外包的经验，带给我们以下启示。

（一）进一步从转方式调结构的战略高度深刻认识发展服务外包的重要意义

当前服务外包正在以超乎想象的速度蓬勃发展，成为国内竞争的重要着力点，深刻影响着区域经济发展的资源配置、产业形态、就业形态。我们必须紧紧抓住国际服务外包业务转移的难得机遇，从转变经济发展方式、优化经济结构、提高城市竞争力的战略高度，进一步增强对发展服务外包重要性的认识，充分利用服务外包产业这个"绿色引擎"，积极促进以制造业为主的工业经济向服务经济的转变。

（二）加快打造服务外包的城市载体

发展国际服务外包产业，载体是重要支撑点，没有城市这个载体，外包产业难以大规模聚集。必须大力加强济南、青岛两核心城市的载体建设，促进城市与产业的相互融合发展。要强化济南作为全国服务外包示范城市的带动作用，充分利用好国家对示范城市的一系列优惠鼓励政策，争取尽快跻身全国服务外包一流城市。要进一步提高齐鲁软件园规模建设水平，彰显外包产业发展特色，完善商住、交通、学校等配套设施，打造全省服务外包产业第一品牌。同时，推动青岛积极争取服务外包示范城市，大幅度提升城市形象，完善山东"双核带动"的发展格局，使济南、青岛两市在全国乃至世界服务外包版图上占有一席之地。

（三）加强服务外包骨干企业的培育

综合利用国家出台的一系列加快服务外包产业发展的优惠政策，研究制定山东相关配套政策，进一步加大对服务外包产业和企业的支持力度。瞄准全球服务外包 100 强进行点对点招商，吸引全球服务外包知名企业落户山东，争取引进一批知名度高、带动作用强的服务外包企业。对发展空间大、发展后劲足的企业加以重点扶持，打造一批年外包额过千万美元，吸纳外包人才过千人的企业队伍。进一步创新对服务外包企业的管理模式，不断提高服务水平。

（四）加快破解人才瓶颈

外包产业是基于人的产业，也是人才汇集的产业，人才是服务外包产业发展的第一要素，没有持续稳定的人才供给，外包产业就不可能有大的发展。从某种意义上讲，服务外包的竞争根本上来说是人才智力的竞争，一个城市或地区对人才特别是高素质人才的容纳程度将会直接制约该地区服务外包的发展水平，因此，加快破解山东人才瓶颈势在必行。要把"内培"与"外引"更好地结合起来，一方面加强服务外包人才的培养，重点推进高校课改，促进校企合作，加强日、韩、英语的培训，为山东服务外包提供更加适用的人才群体。另一方面，要积极做好高层次及领军型人才的引进工作，大力推进"服务外包百人引进计划"的实施，为山东服务外包产业提升档次和水平提供外来智力资源。

（五）加强产业招商及市场开拓

与制造业不同，服务外包产业具有一定的独特性和专业性。在服务外包产业的招商上，我们必须突出重点，有的放矢。要充分发挥山东与日韩的地缘优势，大力发展对日韩的接包合作，同时加强对欧美等国际外包市场的沟通。抓住国内京沪等一线城市房价上涨、生产成本提高的机会，发挥山东生活成本低廉、交通通讯基础好、人才忠诚度高的优势，大力开展对京、沪、蓉、西等城市外包企业的招商工作。

（作者：山东省商务厅　孟建新　廉　波　李　鹏）

第三十三篇 韩国租赁园区建设及其对山东产业梯度转移的启示

　　租赁园区在韩国被称为租赁专属工业园区。这是韩国 2006 年为振兴国内投资和促进区域均衡发展所设立的。它主要以外资企业与中小企业为优惠对象、以出租为主要方式，且大多建在非大都市区域的一种新的园区形态。旨在为企业经营活动提供容易获得的合理条件、租金和高质量的基础设施，以吸引创业企业和企业孵化器，吸引工厂迁出市区，促进产业合理流动与布局。目前，山东也面临与韩国相同或相近的产业约束问题，产业转移成为产业结构优化与产业布局合理化的重要途径。对韩国租赁园区进行分析研究，可以从中寻找具有相同性和规律性的因素，为山东产业结构调整和产业转移提供可资借鉴的经验。

一、韩国租赁园区建设概况[①]

（一）韩国租赁园区建设的目的

　　韩国租赁园区的开办与建设主要源于以下动因：一是降低企业开办与发展成本。自 2000 年后，韩国工业生产用地价格不断增长，尤其是发达区域市场消费与劳动价格也不断上升，导致企业经营成本加大，尤其是大量中小企业不堪成本重负，制约了其发展步伐，一些风险性投资

---

　　① 韩国工业经济和贸易研究院【KIET】资料。

企业和创新型投资企业也面临市场准入门槛增高的困境。因此，加快国民经济发展，为中小型企业和开办企业供应负担得起的工业用地，开发非发达区域以提供廉价运营平台就成为一种必然。二是改善产业区域不平衡发展。由于区位优势之于整体竞争力提升的作用，韩国大多数企业对首都圈情有独钟，尤其是中小企业。产业的过度集中使得首都圈内企业拥挤，土地约束、资源紧张等矛盾突出，加大了韩国首都地区和其他道郡之间经济发展水平的落差，产业布局呈现越来越大的不平衡性。租赁园区作为一个引导企业搬迁的出口和适宜地，成为韩国改善工业发展欠发达地区经济面貌，加快产业均衡发展的主要途径。三是遏制产业海外输出过度发展局面。土地与劳动成本的提升，以及更多发展中国家的市场化体制与对外开放政策的选择，导致韩资企业纷纷到海外寻租，将大量业务迁移海外，产业海外输出比重过大造成政府对本土产业空洞化和增长引擎流失的担忧。开发新的区域安置企业和稳定产业并促其发展就成为政府着重关注和倾力而为的事情。四是增强外资吸引力。利用外资是韩国经济发展的重要动力因素，但土地价格的上升导致外资进入步伐减缓，尤其在首都地区和工业发达地区，自 2002 年以来由于低利率政策、强劲的出口、流动性增加、房地产价格高企和国内消费增加等因素，导致土地价格持续上升，政府努力遏制房地产投机也没能有效保持土地价格的稳定。一些公司鉴于发达区域对工业用地的高需求，伺机大量购买工业用地推出租赁，而不是进入真正的生产活动，多环节转让使土地价格升至更高，大大削弱了对外资的吸引力，更多的外资知难而退。因此，选择新的引资思路，搭建新的引资平台也成为租赁园区建设的动因，尤其是租赁园区的自由贸易区仅对外商投资企业和外贸型企业提供。

（二）韩国租赁工业园区的优势

租赁园区之所以作为韩国园区发展的一个新形式，其有别于其他产业园区的主要优势在于：一是园区租金低。每年租金是开发成本的百分之一。每 $3.3m^2$ 大约 5 美元，可每年调整租赁价格。较低的进入门槛就构成了园区吸引其他区域产业转移到本地区的主要因素。二是租期长。园区最低租赁期为 5 年，可以延长长达 50 年。每 5 年续一次，这就在一定程度上杜绝了入园企业的短期行为，为企业在本地区全面规划与深度发展定心安神。三是入园优先制。租赁园区重点面向外商投资企业、外向型内资企业、创投与风投企业，以及走出首都圈的中小型企业。四是入园审核制。进入园区的企业必须存一年的租金作为担保，以防企业倒闭；次级贷款严格禁止，将寻求不健康的投资短期资金收益的企业挡于门外。五是注重园区的高效性。租赁园区承建更加注重公共财富的创造，而不是自身盈利。他们力图为企业经营活动提供长期的、优越的条件与支持，以保持租赁园区整体活力与竞争力。租赁园区的实质就是通过赋予次发达区域经济园区优势，形成产业引进洼地，引导产业从发达地区向次发达地区的流动，从而实现大区域乃至国家的产业均衡发展。

（三）建设租赁工业园区的做法

1. 开发管理方式与资金来源：①园区开发管理主要采取两种方式：一是韩国土地公司（Korea Land Corporation）用自有资金开发工业园区，建设部在购买后，授权土地公司管理工业园区。二是建设部购买由地方政府经营的工业园区，然后管理或授权给土地公司管理。②这两种方式的资金来源没有差异，同属政府扶持政策下的财政资金。但过度的财政负担可能会阻碍开发的连续性，因此园区建设除了按照标准提供财政支持实施这个计划外，还可以吸收地方政府股份，并且可以考虑获得一定利润水平的开发商资金进入。

2. 土地开发与使用：①建立土地开发长期发展政策。通过租赁园区形式将一部分国有土地，以及购买的私人土地整合起来，形成土地银行，以此增强政府合理规划土地使用和调整土地政策的能力，按照市场供求与产业结构发展需求计划土地的开发使用数量与节奏，并保证工业用地的未来使用。②有效地规划土地使用。一个稳定和可预测土地供应的租赁工业园区，建立中期和长期发展计划是必要的。为了利用好土地银行，园区建立了一个长期土地规划，如 20~30 年，包括建立适合规模的土地银行，确定科学的土地供应方向，并建立网站等。但为了避免过长的计划范围与迅速变化的产业结构的矛盾，这个长期规划要有一定弹性。

3. 寻求合理的租赁方式：①租金。租赁工业园区建设需要一个巨大的投资，合理的租金是回收成本的主渠道，因此，租金的确定要具有合理性。既要考虑园区建设成本，又要考虑进区企业门槛。在现行制度下，租金相当于1%的开发成本，根据成本效益分析，这一租金水平是难以弥补投资支出的。考虑到额外费用的管理和运作，适时调整租金是需要考虑的，况且过分低租金可能会引起副作用，如轻率对待园区设施与资源，以及缺乏有效地利用有限的园区环境等问题。适当合理的租金及管理需要租赁园区管理机构定期进行审议。②租期。园区租期最长可达 50 年，这可以被视为半永久性的。但有人担心，过长租赁期可能会造成道德风险，并削弱了企业培育竞争的压力与决心，同时不利于产业转换与调整，也需要寻找一些防止负面影响的配套辅助措施。

4. 保障合理利润水平：正如先前所指出的，低租金水平在第一阶段的租赁专属工业园区并不能保证合理利润的获得。因此，在第二阶段要对进区企业实行差别租金制，根据不同项目与不同盈利水平确定不同租金水平以保证园区合理的收入来源以弥补投资回收的不足，还可以采取适当增加政府补贴等方法。

5. 提高园区效率和降低成本的多种措施：韩国认为租赁园区健康多元化发展取决于进区企业低成本和高效率发展经济。因此，他们认为要保持园区以下优势：①要具有相对优越的环境，包括建设优良的基础设施与公寓型工厂大厦、建立租赁园区专门数据库、简化土地租赁使用手续、构建工业园间专业化和网络化，以及开展多样化的商业活动。②消除驻地企业瓶颈，包括企业生产设备购置贷款担保、修订存款的使用。③刚性的行政支持，包括企业孵化器机构网络与合作、支持项目的有效地利用、有关区域工业部门的租赁优先、努力协调公共关系等，其目的在于搞活园区运转，增强园区活力。

二、韩国租赁园区建设之于山东产业梯度转移的意义及启示

山东作为中国的经济大省，随着改革开放的不断推进，工业化进程发展迅速，经济总量始终位居全国前三甲，规模以上工业增加值位居全国第一。尤其是制造业，无论总量还是效益都呈逐年增长势头。2009 年山东制造业实现增加值 16836.8 亿元，比 2008 年增长 15.9%，占规模以上工业比重由上年的 86.3% 提高到 89.3%；实现利润 3787.0 亿元，增长 26.3%，占规模以上工业利润比重由 77.9% 提高到 86.3%。[①]随着全球经济形势的深入发展和产业自身体系的完善，山东经济面临新

---

① 2009 年度山东统计公报。

的挑战，产业结构调整和增长方式转变成为迫切的任务。尤其是国际金融危机的影响，加剧了这一"调转"任务的紧迫性。从目前山东经济发展状况来看，产业结构的调整与转型升级所面临诸多困顿与瓶颈，这既是调转的动力因素，也成为调转的障碍因素。这些问题在一定程度上对比韩国经济转型期所存在的问题具有较多的相同之处，产业梯度转移和重新布局对于两地来说，都是实现产业大调转的重要环节和必然选择。而在这方面，韩国租赁园区已经通过先行实践创出了可行性经验，同时也为山东产业的东西部梯度转移，实现产业结构的有机调整与可持续发展提供了积极的启示与借鉴意义。

（一）发展租赁园区有利于缓解山东土地与劳动约束

改革开放 30 多年，山东经济出现突飞猛进的发展，但这种发展是以土地和资源占有为条件的。发展到今天，山东可供开发利用的土地资源以及年度用地指标表现为稀缺，尤其是沿海发达区域，发展空间狭窄，新项目落地困难，土地的有限性和产业的快速发展所带来的土地需求与供给矛盾日益突出；而新的土地政策又加大了土地使用约束力度，投资用地在申请程序、获得土地的渠道、土地的交易成本、取得土地后的开发使用控制等方面，都面临着更加严格的标准和要求。按照新的政策，未来新增建设用地有偿使用费、补偿安置费、城镇土地使用税、耕地占用税征收标准都将有所提高，导致土地征用成本至少提高 40% ~ 60%，土地价格上涨迅速成为必然。尤其是东部地区，改革开放初是以低地价吸引资金，而如今则形成寸土寸金态势。此外，随着经济繁荣度的提高和新的《劳动合同法》的实施，山东劳动成本也在不断提升，出现一定程度的"用工荒"，使得发达区域企业运营成本负担加重，经济发展活力和后劲因缺少必要的土地与劳动支撑受到阻滞而弱化。而通过租赁方式以更有效地吸引东部地区及其他区域的企业和资金进入，充分利用山东西部地区的土地与劳动优势，发展园区经济，可以加快山东产业的梯度转移速度，尽快消除目前东部地区产业转型升级制约最大的土地与用工瓶颈。

（二）发展租赁园区有利于平衡产业区域布局

由于地缘优势与经济基础条件的优越，以及政策的引导与倾斜，改革开放以来山东产业经济率先在东部沿海地区发展起来，尤其是山东半岛地区，汇集了大量外商投资和创业资本，形成产业蓬勃发展势头，经济总量占全省的 80% 左右。仅就青岛、烟台、威海三市经济综合指标看，2009 年 GDP 总量达 10588.39 亿元，占全省的 31.3%；实现工业增加值 5795.3 亿元，占全省的近 31%；完成进出口总额 897.58 亿美元，占全省的 64.8%；完成地方财政收入 668.63 亿元，占全省的 30.4%。[①] 产能与要素的拥挤和过度集中，造成产业东西部不平衡发展局面，东部地区有强烈的产业输出要求，以缓解资源短缺获取产业结构升级"腾笼换鸟"所需空间；西部也需要加速产业发展，尽快缩短与东部差距，增强区域产业对接与合作的能力。但经过多年的东西部产业转移实践，至今尚未能形成一个良性循环和有效发展的机制，如何加快山东产业发展从高梯度区域向低梯度区域的转移仍旧处于探索与不断调整之中。而韩国租赁园区的做法与经验无疑给予了我们一种改观目前这种产业不平衡状况的新思路，探究和借鉴其合理成分为我所用，不失为加快产业转移渠道疏浚和开拓、尽快缩小两地区差距的良好手段。

（三）发展租赁园区有利于降低区域商务成本

商务成本是企业与投资者进入所首先考量的因素，成本和利润的此消彼长关系决定了高成本必然伴随低效益。所谓好的投资环境不仅仅是高效率下的便利化，更表现为低成本下的高收益。过去山东东部资本和省外资本流向西部地区的总量偏少，主要的也在于资本运营平台打造不佳导致投资成本较高。主要表现为：一是由于投入不足导致区域内投资软硬环境均差强人意；二是由于长期相对贫困导致市场发育缓慢；三是教育和生存环境落后导致人才培育与聚集不足；四是安于现状的农耕意识导致开放理念和为投资服务的观念匮乏；五是服务体系不健全导致投资服务效率低下；六是区内中小企业生产经营能力低而难以与外来资本对接和配套，等等。这些问题的存在大大削弱了西部地区的资源与劳动优势的彰显与发挥力度，降低了区域的整体引资强度。有关数据显示，德州、聊城、滨州、菏泽四市的总人口占全省的 1/4，但 2009 年 GDP 总量为 5233.3 亿元，占全省的 15.5%；财政收入为 251.5 亿元，仅占全省的 11%，[②] 仍旧处于一种贫困型增长之中。在这样一种状况下，依靠西部自身积累和实力加大投入，在较短时期内尽快改变整体环境面貌，降低西部发展的商务成本是很困难的。因此，借助政府与实力企业的资本组合，注入外部扶持力量，采取租赁园区建设的新形式，打造具

---

① 山东统计信息网：http：//www. stats-sd. gov. cn/2007/default_4. asp。
② 《2009 年山东省各地市地方财政收入排名》，http：//www. jntj. gov. cn/E_Read-News. asp？ NewsID=2584190。

有商务成本低、经营环境优、运作高效率特点的局部平台和引资示范区域，以此吸引外部资金的逐步进入，形成西部区域内的产业梯度发展格局，同时以点带面，将园区先进理念、运作方式，以及高层级产业与技术不断向周边区域发散和推移，从而产生示范与涓流效应，对于更新与完善西部环境，不断降低准入门槛与商务成本，实现区域整体发展具有积极的意义。

表1　　　　　穗、苏、浙、鲁四省历年实际使用外资比较　　　　单位：亿美元

年份 省份	2006	2007	2008	2009
江苏	174.30	218.90	251.20	253.20
广东	145.11	171.26	191.67	195.35
浙江	88.90	103.70	100.70	99.00
山东	100.01	110.00	82.00	80.10

资料来源：广东统计信息网、江苏省统计局网站、浙江省统计信息网、山东省统计信息网。

（四）发展租赁园区有利于西部地区大力吸引外资

山东作为我国的沿海开放地区，开放战略实施较早，从初始的外向型战略到经济国际化战略，带动了山东开放性经济大踏步发展。利用外资逐年增长，2003 年合同外资首次突破 100 亿美元，2006 年实际利用外资首次突破 100 亿美元，相比较 1998 年的 22.23 亿美元，不到 10 年就实现了近 5 倍的增长，不断刷新着山东利用外资发展的面貌。但近两年来，受多种因素叠加的影响，包括金融危机的影响，包括结构调整影响，也包括山东经济存在的观念、环境、体制机制等问题影响，导致山东利用外资继 2008 年来一直呈下降趋势，2009 年实际外资 80.1 亿美元，比上年下降 2.3%。而在此同时，广东、江苏等省利用外资却都有不俗表现，包括浙江省也危机中顶风前行，取得了颓势下的良好业绩。相比之下，山东利用外资步伐已经明显滞后，而西部地区利用外资尤为落后。截至 2009 年底，德州、滨州、聊城、菏泽西部四市共完成实际外资 49.84 亿美元，仅占全省累计实际外资的 5.4% 不到。在这种严峻的竞争态势下，山东利用外资需要新的思路，新的突破。而韩国租赁园区建设的初衷之一就是构筑吸引外商投资优质平台，为此他们实施了入

园优先制度，将园区引资的重点明确为外商投资企业、创投与风投企业等，使得园区成为外资的热土、创业的热土。借鉴韩国经验，结合山东实际，创新性打造山东租赁园区，可以凭借园区多种优势，向外资抛出具有诱惑力的红绣球，将会吸引国际上更多的关注目光，铺设起一条外资挺进西部的通途。

（五）发展租赁园区有利于创新园区发展模式和丰富园区建设格局

山东西部地区主要包括德州、滨州、聊城、菏泽等四市县，目前设有经济园区 40 多个，主要为省级园区。这些园区从设立之初到现在，投资环境得到了不断完善，资本吸引力也逐步增强。但相比较东部园区，尤其是国家级园区，在环境、管理、运作方式等方面还有一定的差距，使得这一对外开放的载体和投资发展的平台缺少足够的吸引力，园区经济实力仍旧处于山东省后位。根据山东省商务厅对省级经济开发区 2008 年经济总量、涉外经济、高新技术、发展效益、管理效能等指标作出的综合评价，较多的西部园区列在 100 位以后。在发展较慢的后 30 位开发区中，西部四市开发区占有 12 席。[①] 但即使如此，山东西部崛起和大发展的希望仍在经济园区，它不仅承载着产业梯度转移的重任，也寄托着落后地区优势创新和跨越式发展的期待。因此，在经历了危机的洗礼后进入新的发展机遇期，西部地区要重新审视面临的竞争形势和差距所在，坚定不移地走园区带动的路子，做好园区经济的文章，通过创新园区建设模式，创新园区动力机制，创新园区管理体制，培育园区后发优势，才能实现园区的先行功能、辐射功能、带动功能。为此，在未来西部园区建设中，需要借鉴学习韩国租赁园区建设经验，不仅要积极探索租赁园区的新形式，还要探索租赁园区先进的运行机制，重点消除资本入园瓶颈，疏浚资本运营通道，提供刚性服务支持，实现西部园区类型的多样化、土地利用的集约化、资本运营的高效化、示范效应的广域化，使其成为吸引外资和东部地区转移产业的福地和新的亮点，从而增强西部园区整体发展活力与发展后劲。

---

① 山东省商务厅开发区处：《关于 2008 年山东省省级经济开发区发展综合评价报告》，载《山东开发区年鉴》2008～2009 卷，第 229 页。

三、借鉴经验，加快山东产业梯度 转移步伐

上述分析可以看出，韩国租赁园区建设对于具有弹性发展空间的西部有着积极的学习借鉴意义，是加快山东产业梯度转移的可尝试的方式。但在租赁园区问题上，也不可照搬照抄，要结合山东产业转移实际和西部地区不同的地域产业发展特点，既要注重园区建设的可行性，更要注重园区发展的有效性，在借鉴基础上进行积极的创新，开辟园区建设新格局。为此，要从以下方面做出努力：

（一）明确租赁园区发展规划

园区建设的成功与否，其前提在于科学的设计与规划。规划要从东西两地区实际出发，以产业转移为建园主要目标，高起点、宽视野设计，多方面、多角度谋划。借鉴韩国租赁园区发展经验，在土地规划上，要充分考虑眼前与长远需求的结合，逐步开发，留有空间，突出土地使用的合理性和效率性，设计明确的土地投资强度和产出水平的指标数据；在环境规划上要高规格、高标准，彰显环境优势，重点关注环境的生态水平和可持续性；在产业布局规划上，要根据东西部转移需求构建适应性不同的项目条件和硬件需求，打造产业配套性强的园区建设格局，重点关注园区产业链条的延伸和产业优势凝结的适合性；在政策安排上，要给予租赁园区优于一般园区的政策倾斜，本着特事特办、财力集中使用的思路与原则，打造经济园区中的西部特区，突出园区由于政策优势迅速形成的资金回波效应，以吸引东部包括各种外部优质生产要素的流入；在文化建设规划上，要突出"产业制胜，文化致远"的现代理念，营造租赁园区浓厚的文化色彩，积蓄园区文化凝聚力、吸引力和核心竞争力。

（二）合理租赁园区建设的投融资机制

在园区起步阶段，开发性投资数量是最重要的条件。根据目前西部经济实力，完全依靠本地集资建设园区是很困难的。但单纯依靠省一级政府财政也是不现实的，尤其开办多个租赁园区，庞大的资金来源对于任何一方来说都是难题。因此，根据山东实际来看，建设西部租赁园区一定要集合多方力量，调动多个积极性。一是政府要给予一定的扶持，

包括省市两级政府都要拿出一部分财政资金或用于开发新的租赁园区，或用于购买旧的园区转换为租赁园区。二是借鉴韩国经验，尝试由政府投资设立微利经营且带有更多调控和公益色彩的国有开发公司，并赋予其开发与管理园区的双重功能，以实现土地供应、开发、管理统筹运作，促进土地资源的合理、有效、有节奏开发利用，同时推进园区管理模式由政府主导逐步向公司制转变。三是要吸引一部分东部实力企业，尤其是迫切需要产能输出和产业更新的企业资金以股份形式投入园区建设，并以合理的投资利润或进区优惠等利益作为筹码和条件。四是吸引部分民间资本进入。由于银行负利率现象和股市萎靡动荡，我国包括山东有大量民间资本缺少投资渠道，以合理的利润所得吸引其参与租赁园区建设，既能解决资金需求，也不失为民间资本的一个合理出口。

（三）构建租赁入园约束机制

租赁园区作为加速产业东西部转移、平衡区域经济发展的重要园地，与一般园区最大的不同，在于它有着特定的使命和发展方向，由此也决定了入园的门槛与标准不同。韩国的租赁公司也是如此，制定了严格的入园限制。主要表现为入园审核制度和优先制度，以此杜绝非健康资本流入，保证园区的整体活力与竞争力。山东西部发展租赁园区首先也应该建立必要的入园约束机制，一是入园准入制。对入园的企业与项目进行科学评估与合理筛选，对于投机性资金、短期套利资金、"高耗能、高污染"项目、"低产业层级、低创利水平"项目、发展潜力低下的企业、带动力小的企业多亮红灯，给予缜密考核和严格限制。二是入园优先制。对于符合园区特点和发展方向的东部转移企业、外资企业、技术创新企业、技术成熟且带动力犹存的传统产业项目大开绿灯，设置优先入园的条件与便利，尤其在租金上给予一定让利，为其展示优越的经营环境和深厚的获利前景。三是租金约束制。为规范一般企业行为，可采取一定的措施，或预收一定时期租金、或收取一定数额的排污保证金、或收取园区深度发展基金等，保证企业能扎根园区，着眼长远，为园区健康可持续发展奠定良好的微观基础。四是租期约束制。在租期设限上，要有利于鼓励企业稳定发展、长久发展，而使发展潜力低下的企业知难而退，保证入园企业的质量和效益。

（四）注重租赁园区的运作效率

租赁园区效率是标志园区成功与否的关键。园区不仅要有企业效率，还要有园区自身效率，这是实现园区维护和继续发展的前提条件。

没有效率的园区难以成就园区活力与吸引力。因此，要借鉴韩国经验，结合自身园区发展创新，寻求园区效率的合理渠道和得力举措。为此，一是确立合理可行的租金标准，综合考虑企业承受能力和园区获利底线，公平配置园区与企业利益比例，既要放水养鱼，也要增强鱼塘维护能力，寻求租金制度下的双赢效果。二是实行入园租金优惠期。作为吸引资金进入的手段，进园企业可以享受一定的优惠期，即租金减或免，以减轻进园企业尤其是创投企业的成本压力，使其能安心驻园，踏实经营。三是实行差别租金形式，根据企业、产业、项目的不同特点和盈利水平实行不同的租金额，并以此调控园区产业与企业结构，保证园区合理的租金利益所得。四是提高园区服务效率。能提供优质服务，才能留住优质企业，调动企业积极性，从而创造园区高效率。因此，打造高效租赁园区重要的一环还在于完善包括园区行政服务、中介服务、生产服务、生活服务等多种服务并驾齐驱、有机互动的服务体系，简化办事程序，消除企业经营瓶颈，为区内企业发展提供最便捷、最广泛的服务。

当然，加快山东东西部产业梯度转移不仅仅需要租赁园区建设，还需要既有园区积极的改造与升级。因此，建设好租赁园区不单纯是促进同类别的园区发展，凭借租赁园区发展的契机，还可以加速一般园区资本承载力和投资效益的提升，使得山东产业转移的空间不断拓展，时速不断更新，这是我们所最期待的。

（作者：山东社会科学院　王爱华　李晓鹏）

参 考 文 献

[1] 国务院发展研究中心课题组:《对外开放新战略》,载《国际贸易》2010 年第 8 期。

[2] 中国商务部国际贸易经济合作研究院课题组:《后危机时代中国外贸发展战略之抉择》,载《国际贸易》2010 年第 1 期。

[3] 唐海燕:《金融危机后加快对外经济发展方式转变的战略思考》,载《国际贸易》2010 年第 10 期。

[4] 毕吉耀、张一、张哲人:《"十二五"时期世界经济发展趋势及其给我国带来的机遇和挑战》,载《宏观经济研究》2010 年第 2 期。

[5] 陈长缨:《"十二五"时期我国对外贸易的影响因素和发展趋势》,载《宏观经济管理》2010 年第 4 期。

[6] 钟山:《关于当前对外贸易形势及加快转变对外贸易发展方式的思考》,载《中国对外贸易》2010 年第 5 期。

[7] 李善同:《"十二五"时期至 2030 年我国经济增长前景展望》,载《经济研究参考》2010 年第 43 期。

[8] 范建军:《关于目前国际经济形势的几个问题》,载《中国发展观察》2010 年第 10 期。

[9]《中国对外贸易形势报告(2010 年秋季)》,http://zhs. mof-com. gov. cn/aarticle/cbw/201011/20101107219163. html。

[10]《对 2010 年国际、国内经济形势的回顾及 2011 年展望》,http://www. drcnet. com. cn/DRCNet. Common. Web/DocViewSummary. aspx? version = Integrated&docid = 2365859。

[11]《综合观察:近期世界主要经济体宏观经济形势盘点》,http://www. steelhome. cn/luntan/printthread. php? t = 34424。

[12] 尚广武:《上半年全球市场剪影与下半年 A 股四大预言》,http://www. p5w. net/stock/tj/scjj/201007/t3055311. htm。

[13] 吴桂华:《后金融危机时期新国际贸易保护主义研究》,载《江西社会科学》2010 年第 6 期。

［14］张小瑜：《国际大宗商品市场发展趋势及中国的应对》，载《国际贸易》2010 年第 5 期。

［15］《中国对外贸易形势报告（2010 年春季）》，http：//zhs. mof-com. gov. cn/aarticle/Nocategory/201004/20100406888283. html。

［16］谭雅玲：《2010 年第一季度国际金融市场分析与未来预测》，http：//www. in. ah. cn/shownews. asp？newsid＝7939。

［17］王洛林：《日本与中国经贸关系发展报告（2010）》，社会科学文献出版社 2010 年版。

［18］陈友骏：《金融危机下的日本亚洲经济合作战略》，载《亚太经济》2010 年第 1 期。

［19］王志乐：《2010 跨国公司中国报告》，中国经济出版社 2010 年版。

［20］葛秋颖、吴晓芳：《培育跨国公司的路径选择理论综述》，载《经济学动态》2010 年第 8 期。

［21］沈思思：《当代跨国公司发展趋势及其对中国企业国际经营化的启示》，载《企业导报》2010 年第 8 期。

［22］许南：《国际金融危机与中国加工贸易转型升级分析——基于全球生产网络视角》，载《财贸经济》2010 年第 4 期。

［23］袁定喜：《我国加工贸易面临的深层次矛盾及转型升级策略》，载《现代经济探讨》2010 年第 3 期。

［24］胡捍东：《顺应人力资源文化素质结构的高级化　促进加工贸易转型升级》，载《人力资源管理》2010 年第 6 期。

［25］袁欣：《服务外包不会像加工贸易那样创造奇迹》，载《经济理论与经济管理》2010 年第 6 期。

［26］郑秀梅：《印度软件产业崛起的加工贸易视角分析及启示》，载《金融与经济》2010 年第 1 期。

［27］陈向东、魏拴成：《当代跨国公司管理》，机械工业出版社 2010 年版。

［28］肖本华：《新加坡国际金融中心建设的措施、成效与启示》，载《亚太经济》2010 年第 5 期。

［29］陈志红：《新加坡园区建设经验的几点启示》，载《中国乡镇企业》2010 年第 5 期。

［30］任剑涛：《典范选择、领袖偏好与国家发展——新加坡经验

与中国现代转型》，载《河北学刊》2010 年第 3 期。

［31］陈永清：《新加坡香港人才资源开发的启示》，载《特区实践与理论》2010 年第 7 期。

［32］庞静：《限制开发区与禁止开发区产业选择的 SWOT 探析——以甘肃省为例》，载《现代商贸工业》2010 年第 1 期。

［33］焦爱英、马军海、王潇：《高新技术产业开发区产业集群竞合关系研究》，载《科技进步与对策》2010 年第 4 期。

［34］张可喜：《日本再向科技寻出路》，载《半月谈》2010 年第 9 期。

［35］新加坡统计局：《新加坡统计年鉴（2010）》，http：//www. singstat. gov. sg/pubn/reference. html#yos。

［36］Matthew J. Slaughter. How U. S. Multinational Companies Strengthen the U. S. Economy. Business Roundtable，2010（3）.

［37］Klaus E. Meyer，Ram Mudambi，Rajneesh Narula. Multinational Enterprises and Local Contexts：The Opportunities and Challenges of Multiple-Embeddedness. Journal of Management Studies，2010（7）.

［38］王秋石：《后金融危机时期全球经济的五大特征》，载《当代财经》2009 年第 12 期。

［39］蒋荣春：《中国承接服务外包：现状、趋势、对策》，载《国际贸易》2009 年第 2 期。

［40］李钧：《跨国公司在华研发对本土企业技术创新的溢出效应与挤出效应》，载《社会科学研究》2009 年第 5 期。

［41］孟浩程：《产业集群与工业园区建设研究》，载《职业时空》2009 年第 1 期。

［42］张诗雨：《经济开发区产业创新与转型时期的政策取向分析》，载《经济纵横》2009 年第 2 期。

［43］陈景辉：《跨国公司嵌入与我国开发区产业集聚的实证研究》，载《国际贸易问题》2009 年第 4 期。

［44］孙平：《高新技术开发区产业集群创新体系调查分析与改善对策》，载《科技进步与对策》2009 年第 18 期。

［45］钟淑云：《日本对华直接投资的现状及动向分析》，载《港粤澳市场与价格》2009 年第 2 期。

［46］佘德容：《日本对华 FDI 区域分布的影响因素分析》，载《浙

江统计》2009 年第 3 期。

　　[47] 王敏：《日本企业的亚洲投资战略》，载《国际经济研究》2009 年第 12 期。

　　[48] 王爱华：《山东与日本投资贸易合作的热点难点问题研究》，经济科学出版社 2008 年版。

　　[49] 徐小苏：《金融危机下的日本对华投资情况分析》，载《商业经济》2009 年第 9 期。

　　[50] 高洋：《美日韩跨国公司在华投资企业公司治理模式比较》，载《经济界》2009 年第 7 期。

　　[51] 文东伟、冼国明：《中国企业的海外并购：现状、问题与思考》，载《国际经济合作》2009 年第 11 期。

　　[52] 吴乐进：《新加坡模式对中国现代化道路选择的启示与借鉴》，载《中国市场》2009 年第 52 期。

　　[53] 孙铜：《新加坡的"世界观"与"方法论"》，载《同舟共进》2009 年第 6 期。

　　[54] 陆建义：《向新加坡学习：小国家的大智慧》，新华出版社 2009 年版。

　　[55] 申彭知、曾庆谨、林伟：《浅论我国软件服务外包业》，载《经济师》2009 年第 1 期。

　　[56] John Cantwell. Location and the Multinational Enterprise. Journal of International Business Studies，2009（40）.

　　[57] 潘安：《论我国外贸出口品牌战略的实施》，载《新西部（下半月）》2008 年第 1 期。

　　[58] 张霖：《山东出口　品牌图强》，载《国际商报》2008 年 2 月 21 日。

　　[59] 何芬兰：《出口品牌建设助推江西外贸发展方式转变——访江西省对外贸易经济合作厅副厅长王中阳》，载《国际商报》2008 年 3 月 1 日。

　　[60] 孙桓勤：《加强品牌建设　促进外贸发展》，载《国际商报》2008 年 5 月 12 日。

　　[61] 黄繁华、金建一：《国际服务外包：中国对外贸易的新增长点》，载《中国对外贸易》2008 年第 10 期。

　　[62] 万晓兰、王丽燕：《中印软件外包业基于"钻石模型"的竞

争力分析与发展策略》，载《西安电子科技大学学报》2008 年第 5 期。

[63] 青木等：《技术工人各国都喊不够》，载《环球时报》2008 年 6 月 20 日。

[64] 隋映辉：《科技产业经济》，青岛出版社 2008 年版。

[65] 《日本对华投资进入"升级换代"》，载《第一财经日报》2008 年 5 月 5 日。

[66] 课题组：《国内外高新区产业现状、发展特点和趋势研究报告》，青岛市发改委，2008 年。

[67] 青木：《在华德企出现回迁苗头》，载《环球时报》2008 年 7 月 9 日。

[68] 雷忠敏：《竞争力评价》，中国标准出版社 2008 年版。

[69] 孙建成、赵嵩正：《山东农产品出口的特点、问题与对策》，载《宏观经济研究》2008 年第 8 期。

[70] 隋映辉、丁海洋：《2007～2008 青岛与韩国技术转移状况分析与展望》，载《青岛经济社会蓝皮书》，中国海洋大学出版社 2007 年版。

[71] 张乃丽：《日本对山东省直接投资研究》，山东人民出版社 2007 年版。

[72] 青岛、上海、苏州、深圳等若干城市统计年鉴，2005～2009 年。

[73] 青岛、上海、深圳等城市 2009 年国民经济和社会发展统计公报。

[74] 《山东统计年鉴（2009）》，中国统计出版社 2009 年版。

[75] 《山东对外经济贸易统计年鉴（2009）》，内部出版物。

[76] 《中国科技统计年鉴（2009）》，中国统计出版社 2009 年版。

[77] http：//news. qq. com/a/20100101/001306. htm. 2010 - 01 - 01.

[78] http：//www. sdpc. gov. cn/zjgx/t20100416 _340867. htm. 2010 - 04 - 06.

[79] 青岛市商务局网站：http：//www. boftec. gov. cn。

[80] 山东国际商务网站：http：//www. shandongbusiness. gov. cn。

[81] 国家统计局网站：http：//www. stats. gov. cn。

[82] 中华人民共和国商务部网站：http：//www. mofcom. gov. cn。